《少数民族谱牒研究》编撰委员会

主　任／李春林

副主任／李铁柱

主　编／王华北

副主编／李小文　申　毅　杨长虹

编　委／（按姓氏笔画为序）

王华北　方英兰　申　毅　李小文　师存勋

安美兰　杨长虹　严　宏　金　勇　金勇进

海　梅　龚文龙　赫　歆

少数民族谱牒研究

主编　王华北

中央民族大学出版社
China Minzu University Press

图书在版编目（CIP）数据

少数民族谱牒研究/王华北主编．—北京：中央民族大学出版社，2013.6

ISBN 978－7－5660－0427－7

Ⅰ．①少…　Ⅱ．①王…②李…　Ⅲ．①少数民族—氏族谱系—研究—中国　Ⅳ．①K820.9

中国版本图书馆 CIP 数据核字（2013）第 077147 号

少数民族谱牒研究

主　　编　王华北
责任编辑　白立元
封面设计　严　兮
出 版 者　中央民族大学出版社
　　　　　北京市海淀区中关村南大街 27 号　邮编：100081
　　　　　电话：68472815（发行部）　传真：68932751（发行部）
　　　　　　　　68932218（总编室）　　　　68932447（办公室）
发 行 者　全国各地新华书店
印 刷 厂　北京宏伟双华印刷有限公司
开　　本　787×1092（毫米）　1/16　印张：20
字　　数　320 千字
版　　次　2013 年 6 月第 1 版　2013 年 6 月第 1 次印刷
书　　号　ISBN 978－7－5660－0427－7
定　　价　58.00 元

前 言

家谱是我国民族历史文化的重要组成部分，也是自成一体的一门学问，人们普遍称它为谱牒学。谱牒学是以家谱为对象，研究家谱的本质及其发展规律的科学。家谱是一种文化，称家谱文化。家谱文化属于上层建筑范畴，它在一定的政治经济基础上产生，反过来为一定的政治经济基础服务。

司马迁说："余读牒记，自黄帝以来，皆有年数。"这足以证明中国谱牒资料存在得极早。在我国，少数民族家谱历史悠久、种类繁多、数量可观，虽深受汉族家谱的影响，但又保持了少数民族自己的特色，这大大丰富了中国家谱的内容。王鹤鸣说："分析研究少数民族的家谱，不仅可以了解中国各少数民族的历史发展沿革和文化习俗，而且也为中华民族大家庭形成过程中的诸多历史提供了轨迹与佐证。"

2011 年 7 月 1 日，经国家社会科学基金学科评审组批准，由民族文化宫中国民族图书馆申报的国家社科基金重点项目《北方少数民族家谱整理与研究》正式立项（批准号：11ATQ004）。

该项目主要针对北方少数民族家谱开展调研工作，旨在通过对北方若干少数民族家谱资料的分析、鉴别及整理，为考证北方少数民族的族源、迁徙、分布以及社会经济状况、政治地位、风土民情等情况提供帮助。

因此，我们以"少数民族家谱整理与研究"为主题，进行了专题征文。该专题共设 5 个分主题，分别是：中国少数民族家谱情况综述、中国少数民族家谱的收藏与研究、中国少数民族著名特色家谱介绍、中国少数民族家谱在多元文化中的意义及作用以及其他与少数民族家谱有关的研究。

此次征文有针对性地征集了包括满族、蒙古族、朝鲜族、锡伯族、回族、畲族、白族、瑶族、土族、水族、布依族、壮族、毛南族等 13 个少数民族家谱研究论文共 36 篇，期间得到了业界专家、学者及相关研究人员的大力支持和积极响应，如上海图书馆王鹤鸣研究员提交了论文《富有民族特色的朝鲜族家谱》；中国民族图书馆杨长虹研究馆员提交了论文《畲族谱牒概说》；中国科学院马慈光研究员提交了论文《南京等地部分回族家谱及源流概述》；湖南省图书馆寻霖研究馆员提交了论文《湖南的土著氏族与少数民族族谱的特征》；国家图书馆古籍馆李小文研究馆员提交了论文《达斡尔族家谱〈黑水郭氏家乘〉》；新疆少数民族古籍办永志坚研究员提交了论文《锡伯族的姓氏、家族、家谱及家法家规概述》；吉林延边朝鲜族自治州图书馆安美兰研究馆员提交了论文《中国朝鲜族族谱研究》等等。

这些论文的作者从不同角度、不同侧面对少数民族家谱进行了研究和探讨，具有很强的专业性，无论从研究的深度还是广度都超出了行政组织者的预期，说明业界非常关心和支持少数民族事业的发展，重视少数民族家谱的保护和研究。所以，我们按照项目实施计划，经过多方联系和争取，确定将所有征文结集，作为项目中期成果，并以《少数民族谱牒研究》出版。

在编辑和出版工作中，我们对稿件进行了反复细致地校对及审阅工作；其中论文的初审工作由申毅负责；复审工作由李小文、王华北负责；终审工作由杨长虹、宝音负责。

在《少数民族谱牒研究》付梓之际，谨向支持少数民族家谱研究工作的各级领导，向积极参加征文活动的作者、向为本书编辑出版付出辛勤劳动的同志表示衷心感谢！

王华北

2012 年 12 月 13 日于北京

目　录

锡伯族家谱概述

李小文　田　欢

内容摘要：锡伯族是非常注重编修家谱的北方少数民族之一，其家谱收藏十分丰富。文中详述了锡伯族家谱的存世数量、编修年代、家谱形制、书写文字，对其文献特色及文献所含信息予以重点揭示与梳理，并对锡伯族家谱中的家规家训予以介绍。

一、锡伯族家谱综述

锡伯族是我国统一的多民族大家庭中的一员，现有人口近19万，主要分布在新疆察布查尔锡伯自治县和辽宁、吉林等北方地区。

从目前文献整理的资料显示，锡伯族是非常注重编修家谱的少数民族之一，其古旧家谱的收藏十分丰富。在锡伯族民间，特别是农村，收藏着大量的家谱。据载，清代后期几乎每个锡伯族家族都修有家谱。但百余年来经战乱、动乱，损毁流失较多，近些年，又有不少补修或续修的家谱。调查显示，辽宁、吉林、黑龙江、新疆等地的锡伯族家族中都珍藏有家谱，有的是历经劫难后及时补修的，但更多的则是在历次劫难中冒着风险，甚至是拼着性命保存下来的。

1. 锡伯族家谱的存世数量

锡伯族家谱的调查搜集工作，始于20世纪五六十年代的中央组织少数民族社会历史调查，锡伯族的历史工作者肖夫先生在参加锡伯族调查组于东北地区的调查时，就开始搜集家谱，但当时搜集数量不多。改革开放后，1983年开始编写《锡伯族志》时，又搜集了不少。之后开展的少数民族古籍整理工作，使家谱的调查搜集数量逐渐增加。据现已所见文献目录统计，锡伯族著录家谱数量超过百种。2007年中国大百科全书出版社出版的《中国少数民族总目提要锡伯族卷》收录了锡伯族家谱91种，谱单18

种，这个家谱的存世数字极为惊人，因为锡伯族就人口来讲，是中国少数民族中的少数，人口仅十余万，但是编修家谱的数量及保存数量却相当可观，超过许多其他少数民族。可见锡伯族人民不仅极为重视家谱的编修，而且极为重视家谱的收藏和保护，这在少数民族家谱编修中是极其突出的，且非常值得研究者给予关注。

由于锡伯族居住边远且分散，加之锡伯族传统上家谱一般都不给家族外的人看，不经过充分的沟通和商量，是难以看到的，更不要说复制与征集了，故锡伯族民间藏而不宣的家谱应该还有。1949 年以前的锡伯族家谱显然不止文献著录的这个数量，以后民间还会不断发现未曾著录的锡伯族家谱。如目前网络上就常可看到新发现的锡伯族家谱，通常还附有照片。在 xjsibe. com 网站发布的锡伯族家谱目录中，对照查看，发现有《中国少数民族总目提要锡伯族卷》尚未收录的家谱 20 余种。

2. 锡伯族家谱的编修年代

据现在看到的锡伯族家谱目录记载，锡伯族文字家谱的修纂始于清代的中后期，大部分修于清末和民国年间，早于清代的记载尚未见到。中华人民共和国成立后纂修的甚少，只有少数近年重修或续修的。现在见到有明确记载的，最早的创修于清乾隆五十五年（1790），以后又几经重修或续修留传至今。

在锡伯族家谱目录中，创修较早的是《何氏宗谱》，始于乾隆五十五年（1790），佚名用满文修，光绪二十九年（1903）译为满汉文，“民国”三十一年（1942）转写成汉文。

其次是《吴姓世代家谱》，1 册不分卷，佚名纂，修于嘉庆十八年（1813）。光绪三十四年吴恩奎汉文抄录。[1] 从著录可以看出，清早期乾隆、嘉庆时期纂修的家谱均不是乾嘉时期的原本，而是后代依原本重新抄录的。

清中期道光年间编修的家谱只有一种，即《扎库齐牛录扎斯胡里氏家谱》1 幅，棉布，满文，道光四年（1824）扎库齐牛录扎氏祖先编修。

咸丰年间编修的有两种：《纳达齐牛录孔格里氏家谱》1 纸，清咸丰五年（1855）编修，满文。《扎库齐牛录觉罗氏家谱》1 幅，棉布，清咸丰五年（1855）编修，满文。

同治年间编修的有五种：《宁固齐牛录巴雅尔氏家谱》1 纸，同治元年

---

① 《中国少数民族总目提要锡伯族卷》，第 65 页。

(1862) 编修。《堆齐牛录关氏家谱》1幅，棉布。同治三年（1864）编修。《韩氏家谱》1册不分卷，同治四年（1865）佚名纂修。《哈斯呼里氏谱书》不分卷，1册61页，抄本，同治十一年（1872）纂修，“民国”三年（1914）经松岩译为汉文。《卜姓三处坐落亲脉族内男女家谱册》1册7页，不分卷，经折装，清同治喇嘛合萨朗阿修。

清代修谱最多的是光绪时期，《依拉齐牛录苏穆尔氏家谱》1纸，清光绪五年（1879）新疆依拉齐牛录苏穆尔氏编修。《富察氏家谱》1幅，棉布，清光绪六年（1880）富察氏祖先编修。《关姓锡伯调访录》1册不分卷，抄本，经折装，清光绪六年（1880）佚名撰，等等，共有二十余种。

锡伯族修谱最多的还是民国时期，从民国元年（1912）佚名修的《开原关氏宗谱》，到“民国”三十七年（1948）编修的《霍城何叶尔氏家谱》，计有三十余种，加上这一时期没有明确时间记载的，总数超过40种。

此外还值得关注的是，1949年以后锡伯族人并没有停止修谱、续谱，但是文献目录没有收录，十分遗憾。庆幸的是，在网络目录中发现了新中国成立后编修锡伯族家谱的踪迹。如：《关氏家谱》1册12页，不分卷，1954年宝山、宝书重修，今藏安振泰家。《瓜尔佳氏宗谱》1册40页，不分卷，1954年关玉琛等纂，今藏安振泰家。《关姓家谱》1纸，60cm×130cm，1959年关继抄录。今藏安振泰家。《关氏家谱》1纸，140cm×100cm，不分卷，1960年佚名抄录，汉文手书，今藏关臻家。[①] 这些家谱的发现是对60余年来的锡伯族家谱目录的补缺，也是此项目中我们要尽力发掘补遗的。

3. 锡伯族家谱的形制

锡伯族家谱就载体形态来说，目前著录有纸质和布质两种，纸质家谱与汉族家谱基本相同，布质家谱则在汉族家谱中极为罕见的，而在锡伯族家谱著录中却有50种之多，占已见家谱目录的一半以上。目录中又进一步著录为红布、黄布、棉布（为白棉布）、黄绸等。如《扎库齐牛录郭尔吉氏家谱》，1幅，清光绪十六年（1890）编修，红布，满文行体墨书，保存完好。今藏新疆维吾尔自治区察布查尔锡伯自治县扎库齐牛录村个人处。[②]《孙扎齐牛录阿雅拉氏家谱》，1幅，清光绪十一年（1885）编修，黄布，满文行体墨书，保存完好。今藏新疆维吾尔自治区察布查尔锡伯自

① www. xjsibe. com

② 《中国少数民族总目提要锡伯族卷》，第67页。

治县孙扎齐牛录村文明处。[①]

据沈阳网《弥足珍贵的锡伯族家谱》介绍：锡伯族修立家谱，所用材料很有讲究，最好的材料是黄色或白色的绫子，绝对不用绸子和缎子，因为忌讳“愁”与“断”两字之音。锡伯族是人口比较少的少数民族，历来希冀人丁兴旺，认为“愁（绸）子”、“断（缎）子”是不吉利的，所以只用绫子而绝不用绸子和缎子。次之用白布，再次之用纸。[②] 而《中国少数民族总目提要锡伯族卷》有一条家谱目录却与此说法相悖：《乌珠牛录呼希哈尔氏族家谱》，1 幅，49.5cm×27.3cm，清光绪七年（1881）编修，黄绸，满文行体墨书。保存完好。今藏新疆维吾尔自治区察布查尔锡伯自治县乌珠牛录村胡文明处。[③] 此处著录为黄绸，颇引人关注。

相对纸质家谱，布质（纺织品）家谱更加易于折叠、携带与保存，这或许就是锡伯族家谱收藏保存完好、存世数量较多的原因之一，也是锡伯族家谱最鲜明的特色之一。

就版本形式来说，锡伯族家谱著录有印本和手写本（手抄本）两种，其中谱单和布质（纺织品）家谱全部为墨笔手书，手写本占锡伯族家谱的九成以上。而在锡伯族家谱目录著录中，印本均未著录标明是刻本、石印本还是铅印本，而只著录为印本，汉文墨色，或汉文墨印。如《依尔根觉罗西肇宗谱》，1 册 44 页，“民国”二十一年（1932），苏家屯吉尚阿等修纂，印本，纸质包背装，汉文墨色。页面 25cm × 15cm，版框 19cm × 13.5cm，四周双边栏。[④] 从这条著录可判断这部家谱应为刻本，因为只有刻本著录版框和边栏才有意义。又如《图克色里氏宗谱》，1 册不分卷，16 开 9 页，佚名修。清光绪二十六年（1900）印本，纸质平装，汉文楷体墨书，四周单边，保存完好。[⑤] 这条著录就很难判断此部家谱到底是什么版本。

4. 多种文字书写家谱

现在搜集到和见到的锡伯族家谱所用文字非常丰富。既有满文、汉文，亦有锡伯文，还有满汉合璧的书写。

锡伯族自被编入八旗后，便开始习用满语满文，所以清早期修的家谱

---

① 《中国少数民族总目提要锡伯族卷》，第 66 页。

② http://www.syd.com.cn

③ 《中国少数民族总目提要锡伯族卷》，第 66 页。

④ 《中国少数民族总目提要锡伯族卷》，第 70 页。

⑤ 《中国少数民族总目提要锡伯族卷》，第 67 页。

一般都用满文。如《乌珠牛录顾尔佳氏家谱》，棉布，1 幅，170cm × 160cm，清乾隆三十年（1765），满文，行体墨书。今藏新疆维吾尔自治区察布查尔锡伯自治县乌珠牛录村郭东平处。[①] 后来锡伯族由于迁至盛京地区，又习用了汉语汉文，此时，清后期编修的家谱亦多是满汉两种文字并用，即所谓的“满汉合璧”。清朝末年，随着满文的逐渐被废止和汉文的普及，所修家谱既有满文，也有汉文，也有满汉合璧的。“中华民国”以后，随着清政府被推翻，满文被彻底废止了，所以所修家谱便一律使用汉文了。清末至民国时期还有许多将原满文谱译为合璧谱或直接译为汉文谱的。如《辽宁何氏宗谱》1 册不分卷，著录记载：清乾隆五十五年（1790），佚名，用满文修，光绪二十九年（1903）译为满汉文，“民国”三十一年（1942）转写成汉文。并记述原居地、迁徙、辈字、世系等。汉文楷体墨书。今藏沈阳市安振泰处。[②]

民国期间，居住在新疆地区的锡伯人改造满文形成了自己民族使用的锡伯文。因此，锡伯族家谱文字除了满文、汉文及满汉合璧之外，还有许多收藏在新疆地区的家谱，著录为锡伯文，行体墨书，如《堆齐牛录郭尔佳氏家谱》，1 纸，新疆察布查尔堆齐牛录郭尔佳氏家谱，佚名纂修，锡伯文行体墨书。今藏新疆维吾尔自治区察布查尔锡伯自治县堆齐牛录村正勤太处。另有《乌珠牛录永托里氏家谱》、《纳达齐牛录伊拉里氏家谱》、《堆齐牛录富察氏家谱》，等等，均著录为锡伯文行体墨书。[③]

二、丰富多样的锡伯族家谱

锡伯族家谱的题名与汉族家谱大体相同，有家谱、宗谱、族谱、家书、花名册、家谱册、宗谱册、调访录、家系录等。还有的没有正式题名，只是一张世系表，其形式为谱单（表）等。

锡伯族家谱繁简不一，谱中所载各项，与汉族家谱颇为相似，略有异同，整体来看主要含有：

家谱题名。一般锡伯族家谱都有题名，家谱题名都标明姓氏，而且姓氏中既有锡伯族原姓氏（即哈拉），也有现汉译简化姓氏，如《安氏宗谱》、《图克色里氏宗谱》，前一份用的是汉译简化的现姓氏，后一份用的则是原锡伯姓氏。还有原锡伯姓氏与汉译简化姓同时标出的，如《瓜尔佳

---

① 《中国少数民族总目提要锡伯族卷》，第 65 页。

② 《中国少数民族总目提要锡伯族卷》，第 65 页。

③ 《中国少数民族总目提要锡伯族卷》，第 71 页。

(关)氏宗谱》。还有的同时标有族名、原姓氏、现姓氏的,如《依尔根觉罗西伯肇宗谱》,西伯是族名,即锡伯。依尔根觉罗是原锡伯姓,肇是现姓氏。还有在题名中标出地域的,如《大孤家子关氏宗谱》,大孤家子就是地名,是大孤家子村。有的还有乡、县、市名。还有封面标有原锡伯姓氏,内封用现姓氏的,如《锡伯族哈斯呼里氏谱书》,这是封面,其内封则题名为《锡伯族韩氏家谱》,并在上面标有详细地址——沈阳市于洪区马三家镇边台村。还有仍然用××哈拉字样的,如《瓜尔佳哈拉家谱册》。还有把本家族分布几处标出的,如《卜姓三处坐落亲脉族内男女家谱册》,等等。

谱序。锡伯族较正规的家谱都有谱序。谱单上有序的,往往是在谱的右侧或上面,内容较为简短;谱书的序则相对完备详细。锡伯族家谱序言多为修谱人自己撰写,在已见到的家谱中请他人作序的不多,一谱中有多个序言的亦不多。

锡伯族家谱序言的内容非常丰富,与汉族家谱一样,是了解一部家谱和家族历史的关键部分,大致包括以下信息:

1. 修谱信息

包括修谱缘由,立谱意义等。如《沈阳城北岳士屯安氏宗谱序》曰:从来国不能无史,家不能无谱。家谱之重等于国史,恐世远则易疏,族繁则易乱也……欲拜宗族之情,明伦常之理,家谱实不可不修辑也。①

2. 纂修者及纂修时间信息

修谱时间,修谱人,是一般宗谱,家谱都有明确记载的,由于通常锡伯族家谱的纂修者亦是家谱序言的撰写人,故锡伯族家谱此项记录一般体现在序言中,在序中亦会叙述首修及递修历程、修谱年代等。如《图克色里氏宗谱》世守之则第六条:"此谱之创修,于清光绪二十六年三月,由本佐领处抄录,及经先人之遗传,首先创修,规模制度多有未善,望后世于通修时,可力求美善,以便世守。"②

《城北何叶尔氏宗谱序言》始祖原为妹妹江齐齐哈尔地方达尔扎奇村人,康熙四十年住四洼村,迁入盛京驻四十洼地方,于康熙四十六年又移住前孤家台村。乾隆五十五年重修,咸丰三年二月十六日重立,光绪二十九年五月十七日重抄。③

---

① 《锡伯族古籍资料辑注》,第372页。

② 《锡伯族古籍资料辑注》,第372、第367页。

③ 《锡伯族古籍资料辑注》,第373页。

3. 民族信息

宗族溯源，如族名、族源、姓氏来源及汉译简化姓、原居地、迁徙时间地点等。如《图克色里氏宗谱》族谱溯源："图克色里，译音佟姓，锡伯族也……考吾族系夏桀太史终古之后。当桀无道时，知天数之不挽，携眷隐于辽东，易终为佟。"①《城北乌吴扎拉氏宗谱序言》开宗明义："我乌扎拉氏原系伯都讷磋草沟（今吉林扶余县），锡伯人，因先世略有微功，蒙圣祖仁皇帝之殊恩，将我宗族由伯都讷移沈阳，即以乌扎拉译为吴姓，拨归盛京（今奉天）镶红旗满洲第三佐领下，今十有余世矣！"②《沈阳城北岳士屯安氏宗谱序》："溯我安氏族系锡伯，原籍营城（即吉林营城子），自大清定鼎，附属满洲，于顺治八年移驻盛京（即今辽宁沈阳），编入满洲正黄旗第一佐领下……"③

4. 家族命名辈字信息

与汉族家谱相同，锡伯族家谱亦将家族排字记录于家谱的谱序中，如《图克色里氏宗谱》第四条世守之则："此次排定字数为：先远垂鸿业，芳承晋文明，守全宣懋振，嘉耀世英荣。计二十字，即二十代也。不论远近宗支，后代均遵此字命名，以为行辈之次第。"④

《双城刘氏宗祖世系谱》刘治麟填修："本宗族会议起二十个字传留后世：治国兴成业，安邦永显明，忠义恒百世，天保福常增。"⑤

《沈阳城北岳士屯安氏宗谱序》拟定："国振家兴承世泽，精勤多德庆春祥，十四字命名，以俟将来子孙繁殖，按名入载，不限存没，咸登录之。"⑥

《城北乌吴扎拉氏宗谱序言》将宗谱三十字列下："永世尧作贤，克明俊德廉，宪章文武纪，良恭俭让延，仁义礼智信，昌顺宝和谦。"⑦

《沈阳吴氏宗谱序言》"拟族名二十字，以资遵循，凡我族人民庶有可考焉，谨书于后：庆振裕良海，春宏国泰成，兴家文尚永，天世崇德明。"⑧

---

① 《锡伯族古籍资料辑注》，第 366 页。
② 《锡伯族古籍资料辑注》，第 373 页。
③ 《锡伯族古籍资料辑注》，第 372 页。
④ 《锡伯族古籍资料辑注》，第 367 页。
⑤ 《北京图书馆藏家谱丛刊民族卷》，第 47 册，第 2 页。
⑥ 《锡伯族古籍资料辑注》，第 372 页。
⑦ 《锡伯族古籍资料辑注》，第 373 页。
⑧ 《锡伯族古籍资料辑注》，第 376 页。

5. 世系表

这是锡伯族家谱中必有的，是家谱中的核心内容，没有世系表就不成其为家谱。锡伯族家谱世系排列，有的没有画表，只是用文字书写下来，但大多数都画有世系表。而锡伯族谱单就是仅有世系表的简谱。

6. 家规家训

锡伯族家谱家规具有鲜明的民族特色，下面有专门章节介绍。

7. 其他

锡伯族家谱中有些还有按语、附记或附言、编后语、服制表、茔地图、世守之则等。还有的附村中古钟铭文，如沈阳市新城子区尹家乡小营子村和于洪区解放乡达连屯（同宗）共修的《锡伯族瓜尔佳氏宗谱》即是如此。还有的附亲族间财产馈赠清单。

三、简略独特的锡伯族谱单

在见到的锡伯族家谱中，有一种简略、直观的家谱记录形式，即谱单。谱单是较为简约的家谱资料，有些谱单甚至没有名称，只是一张世系表，或者是一幅手写或手绘的祖先牌位图。今所见谱单均不署修谱人姓名及修谱时间，吴克尧编目的12条谱单全部著录为佚名撰，张德玉所编目的6种谱单目录亦没有著录撰写者及修谱时间。谱单大多著录为纸质，1－4张不等。除4种著录为汉字所书，其余均未著录书写文字，估计也是汉文书写。谱单均收藏于辽宁、黑龙江北方地区锡伯族个人处。

其中较为特别的是《吴门中锡伯人氏火火力祖谱单》，也称为《吴门中锡伯人氏火火力彩绘祖谱》1纸，96cm×76cm，这是一张手工彩绘谱单，为家族祭祀用图谱。图谱彩绘群山绿树拱护火火力祖先牌位，祖先牌位分为3组：始祖火火力及子夏儿郎与夫人何氏为一组，牌位下绘红色莲花座；其左是子孙妈妈、伏里妈妈、马付妈妈3位为一组，牌位下绘有祥云；其右是牛王贝子、马王贝子两位为一组，牌位下有托座。3组神位之下，是夏儿郎的后世子孙计5代人名，汉文楷体墨书，保存完好。今藏辽宁省新宾满族自治县永陵镇大堡村吴（胡）玉峰处。①

谱单中多达4张纸的只有两种，其一为《何氏家谱单》，4纸，70cm×90cm，锡伯族何氏家谱单记其为“席北”人，姓虎尔哈氏。谱单始记于清乾隆八年（1743），记其始祖以下三大支的世系、人名、官职等。

① 《中国少数民族总目提要锡伯族卷》，第75页。

始祖以下第三世是兄弟三人，三人分居三地，皆以三世为中始祖，以下记至第五世，均为锡伯族人名。谱序记何氏自席北投归清太宗的经过及驻防抚顺的情形。汉文楷体墨书，保存完好，今藏辽宁省抚顺市顺城区黄旗村何氏处（张德玉）。①

其二为《胡氏家谱（单）》，4 纸，78cm × 60cm，该谱自始祖以下共 13 代，均系锡伯人名。谱序说，胡氏系锡伯人氏，始祖佛力图，其后世与依伊拉里氏脱出，改依（伊）姓为胡姓，其原修于清乾隆时期的谱序说，“依、胡二姓原为一祖”。保存完好，今收藏于辽宁省抚顺市黄旗村胡氏处（张德玉）。②

谱单中唯一著录为布质的是《龙江县何氏家谱》，1 幅，佚名撰。记龙江县锡伯人何氏，原籍辽宁省法库县狼洞岗子，及子孙后代繁衍生息的情况。白布墨书，保存完好，今藏黑龙江省龙江县泉眼大队二小队何氏家族中（吴克尧）。

此外吴克尧编目的 6 种谱单，大约由于原件没有题名，均自拟题名以收藏者冠名，如《韩赓生家谱》1 纸，佚名撰，今藏黑龙江双城市同心满族乡治乡村韩赓生家族中。《吴安平家谱》1 纸，佚名撰，今藏黑龙江双城公正满族乡康宁村吴安平家族中。《于殿全家谱》1 纸，佚名撰，今藏黑龙江双城市公正满族乡康宁村于殿全家族中。《伊兴文家谱》1 纸，佚名撰，今藏黑龙江省双城市同心满族乡福利村伊兴文家族中。《傅振祥家谱》1 纸，佚名撰，今藏黑龙江省双城市同心满族乡同德村傅振祥家族中。《赵文全家谱》1 纸，佚名撰，今藏黑龙江省双城市幸福满族乡久前村赵文全家族中。锡伯族谱单之简略可见一斑。

四、锡伯族家谱中记载的家规

目前见到著录的锡伯族家谱家规有 10 种，（《中国少数民族总目提要锡伯族卷》收 10 种，《锡伯族古籍资料辑注》翻译了其中 4 种）均收藏于新疆地区个人或图书馆。家规著录写作年代最早的是《扎库齐牛录觉罗氏家族家规》为咸丰五年（1855），著录写作年代最晚的是《额尔克勒氏家族家规》为“民国”三十五年（1947）。著录均为纸质手写本，全部满文书写。

其中乌珠牛录佟佳氏家规、乌珠牛录图木尔奇氏家规、扎库齐牛录托

① 《中国少数民族总目提要锡伯族卷》，第 75 页。

② 《中国少数民族总目提要锡伯族卷》，第 76 页。

库里氏家规，著录页面为180cm×60cm，为一人高的大开本，可谓家谱中的奇观。

从所见有限的锡伯族家规翻译本中可以看出：

1. 锡伯族家族十分重视修谱藏谱

对于久分两地的锡伯族人来说，对家谱的重视远甚于其他民族。从所见到的锡伯族家谱目录可以看出，现藏于新疆地区的家谱全部是锡伯人到达新疆之后编修的。在家谱之家规中会提及乾隆二十九年这个难忘的日子，“清乾隆二十九年，由盛京所属正黄旗纳福牛录奉旨移驻伊犁锡伯营镶黄旗（头牛录）之额尔克勒氏，召集全氏族父老兄弟共同议定世代遵行永世不变之家规如下……”① 伊犁锡伯营镶黄旗（一牛录）佟佳氏家规记载：“由盛京所属胡世台牛录移驻伊犁之时，我族一支之几户几家并无亲疏之分，故离乡之前未带宗谱。”② 远离家乡屯垦戍边，使西迁的锡伯族家族分外注重修谱、续谱、藏谱，他们在家谱家规中对修谱、藏谱都有明文规定，《伊犁锡伯营镶黄旗（一牛录）佟佳氏家规》规定：“民国二十六年正月初一日，锡伯营镶黄旗佟佳氏氏族长及子孙等共同议定，为迁移宗谱一事，全氏族成员有力出力，有钱出钱，选择适当地方修建一间宽敞祠庙，立祖先之灵位并将宗谱移存此祠庙之内，以便按时祭祀……此项工程完工之前，宗谱仍由原保存者恭敬保存。”③ 《伊犁锡伯营镶黄旗（一牛录）额尔克勒氏世代遵行永不变更之家规》规定：“从祖先开始制立谱牒，制定法定家规之今日者，实为尽善尽美之事。念及于此，我等子子孙孙理应更加同心同德，凡事遵照旧制，患难与共，相互共济，以思树木之根，泉水之源，将先祖流传之道德风尚，世代相传，永世遵行。”④ 由家谱中之家规可见锡伯族对修谱藏谱的重视，难怪有人说清代后期几乎每个锡伯族家族都修有家谱。这或许也是经过战乱、动乱损毁流失后锡伯族家谱仍有今天之存世量的原因吧。

2. 锡伯族家规敬祖先、睦宗族、尊长辈、讲礼节

人口数量不多的锡伯族非常重视民族内部团结与家族和睦，认为这是家族昌盛的根基。《锡伯营乌珠牛录佟佳氏家规》就明确规定：自古至今，均以敬祖先，在九族之内和睦相处，亲疏不分为重，是即人有氏族之亲，

---

① 《锡伯族古籍资料辑注》，第380页。

② 《锡伯族古籍资料辑注》，第377页。

③ 《锡伯族古籍资料辑注》，第380页。

④ 《锡伯族古籍资料辑注》，第380页。

犹如树木之有茂密之枝叶、水有无数之支溪一样。氏族之中以和睦为贵；家庭之内以孝悌为先。故理应崇尚和睦以固根基。”家规训诫族人：“自此之后……务须念及祖先养育之恩泽，在氏族内部更加亲密无间，和睦相处，以不忘根源，不得分散疏远，遇有红白诸事，不分辈分，不分尊卑，不分男女，均如一家，各尽其力，积极行走。另外对“遇到氏族内大小诸事，得知而不去，派遣而不行走者，”“身为晚辈而怠慢并侵犯长辈者”[①]均属不得宽宥之罪过，必须治罪。

《伊犁锡伯营镶蓝旗（八牛录）托库里氏家规》规定：“在氏族内长辈以下众多子孙，互相称呼与行礼必须得体。或乘车或骑马而行，途中相遇必须按各自之辈分恭敬行事……在氏族内之人，在村落之外或在别处相遇，必须按辈分行礼。”[②] 可见锡伯族是个非常讲究礼节礼数的民族。

3. 锡伯族家规惩罚条例具体详细

锡伯族家规训诫族人敬祖先、睦宗族、尊长辈等，一旦有人违背这些准则就要受到惩罚。《锡伯营乌珠牛录佟佳氏家规》对各种不符合家族训诫的行为均有详细明确的惩罚细则：

> 辈分高而不能修身齐家，请而不到并有不顾子孙之体面者，必须召集全氏族会议，当众之面罚一头猪，以祭祖先之灵位。之后，氏族成员共同用餐，所罚一头猪，必须百斤以上为准。
>
> 不遵照氏族章程，有失和睦相处之道德并对氏族内红白诸事知而不去参加，其言行有失氏族之公德，影响本氏族之声誉，并经常有不轨之行为者，罚羊一只，以祭祖先之灵位。之后让氏族成员共同用餐，所罚羊只必须六十斤以上为准。
>
> 氏族内部遇有氏族成员谢世时，不分亲疏，每家每户必有一人服孝，此孝以四十九天为期，若有不服孝者，重打三百鞭。
>
> 对生身父母不尽孝顺，语伤长辈，重打二百鞭。
>
> 兄弟之间互不关心，有事不能互相照顾，重打一百鞭。
>
> 不养育妻子儿女，不务正业，重打一百鞭。
>
> 身处子孙晚辈而在长辈面前出口乱言，将其重打九十鞭。[③]

① 《锡伯族古籍资料辑注》，第 381 页。

② 《锡伯族古籍资料辑注》，第 382 页。

③ 《锡伯族古籍资料辑注》，第 378 页。

从目前所见翻译不多的锡伯族家谱记载的家规，内容涉及敬祖先、睦宗族、尊老爱幼、讲礼节、爱家乡以及对违犯家规者的各种处罚条目，内容十分具体详细，具有切实的可操作性，从中可以看出与汉族家谱中儒家文化、伦理道德的内容和明昭穆、序尊卑的理念十分相近，同时又具有鲜明的民族特色，对于研究锡伯族宗族文化具有参考价值。

综上所述，锡伯族家谱虽然比较简朴，但所涉及的领域较为广泛，记载内容也较丰富，具有较高的史料价值。由于清代以前的史书中，关于锡伯族记载极少，清代的大量文献中，关于锡伯族的记载也仅只言片语，使锡伯族史研究资料匮乏，难度很大。而锡伯族家谱则在一定程度上弥补了这方面的不足，记载和保留了锡伯族文化、民俗、经济、生活等多方面的信息，为锡伯族史研究提供了宝贵资料。故锡伯族家谱既具有珍贵的史料文献价值，又具有提供少数民族生活实物实证的文物价值，是弥足珍贵的民族文化遗产。

作者简介：

李小文　汉族　国家图书馆　研究馆员

田　欢　汉族　国家图书馆　馆员

畲族谱牒概说

杨长虹

（中国民族图书馆　北京　100031）

摘要： 随着我国社会经济的繁荣发展，家谱文化再度兴起，畲族谱牒研究也日益受到学界及民间的关注。本文以20余部畲族谱牒资料作为分析对象，用文献学的视角与研究方法，对其生成、组织、构成、编纂、功能、保管以及编撰者的情况进行全面梳理与探究，或将有益于畲族谱牒文献的利用与畲族谱牒文化的传承。

引　言

畲族是我国55个少数民族之一，据2000年第五次全国人口普查统计，总人口数为709592人，分布在福建、浙江、江西、广东、贵州、安徽、湖南等7省、80多个县（市）地区内。其中，福建、浙江是畲族人口主要聚居地区，其他五省人口相对较少。福建省畲族主要分布在福州、三明、漳州、宁德、龙岩等地区的11个县（市）内；浙江省畲族主要分布在温州、丽水、金华等地区的10多个县内；江西省畲族主要分布在鹰潭龙虎山、铅山、贵溪、吉安、永丰、全南、武宁、资溪、兴国等县；贵州省畲族主要分布在麻江县、凯里市、福泉市和都匀市；广东省畲族主要分布在潮安、饶平、河源、海丰、大埔、增城、惠阳、博罗等14个县（市）内；安徽省畲族主要分布在宁国县；湖南省畲族主要分布在桂东、汝城、炎陵等3个县。①

旧时畲族普遍自称“山哈”或“山达”。“哈”、“达”，在畲语中意为“客人”。“山哈”，即山里人或居住在山里的客人。但一些地区，在不同时期还有不同的自称或他称。譬如广东省增城、博罗、惠东、海丰一带的畲族，从族谱到自称，都曾经说自己是“瑶人”或“山瑶”，而邻近的汉族

① 《民族问题五种丛书》。

人则称他们为“山瑶仔”。居住在潮州、丰顺属凤凰山地区的畲族自称“山地人”或“山里人”，邻地汉族人称他们为“輋客”或“輋人”。其余东源、和平、龙川、连平、南雄、始兴、乳源的畲族，因长期与汉族杂居，没有自称或他称。① 又如居住在贵州省麻江县及其周边地区的畲族自称为“哈萌”，汉族人称其为“东家人”。②

畲族先民最早被记录于汉文史籍的称谓是“畲民”、“輋民”。南宋末年，刘克庄的《后村先生大全集·漳州谕畲》曾记载：“畲民不悦（役），畲田不税，其来久矣”，“余读诸畲款状，有自称盘护孙者”。文天祥的《知潮州寺丞东岩先生洪公行状》中也记载：“潮与漳、汀接壤，盐寇、輋民群聚……”“畲”、“輋”二字，形异音同，都是指畲族，前者指福建漳州一带的畲族，后者指广东潮州一带的畲族。

畲族统一定名是在1956年12月，经国务院正式批准发布的。

畲族有语言，无文字，长期与汉族交错而居，受汉族文化与中国封建社会宗法制度的影响，逐渐形成畲族特有的家族文化，并在畲族传统文化中占据重要地位。体现畲族家族传统文化的重要内容与形式是纂修族谱、建祠堂和祭祖。尤其是纂修族谱，对于固化畲族传统文化并使之传承具有重要意义。因此，畲族家族一向重视族谱纂修，有“不画祖图为供奉者谓之不孝，不修敕书族谱者谓之不顺，”③“族谱实乃家宝，必须先于他物而珍重弗失”④ 等族训。现如今，在我国各地的图书馆、博物馆、文化馆、档案馆、高等院校、政协文史组、古籍办、地方志办、民间以及海外，还保留有不少明、清和民国时期的畲族谱牒。

一、畲族谱牒纂修的动因与目的

畲族大约自明代起开始仿效汉族纂修谱牒，至清代及民国时期达到鼎盛。究其纂修谱牒的动因：一是受汉文化的影响，二是契合了畲族家族内部宗族组织的发展，以及满足了畲族人对远祖及近宗崇拜的民族特有的心理需求。一些地区的畲族人，甚至视谱碟为圣书、史籍和法典，对其纂修慎之又慎。这说明，畲族家族内部渴求通过谱牒影响族人行为，以期达到稳定家族成员关系，保持家族发展活力，维系家族兴旺发达等多重目的。

---

① 李筱文：《广东畲族与畲族研究》，载《广东技术师范学院学报》2006年第2期第1页。

② 蓝炯熹：《畲民家族文化》，福建人民出版社，2002年第81页。

③《宁敕木山清代蓝氏宗谱手抄本》。

④ 水市巨溪清光绪乙巳年《宣邑钟氏宗谱》。

1. 溯本追远，经纬家族发展史，强化家族凝聚力

《三微堂汝南郡蓝氏五修宗谱》［清光绪十年（1884 年）豫章刻本］之《银城蓝氏重修宗谱序》曰："人各有宗，宗各有祖，如木之有本，水之有源也。而其间由一本而分为万末，由一源而分为万流，井然有序，森然不紊者曷恃乎？恃有家谱耳。故家谱与国史并重，良非诬也。"① 《福安坂中井口汝南郡蓝氏宗谱》［"民国"二十六年（1937 年）手写本］之《新修谱序》曰："自古帝王有本纪，侯国有世家，因之氏族有姓源。姓源者，族属谱系之所为著也。顾谱系之作，世经人纬，所以明一门之氏族，溯百代之源流也。虽然有以作之于前，必有修之于后，阅世生人，阅人成世，方正学云，世一修谱，即斯之谓也。"② 《福鼎岭兜冯翊郡雷氏族谱》［清同治五年（1866 年）刻本］之《雷氏修谱序》曰："尝思家有谱牒犹国有史策，无史策则不能纪民物之盛衰，无谱牒则不能明氏族之大小。谱牒设也，所以纪祖宗之所由来，明支派之所自出，辨尊卑、别长幼者也，孰谓谱而可无乎哉？"③ 《武夷山星村崇南钟氏重修宗谱》［清光绪二十四年（1898 年）刻本］之《新修钟氏谱序》曰："祖宗者本源也，谱牒者祖宗之实录事迹也。修谱者联支派而不忘其本源，亦以俾祖宗之实录事迹不至或遗也，是有思于前而顾于后也。"④ 《浦城村溪村颖川堂钟氏宗谱》［清光绪八年（1882 年）刻本］之《钟氏谱序》曰："间阅簿书而知国有史，野有传，省有图籍，府县有志，此皆以纪贤遇臧否治乱兴亡、山川风土胜概、困革揖益规模，实举世民物一夫镜也。家有藏谱，何独不然。"⑤

2. 敬宗、收族、睦族，调整家族内部关系

《福安坂中井口汝南郡蓝氏宗谱》［"民国"二十六年（1937）手写本］之《葺修谱序》曰："万物本乎天，人本乎祖，而报本莫如收族。故修谱之法，必先溯本而穷源，支分而派别，其所以成昭穆之井然者，道不

---

① 福建省少数民族古籍丛书编委会：《福建省少数民族古籍丛书·畲族卷·家族谱牒》（上），海风出版社，2010 年第 100 页。

② 福建省少数民族古籍丛书编委会：《福建省少数民族古籍丛书·畲族卷·家族谱牒》（上），海风出版社，2010 年第 157－158 页。

③ 福建省少数民族古籍丛书编委会：《福建省少数民族古籍丛书·畲族卷·家族谱牒》（上），海风出版社，2010 年第 354 页。

④ 福建省少数民族古籍丛书编委会：《福建省少数民族古籍丛书·畲族卷·家族谱牒》（上），海风出版社，2010 年第 505 页。

⑤ 福建省少数民族古籍丛书编委会：《福建省少数民族古籍丛书·畲族卷·家族谱牒》（上），海风出版社，2010 年第 442 页。

在创，而在因事不寓虚而寓实。”[①]《福鼎岭兜冯翊郡雷氏族谱》［清同治五年（1866年）刻本］之《冯翊郡雷氏谱序》曰：“古者吹律定姓，于是乎有族；敬宗收族，于是乎有谱。谱也者，上溯本源下联支派，而敦本睦族之道即此而存，其所系岂浅鲜哉！”[②] 又《雷氏修谱序》曰：“且夫谱之义大矣哉！明尊卑，别长幼，叙亲疏，敦伦睦族。上可以知祖宗之源流，下即以明支派之盛衰，雍雍阋墙无见，行苇可歌，猗欤，休哉何风之隆欤。”[③]

3. 宣示宗法，强化宗族约束力

《三微堂汝南郡蓝氏五修宗谱》［清光绪十年（1884年）豫章刻本］之《蓝氏重修族谱序》曰：“谱者溥也，言其阔大也。谱者式也，言为法则也。兼二义而译之，则取其法先德而恢大之。此谱之所由名，故族必有谱也。”[④] 又《族规引》：“族既有谱，谱者法也。有谱无法，不成谱也。法必有戒，有法无戒，难为法也，法戒双昭乃成族谱。”[⑤]《武夷山星村崇南钟氏重修宗谱》［清光绪二十四年（1898年）刻本］之《钟氏族谱序》曰：“昔圣人制礼莫重于宗族，宗族之辩莫详于谱牒，谱牒之传莫大于宗法。有百世不迁之祖，有五世则迁之宗，祖迁于上，宗不易于下，祖宗之传序人道之本也。故周礼设小史之官，所以纪世次之承，辩昭穆之列，俾后世之子孙知其宗族之所由来。亲疏之所由别，祖疏以为亲，敬长以追远，莫善于谱矣！至今日谱牒不修而宗法不讲，使数世之后遂相视如途人，安能厚祖宗而追崇其先祖乎？”[⑥]

4. 教化族人，引导规范族人的行为与生活

《三微堂汝南郡蓝氏五修宗谱》［清光绪十年（1884年）豫章刻本］之《蓝氏重修族谱原序》曰：“昔老泉有言，观吾谱者孝悌之心油然而生。

---

① 福建省少数民族古籍丛书编委会：《福建省少数民族古籍丛书·畲族卷·家族谱牒》（上），海风出版社，2010年第159页。

② 福建省少数民族古籍丛书编委会：《福建省少数民族古籍丛书·畲族卷·家族谱牒》（上），海风出版社，2010年第346页。

③ 福建省少数民族古籍丛书编委会：《福建省少数民族古籍丛书·畲族卷·家族谱牒》（上），海风出版社，2010年第353页。

④ 福建省少数民族古籍丛书编委会：《福建省少数民族古籍丛书·畲族卷·家族谱牒》（上），海风出版社，2010年第96页。

⑤ 福建省少数民族古籍丛书编委会：《福建省少数民族古籍丛书·畲族卷·家族谱牒》（上），海风出版社，2010年第110页。

⑥ 福建省少数民族古籍丛书编委会：《福建省少数民族古籍丛书·畲族卷·家族谱牒》（上），海风出版社，2010年第506页。

夫谱可以生孝悌，关系岂不巨哉！”①。《光泽司前村积谷岭雷氏族谱》［清同治元年（1862年）刻本］之《积谷岭雷氏重修族谱新序》曰：“昔孔圣云：诗三百，一言以蔽之，曰‘思无邪’。朱子解之曰：其善者可以感发人之善心；其恶者可以惩创人之逸志。其用归于使人情性之各得其正而已。族谱之设亦然，不知者以为此特考世系、辨宗支具文耳，于古人作谱之深意未得焉。今夫人有秉彝本乎天性，知诱物化遂亡其正。人之所以异于禽兽者以其存心也。尝见名门世族，方其盛也，建立祠宇寝殿赫奕，春秋拜献祀事孔明；及其衰也，博弈饮酒，窥窃宗器，妇女则冶容诲淫。寡廉鲜耻如此者，王法不胜诛，鬼神难显质，惟一醒之以族谱，不啻晨钟暮鼓，可以格其非心。盖谱之为义也，崇善而黜恶。一言之褒荣于华衮；一字之贬严于斧钺。凡人虽至愚，所为不肖未尝不自知，一闻邻里有干谱例，为众所纠，观其色赧赧然，辄畏人之清议。及己者，一旦幡然改而归于正，是谱之益人大且远矣！”②《武夷山星村崇南钟氏重修宗谱》［清光绪二十四年（1898年）刻本］之《钟氏族谱序》曰：“且夫谱者何如而作也，敦爱敬，重伦理，明昭穆，别亲疏而已。夫天地之间木本有根，水本有源，人为万物之灵，可不知其祖乎？谱系修明，则俾子孙知其所自出，不忘本耳。开卷一阅，彰彰可考，某有忠，某有孝，某有文，某有武，某有德，某有才，垂青拖紫之形容，执笏挥戈之相貌，载功名于谱牒，留景耀于千秋，上可徵前人之功绩，下可启后人之缵承。”③

5. 维系家族繁荣

《石椅种玉堂浯洲金门城蓝氏族谱》［清光绪十八年（1892年）手写本］之《曾孙蘧侯公序曰》：“属凡此从前所择细阁重勘，均堪稍安。只虑分居派远，久而莫稽，妥命绘图，集为一书，俾可收藏，便于时绎。以期后之子孙勿因偏抱己见，勿为听讹便改，勿徒取金石瑰怪，勿纨徛声色，快心志悦耳目，而忘图远。言念厥祖克绍盛德，便可长发其祥于爰祼矣。”④

---

① 福建省少数民族古籍丛书编委会：《福建省少数民族古籍丛书·畲族卷·家族谱牒》（上），海风出版社，2010年第93页。

② 福建省少数民族古籍丛书编委会：《福建省少数民族古籍丛书·畲族卷·家族谱牒》（下），海风出版社，2011年第4－5页。

③ 福建省少数民族古籍丛书编委会：《福建省少数民族古籍丛书·畲族卷·家族谱牒》（下），海风出版社，2011年第507页。

④ 福建省少数民族古籍丛书编委会：《福建省少数民族古籍丛书·畲族卷·家族谱牒》（上），海风出版社，2010年第56页。

二、畲族谱牒纂修模式

考畲族谱牒的纂修模式，大致经历倡议、合议、开局、付梓四个阶段。记述这些史实的资料主要存于谱序中，其次散见于纪事记、跋、凡例、董事题名录、执事芳名录、任务捐赀引、杂录等篇目内。

倡议是修谱的必经阶段，没有人倡议，就不会开启修谱事宜。这种倡议往往会在一个特定的时机，由族长、房长，或族内长辈等提出。《上杭种玉堂闽杭庐丰蓝氏族谱》［“民国”三十三年（1944）刻本］之《跋三》曰：“去年壬午春，云由汀携眷回家，恰秋分祭祠，时有二房族庚兄繡轩者在祠提倡修谱之事，当（即）各房诸老同声响应。”①《光泽司前村积谷岭雷氏族谱》［清同治元年（1862 年）刻本］之《卷四跋》曰：“乾隆乙卯夏，赖祖父伯叔兄弟辈同心纂辑，具有成帙。但惜我祖远别桑梓，因乱奔避，事属愡忙，抄携草谱自机公以前未尽详悉，因尔前次纂修未敢备载。嘉庆丙子秋，堂兄世彤进省乡闱，适会南安同族名鹏搏者，叙及家乘，亲亲莫逆。旋里后，特将焕公以下系图及墓志铭、题名名录等篇逐一抄送，并后南安族人屡有来访者所携谱牒细心校对，并皆无异，故吾族之谱素欲重修。今壬戌春，幸荷祖灵，众人等咸为踊跃，协力齐心，勷成厥事付之剞劂，越两月而告竣焉”②。《上杭种玉堂闽杭庐丰蓝氏族谱》［“民国”三十三年（1944 年）刻本］之《序二》曰：“厥后世相姻娅往来不绝，蓝氏子姓已蕃，又或外迁，家自为谱，六七百年未有综其成者。去岁其族长老相聚，而谋合之，议成，设会编纂。”③

有时，倡议过后要等待相当一段时间才会迎来时机。另《序一》曰：“日者蓝族诸君子有修谱之举，经数载之筹划，开局一年编纂就绪”④。《光泽司前村积谷岭雷氏族谱》［清同治元年（1862 年）刻本］之《积谷岭雷氏重修族谱新序》曰：“乾隆乙卯（1795 年）夏，父含宏公曾任谱事，迩来六十有八年矣。今壬戌（1802 年）春，族众等谓予曰：吾族之谱宜修久

---

① 福建省少数民族古籍丛书编委会：《福建省少数民族古籍丛书·畲族卷·家族谱牒》（下），海风出版社，2011 年第 507 页。

② 福建省少数民族古籍丛书编委会：《福建省少数民族古籍丛书·畲族卷·家族谱牒》（下），海风出版社，2011 年第 38 页。

③ 福建省少数民族古籍丛书编委会：《福建省少数民族古籍丛书·畲族卷·家族谱牒》（下），海风出版社，2011 年第 339 页。

④ 福建省少数民族古籍丛书编委会：《福建省少数民族古籍丛书·畲族卷·家族谱牒》（下），海风出版社，2011 年第 338 页。

矣，今再搁置，咎将谁责。”①

漫长的等待并非是族人之所愿，但因一些客观缘由的阻碍也不得不接受这一现实。《光泽大禾山石城雷氏重修族谱》［清乾隆二年（1737 年）刻本］之《后跋》曰：“虽然谱亦难言之矣，或阻于时势之艰难，或阻衅隙之频开，或阻于兵燹流离，苦于稽考之无据，以是古家巨族屡议增修而卒无成功者，比比然矣。”②

倡议，一般多以族谱三十年或时间更长未曾增修，或破损严重，或散失遗落等缘由而提出。《三微堂汝南郡蓝氏五修宗谱》［清光绪十年（1884）豫章刻本］之《重修宗谱新序》曰：“然自道光庚寅年（1830 年）一修，屈指至今已五十有余岁矣，期近两世亦应一大修焉。”③ 另《序》曰：“独恨家系旧牒屡经兵火之变，凋残缺略，无可稽考……世系源流倘不急为修辑，而祖功宗德几不免为杞宋之故辙乎？因不禁感慨系怀，怃然悼叹。”④《上杭种玉堂闽杭庐丰蓝氏族谱》［“民国”三十三年（1944 年）刻本］之《序八》曰：“吾族旧故有谱，光绪间因某姓讼事呈案验证，一时失慎，遂至遗落。予闻之悄然者久之。退后每拟续辑，无如近者可稽，远者难溯，尚未暇及。”⑤

合议，是在族内有人倡议修谱的情况下举行的，讨论是否增修、如何增修。如果一致赞同增修，则进一步讨论编委会人员的组成、办事地点、资金筹集、编纂体例等事宜，为正式开局修谱做好一切必要的准备。《福安坂中井口汝南郡蓝氏三修宗谱》［“民国”二十六年（1937 年）写本］之《新修谱序》曰：“前谱修于清光绪二十一年乙未岁次（1895 年），系穆水黄瑞麟先生所修，迄今四十有三载矣。凡属族中者各有热心重辑谱系之议，于去冬余适达各房父老伯叔，俱乐从其事，而后家喻户晓，恍然共

① 福建省少数民族古籍丛书编委会：《福建省少数民族古籍丛书·畲族卷·家族谱牒》（下），海风出版社，2011 年第 3 页。

② 福建省少数民族古籍丛书编委会：《福建省少数民族古籍丛书·畲族卷·家族谱牒》（下），海风出版社，2011 年第 103 页。

③ 福建省少数民族古籍丛书编委会：《福建省少数民族古籍丛书·畲族卷·家族谱牒》（上），海风出版社，2010 年第 88 页。

④ 福建省少数民族古籍丛书编委会：《福建省少数民族古籍丛书·畲族卷·家族谱牒》（上），海风出版社，2010 年第 98 页。

⑤ 福建省少数民族古籍丛书编委会：《福建省少数民族古籍丛书·畲族卷·家族谱牒》（下），海风出版社，2011 年第 345 页。

识敬宗睦族之有其伦，即当祠开笔。"①《上杭种玉堂闽杭庐丰蓝氏族谱》［"民国"三十三年（1944年）刻本］之《跋二》曰："民国二十有一年壬午之秋，族叔绣轩以修谱事相告，予曰，甚善。随召集族中父老，将议题讨论，一倡百和，毫无异言。当即推人负责组织筹备委员会，择期开局。并假永清公祠为办事处，决意凡属念七郎公嗣裔不分遐迩，一体联修。计已复函者极形踊跃。"②《上杭至德颖川郡坵辉钟氏族谱》（清光绪三十一年（1905年）刻本）之《创修族谱序》曰："岁甲辰正月，家父集族众于庭，始议为修谱之计。于是族人同声踊跃，计各尝所捐之银共一千有余，限以二年完缴……其八月家父又往江右一带邀外迁诸族人，不惮辛勤，阅数月而始返。乙巳春设局。"③

设局修谱，是畲族家族中及其重要的大事件，"修谱例设局如官书"④，一定要卜定吉日，举行祭祖仪式后方可开局。《光泽大禾山石城雷氏重修族谱》［清乾隆二年（1737年）刻本］之《雷氏重修家谱序》曰："是卜今之桂月，纠众起草，共勷厥成，始了此志愿"⑤。《上杭种玉堂闽杭庐丰蓝氏族谱》［民国三十三年（1944年）刻本］之《旧跋》曰："余族自同治八年（1869年）重修之后，越今四十余载，合族绅耆朝夕念及……于是合族商议，邀集远方外邑诸公，众皆踊跃相从。设局上堡大坝脑，卜择吉期，誊录草稿，书明各处坟墓形向。"⑥

畲族修谱开局仪式十分隆重。要虔敬地准备好祭献物品，摆放于祠堂内，设有祖先及观音等神位的神案前。族长携族人焚香敬酒，恭敬地向祖先禀告修谱事宜，请以监督，并祈求光前裕后。《璜谿雷氏宗谱》之《修谱兴工告庙祝文》曰："维嘉庆十九年（1814年）岁在甲戌，夏六月庚申朔越八日丁卯，三十一世孙君万（族长）等偕任修宗谱三十三世孙滄中、

---

① 福建省少数民族古籍丛书编委会：《福建省少数民族古籍丛书·畲族卷·家族谱牒》（上），海风出版社，2010年第158页。

② 福建省少数民族古籍丛书编委会：《福建省少数民族古籍丛书·畲族卷·家族谱牒》（下），海风出版社，2011年第506页。

③ 福建省少数民族古籍丛书编委会：《福建省少数民族古籍丛书·畲族卷·家族谱牒》（下），海风出版社，2011年第524－525页。

④ 福建省少数民族古籍丛书编委会：《福建省少数民族古籍丛书·畲族卷·家族谱牒》（下），海风出版社，2011年第340页。

⑤ 福建省少数民族古籍丛书编委会：《福建省少数民族古籍丛书·畲族卷·家族谱牒》（下），海风出版社，第2011年第51页。

⑥ 福建省少数民族古籍丛书编委会：《福建省少数民族古籍丛书·畲族卷·家族谱牒》（下），海风出版社，2011年第504页。

际唐、际和、际泰，三十四世孙际飞、梓、应西、炳勋、名伟，三十五世孙宣烈、谨拈香奠酒，敢昭告于唐大始祖考剑州别驾白七公府君之神位前、唐大始祖妣邹氏儒人之神位前、唐大祖考大中大夫豫章公二十八府君之神位前、唐大祖妣诰封夫人杨氏之神位前、唐以来本支历代祖考妣之灵，曰：维祖宗功德用能保世以滋，大谱之未修今已七十余年矣，爰属裔孙辈恭是任，欲合欧、苏二例重辑续修，以付剞劂。偏搜抄録流传十余部，凡参互考订，敢惮勤劳，彼此异同，必衷义理。断不容作聪明、恃臆见、有私心于其间。倘或呈误遗忘，则惟赖我列祖默相启佑后人，俾无贻先公羞，尔时克赞厥成，宣行告庙之礼。兹当彫镌伊始，用申悃忱，凛凛兢兢，伏祈降监。”［建瓯房道，清宣统二年（1910 年）］①

谱局，也称修谱委员会，为临时机构，一般由族长、房长等组成。内部分工明确，责任到人。除聘请的修谱师、刨剖师等外，家族参与修谱的人员一般不支付工资，只尽义务。其组织结构依据修谱环节和承担职责可分为：主任、监修、总纂、编修、寻访、校对、绘图、司出入、剖剞等。然而，具体到每个家族的谱局，其岗位设置或职衔称谓会略有不同，但修谱环节所包含的内容则是一致的。《积谷岭雷氏族谱》［清乾隆乙卯（1795 年）修］谱局，设提调、综理、纂辑、对读、司出入、督修、剖剞师；《积谷岭雷氏族谱》［清同治元年（1862 年）修］谱局，设主修、纂辑、对读兼誊录、对读兼草稿、监修、综理、杂办、剖剞师；《福安坂中井口汝南郡蓝氏宗谱》［清咸丰十一年（1861 年）创修］谱局，设主谱、董事；《永安曹远蔡地汝南郡蓝氏族谱》［清嘉庆十六年（1811 年）三修］谱局，设总理、稽考世系、录稿对读、掌盘督修、绘图、房长举事、谱师；《福鼎丹桥颖川郡钟氏族谱》［清道光十九年（1839 年）修］谱局，设纂造、总理、兼理、起稿、誊抄；《福鼎枇杷坑颖川郡钟氏族谱》［“民国”四年（1915 年）修］谱局，设纂修、梓辑、仝校、采访、总理、协理；《武夷山星村崇南钟氏重修宗谱》［清光绪二十四年（1898 年）修］谱局，设主修、掌稿、校正对读、绣梓；《瑞金常乡信义钟氏族谱》［清乾隆十八年（1753 年）重修］谱局，设总理、校阅、参订、督理、杰士、订修、查问红丁；《瑞金常乡信义钟氏族谱》［清道光七年（1827 年）四修］谱局，设总理、督理、参订校阅、誊录对读、买办；《上杭汝南堂蓝氏续修通谱》［清光绪十三年（1833 年）修］谱局，设倡修、纂修、编

① 福建省少数民族古籍丛书编委会：《福建省少数民族古籍丛书·畲族卷·家族谱牒》（上），海风出版社，2010 年第 7 页。

修、总理、副理、校刊、对读、鉴盘、采访。

谱局里最重要的岗位是主任（总理、综理），攸关修谱成败綦重。既是修谱的组织者，负责处理方方面面的关系与事务，也是修谱的终审定稿者。《三微堂汝南郡蓝氏五修宗谱》［清光绪十年（1884 年）豫章刻本］之《银城金竹合会统宗谱引》曰：“甚哉！统宗谱之任大责重者也，非公诚练达者不能倡厥始，非敦本敬宗者不能要厥终。因其始所发端，同具终之所能成，要非同心专一者不能也。”① 《上杭种玉堂闽杭庐丰蓝氏族谱》［“民国”三十三年（1944 年）刻本］之《跋一》曰：“修谱与修史同，非才学识兼长不能胜任。”② 另《序五》曰：“族谱关系最重，修纂亦最难，一或不慎，幽则获罪祖宗，明则招尤族党。吾族今议修谱，特组一委员会，诸族哲谬以主任相推托。按谱牒之修，吾族如元一鲁溪、健庵星垣皆耆儒硕学，尚拟联修而未果，观此则修谱重任，绝非慎择学行孚望者不为功。且我国社会积习，凡事多有议而未决，決而莫行，行而罔效者，揣其源，多由于主任之未得人也。主任畏任劳则事多荒废，主任不任怨则欸难清收。”③

修谱环节主要包括：

一是开局前后遍寻旧谱和征集各家的家状、各房支的草谱，并在开局后四处串联布告，同时为修谱筹措经费。《三微堂汝南郡蓝氏五修宗谱》［清光绪十年（1884 年）豫章刻本］之《序》曰：“遍觅老谱渊源……至旧孟秋，于山前蓝而始得其重修谱牒，取而阅之，其中世次不周，未可足凭。复于江抚之崇宜又得其所载旧乘，细览源流支远派别，涧公而后亦未足深稽。……不意今春于本邑澄浒之南门而竟得其唐宋以源流老谱……予即持其三集竞投族叔讳鼎锡家……共襄斯举。锡君……综理局务，葵君……修撰系图，余……四出通同知会，催录吊系。”④ 《上杭种玉堂闽杭庐丰蓝氏族谱》［“民国”三十三年（1944 年）刻本］之《跋三》曰：

---

① 福建省少数民族古籍丛书编委会：《福建省少数民族古籍丛书·畲族卷·家族谱牒》（上），海风出版社，2010 年第 102 页。

② 福建省少数民族古籍丛书编委会：《福建省少数民族古籍丛书·畲族卷·家族谱牒》，海风出版社，2011 年第 505 页。

③ 福建省少数民族古籍丛书编委会：《福建省少数民族古籍丛书·畲族卷·家族谱牒》，海风出版社，2011 年第 342 页。

④ 福建省少数民族古籍丛书编委会：《福建省少数民族古籍丛书·畲族卷·家族谱牒》（上），海风出版社，2010 年第 98 页。

“始由各支房上草谱于局，次由谱局编修文牍。”[1] 另《任务捐赀引》曰：“凡事欲求成功，断无不资人力财力……当即组织一修谱委员会，推定任务会员，决定筹款办法……义捐。议定公尝裔孙有特别认捐者，概依捐数多寡序次题名，以致孝义。如有捐至六千以上者，并赠以赞，永留纪念……派捐。每田税一斤，抽谷三合，主佃各半。按保汇收，折价总缴……贴捐。议定贴捐国币绘图每板、像赞每篇各二十元，寿序、传状每篇五十元。……丁捐。议定捐国币每名红丁三元，黑丁三角。惟本乡经收谷捐，免再分派……所以出入数目概经按月公布。”[2]

二是依据旧谱、草谱，进行稽查、厘正、增补。《光泽司前村积谷岭雷氏族谱》［清同治元年（1862 年）刻本］之《积谷岭雷氏重修族谱新序》曰：“即将前后旧谱细心披阅，复出所得南安、建安、丰城各处世系实录校对。远自焕公、机公而来，悉为厘正……阅两月始告竣焉。[3]”有的畲民家族旧谱遗失，于是就持家藏“祖图”请修谱师据此纂辑。《惠安丰山雷氏族谱》［清乾隆二十八年（1763 年）手写本］，其纂辑者陈雪观在《雷氏谱论》曰：“余于乾隆癸未岁（1763 年）设降于雷门四载，父老等持祖影而请为谱。余就影像行事，搜寻载籍史册，合数书而参稽之，其事皆昭然可据，确然相符……所以旧谱失落，幸存影像流传后世，而影像既存，可依叙事，纂修新谱。论者谓无旧谱，难著新谱，而抑知祖影即旧谱之谱也。”[4]

三是起稿、形成正本，并进行对读校对、补正。《福安坂中井口汝南郡蓝氏宗谱》［“民国”二十六年（1937 年）写本］之《新修谱序》曰：“爰为之采集草纂皆是文华之笔也，本春兼以雷先生培卿汇同与余誊写正本。”[5]《上杭种玉堂闽杭庐丰蓝氏族谱》［“民国”三十三年（1944 年）刻本］之《凡例》曰：“此谱编竣后深恐脱误多多，负疚获戾。概经传集

① 福建省少数民族古籍丛书编委会：《福建省少数民族古籍丛书·畲族卷·家族谱牒》（下），海风出版社，2011 年第 340 页。

② 福建省少数民族古籍丛书编委会：《福建省少数民族古籍丛书·畲族卷·家族谱牒》（下），海风出版社，2011 年第 364 – 369 页。

③ 福建省少数民族古籍丛书编委会：《福建省少数民族古籍丛书·畲族卷·家族谱牒》（下），海风出版社，2011 年第 3 – 4 页。

④ 福建省少数民族古籍丛书编委会：《福建省少数民族古籍丛书·畲族卷·家族谱牒》（上），海风出版社，2010 年第 319 页。

⑤ 福建省少数民族古籍丛书编委会：《福建省少数民族古籍丛书·畲族卷·家族谱牒》（上），海风出版社，2010 年第 158 页。

各房贤达逐日按派详查，面行补正，至校订后随于本系后方署名某某主编，某某同校，籍昭慎重以弥缺憾，倘排字犹有讹谬者，只得旁印红色以正之。”①

四是制版印刷或誊写。《福鼎枇杷坑颖川郡钟氏族谱》［“民国”四年（1915 年）刻本］之《重修钟氏宗谱序》曰：“余为之互证参稽，以活字板梓之，阅一年而谱事告竣。”② 另《修谱自序》曰：“于是沿溯源流，采搜丁甲，延宗侄孙庆英纂辑，邀李先生泽如绣梓，兹则谱牒告成矣。”③ 这里需要指出的是，开雕印刷也要占卜吉日方可进行。《余良骏署检上杭雷氏梓福公家谱》［“民国”元年（1912 年）刻本］之《凡例》曰：“此谱议修于光复前一年，购工庀材，择吉开雕，越十有五月告成。④”

有趣的是，有的畲族家族在修谱时，为督促修谱人员忠于职守，努力工作，同时也邀请族人监督资金使用情况，特在修谱地点悬挂对联以醒示。《上杭种玉堂闽杭庐丰蓝氏族谱》［“民国”三十三年（1944 年）刻本］之《跋三》曰：“修谱工程在办事处，经晓垣撮联悬于墙壁，文曰：族谱以纂修始剞劂终不厌详预约年余方藏事，经费则派款多募捐少无私动用公开口后自知心。”⑤

修谱工作正式推开后，主纂者是关键角色，一般多聘用汉族人从其事，但后来也有畲族人担当。他们当中大多为专职修谱的谱师（谱匠），亦有与畲族家族关系密切者担任。他们当中有为官的、教书的、在文庙从事乐舞的、在家闲逸的饱学之士等。《福安春雷云冯翊雷氏宗谱》［“清光”绪元年（1875 年）手写本］之《谱序》曰：“今乙亥春，雷族家译、家谊素有大志，一旦奋然，公议佥谋作谱，请予纂辑。”⑥ 纂辑者为例授修职郎、候补训导宋绍源。《福安坑门里大留钟氏宗谱》从清道光五年

---

① 福建省少数民族古籍丛书编委会：《福建省少数民族古籍丛书·畲族卷·家族谱牒》（下），海风出版社，2011 年第 361 页。

② 福建省少数民族古籍丛书编委会：《福建省少数民族古籍丛书·畲族卷·家族谱牒》（上），海风出版社，2010 年第 482 页。

③ 福建省少数民族古籍丛书编委会：《福建省少数民族古籍丛书·畲族卷·家族谱牒》（上），海风出版社，2010 年第 495 页。

④ 福建省少数民族古籍丛书编委会：《福建省少数民族古籍丛书·畲族卷·家族谱牒》（下），海风出版社，2011 年第 122 页。

⑤ 福建省少数民族古籍丛书编委会：《福建省少数民族古籍丛书·畲族卷·家族谱牒》（下），海风出版社，2011 年第 507 页。

⑥ 福建省少数民族古籍丛书编委会：《福建省少数民族古籍丛书·畲族卷·家族谱牒》（上），海风出版社，2010 年第 377－378 页。

(1825年)，经咸丰五年（1855年)，至光绪十四年（1888年)，先后聘请双峰宣讲生冯凌霄、漳江佾生阮洪均、议叙九品军功加六品衔余庆珹等纂辑。

畲族大家族在修谱时，一般会邀请才华出众、有名望的贤师为其纂修族谱，写序，立传。《光泽大禾山石城雷氏重修族谱》［清乾隆二年（1737年）刻本］之《琴阳上坑雷氏重修家谱序》曰：“而今廷祥、廷兆昆玉因旧之谱牒缺讹，惧其久而湮没，稽考无所从，乃会集族众，延请明师，端笔楷书以记其高曾祖考之所自来，婚姻生卒安厝之所定名。今则谱成，支分派别脉络咸清。”① 另《上坑雷氏重修家谱序》曰：“观其序文、传志，均为闻人手笔。”②

有的畲族家族会就近邀请在本家族做教读的汉族私塾先生帮忙修谱。《罗源松山上土港汝南蓝氏支谱》［清咸丰八年（1858年）手写本］之《修上泥港蓝氏支谱序》曰：“今岁戊午，余在外窑蓝大奎家教读，其房内议修支谱，家长思美与诸侄等同请序于余。余询及所自，献有旧谱汇一卷，系奎父学伊在日抄录，世系分明，乃得知其祖上之所从出，爰分支派以成谱牒。越桂月中旬，事竣。更有罗邑蓝全忠闻知外窑同宗人修谱，命男永英到馆，亦求序于余。余不胜欣然，叹曰：尔父身居家长，有心修谱，可谓不忘祖矣！……兹英说及谱事，颇知大义，余敢不肩其任乎？……余每与课读暇时，不揣固陋，代为编辑，则见其本源有自，支派由分，蓝子光祖德而绵世泽者可于斯谱卜之矣。”③

有的畲族家族与汉族修谱师建立起良好的私人关系，会延聘两代人为其修谱。《华洋蓝氏重修族谱》［清光绪三十一年（1905年）本］之《重修蓝氏谱序》曰：“余少时随庭训于崑蒲，道于华洋者数矣。甲辰（1904年）秋，华洋蓝姓议修谱牒，延余先严修辑，先严命余赴兹华洋……力肩是任，殷殷勤勤延余先严辑修，惜谱未卒业亡，余故訏夫先严。”④ 作序者，王作梅。其父，王聘三曾于己巳（1869年）春，为华洋蓝姓修谱。《宁德猴墩雷氏续修宗谱》［“民国”十六年（1927年）本］之《雷氏续

---

① 福建省少数民族古籍丛书编委会：《福建省少数民族古籍丛书·畲族卷·家族谱牒》(下)，海风出版社，2011年第45页。

② 福建省少数民族古籍丛书编委会：《福建省少数民族古籍丛书·畲族卷·家族谱牒》(下)，海风出版社，2011年第50页。

③ 福建省少数民族古籍丛书编委会：《福建省少数民族古籍丛书·畲族卷·家族谱牒》(上)，海风出版社，2010年第178－179页。

④ 转引陈支平：《福建族谱》，福建人民出版社，1996年第288页。

辑谱序》曰："闽川猴墩雷氏谱，前修于清光绪廿三丁酉岁（1897 年），系余先严主笔，时余在侧焉。越三十有一载，族长……暨各房长先生，佥议续修。而余尝主冰镜先生家，旧好难忘，主宾相得。于是辄择吉日，开祠发笔。采辑丁酉以后诸新丁，男女婚配岁庚，并志崇祠事实，更定新篇，时乃兰亭修禊候也。"① 作序者，缪培琛。其父，缪书亨。

民国时期，畲族修谱先生开始增多并闻名故里，如雷一声、蓝宗山、钟肇基等。在闽南、闽西许多畲族族谱也是由家族中的有识之士完成的。如《宁化茜坑冯翊郡雷氏家谱》，明成化十六年（1480 年），务公创修；明万历三十年（1602 年），威公重修；清顺治七年（1650 年），第公续修；康熙五十一年（1712 年），裔孙时行、裔孙定高与二十九世孙提督江苏学政加一级雷鸣高（雷鋐父亲）四修；乾隆二十五年（1760 年），三十世孙浙江、江苏两任提督学院雷鋐五修；嘉庆十七年（1812 年），绍宗叔六修；光绪六年（1880 年），迅行与三十三世裔孙雷捷飞父亲七修；民国三年（1914 年），三十四世孙清邑痒生雷捷飞主纂八修、三十六世孙清邑痒生雷用章撰稿。雷捷飞在《芳饮堂八修家谱序》曰："余阅先哲所编前谱例规，条分缕晰，支派分明。余年已六旬，精力将衰，然睹其谱之关系匪轻，不敢不述其事而继其志。其于祠图、坟图、祀产以及乡贤、孝子、节妇、生卒娶葬，无不劳心校正复实，编载焉敢稍存私意，以负先人编辑之功，而后世子孙无所稽考焉。此修史者所以有执简之争，而修谱敢不矢慎矢公焉尔。"② 从中足见畲族自修族谱颇具源流，其成熟度不亚于汉族所修谱牒。

三、畲族谱牒纂修体例及特点

如今保存下来的畲族谱牒主要是明、清及民国时期的谱牒，这一时期正是我国谱牒文化发展的成熟时期。因而，其纂修体例几乎完整接纳了汉族谱牒的纂修体例。但是，部分类别仍存有本民族的特点。

汉族谱牒的体例，依据上海图书馆研究馆员、谱牒专家王鹤鸣先生的研究，主要包括谱名、祖先像赞、目录、修谱名目、谱序、凡例、恩荣禄、谱论、姓氏源流、世系、传记、家法、风俗礼仪、祠堂、坟茔、族产、契约、艺文、字辈排行、领谱字号等共 20 大项，畲族谱牒体例也无外乎如此。

---

① 转引陈支平：《福建族谱》，福建人民出版社，1996 年第 288－289 页。

② 福建省少数民族古籍丛书编委会：《福建省少数民族古籍丛书·畲族卷·家族谱牒》（上），海风出版社，2010 年第 214 页。

一、谱　名

其称谓有家谱、宗谱、族谱、房谱、世谱、支谱、谱系、谱传、渊源、统谱、通谱、谱牒、玉谱、玉牒、家乘、会谱、合谱、主谱、坟谱、祠谱、联宗谱、世系图、族系、世家等。最常见的是家谱、宗谱和族谱。畲族谱牒比较常见的谱名亦是家谱、宗谱和族谱，谱名的构成同汉族谱牒也相一致。如谱籍 + 姓氏，《惠安丰山雷氏族谱》[清乾隆二十八年（1763年）手写本]，表明为福建泉州惠安丰山的雷氏族谱。堂号 + 郡望 + 姓氏，《三微堂汝南郡蓝氏五修宗谱》（清光绪十年（1884 年）豫章刻本），三微堂、汝南郡是堂号、郡望，表明家族的身份。

二、祖先像赞

即家族的祖先图像及赞语。如《三微堂汝南郡蓝氏五修宗谱》[清光绪十年（1884 年）豫章刻本]之《蓝氏著像登谱引》，开端写道："从来人以像传，像以品重，故必望重于泰山，品高乎北斗。斯其名与像并传，不然虽欲载其像，有不胜其载矣，观像图者亦自勉，为绘像于谱之人可也。"① 接着列各祖宗名人图像，并在其下著赞语。如"岁贡生茂清翁喜容图像，赞曰：秉性正直，立品端庄，克勤克俭，无怠无荒。陶朱术檀，管鲍名扬。例赠修职，阀阅争光"②。下署拜赞人名。列入祖先像赞的有远祖、近祖、官宦、获得功名者等。

三、目　录

列举家谱的主要内容与次序。如《永安曹远蔡地汝南郡蓝氏三修族谱》[清嘉庆十六年（1811 年）刻本]，原有八卷，现仅存第一卷。在第一卷谱序、旧序、老序之后列出目录：

卷一，新序、旧序、目录、告祖文、修谱题名、族规、凡例、字派、源流、服制图、系图、远祖系图、世系图、世传引、远祖世传、始祖世传；

卷二至卷五，次四公房世传；

---

① 福建省少数民族古籍丛书编委会：《福建省少数民族古籍丛书·畲族卷·家族谱牒》（上），海风出版社，2010 年第 114 页。

② 福建省少数民族古籍丛书编委会：《福建省少数民族古籍丛书·畲族卷·家族谱牒》（上），海风出版社，2010 年第 121 页。

卷六，四六公房世传；

卷七，芹口龙归祖祠图、圣君遗记、张边奇源殿图、蔡地源飞云殿图、五七公土堡祠图、四六公屋图、赞郎公屋图、添员公屋图、传旺公屋图、远祖坟图、众祖坟图、次四公房坟图、附坟记；

卷八，次四公房行实、四六房公行实、尝产引、祖祠田产、二房众祖祭田；次四公房神田及田产及里长合约、四六公房神田及祭田及山场、谢神文、领谱字号、后跋。①

四、修谱名录

即开列本届与历届修谱人员名单及职务的名录。畲族谱牒中亦有执事芳名、修谱董事题名等称谓。如《福鼎丹桥颖川郡钟氏族谱》［清道光十九年（1839 年）手写本］，目录之后列修谱名录：

纂造者丹桥廿三世孙鸣云；总理者廿二世孙声高、廿四世孙起程；兼理者廿二世孙声高；起稿者廿二世孙声高、廿四世孙起程；誊抄者裔孙声高、起珍、起程、起望。

主持修谱者往往是族内德高望重之人。钟鸣云（1780—1842 年），丹桥钟氏士田公派下第二十三世，福宁府学生员，学名钟良弼。清嘉庆七年（1802 年）因民间歧视畲民，钟良弼赴考受阻，遂典卖家产顽强上诉，得福建巡抚李殿图主持正义，终于第二年考取府学生员，名动全省。

五、谱　序

内容涉及家族姓氏源流、家族迁徙、修谱动因、修谱目的、修纂经过以及修谱理论等。

1. 姓氏源流。

《三微堂汝南郡蓝氏五修宗谱》［清光绪十年（1884 年）豫章刻本］之《蓝氏世谱原序》曰：“吾宗蓝氏，则由春秋楚大夫亹者仕为蓝田尹，而蓝姓之所自出。至战国时，亹之后曰诸者，仕为中山大夫，生五子，曰雍，曰奋，曰宏，曰交，曰简。汉改古蔡之地为汝南郡，蓝迁汝南，遂以汝南迁焉。其子孙繁衍，各以显宦散居江淮、闽、浙、两广，自是族派不

---

① 福建省少数民族古籍丛书编委会：《福建省少数民族古籍丛书·畲族卷·家族谱牒》（上），海风出版社，2010 年第 196－198 页。

可统一矣。”①

2. 家族迁徙

《三微堂汝南郡蓝氏五修宗谱》［清光绪十年（1884 年）豫章刻本］之《蓝氏重修宗谱序》曰：“余族受姓自楚大夫始焉，祖汝南而居闽，由闽而适徽，自徽而迁居金坑，逆而溯之前百余年矣。”②

3. 修谱动因

《三微堂汝南郡蓝氏五修宗谱》［清光绪十年（1884 年）豫章刻本］之《重修宗谱新序》曰：“盖闻王者易姓受命为一世，三十年亦为一世。凡各姓宗谱应一世小修，两世大修，庶不至年湮代远，文献无徵，致使昭穆混淆，尊卑失序也。”③

4. 修谱目的

《三微堂汝南郡蓝氏五修宗谱》［清光绪十年（1884 年）豫章刻本］之《肖家地续修蓝氏宗谱序》曰：“今夫木之有本也，不寻其根本，何以识其所生；水之有源也，不溯其根源，无以知其所从出。此物理之所固然，即人事之所同然者也。”④

5. 修纂经过

《三微堂汝南郡蓝氏五修宗谱》［清光绪十年（1884 年）豫章刻本］之《重修蓝氏族谱序》曰：“蓝子鼎锡念世谱之不修也四百年，乃邀其侄辈其祥，不惮勤劳远访亲族，抵苏江，至饶州，迄崇仁环辕，于崇安澄浒之南门得其先唐睦州刺史敏公后之古谱焉。……于是缺者补之，误者正之，披阅之下，一千八百余年之派，本本源源，如日经天；亿万斯人之族，支支脉脉，如丝有绪。”⑤

6. 修谱理论

《三微堂汝南郡蓝氏五修宗谱》［清光绪十年（1884 年）豫章刻本］

---

① 福建省少数民族古籍丛书编委会：《福建省少数民族古籍丛书·畲族卷·家族谱牒》（上），海风出版社，2010 年第 92 页。

② 福建省少数民族古籍丛书编委会：《福建省少数民族古籍丛书·畲族卷·家族谱牒》（上），海风出版社，2010 年第 94 页。

③ 福建省少数民族古籍丛书编委会：《福建省少数民族古籍丛书·畲族卷·家族谱牒》（上），海风出版社，2010 年第 88 页。

④ 福建省少数民族古籍丛书编委会：《福建省少数民族古籍丛书·畲族卷·家族谱牒》（上），海风出版社，2010 年第 89 页。

⑤ 福建省少数民族古籍丛书编委会：《福建省少数民族古籍丛书·畲族卷·家族谱牒》（上），海风出版社，2010 年第 95 页。

之《蓝氏重修族谱序》曰“谱者溥也，言其阔大也。谱者式也，言为法则也。兼二义而译之，则取其法先德而恢大之。此谱之所由名，故族必有谱也。”①

六、凡　例

别称谱例、规条、例言等，叙述修谱的原则、体例和内容，一般置于谱首。如《三微堂汝南郡蓝氏五修宗谱》［清光绪十年（1884 年）豫章刻本］之《凡例》，开篇即指出：“族谱之书长篇累幅，非比一篇一章之词可以意得其中。有约简驭繁之法，有称说互异之词，更有脱落连贯之处，不法其例，披阅无序。今著凡例条陈，标于谱首，便览焉。”② 该凡例对族谱编撰谱式、系图，世传书写格式，墓图纪地，别生、继，记世系，存殁称呼写法，排行，宗族系图、坟图、祀产编次，族谱印制、存验，族谱分领规定，族谱补遗方式等一一进行了说明。

七、恩荣禄

亦称“恩纶、诰敕、告身”等，记载皇帝对家族成员中的官员、亲属、烈女的敕书、诰命、赐匾之事，以示炫耀。如《宁化茜坑芳饮堂冯翊郡雷氏家谱》［“民国”三年（1914 年）刻本］，在“凡例”、“家族源流存徵”、“备考”之后列“恩纶纪”，刊载《清通政使司通政使、提督江苏学政加一级雷鋐三代诰命》、《直隶正定府元氏县知县雷定淳一代诰命》。

八、谱　论

又称“谱说、谱法、先儒谱说、先贤谱论、述古谱略、家谱引义、谱学论略”等，辑录古代经典论述修谱宗旨、意义、原理和方法之说。如《福安春雷云村雷氏祠堂冯翊雷氏宗谱》［清光绪元年（1875 年）本］之《先儒重谱论》，文内列举了北宋教育家程颐，唐相崔淋，北宋文学家、史学家欧阳修，明莆阳名人朱文霆，南宋理学家、思想家、哲学家、教育家、诗人朱熹，北宋散文家苏洵，北宋政治家、名将韩琦，北宋政治家、思想家、军事家和文学家范仲淹等有关谱牒的论说。但大多数情况下，畲

---

① 福建省少数民族古籍丛书编委会：《福建省少数民族古籍丛书·畲族卷·家族谱牒》（上），海风出版社，2010 年第 96 页。

② 福建省少数民族古籍丛书编委会：《福建省少数民族古籍丛书·畲族卷·家族谱牒》（上），海风出版社，2010 年第 112 页。

族谱牒谱论散见于谱序中。

九、姓氏源流

回答子孙寻根问祖的问题。所谓源，即姓氏来源，释明得姓始祖、始祖、始迁祖的情况；所谓流，即释明家族迁徙和分支的情况。畲族谱牒有关姓氏源流的情况部分刊于谱序中。如《三微堂汝南郡蓝氏五修宗谱》［清光绪十年（1884 年）豫章刻本］之《序》曰：“窃谓木之茂也有本，水之流也有源，而吾人之有族也，必有所自出。维我蓝氏肇自亹公，为春秋末楚之蓝田尹，因所官之地而得锡其姓焉。”① 也有谱序专述姓氏源流。如《福安坂中井口汝南郡蓝氏宗谱》［“民国”二十六年（1937 年）写本］之《源流谱序》。又如《福鼎岭兜冯翊郡雷氏族谱》［清同治五年（1866 年）刻本］之《冯翊郡雷氏修谱源流序》。然而，单章叙述姓氏源流的也不在少数。如《永安蔡地汝南郡蓝氏族谱》［清嘉庆十六年（1811 年）刻本］之《源流考》。又如《宁化茜坑芳饮堂冯翊郡雷氏家谱》［“民国”三年（1914 年）本］之《族谱源流存徵》、《家谱源流备考》。再如《浦城村溪村颖川堂钟氏宗谱》［清光绪八年（1882 年）刻本］之《颖川发源谱》。

在畲族谱牒姓氏源流中带有许多反映畲族起源的传说。如《福安坂中井口汝南郡蓝氏宗谱》［“民国”二十六年（1937 年）写本］之《历代诸公源流总图》，开篇即叙盘瓠王：“谥为盘护王。高辛氏时也征西蕃有功，第三公主瑞娥招为驸马，敕赐忠勇王。居会稽山七贤洞，优游独乐。生三子，分为盘、蓝、雷三姓。一女名龙娘，配钟志琛，封为敬勇侯，分居颖川之地。厥后以地为姓之由来也。”② 又如《福鼎岭兜冯翊郡雷氏族谱》［清同治五年（1866 年）刻本］，刊有《广东盘瓠氏铭志》、《广东盘护王祠记》。再如《福安春雷云冯翊雷氏宗谱》［清光绪元年（1875 年）写本］，刊有《凤凰山祖祠记》、《帝喾高辛氏敕封盘护王铭志》、《广东盤护王祠志》等。

畲族谱牒姓氏源流中的盘护王传说与畲族史诗《高皇歌》及“祖图”所记内容是基本一致的。所以，有人认为“祖图”也是畲族谱牒的重要组成部分。如《福安坂中井口汝南郡蓝氏宗谱》［“民国”二十六年（1937

---

① 福建省少数民族古籍丛书编委会：《福建省少数民族古籍丛书·畲族卷·家族谱牒》（上），海风出版社，2010 年第 97 页。

② 福建省少数民族古籍丛书编委会：《福建省少数民族古籍丛书·畲族卷·家族谱牒》（上），海风出版社，2010 年第 171 页。

年）写本]，刊有《敕封姓氏祖图公据》。

畲族谱牒在姓氏源流中还记述了家族迁徙情况。如据《浙江遂昌县井头村钟氏家谱》之《行程簿》记载：自宋绍熙三年（1192 年）二月钟谅、钟宜、蓝钟由原籍广东府朝阳县向外迁徙，嘉泰四年（1204 年）八月，移水尾山居住，开禧二年（1206 年）移水口山居住……明万历四十二年（1614 年）钟石洪、钟法喜带领二十八口移浙江处州景宁县二都田由源锦岱洋居住。①

十、世　系

亦有世传、世系表、世系图、垂丝图等名称，记载该家族从一世祖到截至撰修该家谱时历代成员的姓名字号、生卒年月、职官科第、妻室子女、葬地坟茔等内容。

如《永安曹远蔡地汝南郡蓝氏三修族谱》[清嘉庆十六年（1811 年）刻本]：卷一，刊有系图、远祖系图、世系图、世传、远祖世传、始祖世传；卷二至卷五，次四公房世传；卷六，四六公房世传。又如《上杭雷氏梓福公四修家谱》[“民国”元年（1912 年）刻本]，卷四，上代世系、德房世系、广房世系、显房世系；卷五，应房世系；卷六，复房世系。再如《上杭种玉堂闽杭庐丰蓝氏八修族谱》[“民国”三十三年（1944 年）刻本]，卷一，念七郎公总系；卷二，玉瑛公裔总系；卷三，玉瑛公裔永茂公房；卷四，玉瑛公裔福旻公派；卷五，玉瑛公裔永敷公房；卷六，仲卿公裔总系；卷七，仲卿公裔碧浓公房；卷八，仲卿公裔永清公房；卷九，仲卿公裔永成公房；卷十，仲瑄公裔总系；卷十一，仲瑄公裔永才公房；卷十二，仲瑄公裔永福公房；卷十三，仲璜公裔全系；卷十四，贵荣公裔全系；卷十五，满荣公裔全系；卷十六，荣堂公裔全系；卷十七，念三郎公裔全系。

有的畲族谱牒虽然没有直接标明世系，但依然记述清晰。如《石椅种玉堂浯洲金门城蓝氏族谱》[清光绪十八年（1892 年）手写本]，记述氏族受姓始祖为蓝昌奇，一始祖蓝明德，传至十五世蓝吉甫为开闽始祖，传至二十一世蓝炯为“燕山蓝家原派”太始祖，生子蓝琛，蓝琛生三子，长子蓝廷瑞生三子，长子兰庆福为开基长卿石椅一世祖，祖祠号“种玉堂”，传至十二世蓝里，蓝里有六兄弟，蓝瑗居四，蓝瑗生九子，六子蓝国麟为

---

① 王克旺：《畲族发祥地考略》，转引自《中南民族学院学报》（哲学社会科学版），1991 年第 5 期，第 86 – 89 页。

开金始祖，又繁衍七代。其《蓝氏原籍河南省光州府固始县通谱前誌》记述了从开基始祖至二十一世祖的世系情况，每一世系内容繁简不一。其《燕山蓝家原派族谱》从二十一世祖，即蓝氏太始祖记述世系，包括讳名、字、号、谥号、生卒、生平或仕途简历、妻室子女、茔地、墓图、碑文、田产、家业、契约、建祠、堂号、蒸田、捐银、楹联、匾文、忏语、献祭、著述、各始祖、派下等内容。其《曾孙蘧侯公序曰》，接着记述金门蓝氏世系，包括讳名、字、号、谥号、生卒、生平、仕途简历、妻室子女、茔地、墓图、碑文、田产、家业、契约、匾额、献祭等内容。蘧侯公是开金始祖蓝国麟之父。

十一、传　记

又称传、行传、形实、志略等，神道碑、墓志铭之类也可归于传记一类，主要记述本族德、爵、功、文著称者的事迹。如《宁化茜坑芳饮堂冯翊郡雷氏八修家谱》[“民国”三年（1914年）本]，刊有：“乡贤录”、“文行录”、“乡饮录”、“逸行录”、“节妇录”，叙述族中德才兼备而受推崇者、学而有为者、高年有德者、虽修于家而自彰者、扶孤植节之妇者等。又如《上杭雷氏梓福公四修家谱》[“民国”元年（1912年）刻本]，卷三人物志，列有封典、科第、仕宦、贡生、杂职、国学、乡学、旌表、赠蒸、修谱、命妇、节妇等12个条目，记述族内受皇帝荣典者、登科者、入仕为宦者、考获贡生者、品官以外办事者、国学有成者、考入乡学者、受表彰者、为祭祀捐赠财产者、修谱者、受有封号妇女、夫死守节扶孤者等。

十二、家　法

又称家训、族规、家约、家戒、家规、族约、祠规、家典、家范、条规、家议、祠约等，称谓繁多，是家族内部制定的约法、教化族人的家族法规。如《三微堂汝南郡蓝氏五修宗谱》[清光绪十年（1884年）豫章刻本]，其《族规引》开篇写道：“族既有谱，谱者法也。有谱无法，不成谱也，法必有戒，有法无戒，难为法也，法戒双昭乃成族谱。故于至情至性之内，约略夫人情之所平易而当行者，分为劝规五条，戒规五条，作判语十道。愿观者以心察，勿以虚文过目也云。”① 其劝规：一劝孝顺父母，二

---

① 福建省少数民族古籍丛书编委会：《福建省少数民族古籍丛书·畲族卷·家族谱牒》（上），海风出版社，2010年第110页。

劝和睦兄弟，三劝急公完粮，四劝省费节用，五莫斗殴争讼。其戒规：一禁乱伦灭礼，二禁非种承祧，三禁族党赌博，四禁盗卖坟山醮田，五禁鬻身充皂。又如《福安坂中井口汝南郡蓝氏二修宗谱》［“民国”二十六年（1937 年）手写本］，其《家范》设十条，一尊祖，二敬宗，三孝亲，四尊师，五立身，六事长，七敬友，八睦族，九慈幼，十慎谱。

十三、风俗礼仪

亦称风俗、家礼、婚丧习俗、祭典、家礼仪节等，一般单独立卷。遍览《福建省少数民族古籍丛书·畲族卷·家族谱牒》（上、下二册），未见专门记载。其风俗礼仪情况，仅于部分族谱中零星可见。如《武夷山星村崇南钟氏重修宗谱》［清光绪二十四年（1898 年）刻本］，有《祭祀仪注》一篇。又如《上杭至德堂颖川郡坵辉钟氏族谱》［清光绪三十一年（1905 年）刻本］，卷四，刊有《服制图》。

十四、祠　堂

又称宗庙、宗祠、家庙、宗堂、享堂、神坛、祠宇等，是朝拜祖先、家族议事的场所。在谱牒中祠堂记述由图、文组成，图主文辅。图有以建筑框架结构式样的图案，也有囊括山水环境在内的图案，有的还细致到绘有祭器、祖先牌位次序的图案。祠堂图就涵盖家族成员的范围及覆盖地区而言，有“总祠图”、“支祠图”、“合祠图”、“统祠图”等之分。祠堂图的释文围绕祠堂对于家谱的重要性、建祠宗旨，祠堂的位置、营造、布局、功能、管理，以及祠堂、祠墓的契约、祭田、经费来源等加以说明。畲族谱牒亦十分重视祠堂的记载。如《宁化茜坑芳饮堂冯翊郡雷氏八修家谱》［“民国”三年（1914 年）本］，卷六，刊有《宗祠总记》、《下沙家庙图》、《鼎建下沙冈祖祠碑记》、《重修祖祠记》、《宁化县龙门仁寿公祠图》、《龙门雷氏宗祠记》、《重修龙门雷氏宗祠记》、《复修龙门祠记》、《兴善里茜坑神保公祠图》、《重修茜坑祠堂记》、《复修茜坑祠堂记》、《兴国县霞溪光和公屋图》、《兴善里茜坑文轸公屋图》、《清流县仓里里地祖屋图》等。

十五、坟　茔

又称坟墓、坟山、庐墓、祖茔，在家谱中图文并茂，以图为主。内容包括：坟图作用说明、坟墓方位、方位选择、倡修祖坟、墓祭制度、祭田购置、坟墓管理等。如《宁化茜坑芳饮堂冯翊郡雷氏八修家谱》[民国三年（1914年）本]，卷八，载有“坟图”、“并记”、“墓志铭”、“墓表”、“墓碣铭”、“诔文”、“后跋”7个条目。“坟图”开篇为《坟墓志》曰：“昔吾夫子防之葬也，封之于土崇四尺，马鬣一丘，曰丘也，东西南北之人也不可以不识也。然则坟墓之识，宁非古今来仁人孝子之所宜用心者哉！何言之祖宗者，吾身之所自也。坟墓者，祖身之所藏也。祖宗之坟墓传之世世并无遗失之虞，惟赖后之贤子孝孙防守之严，故得以永垂于不替。”① 接着，图文并茂依次叙述“坟图”具体情况。如《莲塘坪坟图》，图下注文介绍了坟墓的位置，祖先何人何时于此下葬，选墓址缘由，买墓地款项、面积等。

十六、族　产

记载家族的集体财产，包括田地（族田、祭田、义田、学田、会田）、祠堂、宅第、仓廪、庙宇、桥梁、学堂、书舍（书屋）、工商经营等情况。如《福安坑门里大留钟氏宗谱》[清光绪十四年（1888年）手写本]之《产业》曰：“祖祠坐落本村坑源里，坐未向丑加艮坤。光绪三十一年乙巳六月二十四日丙寅日寅时鼎建正座。宣统元年己酉十月初三日子时鼎建前座。”②

十七、契　约

又称文契、合同、法案、案卷，是与族产有关的文据。如《三微堂汝南郡蓝氏五修宗谱》[清光绪十年（1884年）豫章刻本]，其“坟山契约、告示”中收录了《崇安吴观寿坟山卖契》、《崇安岭后高山山契》、《林氏儒人山契约》、《景旺景富合约》、《崇安县府告示》、《蓝玉佩兄弟合约》、《家族祀田》等文据。

十八、艺　文

又称翰墨、传芳，刊载族人或有关族人的著述，包括尺牍、廪牍、奏疏、诗文、碑记、寿序等。如《上杭雷氏梓福公四修家谱》（“民国”元

① 福建省少数民族古籍丛书编委会《福建省少数民族古籍丛书·畲族卷·家族谱牒》（上），海风出版社，2010年第286－287页。

② 福建省少数民族古籍丛书编委会《福建省少数民族古籍丛书·畲族卷·家族谱牒》（上），海风出版社，2010年第456页。

年（1912 年）刻本），卷二艺文志，收录了家传、寿序、行状、墓表、墓志铭、墓碣、圹志、题赠、著述。又如《上杭种玉堂闽杭庐丰蓝氏八修族谱》［“民国”三十三年（1944 年）刻本］，卷末之四艺文志，收录了题赞、序记、寿序、传状、墓志、祭文。

十九、字辈排行

又称字行、派行、行第、世次行列、昭穆序次等，是记载家族世系人名、区别家族成员辈分的用语。排列十分讲究，不能“子犯父名”，“孙干祖讳”，“叔侄颠倒”。而且字行寓意深含底蕴，有的体现尊祖敬宗，有的采用古诗词句，有的分男女排行。

畲族谱牒字辈排行凸显畲族谱牒特色，尤其是较早的古谱，如《福鼎岭兜冯翊郡雷氏族谱》［清同治五年（1866 年）刻本］之《叙明从前排行序》曰：“盖我雷、蓝、钟、李先人皆遵循排行，夫排行者，蓝姓定以大、小、千、百、万、念六字，我雷姓定以大、小、千、百、念五字。此五字即五世也，三十年排列一次，周而复始，联一族之男女长幼多寡已耳。至于派别支分，生娶卒葬，乔寓迁所无复书及，如有记载者，不过自备述自己一派耳，而一族无与也，溯其世系不紊，兹修谱碟废忘排行之典，若不备述以纪之，恐我后者不能明乎其义耳。”① 《上杭种玉堂闽杭庐丰蓝氏八修族谱》（民国三十三年（1944 年）刻本）之《旧序九》曰：“传至五世太一郎公，挺生七子，支分七房，曰念一、念二、念三、念四、念五、念六、念七。其七公之子孙瓜绵椒衍，难以统纪，豫章多以七公为始祖。”② 至清代中晚期，受汉族谱牒影响，逐渐废除这一排行特点。如《福安燕窝冯翊雷氏族谱》［清光绪十六年（1890 年）本］曰：“上古行第只用大、小、百、千、万五个字，往复循环，周而复回，殊属蒙混。兹则第六世起，各世限定字母一字排列十名，挨字而下，虽族蕃人众居不同地，开卷井然。”③

畲族谱牒蓝、雷、钟三姓各有不同的字辈排序。据谢滨所撰《福建畲

---

① 福建省少数民族古籍丛书编委会《福建省少数民族古籍丛书·畲族卷·家族谱牒》（上），海风出版社，2010 年第 373 页。

② 福建省少数民族古籍丛书编委会：《福建省少数民族古籍丛书·畲族卷·家族谱牒》（下），海风出版社，2011 年第 356 页。

③ 福建省少数民族古籍丛书编委会：《福建省少数民族古籍丛书·畲族卷·家族谱牒》（上），海风出版社，2010 年第 563 页。

族族谱档案及其价值》一文指出：钟姓以大、小、百、万字为行次，雷姓以大、小、百、千、万字为行次，蓝姓以大、小、百、千、万、念字为行次。而许旭尧在《谈畲族谱碟文化的基本特点》一文则说：畲族雁行，蓝姓为大、小、百、千、万、念六字，雷姓为大、小、百、千、万五字，钟姓为大、小、百、万、念五字。显然在钟姓字辈排行上，许旭尧的说法多出一个“念”字。查《福建省少数民族古籍丛书·畲族卷·家族谱牒》一书所载的20余种畲族谱牒，得知情况也不一致。如《福安坂中井口汝南郡蓝氏宗谱》[“民国”二十六年（1937年）手写本]，第一世至第六世雁行为万、念、大、小、百、千，从第七世始改用世俗通例。又如《福安春雷云冯翊雷氏宗谱》[清光绪六年（1880年）本]，其《讳字排行》曰：“旧谱雁行只用念、大、小、百、千、万六个字，往复循环，周而复回。”①再如《福安谢岭下汝南郡蓝氏族谱》[清光绪三十一年（1905年）本]，第一世至第十世雁行为：大、念、伯、千、万。《福安后门坪冯翊雷氏宗谱》[“民国”二十四年（1935年）本]，第一世至第廿三世雁行为万、大、小、伯、千。可见，即使是同姓宗族排行，因地区不同而字辈排序用字也不完全一致。但是，畲族谱牒字辈排行的特点是显而易见的。

此外，畲族字辈排行还有男称“郎”，女称“娘”，男不排一，女不排二之说。畲族古歌谣唱道：“排行算来你细听，雷姓缺‘念’钟无‘千’。男人无‘一’女无‘二’，蓝姓五六两样生”②。据说一和二是留给早夭而未满十六岁的年少者。旧时畲族男女生前不知道自己身后的平辈排行次序，只有家族内的族长或长辈知道。当族人准备后事时，其亲人可向族长、房长索要排行。排行用红纸写好封紧，族人死后开启，并将排行写在灵位上。出嫁女子死后，则要到舅家，索要排行，称作“讨位。有的畲族谱牒把按汉族谱牒形式辈分的排行称‘明行’，把按本民族谱牒形式辈分的排行称为“暗行”。

二十、领谱字号

家谱纂修告成后，秘不示人，按各房、支系实际数印刷，内部发行。各房、支领取时按字号签领。

领谱字号主要刊载家谱印制编号，执领人，收藏要求、验审、增修规

① 福建省少数民族古籍丛书编委会：《福建省少数民族古籍丛书·畲族卷·家族谱牒》（上），海风出版社，2010年第399页。

② 蓝炯熹：《畲民家族文化》，福建人民出版社，2002年第130页。

定等内容，除领谱字号外，在族规、凡例等处亦有刊载。如《宁化茜坑芳饮堂冯翊郡雷氏八修家谱》［“民国”三年（1914年）本］之《冯翊郡雷氏重修家谱族规卷之首》曰：“今谱告成，编定字号分给。但恐有或图小利，转鬻异宗，又或视同闲物，听其遗失，轻族谱即亵祖宗，嗣后约三年于祠内照名会谱一次，遗弃者罚银二两。亦即于其会谱日，另设一簿，令各房开明己后生卒娶葬履历，积至三十年又复增修，庶无差讹。”[①] 又如《武夷山星村崇南钟氏重修宗谱》［清光绪二十四年（1898年）本］之《五修族谱领谱字号》，先列出领谱字号，段末曰：“各房领谱回家，务宜珍重，不可轻假与人，致遭遗失。每年清明各缴原谱来祠查点，如遗失者罚银十两入祠。愿各房年纂订维艰，什袭珍藏，时加检点，毋饱蠹鱼，毋损风雨，则幸甚。”[②]

谱号一般由千字文或一组具有连贯意思的吉祥语句组成。如《宁化茜坑芳饮堂冯翊郡雷氏八修家谱》［“民国”三年（1914年）本］的领谱字号是“公福骏发，繁衍炽昌，富贵兴盛，千隆万详”。格式为“某字号＋某执”。如《冯翊郡雷氏八修家谱领谱字号开列于后》载曰：“公字号，存祠管尝执；福字号，三九公房执；骏字号，汝渊公房执；发字号，汝隆公房执；繁字号，光和公房执；衍字号，腾芳公房执；炽字号，朝聘公房执；昌字号，鋐公房执；富字号，镛公房执；贵字号，锳公房执；兴字号，元宠公房执；盛字号，元表公房执；千字号，鸣五公房执；隆字号，开贤公房执；万字号，德照公房执；详字号，德佛公房执。”[③]

以上是对畲族谱牒体例的笼统分析，具体到某部畲族谱牒体例还要看具体情形。比较成熟的畲族谱牒包括谱头、世系、传、志四个方面。《上杭种玉堂闽杭庐丰蓝氏八修族谱》［“民国”三十三年（1944年）刻本］之《序》曰：“卷首则冠以序例、族约、任务、捐资、绘图，中则详述世系表，分房别派列卷十七，后则继以溯源、祠祀、选举、艺文、迁徙、族望、列女、领谱八志为卷末，而以杂录、跋语附焉，至于各种书法具详

---

① 福建省少数民族古籍丛书编委会：《福建省少数民族古籍丛书·畲族卷·家族谱牒》（上），海风出版社，2010年第215页。

② 福建省少数民族古籍丛书编委会：《福建省少数民族古籍丛书·畲族卷·家族谱牒》（上），海风出版社，2010年第550页。

③ 福建省少数民族古籍丛书编委会：《福建省少数民族古籍丛书·畲族卷·家族谱牒》（上），海风出版社，2010年第231页。

凡例。"①

早期的畲族谱牒崇尚简略、朴直，是畲族谱牒的初始形态，一直到清末还有畲族家族采用这种方式修谱。如《丰顺汝南堂长房族谱》[清光绪三十四年（1908 年）本]，开篇以《盘匏王开山公据》肇始，紧接着便直叙开基祖和分述各世人等。然而，这样的畲族谱牒只是少数，有的则确系体例不够完备。如《福安坑门里大留钟氏宗谱》["民国"九年（1920 年）写本]之《大留钟氏宗谱序》曰："余考前修旧乘，不特各房分纂殊失体裁，"②。

一部完善的，或是有特色的谱牒，必须要符合家族实际情况，并能够很好地将其反映在纂修体例中。《上杭种玉堂闽杭庐丰蓝氏八修族谱》["民国"三十三年（1944 年）刻本]之《序》曰："修谱最难于定例，例定而后，依序编纂易成功。我国谈谱学者类皆于世系表外必兼志、传、舆图，一或不备即无当于通例。"③ 实际上，这反映了我国旧时把家谱看成是明统绪、施教化的重要工具。《上杭汝南堂蓝氏续修通谱》[清道光十三年（1833 年）刻本]之《蓝氏续修通谱序》曰："夫谱经之绪、史之质也，其事与文则史，其志与义则经也。考心迹以定言行，注岁月以系生死，法《春秋》也。聘婚必书，忠孝义节必书，《春秋》而兼《诗》也。昭穆亲疏，尊卑长幼，嫡庶有别，法《礼》也。家人正位内外，《礼》而兼《易》也。其登名宦显爵，廷命家训，法《书》也。《易》、《书》、《诗》、《礼》、《春秋》之道备，而史法亦纬乎其中。仿年表、摹世本，分支派别，服制明毁祧。详迁徙，纪丁户、祭田、祠宇、坟墓、学塾，汇集志铭、传记、赞序，又史法所不能尽协，而当参之以他书之体裁也"④。

在畲族谱牒中不乏体例完备者。《上杭汝南堂蓝氏续修通谱》[清道光十三年（1833 年）刻本]便是其一。它不仅体例完备，还在《凡例》中对其体例设置进行了阐明："谱前列大序，开端也；次原序，存旧章也；次目录，题标也；次圣谕，欲敬祖必先尊王也；次执事人名及绣梓人，重

---

① 福建省少数民族古籍丛书编委会：《福建省少数民族古籍丛书·畲族卷·家族谱牒》（下），海风出版社，2011 年第 337 页。

② 福建省少数民族古籍丛书编委会：《福建省少数民族古籍丛书·畲族卷·家族谱牒》（上），海风出版社，2010 年第 453 页。

③ 福建省少数民族古籍丛书编委会：《福建省少数民族古籍丛书·畲族卷·家族谱牒》（下），海风出版社，2011 年第 337 页。

④ 福建省少数民族古籍丛书编委会：《福建省少数民族古籍丛书·畲族卷·家族谱牒》（下），海风出版社，2011 年第 267 页。

其事也；次领谱字号人名，则收藏也，次字派，昭划一也；次谱例，明谱义也；次谱戒，示戒也；次家约，示训也；次勤劳，传赏功也；次七房艺文，著行实也，间有关宗事，如祠堂、祭田等序记，所以尊祖也；次屋图，崇祀也；次坟图，严世守也；次墓志，昭先德也；次爵秩、痒序、题名，昭显贵也；次来源，详所自始也；次前编，明所自承也；次垂丝图，示人知各派分支及其居址所在也；次正编祖派瓜藤世系，明共祖也；次各房宗派支派世系，辨支分也；次遗派世系，矜无后慰幽魂也；次跋，原其事而竟其委也。全谱之编次如此，阅者可以一览而了然矣。"①

四、畲族谱牒的保管

畲族对于谱牒的保管十分小心在意。这是因为畲族十分看重谱牒在家族中的心灵地位与作用。据《连江辋川蓝氏族谱》［清同治十年（1871年）本］之《序》载曰："谱之缺，系大矣。语云，无祠不成族，无谱不成家。三十年不修谱，谓之不孝，谱不修，则故老沦亡，典籍朽蠹，其中事迹，难以稽查矣。世情徒知，亲在，则菜蔬供养；亲没，则棺椁衣衾。以此，即谓之孝。讵知孝在尊祖，尊祖故敬宗，敬宗故修族，修族则爱亲，而孝于是乎全。"② 事实上，旧时在畲族传统生活中纂修族谱、修建祠堂、祭奠先祖系最重要的三件事，而纂修族谱又是排在第一位的头等大事。畲族传统观念认为，"五世不修谱，乃祖宗之罪人也"。［《福安牛埕村钟氏宗谱》清乾隆十六年（1751年）之《序》］。此外，畲族在祭祖时，族谱是必备的重要宝物之一。畲族祭祖时要展示6种宝物：即祖图、族谱、香炉、族杖、祖牌和楹联。祖图，又称"太公图"、"永远图记"、"长联"、"环山轴"，它以图文并茂的方式讲述了畲族的盘瓠传说、历史发展、社会生产以及文化习俗。香炉是畲族家族的象征，因家族不断迁徙，每一房支须持有一尊香炉作为日后见面的证物。族杖，又称"祖杖"、"龙首杖"、"法杖"，是显示祖先权威的象征物。祖牌，又称"龙牌"，供奉先祖的牌位。楹联，悬挂于祠堂内，每年更换，但内容不变。畲族重视族谱保管还有另外一层原因，即修谱不易。纂修族谱是家族中的大事，二三十年才增修一回。需集中家族财力，并花费大量时间和人力才能完成这一家

① 福建省少数民族古籍丛书编委会：《福建省少数民族古籍丛书·畲族卷·家族谱牒》（下），海风出版社，2011年第299页。

② 福建省少数民族古籍丛书编委会：《福建省少数民族古籍丛书·畲族卷·家族谱牒》（上），海风出版社，2010年第2页。

族的文化工程。《永安曹远蔡地汝南郡蓝氏族谱》［清嘉庆十六年（1811年）刻本］之《凡例十三则》曰："谱之所在即祖宗之所在，关系最重。况修葺不易，寒暑稽考，秦楚往来，至数月一年之久始得成帙。倘遇水火兵寇，谨怀藏避。万一有失，则祖宗之统绪废堕无传，得是谱者，宜珍重。"① 《三微堂汝南郡蓝氏五修宗谱》［清光绪十年（1884年）豫章刻本］之《重修族谱纪事记》曰："是岁也大水数降，全闽米价昂贵，日用希，鱼盐贵，米至石钱三贯，肉一百则拾金。而其详之督催则又不得不为旅就道，……且人多疾病，在局之襄助董事者皆资歧黄药饵。噫！经营于局者告匮矣，其劳于笔者告瘁矣，奔走于途者无不惫矣。幸秋成告稔，疫疠悉除，在局之人无不以一日兼数日之劳，以一人备数人之用，□成于孟冬，汇订为成书。"②

为此，畲族人将谱牒保管中涉及的印数、保管人选、领取方式、存放、防护、禁忌、验谱、订正、增修等方面的事宜，以及对于违反规定的惩戒等，都在凡例、议约、族规等载文中加以言明。《三微堂汝南郡蓝氏五修宗谱》［清光绪十年（1884年）豫章刻本］之《凡例》曰："谱订分领，各宜珍藏，非经水火大故不得亡失。三十年再修，各照号缴验，以便稽查。如一部失落，炤盗卖例罚出银二十两充公，毋轻忽也。所有添丁者及殁者、葬者立一生生谱书明，以待再修增添；族谱印成之后，有错误遗落必要改补者，今法科场计涂注之例，于本房谱末载共计注补注改几条，以杜后添。全部相同，不得已也。"③ 《罗源上土港蓝氏之谱》［清咸丰八年（1858年）写本］之《附录议约于后》：曰"修支谱全卷即宜收存安顿。谱内登载祖宗本源、子孙系纪以及家规、议约、行次等件，此为流传久远，以备阅考，须知珍重，毋得污秽破烂。房内若有犯家规者，祖宗前焚香开谱，照家规议处。"④ 《福鼎岭兜冯翊郡雷氏族谱》［清同治五年（1866年）刻本］之《冯翊郡族谱凡例》曰："雷姓族谱修成共十七部，择贤能子孙分房藏之，载名谱后，以为后裔修谱便耳。倘有不肖子孙典卖

① 福建省少数民族古籍丛书编委会：《福建省少数民族古籍丛书·畲族卷·家族谱牒》（上），海风出版社，2010年第203页。

② 福建省少数民族古籍丛书编委会：《福建省少数民族古籍丛书·畲族卷·家族谱牒》（上），海风出版社，2010年第108页。

③ 福建省少数民族古籍丛书编委会：《福建省少数民族古籍丛书·畲族卷·家族谱牒》（上），海风出版社，2010年第114页。

④ 福建省少数民族古籍丛书编委会：《福建省少数民族古籍丛书·畲族卷·家族谱牒》（上），海风出版社，2010年第182页。

他人及遗忘丧失，知者共革逐之。”① 《福安春雷云冯翊雷氏宗谱》［清光绪元年（1875 年）写本］之《族规》曰：“后世修谱，须遵旧制，不得曲笔徇私。至有擅改私增，转抄副本卖与异裔，以伪乱真，合族攻之；藏谱之家不许通同舞弊，违者治罪。或收藏不谨，以致霉烂损坏等，患者公议重罚。”② 另《谱例》曰：“本族数处离居，公议修谱，董事已经传达数次，间有详略阙遗也，悉依其所报家状誊写，并无妄行删削；三十年为一世，谱牒之修当以是为准，恐年湮世远，老成凋谢久而莫稽也，且年历三十，其中生死迁徙人所不免，及时增补自无遗失之患；家有谱，犹如国之有史者。史所以编年纪事，谱所以记祖考、字行、適配、生卒、坟茔，有大故则观之，至斯谱务宜诚敬，外人不许轻视，需要珍藏箧笥。”③ 《福安大留钟氏宗谱》［“民国”九年（1920 年）写本］之《谱例》曰：“谱宜三十年一修，所以重宗典，启后昆发达也；谱宜择正人珍而藏之，防遗失也”④。《福鼎枇杷坑颖川郡钟氏族谱》［“民国”四年（1915 年）刻本］之《凡例》曰：“族谱共印一十七部，分与各派子孙，宜其珍重修藏，以防不虞，又当时加修辑。故龙门子曰：三世不修谱，罪同不孝。为子孙者慎之。”⑤《武夷山星村崇南钟氏重修宗谱》［清光绪二十四年（1898 年）刻本］之《凡例》曰：“谱共五十部，以千字文编立字号。如天字号某人领收，地字号某人收，各钤图书于卷首，每年清明日汇祠验明，仍发原人收领。如遗失，重罚银十两而入祠。”⑥ 《光泽司前村积谷岭雷氏族谱》［清同治元年（1862 年）刻本］之《凡例》曰：“谱籍所关甚钜，兹印刷告竣，次第成卷，共计二十部，分东壁图书府、西园翰墨林、诵诗闻国政、讲易见天心字号，编次给领。凡藏谱之家无论公领、私领，务须收藏谨慎，毋致疏失损坏。约曰：顾提斯谱，俨同祖临。护纸宜洁，藏笥贵

① 福建省少数民族古籍丛书编委会：《福建省少数民族古籍丛书·畲族卷·家族谱牒》（上），海风出版社，2010 年第 356 页。

② 福建省少数民族古籍丛书编委会：《福建省少数民族古籍丛书·畲族卷·家族谱牒》（上），海风出版社，2010 年第 388 页。

③ 福建省少数民族古籍丛书编委会：《福建省少数民族古籍丛书·畲族卷·家族谱牒》（上），海风出版社，2010 年第 393 页。

④ 福建省少数民族古籍丛书编委会：《福建省少数民族古籍丛书·畲族卷·家族谱牒》（上），海风出版社，2010 年第 466 页。

⑤ 福建省少数民族古籍丛书编委会：《福建省少数民族古籍丛书·畲族卷·家族谱牒》（上），海风出版社，2010 年第 482 页。

⑥ 福建省少数民族古籍丛书编委会：《福建省少数民族古籍丛书·畲族卷·家族谱牒》（上），海风出版社，2010 年第 545 页。

密。须防虫鼠，谨避油灯。忌妇女展翻，戒孩童搬弄。万毋轻出示人，尤禁私行改注。每年春祭揭出众查，倘有犯者罚银十两。更严失落外乡，切勿私卖，同姓如犯此条，查出攻击，迸之族外，削去谱名。慎之凛之，其各宝视。”①

结束语

综上所述，畲族谱牒承载了畲族的民族源流、历史变迁、社会发展以及传统文化，具有丰富的历史、社会、文化、人文内涵。对于有语言而无文字的畲民族而言，它是民族记忆的重要物化载体。已由家传秘籍走向社会，由家族内部文化转变成民族共有的文化。其产生与发展，都是建立在封建宗法社会关系基础上的，家族文化的形成和发展密不可分。同时，也是畲、汉文化交汇融合的结晶。汉族谱牒的纂修理念、形式与方法在畲族谱牒中彰显无遗，而畲族鲜明的民族特色，诸如族源传说、字辈排行、祭祀仪式等则牢牢印刻在畲族谱牒之中。无论是从体例、信息容量还是从纂修质量、印制装帧看，畲族谱牒堪与汉族谱牒相媲美，可谓等量齐观，是中国少数民族谱牒中较为成熟的谱牒。其在民族学、史学、社会学、文学、民俗学等学科领域的文献研究价值被学界广泛认同并予以关注与利用。其在民族文化传承、民族识别、游子寻根等方面的作用则更不待言。

参考文献：

[1] 福建省少数民族古籍丛书编委会：《福建省少数民族古籍丛书·畲族卷·家族谱牒》(上)，海风出版社，2010 年。

[2] 福建省少数民族古籍丛书编委会：《福建省少数民族古籍丛书·畲族卷·家族谱牒》(下)，海风出版社，2011 年。

[3] 蓝炯熹：《畲民家族文化》，福建人民出版社，2002 年。

[4] 王克旺：《畲族发祥地考略》，转《中南民族学院学报》(哲学社会科学版)，1991 年第 5 期。

[5] 谢滨：《福建畲族族谱档案及其价值》，载《档案学研究》，2001 年第 5 期。

[6] 许旭尧：《谈畲族谱牒文化的基本特点》，载《图书馆研究与工作》，2003 年第 3 期。

---

① 福建省少数民族古籍丛书编委会：《福建省少数民族古籍丛书·畲族卷·家族谱牒》(下)，海风出版社，2011 年第 25－26 页。

[7] 谢世清、陈华：《一部畲族谱牒文书的两岸亲缘——台湾金门蓝氏的福建漳浦族缘纪略》，载《中国民族》，2009年第7期。

[8] 王鹤鸣：《中国家谱体例概说（一）》，载《寻根》，2009年第1期。

[9] 王鹤鸣：《中国家谱体例概说（二）》，载《寻根》，2009年第2期。

[10] 王鹤鸣：《中国家谱体例概说（三）》，载《寻根》，2009年第3期。

[11] 王鹤鸣：《中国家谱体例概说（四）》，载《寻根》，2009年第4期。

[12] 王鹤鸣：《中国家谱体例概说（五）》，载《寻根》，2009年第5期。

[13] 王鹤鸣：《中国家谱体例概说（六）》，载《寻根》，2009年第6期。

作者简介：

杨长虹　汉族　中国民族图书馆副馆长　研究馆员

富有民族特色的朝鲜族家谱

王鹤鸣

内容摘要：朝鲜族家谱历史比较悠久，数量较多，是在中国文化影响下逐步发展起来的，受到宋代儒家思想的影响尤为明显。另一方面又带有本民族的鲜明特色，最突出的就是族谱形式是“内外谱”，即族谱世系是双系的，既有父系的世系，又有母系的世系，这反映了妇女在社会上有一定的地位，这实际上是当时朝鲜社会政治在族谱文化载体上的反映。

朝鲜族，有192余万人，主要分布在吉林和黑龙江、辽宁省，其余散居于内蒙古自治区和内地一些城市。延边朝鲜族自治州是主要聚居区。朝鲜族的先民，是从朝鲜半岛迁入中国东北的朝鲜族人，也是最早迁入定居的一批，距今已有300多年的历史。

本文论述的朝鲜家谱，包含两方面：一是在中国文化影响下，朝鲜半岛朝鲜王朝时期（1392—1910）及其以后撰写的家谱；二是300多年前入居中国东北的朝鲜族人撰写的家谱。

常建华在《朝鲜族谱研究》（天津古籍出版社，2005年）一书中，将朝鲜族谱发展分为三个时期：

1. 创立期的朝鲜早期族谱（15—16世纪）

这期间撰写的家谱是高丽时期修谱的继续，其修谱思想来自中国儒家，特别是宋儒的主张，尤其苏洵的修谱观点受到重视。撰谱者多为本族士大夫，家谱形式是“内外谱”。

2. 转型期的朝鲜中期族谱（17—18世纪）

修谱宗旨进一步受宋儒影响，苏洵“观谱生孝”的观点在谱序中大量引用，张载关于“管摄人心、厚风俗、须修谱”的收族主张也大量出现。

更强调修谱的社会作用与政治功能。修谱仍是“内外谱”，但出现主张删减外姓的记载，造成女子在谱中地位有所下降。续修家谱有了加强。

家谱反映宗族社会结构特征更为突出。

3. 定型期的朝鲜晚期族谱（19—20 世纪初）

这时期的修谱宗旨更加突出伦理与道德的教化作用。家谱作为孝悌之道的载体，修谱意义得到了升华。修谱时间三四十年一修，表明谱学成熟定型。修谱已普及全社会，通谱更加盛行。

朝鲜家谱不仅历史比较悠久，而且数量也较多。据韩国国立图书馆统计，该馆收藏 1945 年前的朝鲜族谱，数量达 3389 种，计 13278 册，包含了 143 个姓氏。2003 年北京图书馆出版社出版的《北京图书馆藏家谱丛刊・民族卷》，计 100 册，共收录蒙古、满、回、朝鲜、达斡尔、锡伯、彝、纳西等民族家谱 137 种，涉及姓氏近七十个。其中自 49 册以后即全部为朝鲜家谱，达 65 种，占了民族卷丛刊的一半。可见鸭绿江两岸的朝鲜族谱数量是很可观的。

翻开各个时期的朝鲜族谱，可以清晰地看出，朝鲜族谱源自中国家谱，是在中国文化影响下逐步发展起来的。作于成化十二年（1476 年）的《安东权氏家谱序》《记》曰："人道亲亲也，亲亲故尊祖，尊祖故敬宗，敬宗故收族。""有不记高曾祖考名号者，子孙浸以乖隔，视同路人，何待服尽亲尽而后疏且远哉。"其论述家谱渊源、作用的用语与中国家谱如出一辙。青松沈氏嘉靖乙已（1545 年）谱更明确指出："族之有谱古也，周之宗法、汉之世表是已。"表明朝鲜族谱的源头与周代的宗法制度有密切关系，其体例可追溯到《汉书》的《世表》。

15 世纪以后兴起的朝鲜族谱，受到宋代儒家思想的影响尤为明显。19 世纪撰写的《沃沟张氏旧谱序》总结了几个世纪以来编修的朝鲜族谱："有感于欧苏之说、程张之训，而不忘尊祖重本之意。"① 表明朝鲜族谱主要受宋代欧阳修、苏洵、程颐、张载四位著名思想家"尊祖重本"思想的影响。其中苏洵、张载的影响尤为深远。

苏洵（1009—1066 年），于仁宗至和年间修成本族《苏氏族谱》。苏洵论述自己作谱原因时说："情见乎亲，亲见于服。服始于衰，而至于缌麻，而至于无服。无服则亲尽，亲尽则情尽，情尽则喜不庆、忧不吊，喜不吊则途人也。吾人所以相视如途人者，其初如兄弟也，兄弟其初一人之身也，悲夫一人之身分而至于途人，吾谱之所以作也。""呜呼！观吾之谱者，孝悌之心可以油然而生矣！"② 在这里，苏洵强调修谱的目的是孝悌收

① 常建华著：《朝鲜族谱研究》，天津古籍出版社，2005 年第 115 页。

② 《嘉祐集》卷一四，《苏氏族谱》《谱例序》。

族，避免服尽亲尽的族人视同途人。

苏洵关于修谱生孝、勿至途人的观点，在15世纪已被朝鲜族修谱时引用。如《水原白氏世谱》明永乐三年（1405年）之《旧序》曰："观是谱者，孰不有孝悌油然之心也哉。"又如李麟于成化十三年（1476）作《全义李氏族谱〈成化草谱序〉》曰："子孙之观是谱者，究源寻派，知一身之所自出，孝悌之心油然而生。"

进入16—17世纪，苏洵的修谱主张更是被朝鲜族谱广泛引用，如延安《李氏族谱》、宁越《辛氏族谱》、晋阳《何氏族谱》、德山《苏氏族谱》、清风《金氏族谱》、金海《金氏族谱》、新平《李氏族谱》、晋州《姜氏族谱》、新昌《孟氏族谱》、密城《朴氏族谱》、金浦《公氏族谱》等谱序都重申了苏洵的修谱观点。①

朝鲜族谱也大量引用张载关于修谱与收族的见解。张载（1020—1077年）是宋代思想家中最早提出建立宗族制的。他的名篇《宗法》指出："管摄天下人心，收宗族，厚风俗，使人不忘本，须是明谱系世族与立宗子法。"张载明谱系、收宗族的思想适应了宋代加强伦理教化、加强宗族制度的政治需要。16世纪以后的朝鲜族谱，不少引用苏洵"观谱生孝"观点的同时，也引用张载的见解，有的则是单独重申张载的修谱观点。如《文化柳氏世谱》嘉靖序中，就一字不漏地引用张载的上述修谱观点。1928年编修的《善山朴氏世谱》强调："管摄天下人心，收宗族，明谱牒，厚风俗，使人不忘本，须是明谱系。"该谱在引用张载修谱主张时，增加了"明谱牒"三个字。

在体例内容上，朝鲜族谱也深受中国家谱影响。如1898年编修的《光州卢氏引仪公（世杰）派世谱》，体例内容由谱序（新旧）、传记（志石文、墓铭、事迹、行状）、先茔山图、凡例、行列字定式、行列图、世系、干事录（有大门长、宗孙、主干、校正、编次、司贷、收单执事、董仪）构成，与中国汉族家谱十分类似。不仅如此，朝鲜族谱体例内容上也宣扬"三纲五常"、"三从四德"等封建思想。如1926年编修的《镇川金氏世谱》，列有"褒题积成卷轴"一节标题，内容包括"孝烈李娘记事"、"节妇许氏纪绩碑文"、"筑圃先生祖孙节孝纪绩碑文"、"节妇遗事"等，宣扬仁俊妻南氏"丧夫又无子"，"卒后溺井下、烈行卓异"、聖镐妻崔氏"夫弱冠死于病"，"投江而死"等贞节烈妇封建思想。

---

① 常建华著：《朝鲜族谱研究》，天津古籍出版社，2005年第54页。

朝鲜族谱为保持世系的连续和完整，很重视家谱的续修。随着编修族谱的深入，续修也越来越频繁。如清州韩氏《戊辰族谱序》：“我韩氏有谱始刊于万历丁巳，重刊于崇祯再甲申，族始源派，族谱颠末，俱见于二谱之叙矣。又后四十余年，子姓益蕃，生于甲申后已有抱孙者，而名无所载，则宜更有编辑之事，而恨未有任之者矣。”表明该谱始修于万历丁巳（1617年），再修于崇祯再甲申（1704年），戊辰（1748年）是第三次，分别为八十七年和四十四年。

到17世纪，晋阳河氏谱序记载反映该谱亦是内外谱：“自护军以来八九世，至吾先考生卒、仕止、行录、碑碣，并冠于右，本谱之外，又附外谱，噫，此为河氏内外一门之谱。”

到18—19世纪，朝鲜族谱基本成熟、定型，而且更加普及。这时，不仅朝鲜“簪缨之家”、“阀阅世家”、“故家巨族”、“旧家世族”有族谱，并且“家有家乘，派有派谱，宗有大宗谱”，门类齐全。而且一般人家也各有家谱，修谱已普及全社会。

统观朝鲜族谱，一方面受到中国家谱的深刻影响，另一方面又带有本民族的鲜明特色，其最突出的民族特色就是族谱形式是“内外谱”。所谓“内外谱”，就是族谱世系是双系的，既有父系的世系，又有母系的世系。如《广州安氏族谱》的《旧序》作于15世纪初太宗年间，作者安省称：“余平生逢人则必问其内外之谱者，相干于吾本宗安氏，则不限同异姓，不限远近系而并记之。以安氏姓孙为上卷，外孙为中、下卷。”“同源异源、姓孙外孙之别其卷者，明内外之分也。于吾同曾高祖之外孙并书于上卷者，示甚切也。”“余记外族妻族并以同高为限，别为一卷。”表明该谱共三卷，安氏本姓为一卷，外姓孙系为二卷，且世系“同高为限”。作于成化十二年（1476年）的《全义李氏族谱·成化草谱序》明确指出该谱是内外族谱：“我皇考讳贺，慕古悼今，广搜博访，撰内外族谱，有若全义李氏、月城金氏、铜州崔氏、孔岩许氏，修其世系枝派，贻厥后裔，其垂晓方来之意至矣。”这段文字表明，当时内外谱很普遍，有若全义李氏、月城金氏、铜州崔氏、孔岩许氏等家族修的均是内外谱。

朝鲜族谱内外谱的这种形式，反映了妇女在社会上有一定的地位，族谱有关妇女的记事较多，以至妻室的家人，所嫁女儿的婆家等世系也列表单独成卷。这一现象与中国明清时代的家谱不同，却有些类似于中国魏晋南北朝时期的家谱。魏晋南北朝时期，世家大族垄断朝政，家谱担当了仕官的特殊功能，所谓“官之选举，必由于簿状，家之婚姻，必由于谱系”。

世家大族不仅要保持自己的政治特权，而且要保持婚姻特权，与之适应，女儿可入谱，家谱不仅记载祖、父、兄等直系亲属的官位，而且对姐妹夫的官位，甚至外祖父的官位也一一记述，当时的家谱往往是一姓为主同时兼叙其他姻亲姓氏的综合性家谱。如新疆吐鲁番阿斯塔那隋唐墓中出土的魏晋南北朝时期的《某氏残族谱》，系张氏族谱，而与张氏有关婚姻关系的宋、马、索、东等姓氏都有记载。15 世纪以后的朝鲜社会与魏晋南北朝时期类似，政坛上有两班、门阀等特殊阶级，他们把持朝政，婚姻讲究门当户对，婚姻已成为集合政治力量的一种工具。而妇女在其中担当了重要角色，这时期编修的家谱必然要反映这种政治、社会关系，于是就出现了“内外谱”这种族谱形式。可见，朝鲜族谱这种内外谱形式，实际上是当时朝鲜社会政治在族谱文化载体上的反映。

朝鲜族谱这种“内外谱”尚可进一步称为“八寸谱”。如修于 16 世纪七、八十年代的《本宗恩津世谱》，就是一部收录八祖之系派的“内外八寸谱”：“凡人之宗，高祖、外高祖暨内外曾祖之父、祖母之祖父、祖母之外祖父、外祖母之祖父及外祖父，是八高祖也，撰录八祖之系派，即八寸谱也。”这里的“八高祖”，大致相当于中国五服的亲属范围，但它是双系的，既有父系，又有母系，包括内外祖先。中国的五服也包括女性，但女性是作为丈夫附属出现的，而朝鲜因是内外谱，女性与男性具有平等、并列地位，这是不同之处。但随着父系宗法观点的加强，“详于同姓以重祖，略其外孙以尊宗”，男女同刊的“内外谱”发生了倾斜，家谱记载女子、记载外姓的内容逐步削弱。

朝鲜族谱保存了许多珍贵的史料。如《水原白氏世谱》明永乐三年（1405）的《旧序》：“始祖松溪公以唐朝佥议使被宵人杜以奇、裴玄默之倾陷，自窜于新罗，宣德王之元年庚申岁也。天子累徵，终不返中土，仍居鸡林，吾东方白氏之繁衍自此始矣。”表明朝鲜水原白氏的始祖乃是中国唐朝人，曾任唐朝佥议使，因受人排斥迁居朝鲜，而后在朝鲜生根、繁衍、发展。

收藏在辽宁凤城市的朝鲜族旗人《文氏家谱》（1925 年编修），则为我们揭示了 300 年前朝鲜族人入居中国东北以及加入旗籍的史料：“始祖文瑞公原籍朝鲜国民，世居玉尚左洞处，距鸭绿江一百二十里，尚有祖茔在焉。自公三十岁由前清顺治年间，蒙恩选来中国，增入新满洲都京镶白旗注册，考试入四译馆当差，拔归奉天省凤凰城，充朝鲜通官，迎送岁贡差务，落户于城东三官庙，后移于城西二台子处。由三世分徙于北山、红花岭、唐家沟、北京、奉天等处，各有坟墓。”这段资料告诉我们：一是文氏家族始祖文瑞原为朝鲜国民，世居朝鲜玉尚左洞处；二是文瑞于清顺治年间，被清政府选入来中国，加入新满洲都京镶白旗；三是文瑞考试入四译馆当差，后拔归奉天省凤凰城（凤城）充朝鲜通官迎送岁贡；四是1925年编修家谱时，文氏家族的分布情况。[1] 上述记载，为我们提供了300年前朝鲜族的先民，从朝鲜半岛迁入中国东北的第一手资料。

综上所述，朝鲜族谱历史悠久、数量可观、资料丰富、颇具民族特色，是中国家谱宝库的重要组成部分。

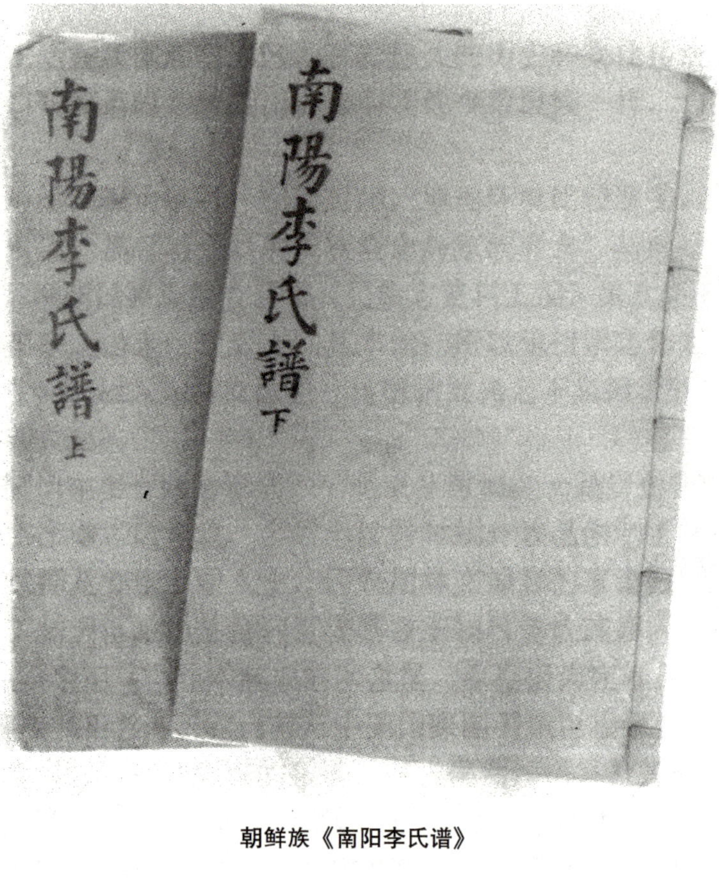

朝鲜族《南阳李氏谱》

① 《清代朝鲜族旗人文氏族谱浅析》，载《满族研究》，1997年第2期。

南陽李氏族譜序

譜詎易爲哉譜其所不相聯則系譜其所不能世則疑其或遠而未詳耶致其慎近而可徵耶摭其實若是而譜可爲也吾李氏貫南陽按輿地勝覽京畿南陽府無李氏高麗時湖南寶城郡有屬縣曰南陽我 世宗二十三年改屬興陽縣誌述李氏故頗悉意吾姓貫於是歟八世祖 贈左尹公在 宣祖朝丁島夷亂扈 蹕灣上功策原從二等卒葬高陽有二子長居水原子孫仍之次即吾七世祖族之在京者舉其出也嗚呼舊有譜牒見軼於兵燹之際而惟其葬在於其考若祖之塋俱有石以識其爵與諱而其曾祖諱則又於公之家籍稽之而知噫此吾族之所以不勝慨然恒欲追溯源本而不可得而其爲譜也遠之未敢以涉疑近之猶懼其或系要於慮始而志慎俟後

南陽李氏族譜序

《南阳李氏谱》谱序

作者简介：

王鹤鸣　汉族　上海图书馆研究员

我国少数民族家谱文化研究

王华北

内容摘要：家谱是一个家族的发展史，家谱又是中国典型的文化现象，它以其广泛而又微观的历史记录，记载同一祖先的血缘集团世系和重要人物事迹等史实，是中华民族传统文化的重要组成部分，与正史、方志，构成了中华民族传统历史文献的三大支柱。少数民族家谱历史悠久、种类繁多、数量可观，虽然受汉族家谱的影响，但又保持各少数民族自己的特色，大大丰富了中国家谱文化的内涵。本文对研究少数民族家谱文化的意义、国内外家谱文化研究的现状、家谱文化数字化发展的趋势、家谱文化研究的可行性及少数民族家谱文化研究中的重点、难点与特色、类型、内容以及史料价值作了积极的探讨。希望引起学术界以及社会对少数民族家谱文化的关注和重视。

家谱，或曰宗谱、族谱，系同宗共祖血亲集团以特殊形式记载本族世系、人物和事迹的历史图籍，家谱是中国典型的文化现象，它与方志、正史构成中华民族传统历史文化的三大支柱。我国的少数民族有各自的特点和背景，其家谱蕴涵着丰富的文化，具有独特的价值和历史意义。

少数民族家谱是中国家谱宝库不可或缺的组成部分，它与汉族家谱一样，都是中华民族优秀传统文化中的瑰宝。中国少数民族家谱历史悠久、种类繁多、数量可观，虽然受汉族家谱的影响，但又保持各少数民族自己的特色，大大丰富了中国家谱的内容。其整理范围包括族谱、宗谱、支谱、世谱、通谱、家乘、世系等。

然而，与主流文化相比，中国少数民族文化依然被相对边缘化。长期以来，由于各种原因，对少数民族家谱的整理和研究已明显落后于其他方面的少数民族历史文化研究，在当前经济全球化和信息化、网络化浪潮的冲击下，中国少数民族家谱更是面临断裂、消失和失传的困境。时至今日，我国既没有一部反映整个少数民族家谱资源的目录，又没有一部完整、系统研究少数民族家谱的学术专著，甚至对少数民族现存家谱资料的整体状况也未进行过深入系统的调研，至于资料就更少了。少数民族家谱研究所面临的困难对保持和发扬中国少数民族优秀传统文化提出了严峻挑战。

一、研究少数民族家谱文化的意义与价值

中国少数民族家谱作为地方性史料，在史学方面发挥着其他文献不可替代的作用。中国民族图书馆馆藏家谱资源丰富，且以少数民族家谱为特色，现馆藏家谱200余种。充分开发利用好这些家谱，为研究我国少数民族的族源形成、文字使用、人口分布、迁徙原因、职业及民族之间融合相处提供珍贵的史料。为此，我们想在今后的几年里到少数民族地区实地考察，搜集更多的少数民族家谱，摸清我国少数民族家谱的现状，以补充我们现存家谱的不足。

在我国家谱中有相当数量的少数民族家谱。如满族、蒙古族、回族、朝鲜族、彝族、藏族、傣族、布朗族、佤族、布依族、畲族、瑶族、苗族、白族、高山族、土家族、维吾尔族、锡伯族、佤族、纳西族、达斡尔族、鄂伦春族、壮族、土族等少数民族都有自己的家谱。其中满族、朝鲜族、蒙古族编修的家谱种数均在千种以上。少数民族家谱不仅有一定的数量，而且种类多样，内涵丰富。如中国最原始形态的口传家谱，就是20世纪50年代在西南对佤族、彝族、哈尼族、傈僳族、怒族等少数民族进行历史文化调研时发现的，而在东北对鄂伦春族、锡伯族调研时，则发现了最原始的结绳家谱的遗迹。

中国少数民族家谱有他们独有的特点，有的记述着本民族始祖的发祥地，如满族爱新觉罗氏的始祖的发祥地在吉林长白山的“天池”；而满族修谱多在龙年、虎年、鼠年进行，取龙腾虎跃、人丁兴旺的吉祥寓意。

在漫长的中国古代文明史上，还有一些曾经在中国历史舞台上演过轰轰烈烈的正剧，而如今已经消亡的民族，如建立辽朝的契丹族，建立西夏政权的党项族，他们都有自己的文字，产生过大量的文献，自然也会包括皇室公卿贵族和士民家谱。随着时光的流逝，这些民族已经不存在了，他们的各种文献也大部分消亡，但可以肯定，民间也还会有一些流传下来，前些年于西安面世的10册，据说是西夏皇族的家谱，就是一个明证，这些已经湮没的历史文献，更值得我们去发掘。

家谱是一个家族的发展史。一个家族要发展壮大，除需要有雄厚的物质基础，还需要足以“强宗固族”的精神寄托。家谱是我国许多少数民族记载家族历史的重要方式，整理与研究这些少数民族家谱，能够通过若干个家族的来龙去脉，去考证一个民族的族源、迁徙、分布以及社会经济状况、政治地位、风土民情等；家谱中保存了大量的人物、经济、移民、文化、民俗、教育、人口等资料，对历史学、经济学、教育学、民俗学、人口学、遗传学等人文社会学、自然科学等的研究都有重要的参考价值；对这些家谱资料加以分析、鉴别、整理，其丰富的内涵必将对社会科学和自然科学的研究起到有力的推动作用，同时对海内外华人、华侨的寻根问祖及增强中华各民族的凝聚力均有积极的促进作用。

古人云：参天之树必有根，怀山之水必有源，人必有祖。家族的始祖或始迁祖是家谱的根，有了这个根，家族才能一代接一代地繁衍下去。寻根问祖是我们民族尊祖敬宗的美德和爱国爱家的情怀。崇尚和膜拜祖宗自古就是中华民族的文化传统，“寻根”已经成为遍布世界各地族人共有的情怀。“树高千丈，叶落归根”。自20世纪60年代以来，世界范围内掀起“寻根”热潮。20世纪70年代后期，美籍黑人亚力克斯·哈利通过各地寻访和调查家谱档案，创作了世界名著《根》进一步掀起世界性的“寻根热”。据统计，中国海外炎黄子孙5500万人，台湾2200万人口中，80%以上祖籍在大陆。1980年台湾开放大陆探亲政策后，台湾也形成了一股到大陆“寻根热”。台湾同胞纷纷回国寻根谒祖，探亲访友，慷慨解囊，投资家乡的经济建设。

家谱作为一个家族血缘关系的总记录，能够将海外华人与祖国亲人紧紧联在一起。不少港、澳、台和海外各地的华人联合起来纂修家谱，家谱像一条无形的纽带，把大陆和港、澳、台同胞及海外侨胞紧密地联系在一起，这会极大地增强了中华民族的凝聚力和向心力。

中国少数民族家谱是整个中国家谱宝库的重要组成部分，研究家谱的意义还在于通过对我国传统家谱进行内容、体例、结构、功能等的分析并与汉族家谱进行比较研究，来构建一种能适应社会主义新时代需要的新型家谱。一部新型家谱或家族档案，其编制原则既能符合现代家庭的需要，顺应现代社会的发展，也要具备传统家谱的“敦宗睦族”、“凝聚血亲”的功能作用。编写方法既要继承传统家谱中的一些优秀成分，也要创制适应现代需要的内容，从而探讨、总结少数民族家谱编修的特点和规律，从而进一步完善中国家谱文献的宝库，丰富中国家谱的研究内容。

与当代自然科学研究成果的应用相关的是，我国科学家正在进行的中华人类基因组单体型图研究计划，将在已完成的人类全基因组序列图基础上，确定人类经过世代遗传仍然保持的完整始祖板块，以及在不同族群中这些板块的类型与分布。可以预言，这一成果不仅在医学上给人类遗传性疾病的确诊与治疗带来福音，还可以在已经整理及有待挖掘的少数民族家谱中提供的有价值线索及信息互证互补，填补缺少文字史料少数民族家谱的空白，能在更广阔的范围中，续补少数民族家谱历史脉络的完整与延伸。

家谱研究的现实意义不止于此，随着研究的进一步深入，这个蕴藏丰富资料宝库的家谱还会为我们提供许多新的其他资料。中华民族五千年的文明历史，汉族和少数民族异彩纷呈的家谱文献显示了汉族与少数民族之间、少数民族与少数民族之间和而不同，你中有我，我中有你，谁也离不开谁的史实。正是这种中华文化所特有的多样性与和谐性，才铸就了祖国的统一和稳定。“参天之树，必有其根；怀山之水，必有其源。”一个中国人，不管他在何地，只要能在家谱中找到自己的名字，便可上溯祖宗，明了自己与族人之间的亲疏关系，将自己归属到一定历史位置中去，这种生生不息寻根问祖的意识，更甚于世界其他民族，血浓于水，这是中华民族伟大凝聚力的血脉之源。少数民族家谱文化的整理与研究工作对新时期增进各民族之间的相互了解，增强民族自信心，促进民族团结，实现中华民族伟大复兴，无疑具有深远意义和历史价值。

少数民族家谱文化是我国各少数民族先民们在漫长的历史发展过程中，与社会和自然作斗争的光辉写照；是他们辛勤劳动与智慧的结晶；是各兄弟民族与汉族共同创造祖国历史和灿烂文化的记录；也是各兄弟民族为祖国的形成、发展和统一做出贡献的光辉篇章；是人类文化的瑰宝。各兄弟民族的重要文化遗产和优秀的思想精华，无不存留在家谱文化中。因此，整理少数民族家谱古籍，把祖国宝贵遗产继承下来，是“一项十分重要的、关系到子孙后代的工作”。整理少数民族家谱是全面继承和发扬中华民族优秀传统文化的重要组成部分，对进一步加强各兄弟民族的团结和促进各民族经济、文化繁荣与发展，不仅具有深远的历史意义同时具有深刻的现实意义。

二、国内外少数民族家谱文化研究的现状

据上海古籍出版社出版的《中国家谱总目》统计，目前存世的中国家

谱有52401种，608个姓氏，其中有一部分就是少数民族家谱，约近1000种，包括满族、蒙古族、白族、回族、朝鲜族、彝族、土族、畲族、土家族、锡伯族、布依族等，是迄今为止收录中国家谱最多、著录内容最为丰富的典籍，较完整地揭示了包括海内外地区收藏的中国56个民族姓氏家谱的基本情况和存世的中国家谱姓氏状况。

在学术研究上，我国最早提出研究家谱的是著名学者梁启超。他在《中国近三百年学术史》中，对开发谱牒资源的价值作了精辟论述："我国乡乡家家皆有谱，实可谓史界瑰宝，如将来有国立大图书馆，能尽集天下之谱，俾学者分科研究，实不朽之盛业。"主张广收家谱并对家谱进行研究。新中国成立后，家谱研究基本处于停止状态，有关家谱的论文只有一篇《封建家谱谈》。

十一届三中全会以后，人们的思想得到解放，在中国与世界的沟通日益加强的文化背景下，认识到在中国的传统文化中家谱是个宝藏，于是中国家谱研究就蓬蓬勃勃地开展起来了。海内外华人寻根问祖意识及对家谱文化的重视，对祖国大陆家谱研究的开展起了推波助澜的作用。近几年来，世界各地华人通过查询家谱找到自己祖籍的故事比比皆是。比如：新加坡前总统李光耀发现自己的祖籍在广东；菲律宾原总统阿基诺夫人据族谱确认自己是福建鸿浙村的后人；香港船王包玉刚查到自己是包公的后裔；毛泽东之女李纳则发现毛家远祖在江西吉水……在上海图书馆我们能查到刘少奇、蒋介石、李鸿章、苏轼、荣毅仁等名人的家谱。学术界也出现了不少家谱研究的论文，据"全国报刊索引数据库"检索，近50年来，有关少数民族家谱的论文有200余篇，所涉及的民族近20个，无论是在人口学、民族学、人才学、社会学、经济学、华侨学、法制学还是伦理学史等方面都有应用家谱资料进行研究的上乘之作。如白寿彝、马寿千的《几种回族家谱中所反映的历史问题》，郭德兴的《锡伯族家谱及其价值》等；研究少数民族家谱的专著有：李林所著《满族家谱研究》、常建华撰写的《朝鲜族谱研究》。其中常氏之作，主要论述韩国的朝鲜族家谱。台湾学者李亦园在《台湾土著民族的社会与文化》一书中，论述了高山族家谱。以资料选辑形式出版的少数民族家谱有马建钊主编的《中国南方回族谱牒选编》、姚斌等主编的《辽宁朝鲜族家谱选》等。此外，尚有少量的单种族谱出版，如《陈埭丁氏回族宗谱》。另外比较特殊的是，某些书刊也收录有少数民族家谱。

此外，也有少量外国学者论文，如日本冈田英弘的《蒙古编年史与成吉思汗系家谱》等也开展了对于中国家谱的研究。许多著作对家谱的源流、沿革、编撰体例及记事内容等问题进行了探讨，对一些重要姓氏宗族的家谱做了研究。他们对家谱研究发展开辟了新的道路，使家谱资料在社会科学的各学科研究中得到了广泛的应用。

新中国成立以后，国家和政府机关也加大力度开展对家谱的研究，在海内外，研究家谱的活动更是掀起了高潮。

1978 年，香港大学图书馆编有《族谱目录》，收录馆藏家谱原件 3746 种，缩微胶卷 92 种。

1978 年，台湾地区各姓历史姓氏渊源研究学会发行了赵振绩、陈美桂合编的《台湾区族谱目录》，收录了台湾地区公私所藏各类家谱 10600 余种。

20 世纪 80 年代初，日本学术振兴会出版了日本学者多贺秋五郎的《宗谱之研究》，收录了中国家谱 12697 部，其中，含日本收藏的 1491 部，美国收藏的 1406 部，中国（含港、澳、台）收藏的 9800 部。

1992 年，山西人民出版社出版了反映山西省社会科学院家谱研究资料中心收藏中国家谱胶卷状况的《中国家谱目录》，收录缩微胶卷 176 盘，2565 件。

1997 年，国家档案局、南开大学历史系、中国社会科学院历史所图书馆，联合编纂《中国家谱联合目录》，共收录了海内外 1949 年以前编制的家谱 14761 种。

2000 年 5 月，上海图书馆编撰的《上海图书馆馆藏家谱提要》问世，收录了家谱 11700 余种，近 10 万册，这是一部家谱提要专著，除记录谱主姓氏、谱名、卷数、纂修者、版本、册数等之外，还记载家谱的始祖、始迁祖、迁徙路线、谱内各卷内容及其价值的资料，正文之后，还附录有分省地名索引、堂号索引、人名索引、常见古今地名对照表等。

国家图书馆早在 1985 年就开始了对馆藏家谱的开发整理，经过数年时间，在完成编撰馆藏家谱目录和家谱提要 2228 种的基础上，成立地方志和家谱文献中心，编辑出版家谱的二次文献，资料丛编。其中规模最大的为北京图书馆出版社于 2003 年出版的《北京图书馆藏家谱丛刊·民族卷》，共 100 册，计收录蒙古族、满族、锡伯族、达斡尔族、回族、彝族、白族、纳西族、朝鲜族等家谱 118 种。

随着家谱研究的不断深入和珍贵文献资料的重见天日，以家谱作为重要史料基础的社会史研究不断发展，2009 年由中国、美国、英国、德国、新加坡及中国香港、澳门、“台湾”等42个国家和地区的研究机构共同编撰的《中国家谱总目》由上海古籍出版社出版，全书1200万字，共10册，共计收录了中国家谱52401种，计608个姓氏，是迄今为止收录中国家谱最多、著录内容最为丰富的一部专题性联合目录，较完整地揭示了海内外各地区收藏的中国58个民族姓氏家谱的基本情况和存世的中国家谱姓氏状况。这是一部“全球华人家谱大全”。

与汗牛充栋的汉族家谱文献相比，少数民族家谱文献较为稀见。因少数民族家谱资料所限，国内外对单一民族家谱有所研究，但对多个少数民族家谱综合研究还是比较少的。笔者经过搜集，发现仅有很少的项目是针对少数民族家谱进行研究的项目：

2010年，国家社会科学基金重大项目“南方少数民族家谱整理与研究”由厦门大学申请立项。

2011年，国家社会科学基金重点项目“北方少数民族家谱整理与研究”由中国民族图书馆申请立项。

两项国家社会科学基金课题的立项，说明国家已加大力量调研、了解少数民族家谱的资料现存整体状况，改变既没有一部反映整个少数民族家谱资源的目录，更没有一部完整、系统研究少数民族家谱的学术专著的现状，对今后研究中国少数民族家谱不仅仅是新史料的开发，而且将为新的研究视角和方法，提供有益的启迪并有着非常重大的意义和历史价值。

三、少数民族家谱研究数字化发展趋势

少数民族家谱研究数字化是整个文献数字化或图书馆数字化的一个重要方面和重要内容。当今社会，文献数量急剧增长，给人们了解、掌握和利用文献带来了极大的不便。家谱文献的数字化处理绝不仅仅是将纸张载体变成电子形式的翻版，而是将其原有内容与先进的数字化手段完美结合。彻底解决历史资料的保存问题，数字化给我们带来了新的家谱形式。从“纸库”到“数据库”，数字化给我们带来了新的管理方式和新的管理空间。从感性上升到理性，电子革命给我们带来了新的思想和新的理念。由于家谱数字化能够带来这么多好处，因此，国内外家谱的数字化工作已经呈现出蓬勃发展之势。

要加快中国少数民族家谱数字化的进程，除了有效借鉴西方家谱数字化的成功经验之外，我们认为还应该做到：第一，改变观念。中国少数民族家谱数字化工作并不是一个单位、一个家族、一个姓氏所能够承担的。

加快中国少数民族数字化进度应该成为全社会的共识，需要全社会的共同投入。第二，增加资金投入。除了向政府申请之外，还应积极吸引社会资金、民间资金的投入，同时，改善自身的造血功能。第三，加强数据库建设。数据库建设是少数民族家谱数字化的基础和保障。第四，建立和完善中国少数民族家谱数据库标准。选择和开发合适的软件，确定数据库的结构设计，进行数据库规范化设计。我们期待，中国少数民族家谱网站的建设与影响的扩大，将增进人们对中国少数民族家谱数字化的关注，促进全球华人对少数民族家谱数字化的参与，使少数民族家谱数字化进程迈上一个新的台阶。

四、少数民族家谱文化研究的可行性发展

我国是一个统一的多民族国家。少数民族古籍记录了其民族独特的形成、发展和统一的过程。历史上无论如何改朝换代，无论出现何种纷争，无论哪个民族占统治地位，我们这个多民族的国家，都始终作为一个整体屹立于世界民族之林。历史告诉我们：汉族与各少数民族谁也离不开谁。通过对少数民族家谱的整体开发，能够更加生动地揭示中华各民族如何在历史上彼此接触、混杂和融合，终于形成今天这样一个“你中有我，我中有你”而又各具特色的多元统一体，这对促进建立平等、团结、互助、和谐的民族关系，促进中华民族大家庭的融合也是有帮助的。通过研究少数民族家谱文化，展现这种你中有我，我中有你的源远流长、血肉相连的民族关系，对巩固祖国的统一，反对民族分裂，有着十分重要的意义。

中国少数民族人口分布、历史发展、文化范围不同，社会环境、生产和生活方式等方面千差万别，这些在不同程度上影响了民族古籍的保存、保护工作，也是历史赋予少数民族古籍的重要特点。少数民族家谱结合当地的自然环境、区域特征、发展规律、迁徙原因、宗教文化、婚姻嫁娶与当地的自然条件进行综合分析研究，更多地了解中国各少数民族历史发展沿革和文化习俗，探索中华民族大家庭形成中诸多历史痕迹。特别是那些在少数民族地区的口碑传承文化，对这些濒临消逝的社会历史活化石进行抢救、整理研究，为民族研究提供资料，为民族工作和民族团结进步事业发挥有益作用。

据统计，目前在公共图书馆藏有大量的古籍约 2140 万册，大量的珍本、善本图书约 25 万册，少数民族古籍浩繁之巨，它们都具有很高的文字价值、文献价值和文物价值，古籍随着时间在不断地变化、自然老化是必

然趋势，外界的损毁我们平时观察不到，只有遇到危害（火灾、水灾、被盗）时才会引起人们的重视。这些古籍一但从量变到质变，就很难恢复其原貌，即使古籍修复专业也望之叹息。如何最大限度地延缓少数民族古籍的自然老化，延长其寿命，已成为我国古籍专家乃至世界学者不断努力共同探讨的重要课题。

1984 年，国务院以国办发 30 号文件转发了《国家民委关于抢救整理少数民族古籍的请示》的通知。2007 年，国务院颁布（国办发〔2007〕6 号）《关于进一步加强古籍保护工作的意见》。2008 年，国家民委、文化部下发了《关于进一步加强少数民族古籍保护工作的实施意见》。2009 年，国务院颁布国发〔2009〕29 号《关于进一步繁荣发展少数民族文化事业的若干意见》。贯彻执行落实这些文件精神，为中国少数民族文化遗产提供有效保护和理论支持，是我们研究少数民族家谱文化的目的所在。

五、少数民族家谱文化研究中的重点、难点与特色

通过研究少数民族家谱，我们力求做到创新。搜集、整理一些新的一手资料，包括还不被外界所知晓的少数民族家谱，将自然的史料与当地的自然条件、人文特征结合起来，努力寻求少数民族发展的规律，打破单纯的述而不作的整理性质，做到史料搜集与规律性探索结合起来。

少数民族家谱与汉族家谱一样，在编写过程或口碑传承中，受所处角度及掌握的资料限制，不可避免夹有一些攀龙附凤、与事实不符的现象，需要我们辩证地加以考证使用。过去的一些数据，分布在不同的资料中，并且差异较大，如何甄别，找到真正的数据，还原历史原貌，是一大难点。另外，少数民族家谱有许多是用本民族文字书写的，如何进行正确的翻译和保存，也是很大的难点。

少数民族人口分布、历史发展、文化范围不同。社会环境、生产和生活方式等方面千差万别，这些在不同程度上影响了少数民族家谱的保存、保护。家谱古籍除收藏在各大院校、博物馆、图书馆科研机构之外，大部分存在少数民族地区私人手中，而这些民族地区相应的条件比较落后，对古籍的保护相当不利。我国有 55 个少数民族，大部分居住在山区和高寒地区，如南方的少数民族：瑶族、侗族、水族、哈尼族、黎族、土家族、彝族、畲族、高山族、拉祜族、景颇族、仫佬族、布依族、布朗族、仡佬族、阿昌族、普米族、德昂族、独龙族、傈僳族、苗族、怒族、佤族等，20 多个少数民族，基本上居住在边远山区，白族、傣族、纳西族及东北各

少数民族也分布在山区，藏族、门巴族、珞巴族等少数民族分布在边远的高寒山区。还有居住在草原牧区的少数民族也占相当大的比例。这些居住在边远偏僻地区的人口占少数民族总人口的40%以上，且居住的山区地貌复杂、纷乱重叠，绵延千里，干旱、半干旱地区主要是荒漠戈壁，青藏高原地势险要、海拔高……这些地理环境的特点，对于少数民族家谱古籍的收藏与保存是非常难的。

我们将改变以地域为界、以单一民族为界的传统写法，搜集多个少数民族的家谱，把多个少数民族地区的发展、变化集中起来研究，寻求他们的共同点和不同点，努力开拓史料新来源，摸清我国少数民族家谱的现存状况，对家谱中所涵盖的民族学、历史学、社会学、人类学、考古学、经济学、民俗学、人口学、遗传学等加以分析，综合研究，以多科学、多视角地探索少数民族家谱文化发展的轨迹，对我国少数民族家谱文化做更深入系统的研究。

参考文献

1. 徐建华著：《中国的家谱》，百花文艺出版社，2002年。

2. 张公瑾著：《民族古文献概览》，中央民族大学出版社，1997年。

3. 王鹤鸣、马远著：《上海图书馆藏家谱提要》，上海古籍出版社，2005年。

4. 《蒙古秘史》，成书约公元1240年，作者译者和写作年代不详。

5. 蔡福田著：《家谱研究与搜集整理》，山西档案馆，1989年。

作者简介：

王华北　汉族　中国民族图书馆古籍特藏部副研究馆员

“过山榜”中的神话与真实

——泰国北部瑶族《评皇券牒》个案研究浅识

师存勋

内容摘要：“过山榜”集中反映了瑶民族之历史源起、社会变迁、经济形态等诸多文化信息。本文以泰国所发现的一份瑶族《评皇券牒》为研究对象，就瑶族“过山榜”中的神话功能、瑶人之盘护祖先和一十二姓源起记述中的民族心理，以及在瑶人美丽神话外衣包裹下的瑶族历史真实作一浅释。

“过山榜”是散布于中国南方广大民间，甚至越南、泰国等地的《评皇券牒》、《盘古皇圣牒》等诸多瑶族文献的总称、俗称，它集中反映了瑶族社会的历史源起、民族发展、经济状况、政治等，是瑶族优秀文化、文献的载体，其在瑶族文化研究方面无疑有着举足轻重的地位。是研究瑶族文化，必不可缺少的而“过山榜”中，又具体包括《评皇券牒》、《评王券牒》、《过山牒》、《盘古皇圣牒》、《祖途来历》等名称的具体文本。目前，国内“过山榜”已见文献百余种。正如“过山榜”三字所传递出的深沉信息表明：作为一支有着频繁迁徙史的民族，瑶族经历了千百年来的风风雨雨和不断的迁徙流转的民族，其中有不少人最终迁徙到了中南半岛一些国家。就此，饶宗颐先生曾略带风趣而不无深沉地有说：“瑶族自古以来，迁徙频繁，不仅‘过山’，而且越国。”[①] 的确，伴随着瑶族人在中国历史上的不断迁徙、游耕并外迁他国，“过山榜”也一并流播到了国外。本文即以泰国北部所发现的一份瑶人《评皇券牒》[②] 为研究对象，试就瑶

① 饶宗颐：《泰国〈傜人文书〉读后记》，见乔健、谢剑、胡起望编《瑶族研究论文集》，北京：民族出版社，1988 年，第 37 页。

② 本文中所引用《评皇券牒》原文资料，若无特别说明，即自泰国北部瑶人中所发现之该抄本。

族“过山榜”的神话与历史真实作一浅释。

一、瑶族“过山榜”之神话功能

“过山榜”中有着瑶人对自己民族源起、发展流变等的记忆，但这种记忆多以传说、神话等面目出现，且许多地方条理不清，以及致有错字、讹字、脱字之处。其谱牒功能也非一目了然。由于儒学在中国古代绝大部分时间里得到封建官府的高度认可，封建官方遂依据儒家伦理规范严禁怪力乱神之言论进入史书。而瑶族人毕竟不似汉民族般深受儒家文化浸染，他们有着自己的思维形态和对先祖的理解。我们试以泰国瑶族《评皇券牒》中对最终影响瑶民族诞生大事的“盘护为评皇除高皇”一节的描写为例：

高皇喜而笑曰：“大国评皇有此龙犬，不去用之，今来报我，心（必）定败矣。吾常闻俗语曰：‘猪来贫，狗来富。’当异物进朝而国必盛。此是兴国之祥者也。”左右臣僚举皆欣悦。退朝即引盘护入内宫，将百味赐之，受情如珠玉。每起坐朝，常念侍之左右。不觉数日，忽高皇大忘国事，游赏于花苋行宫。乐酒大醉，不省人事。盘护存思报主之恩，发动伤人之口，咬杀高皇，死于非命。截取首级一颗，复游大海。飞走回朝，伏卧殿前。污血随地，诸大臣僚慌忙扶身：“汝系微物之数，觉有大将军之功。准奏吾主，盘皇封赠。”时有众臣细问盘护：“汝去他邦，如何得其所谋?”护曰：“得其所谋杀者，出走如云飞而腾空也。”众臣听罢此言，俯伏金阶，山呼万岁万万岁。

以上《评皇券牒》中的描写颇具传奇色彩，瑶族人将自己的民族始祖描绘成一位足智多谋、忠诚英勇的人物，这无疑体现出其对民族传统文化的热爱和对民族神话的珍视。而瑶族人以神话传说入史，这在汉人那里也是有先例可循的。如司马迁写《史记》时，即在相关中国上古历史的叙述里有过神话传说历史化的做法。“当然历史学家在把神话传说采入历史的同时，也进行了删削修改，使它们以历史的面貌出现，致使后人相信上古历史人物（实际是神话传说人物）的存在。这一点突出地表现于司马迁《史记·五帝本纪》之中。因此对以《史记》为代表的史书所记载具有神话传说性质的上古人物，如伏羲、神农、黄帝、炎帝、颛顼、帝喾等，可视作是历史人物。”因此，瑶族人以盘护神话传说记载自己的祖先和民族源起也是有着汉族文化影响的痕迹的，盘护这一人物形象亦可以当历史人物予以理解。再者，神话传说中的历史化在中国、朝鲜、日本等东亚各地均有存在，不仅黄帝、伏羲、神农在《史记》中为司马迁所历史化，檀君在朝鲜民族中的历史化、神武天皇在日本的历史化等皆为明证，甚至与瑶人同属中国南方“蛮”系民族之夜郎王“多同”之后裔金镛，其在明正统四年改姓为“金”时，也以神话传说为改姓合理性之神圣依据。据雍正二年修《金氏家谱序》曰：“传闻，在汉初有西蜀嘉定民间女，浣物于遯水，有大金竹长三节流入足间，其中有声，剖得一儿，归，养之，有才武，众慕之，后自立为夜郎侯，指金竹为姓。今杨老三郎塘是其弟，竹二郎、三郎是其子也。越在汉时有金竹多同袭夜郎侯职。”因此，瑶族人对盘护、对自己民族神话传说的这种历史化不能被视为盲目、随便的一种行为，它既是为了构建瑶族的历史体系，也是其构建自己文明机制的一种需求。正是基于这些原因，瑶族人才仿效汉人，在关于始祖盘护之神的圣性和合法性问题上，引入了“上帝”这一背景，试看：

彼时，评皇赐，即将百味赐之：“汝有人牲之灵，若得功劳胜，将宫女配给。”盘护领事言，受食百味，拜辞而去。敕令殿臣送出门，盘护领命，即走动如云，飞身游大海。此时惊动上帝，上帝不安，说到：“此犬有七日七夜之水难，赶带仙丹一颗送他口中含住，免他在水中饥寒。”勅赐大海神鳌，将此大蛇过助他，原（愿）神游大海。又过了七日七夜，竟到伊国之叶。

如上关于盘护远赴他邦建功之描写无疑是有意而为之的夸赞与安排，其意义在于突出盘护之不凡的身世，使其身份更加具有传奇色彩，并宣扬了有类“君权天授”理念下盘护为瑶族始祖的合理性与神圣感，而这种笔法在中国汉人文献里也是可以找到先例的。如在《诗经·商颂·长发》中就这样言道：“濬哲维商，长发其祥。洪水芒芒，禹敷下土方。外大国是疆，幅陨既长。有娀方将，帝立子生商。”商朝人的始祖被描述为是天帝派来统治下界的神，而这种把天帝和始祖联系到一起的做法也为代商而起的西周所继承。在《诗经·大雅·生民》中关于周人始祖的降生，亦被赋予了一个上帝背景，诸如：“厥初生民，时维姜嫄。生民如何？克禋克祀，以弗无子。履帝武敏歆，攸介攸止，载震载夙，载生载育。时维后稷，诞弥厥月，先生如达。不坼不副，无菑无害。以赫厥灵，上帝不宁。不康禋祀，居然生子。”周人始祖的降生同样充满了神秘感和崇高的使命感，并且周人始祖降生的神奇一幕是在天帝的安排之下发生的。于是，我们也就不难理解《评皇券牒》中盘护赴高皇处之途中“惊动上帝”→“赶带仙丹”→“勅赐大海神鳌”等情节安排中所蕴涵的瑶人心理动机。可以说，这一安排在团结瑶人、提升瑶民族自信心方面无疑有着巨大的社会功能。关于这一点，学界有曰：“在分裂成许多部分的瑶族中，过山型的亚种族集团最富于移动性。他们要使自己选择的适应方式为整个社会所公认，便要不断地确立自己的种族精神。宋朝前后产生的《评皇券牒》以及上面记载的龙犬盘护神话，可以说就是为此而形成的某种‘规约’。”理解了瑶人祖先神话所具有的功能之后，我们也就有了充分之理由去审视、欣赏瑶人祖先神话中所包含的瑶人民族的精神，并为瑶人神话之于中国神话之贡献感到欣喜。茅盾先生曾就中国神话说：“中国神话并没有全部保存下来，只剩了片段。可是这一点点片段，就值得我们深思。”茅盾先生也说：“从中国神话（虽然只是片段）看来，‘神话的现实主义’一词是有根据的，而有些人却对它抱了嘲笑的态度，是不恰当的。”应该说，“神话的现实主义”一词同样适合于归纳《评皇券牒》的真正特质。在神话外衣之下，《评皇券牒》蕴藏了瑶人民族心理、瑶人源起和发展进程中的某些事实，尽管这些事实并非如汉族谱牒般一目了然，但它仍然为我们勾勒出了瑶族人历史的大致脉络。以下，我们不妨就《评皇券牒》中神话传说外衣下对瑶族文化的真实作一浅释。

图1　评皇券牒

二、瑶民族祖先传说与民族文化心理

“过山榜”无疑有着太多的神话和传说成分，但剥开神话和传说的外衣，我们却可以或多或少从中分离、还原出瑶族历史的真实面貌。泰国此份《评皇券牒》开头即言道：“正忠景定元年十二月十一日，猺人一十二姓，仍照前朝评皇券牒更新，出给一十二姓猺人执于后。”而在该《评皇券牒》之最后，则照应牒首曰：“正忠景定元年十二月十一日给评皇券牒。”而考国内外不同版本之瑶族《评皇券牒》，所谓“景定元年”这一年代标示使用最多，其他另有如汉代初平，唐代贞观、开元，明代洪武、永乐，清代康熙、雍正、嘉庆等年代标示者。而“景定元年”这种年代标示，显然也不可以绝对事实来待之的，而只能视之为传说并从精神层面去看待，即：“可能是南宋景定年间一次全面性的‘重新发给’，在民间留下深刻印象所致。其中奥秘如何，仍需要进一步去探测。”因此，我们不可简单地视“景定元年”此类表面明显的文字“错误”视为荒谬，而学者们也正在从此类“错误”的文字表述中最大可能地还原瑶族早期发展的真实面目。

而对待《评皇券牒》中的神话与传说情节描写，我们自然更应采取谨慎之态度，且不妨再看看盘护杀死高皇以后，他就迎娶评皇宫女为妻而和评皇进行的对话以及与公主成亲生活的过程：

> 皇曰：“盘护之功胜，亦知。知非小，封世袭制臣，荣享国公之戢。”护曰：“本是畜牲形相，岂图官戢荣身，吾皇有勅誓在前，不失真言，今当受命。”……此日方才吩咐宫主梳妆插金，乃是吉日良辰，招赘驸马。皇曰：“宫中龙犬名为盘护，虽然畜牲之类，却有人牲之灵，有过群臣大将之功，休违父皇之命，配合累结之烟（姻）。”盘护入宫时，与宫主相见，二人交拜成亲，宫主只得所从父命，依言不敢抗违。彼时内宫大摆玉晏（宴），相待女婿，此日就安排车马，举臣三员督力，人夫五百名，抬送金银二扛，布疋十二箱，红绒二贡，百般动用家计，勅赐鼓乐一付，迎送夫妻入会稽叠山内，即许男女众夫，择取深山大地，起造房屋一所，安住夫妻，永受山林，藏身避世而矣。令着女婢二口，搬运柴草及水，炊爨饮食，侍奉夫妇二人，以免朝歹（夕）受尽苦，先王逐月差人供送钱粮与护夫妇，自后不觉多年，所生六男六女。评皇喜闻而叹曰：“传下圣旨，勅封盘护为始祖。”

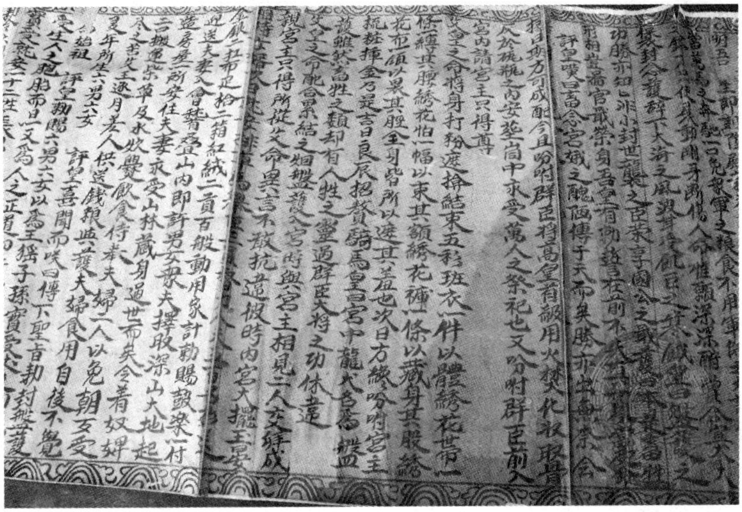

图 2　评皇券牒

从《评皇券牒》中的这一描写，我们可以明显感受中国古代中原朝廷和少数民族政权之间诸如“昭君出塞”、“文成公主进藏”等的和亲典故以及“打金枝”等“公主与驸马”这类典型故事之影子。而此类和亲典故多数又指向政治方面“四夷”向中原王朝输诚纳好，抑或将属向朝廷尽忠等。《评皇券牒》中盘护为评皇谋诛高皇并迎娶评皇宫女为妻，无疑亦反映出瑶族在其历史早期“积极开化”的政治态度。而考查文献，我们也可找到相关史实，试如《宋史》卷四九三有载：“太祖既下荆湖，思得通蛮情、习险阨、勇智可任者，以镇抚之。有辰州猺人秦再雄者，长七尺，武健多谋，在行逢时屡以战斗立功，蛮党伏之。太祖召至阙下，察其可用，擢辰州刺史，官其子为殿直，赐予甚厚，仍使自辟吏属，给予一州租赋。再雄感恩，誓死报效。至州，日训练士兵，得三千人，皆能被甲渡水历山飞堑，捷如猿猱。又选视校二十人，分使诸蛮，以传朝廷怀来之意，莫不从风而靡，各得降表以闻。”尽管我们知道瑶人秦再雄倚靠宋廷这一史事与盘护为评皇剪除高皇传说之间并不会有事实上的直接对应关系，但我们依然确信，在封建时代，文化上处于相对弱势的瑶人对汉族政权有着一定的依附心理。因此，秦再雄倚宋与盘护为评皇诛高皇这一传说之间，有着精神层面上的间接对应关系。瑶人渴望被中原政权所认同，但他们却在中国历代遭受较多的征伐和创伤；他们也希望能融入汉人主流经济文化圈，但他们许多人直到 20 世纪 50 年代之初还保持着刀耕火种的经济形态。因而，在上述盘护迎娶评皇宫女为妻这一看似热闹的描写背后，我们感受的却是一个饱受风雨的民族对中原主流文明既向往又难以企及的若即若离心态，这尤其体现于《评皇券牒》中关于瑶人始祖和瑶民族之形成的描述中。

《评皇券牒》中曰：“自后不觉多年，所生六男六女。评皇喜闻而叹曰：‘传下圣旨，勅封盘护为始祖。’”《评皇券牒》中的“评皇”这一形象，不能排除有其真实历史对应者——譬如明君唐太宗——之影子，但总体言之，该形象则属瑶人心目中虚构的原明主或主流汉族文化的神圣代表者。而相对于瑶人自己，“评皇”这一虚构之他者身上体现出的实际是瑶人对自我之关照，换以文学的角度视之，则“被制作出的‘他者’形象都无可避免地表现出对‘他者’的某种否定，对‘我’及其空间的某种补充和延长。‘我’出于种种原因言说‘他者’，但在言说的同时，‘我’却有意无意、或多或少地否定了‘他者’，从而言说了自我”。中国历代封建统治者，鲜有待瑶人以优厚者，相反，中国封建统治者多有以血腥手段对待瑶人者，因而，“评皇”这一形象的出现无疑是瑶人对中国历代封建统治者残酷性一面之退让性的否定，反之，盘护为评皇效力并迎娶评皇宫女，则是瑶人渴望有自我生存的空间、获取中原主流汉文化认同心态之反映。盘护与评皇宫女生下六男六女，被勅封为始祖，这看似喜庆，但将自己民族的起源与代表主流文明的所谓“评皇”联系起来，此无确凿史证，只是瑶人的一种文化和血缘攀附而已。因而其中滋味着实让人辛酸，并使我们深刻体会到了瑶人的良苦用心。

《评皇券牒》中瑶人始祖之确立，无疑已体现出瑶人对类似汉人宗法制族群制度的萌动心态，而以下关于瑶人建立一十二姓氏制度①以及婚娶方面之记述则更能说明这一点。

> 一十二姓，长男姓盘，沈，郑，黄，李，邓，周，赵，冯，唐，雷，将（蒋）。勅令六男六女婚娶外人为女子妻以传其后，勅令六女招鳌（赘），外人为夫以断其宗，所以全其一十二姓根

① 饶宗颐先生在《泰国〈傜人文书〉读后记》（见乔健、谢剑、胡起望编《瑶族研究论文集》，北京：民族出版社，1988 年）一文中认为：“券牒所记十二姓，大抵有两大系：1. 盘、沈、郑、黄、李、邓、周、赵、胡、冯、雷、蒋。2. 盘、沈、包、黄、李、邓、周、赵、胡、唐、雷、冯。”而本文所研究之《评皇券牒》则无饶宗颐先生所提瑶人姓氏两大系中共有之“胡”姓和第二系中所有之“包”姓。

源者也。以后男婚女配，分居各爨，承奉一十二姓宗枝，而后必有绵远无穷之裔者也，不可忘其盘护始祖之根源乎。正是开发千枝木，皆本乎；如水之流派，本源乎。而护之后世子孙，虽于蚁子之无数者，皆从一脉而生，一穴而出，由此一苗而所生焉，实可受其本哉。盘护始祖受国，纳王之缘，纳宫女之姻，而有福德，感非常也。

如上关于家庭、婚姻制度方面之描述，与《诗·大雅·板》中“大邦维屏，大宗维翰。怀德维宁，宗子维城”所传达的精神无疑有某些共通之处，它是瑶人构建自己民族血缘系统和社会组织的充分体现。“姓在所有宗族集团中，被认为是最重要的东西。瑶族姓的体系是以某种特殊的起源神话为基础的，由它使活着的和死了的全部瑶族人联结在一条巨大的纽带上。所以说，‘十二姓’的俗语是瑶族共同性的象征表现。”时至今日，瑶人之姓氏尽管已非一十二姓，但如上所提姓氏人口在瑶族中所占比重之大则是事实。瑶人之姓氏制度同时也打上了明显汉文化的烙印，而这亦可理解为是瑶人在所谓南方诸“蛮”中对汉文化有相对较高的一种诠释，或许也可以理解为是瑶人希望融入主流汉文化系统的一种心声表达，而这在《评皇券牒》中有如下关于瑶人起初一十二姓的进一步说明则更能体现这一态度：

一赐长男姓盘，名启龙，封为助国公，食邑五千石，充滕州勅吏；

一赐二男姓沈，名贤成，封为骑督侯，食邑三千户，饶州司马大将军；

一赐三男姓郑，名广道，封为野尉侯，食邑三千户，补充州勅吏；

一赐四男姓黄，名文敌，封为光禄大夫，食邑三千户，补充饶州都尉吏；

一赐五男姓李，名思安，封为紫禄大夫，食邑二千户，充本司侯射郎官；

一赐六男姓邓，名连安，封为镇禄大将军，食邑一千户，信州都尉；

一赐七男姓周，名旺，封为勅判尉吏，补充州永化夫人；

一赐八男姓赵，名财昌，财（封）为定国公，尚书，都嘉夫人；

一赐九男姓冯，名敬忠，封为定国公，知州，杨氏夫人；

一赐十男姓唐，名元瑞，定公，尚书，食邑，封都补，禄喜夫人；

一赐十一男姓雷，名元祥，封为定国公，旺鲁侍郎；

一赐十二男姓将（蒋），名朝万，封经国侯，知州，石杨县夫人。

应该说，《评皇券牒》中瑶人对盘护之后一十二姓出将入相式受赐一事的刻意记述——甚至可以说是渲染——实际体现出了其在自我身份认定上所持有的特定态度，即积极向中原政权和中原文化靠拢，尽管事实证明瑶人并未被中原王朝所完全接纳，但起码在行动上，瑶人却是“积极向化”的。关于这一点，学者曾有着精辟之总结：“至少在观念上，在流传这一故事的时期，关于这一种族集团的地位和权力及其与汉族统治者的关系，通过传说可以看出来有着建立固定而正确的秩序的要求。这正是槃瓠神话具有特殊性质。而与同时代其他种族起源故事根本不同之点。按照这一观点，在这个神话中出现的官职本身，对事物的本质并没有多大的关系。”

三、“过山榜”神话传说外衣下的瑶人社会历史真实

当然，从《评皇券牒》中除可以考察到历史上瑶人之社会心态之外，我们也可以考察出瑶人历史变迁的真实蛛丝马迹，即如《评皇券牒》载：“会稽叠山内，即许男女众夫，择取深山大地，起造房屋一所，安住夫妻，永受山林，藏身避世而矣。”而结合其他文献资料，我们还可以知道会稽山在瑶族文化史上的重要地位。诸多专家就会稽山以及瑶族和畲族、古越族之间的关系问题作过探究，如有学者在研究《评皇券牒》等的基础上即提出：“总之，信奉槃瓠的瑶族是东瓯的子孙、古越族的一支，闽浙江淮一带则是他们的早期故乡。尔后，由于历代战乱、民族压迫和其他原因，逐渐向西迁移，折而南下，两晋南北朝时期更多地聚居于长沙武蛮郡地。”而作为以不断迁徙著名的民族中，瑶族人的迁徙流转在《评皇券牒》中也留下了深刻印记，可以看一下泰国瑶族《评皇券牒》中的如下记述：

会稽山中攸久，南山、峩眉山、清凉山、南岳山、八面山、万阳山、幽列山、大罗山、小罗山、九疑山、五凤山、天堂山、武当山、九龙山、大江山、中坪山，九溪十八峝、四十八源山、八十里山、东海源山、西海源山、一百二里梅花山、梅岭山、大洞山、桃源山、景仙万良山、摇头山、狮孖山、五盖贬爱山。天下一切山场、山源、田地，付以王猺子孙，耕管为业。以后营生活命，蠲免国税夫役，毋得需索侵害良猺，永远管山，刀耕火种。准令一十二王猺子孙，初发会稽山内，旷野营身。正是刀耕火种，杂粟、麦，安日居住，倘后久远，人众山穷，开枝分派。

该段文字中列出了较多山名，并提到瑶族的经济形态，这在其他抄本的《评皇券牒》中也多有大致相同的体现，而当今诸多专家也就瑶族的流转迁徙、经济形态等进行了较多研究。尽管关于瑶族在历史上之迁徙路线、民族之分化等问题，《评皇券牒》不能够提供出一个清晰之脉络，但有一点是确信的，那就是瑶民族在历史上长期处于颠沛和游耕之艰辛之中。但是，对于太多的艰辛，瑶人却有另一种方式对其加以理解甚或掩饰。《评皇券牒》曰：“圣旨勅下，定许日后王猺子孙，浮游天下，任择山场，不俱某国某省某府某州某县地，途中逢人不作揖，过渡不用钱，见官不下跪，耕田自当上粮。”此段“圣旨”内容，看似为瑶人之荣耀，但从内心而言，瑶人又有谁会认为这种“定许”条款之于其民族是一种真正恩宠呢？费孝通先生曾在其《调查瑶山五十年》一文中就瑶人之悲壮有过如下表述：“据说，他们的祖先在两千多年前的秦汉时代还定居在长江中游的洞庭湖一带的平原上，但是这个具有强烈反抗压迫传统的民族，拒绝反动统治者强加于他们的徭役，宁愿进入深山老林，靠双手开辟自己的家园，保卫自主的生活。”费老之言既是对瑶人民族不屈性格的总结，更是对瑶人民族磨难的同情，然而，诸如“圣旨勅下，定许日后王猺子孙，浮游天下，任择山场……”看似洒脱主动之表述，实际更像瑶人不得已而为之的“被定许”。

《评皇券牒》中，关于瑶人之婚姻家庭也有较好的反映，其中既可看到瑶人自己的民族特色如“蚊虫酢三瓮”、“鸡屎三斗”等，也可从“开元铜钱三百贯”等描述看到浓郁的汉文化因子：

凡有良猺养女，不许嫁与百姓为婚，如有嫁出者，另开下礼单，清列如后，倘若照此礼备办齐整，只宜择取良辰吉日，配合成亲，切莫拦阻可也，周而复如。蚊虫酢三瓮，开元铜钱三百贯，无节竹三百根，糠粒金绳三丈，新郎乞鸡屎三斗，水花三觔，将呈送衙，当官领纳，交拜成亲，永为夫妇，异言不敢反悔。倘若强夺良猺妻女配己身，吉到官前，罪不轻怒。

而《评皇券牒》中就瑶人在遵守法律、安分守己等问题上所应履行的义务亦加以记述，这无疑对维护瑶人社会之稳定和促进瑶人文化之进步有着积极意义，试看该文字描述：

准令王猺子孙一十二姓，居住山林，搬移家眷，大小男女，行动成群，入村歇宿，不许盘结，毋得勒取银钱，如有等情，即向乡老理明公论，处罚王猺子孙。源藏深山居住，营身活命，本分为人自幼。多见山林，小见朝廷，故未读圣贤之书，因不识周公之礼，特祝猺子猺孙，毋得惹祸生非，倘有不遵，罪难免矣。

瑶人由于采取了较多有类中原王朝或汉人的社会结构方式，因而其“向化”水平相对其他民族为高，关于这一点，不仅在中国国内，即便是在域外也是有此共识的。道光年间，曾有朝鲜李朝赴清使节徐有素在其《燕行录》中提及瑶族时说：“又有所谓八排蛮，其地亦属湖南省，在两广之间，地方千余里，有猺、獞两种风俗，与苗略同而稍胜，颇有人道云。”尽管这一表述之遣词造句中仍不失蔑视，但至少可以说明瑶人之社会进步即便是远在东北亚的朝鲜王朝人士也是认可的，而这种文化上的进步，又是与瑶人千百年来在文化上的积极进取和不断积淀分不开的。于是乎，发展到清代时，瑶人之社会进步遂很明显，因而徐有素评价瑶人“颇有人道”，即颇能以儒家伦理规范为准的。而就《评皇券牒》中“多见山林，小见朝廷，故未读圣贤之书，因不识周公之礼”之记述，看似瑶人就“评皇”之于瑶人所作批评的接受，实际我们可以反向解读其为瑶人对“读圣贤之书，识周公之礼”之积极认同。台湾淡江大学教授申庆璧先生在《循谱学法则探索云南各宗族源流——云南各宗族社会生活及其分布》一文中，就瑶人的文化和生活如是言道：“傜人读汉书，有一本傜族经书，名为《破理明》，显然源于中华文化，内容大都为做人做事之嘉言谚语，亦兼及中华之节令时序，体裁类似昔时贤文，李拂一先生付印在台发行。居住国外越、寮、缅、泰边境之傜人，当系自中国移往，其生活意识，以中国人自居，其生活以农为主，兼亦从事狩猎及伐木。”的确，尽管在封建时代瑶人遭受颇多的辛酸与苦难，但其之于汉文化依然有诸多的依恋，而《破理明》作为以汉文写就之瑶人特有经书，并能为一代学术宗师李拂一先生所赏识，此不啻是对瑶人汉文化深厚情怀之最好例证。瑶人固然有学习汉文化之积极行动，而另一方面，他们却又依旧保留着其民族在长期历史发展过程中所形成的狩猎、伐木等生活习惯。

结　语

通过上述泰国北部瑶人《评皇券牒》分析研究，我们可以就瑶族之神话和传说、瑶人在历史发展进程中的民族文化心理以及瑶人之社会历史真实作一基本判断。我们也就有了更多理由相信“过山榜”以及各类不同《评皇券牒》等瑶人特有文献之重要价值。在瑶人美丽的神话里，包含着该民族对自我之肯定和对美好生活之追求理念。进一步证明盘护、《评皇券牒》乃至整个“过山榜”文献，皆为瑶人呈现给世人的宝贵财富。我们从中可以领略到一个饱经风雨的民族不屈不挠的奋斗历程和对民族文化的珍视精神实质。曾有学者如是曰：“从前，瑶族在长期频繁迁徙而造成宗族离散的情况下，常常把是否承认为盘王（即盘瓠）子孙作为追宗认祖根据。”正是因为历史上不断的迁徙，使得瑶族人尤其重视自己民族的口传文学和“过山榜”，而笔者所接触泰国瑶族该份《评皇券牒》，无疑也是当地瑶人增强民族凝聚力、保持世界范围内瑶人文化乃至中华文化认同感的一种有效工具。

参考文献

1. 韦春喜：《宋前咏史诗史》，中国社会科学出版社，2010 年第 20 页。

2. 转引自杨文金：《夜郎王“多同”后裔金氏家谱简述》，见中国谱牒学研究会编《谱牒学研究》第四辑，书目文献出版社，1995 年第 182 页。

3. ［日］竹村卓二著，朱桂昌、金少萍译：《瑶族的历史和文化》，广西民族学院民族研究所，1986 年第 263 页。

4. 茅盾：《夜读偶记》，百花文艺出版社，1958 年第 31、第 33 页。

5. 黄钰：《瑶族〈评皇券牒〉初探》，见乔健、谢剑、胡起望编《瑶族研究论文集》民族出版社，1988 年第 59 页。

6. 陈惇、孙景尧、谢天振主编：《比较文学》（第二版），高等教育出版社，1997 年第 123 页。

7. ［日］竹村卓二著，朱桂昌、金少萍译：《瑶族的历史和文化》，广西民族学院民族研究所，1986 年第 175 页。

8. ［日］竹村卓二著，朱桂昌、金少萍译：《瑶族的历史和文化》，广西民族学院民族研究所，1986 年第 235 页。

9. 容观夐：《瑶族与古越族的关系——从〈评皇券牒〉看瑶族的早期历史》，载《中南民族学院学报》1982 年第 3 期。

10. 乔健、谢剑、胡起望编：《瑶族研究论文集》，民族出版社，1988 年第 1 页。

11. ［韩］徐有素：《燕行录》，见韩国林基中先生编《燕行录全集》卷八十四，东国大学校出版部，2001 年第 325 页。

12. 联合报文化基金会国学文献馆编印出版：《第一届亚洲族谱学术研讨会会议记录》，台北，“中华民国”七十三年第 260 页。

13. 张友隽：《瑶族宗教论集》，广西瑶族研究学会，1986 年，第 115 页。

作者简介：

师存勋　汉族　中国民族图书院副研究馆员

简述蒙古文历史文献所载蒙古族家谱资料

海　梅

内容摘要：蒙古族自古以来就有“世系事迹、口相传达”的习俗。在蒙古文字创立之后所形成的第一部历史文献《蒙古秘史》一书，开门见山地叙述了蒙古族自始祖“巴塔赤罕”直到成吉思汗为止的长达22代的蒙古部族的系谱图。受《蒙古秘史》的影响，16世纪末至19世纪，产生了一批蒙古文历史著作。如，佚名《诸汗源流黄金史纲》（1604—1634年）、萨冈彻辰《蒙古源流》（1662年）、罗卜藏丹津《黄金史》（1665年）、衮布扎布《恒河之流》（1725年）、噶尔丹台吉《宝贝念珠》（1841年）等。这些历史文献中大量地记载了蒙古族世系家谱的重要信息，成为我们今天研究蒙古族系谱学十分珍贵的第一手资料。蒙古族系谱学研究不能离开蒙古文历史文献记载的挖掘和整理归纳。本文重点介绍以《蒙古秘史》为首的几部重要历史文献所记载的蒙古族家谱资料。

一、简述蒙古族家谱

家谱，又称宗谱、族谱，是记述血缘集团世系和事迹的历史图籍。它不仅记录着一个家族的来源、迁徙的轨迹，还包含着该家族生息、繁衍、婚姻、文化、族规、家约等历史文化的全过程。蒙古族家谱是记载蒙古族姓氏、一个家族世系、重要人物活动的记录。

蒙古族自古以来就有“世系事迹、口相传达”的习俗。波斯著名史学家拉施特在其巨作《史集》（成书于14世纪初）中曾经记载过古代蒙古人有口传家谱的习惯：“所有（这些部落）全都有清晰的系谱，因为蒙古人有保存祖先的系谱、教导出生的每一个孩子（知道）系谱的习惯。这样他们将有关系谱的话语做成氏族的财产，因此他们中间没有人不知道自己的部落和起源。”[①] 这位有名的史学家在该书的另一处又提到“……因为蒙古人自古以来有保持（对）自己的起源和世系（的记忆）的习惯，又由于他们那里没有教会和宗教，不能像其他（民族）那样地借助于教会和宗教通过遵守教规的方法教导子女，所以父母要对出生的每个子女解释有关氏族和系谱的传说，这种规矩永远为他们（蒙古人）所遵守，就是现在他们对这种规矩也是尊重的……”[②] 在蒙古文字创立之后所形成的第一部历史文献《蒙古秘史》一书，开门见山地叙述了从“孛儿贴·赤那”与“豁娃·马阑勒”夫妇引出的蒙古族始祖“巴塔赤罕”直到成吉思汗为止的长达22代的蒙古部族的系谱图，其主要依据应当是当时蒙古族中流行的口传家谱。

自从1240年蒙古族第一部历史文献——《蒙古秘史》问世之后的几个世纪，尤其是16—19世纪，受《蒙古秘史》的影响，产生了一批蒙古文历史著作。如，佚名《诸汗源流黄金史纲》（1604—1634年）、萨冈彻辰《蒙古源流》（1662年）、罗卜藏丹津《黄金史》（1665年）、衮布扎布《恒河之流》（1725年）、噶尔丹台吉《宝贝念珠》（1841年）等。这些历史文献中大量地记载了蒙古族世系家谱的重要信息，成为我们今天研究蒙古族系谱学十分珍贵的第一手资料。

此外，蒙古有一些显赫家族的家谱被完好地保存到今天。比如，喀喇沁蒙古历史学家罗密的《蒙古博尔吉特氏族家谱》、蒙古族文学家尹湛纳希的家谱《尹湛纳希黄金家族廿九世孙宗室世系谱》、成吉思汗弟弟哈布图哈萨尔家谱《科尔沁·哈布图哈萨尔家谱》等，都是蒙古族家谱中的珍品，对于研究蒙古族姓氏文化、民情风俗、家族历史等都具有重要价值。

17世纪，清政府在蒙古实施盟旗制度，在处理蒙事的理藩院中，必须保存蒙古封建贵族，即各旗旗主以及旗下各贵族的详尽的家谱系。在这种历史背景下产生了许多蒙古族王公家谱，这些家谱基本上是官修的家谱，也是研究蒙古历史、尤其是清代蒙古族系谱不可或缺的重要资料。

二、蒙古文历史文献所记载的家谱资料

“蒙古历史是帝王的历史、黄金家族的历史，这是蒙古族史学家们对民族历史的一种解读方式。”[③] 从《蒙古秘史》开始，蒙古族前辈为后代留

---

① ［波斯］拉施特主编：《史集》，商务印书馆，1983年第1卷第2分册第11页。

② ［波斯］拉施特主编：《史集》，商务印书馆，1983年第1卷第2分册34页。

③ 满全：《蒙汉史传文学叙述模式之比较》，中国民族文学网2009－10－29。

下了珍贵的历史文化遗产，其中不乏现在我们所讨论的系谱学资料。下面着重介绍几部蒙古文历史文献所记载的家谱资料。

《蒙古秘史》著者不详，成书于窝阔台汗十二年，即公元1240年。它是一部古代蒙古编年史，共分十二卷，书中记录成吉思汗先祖系谱、传说、事迹，成吉思汗和窝阔台汗（元太宗）的事迹。在开端就记载了一段详细的族谱以及蒙古各个氏族、分氏族的起源。如“成吉思合罕之根源。奉天命而生之的孛儿贴赤那，其妻豁埃马阑勒。渡腾汲尔来，营于斡难河源之不而罕哈勒敦，而生者巴塔赤罕也。巴塔赤罕之子塔马察，塔马察之子豁里察尔篾儿干，豁里察尔篾儿干之子阿兀站孛罗温勒，阿兀站孛罗温勒之子撒里合察兀，撒里合察兀之子也客你敦……”① “……别勒古讷台为别勒古讷惕氏矣。不古讷台为不古讷惕氏矣……孛端察儿为孛儿只斤氏矣……”② 就这样，《蒙古秘史》第一卷一半以上的篇幅都是有关族谱的记载，这是蒙古族系谱资料的最初形态。

佚名《黄金史纲》，全称《诸汗源流黄金史纲》，约成书于1604—1634年。该书采用了以帝王世系为中心，按编年顺序记述自成吉思汗至林丹汗的蒙古大汗世系及政治斗争。书中叙述的成吉思汗先祖世系、从元顺帝妥欢贴穆尔至林丹汗的大汗世系是对蒙古族家谱研究具有较高的利用价值的资料。

《俺答汗传》，又名《宝汇集之书》，作者不详，约成书于17世纪初。本书以记述俺答汗一生事迹为主，兼及俺答汗前后的历史。其中涉及蒙古族家谱研究相关的记载主要有三处，即，记述成吉思汗至元顺帝的蒙古汗世系的部分；记载答言汗及诸子世系，尤其是俺答汗及其后裔的世系的历史部分，这一部分的记述尤为详细，可谓答言汗家族的系谱；在本书的结尾部分附录的乌珠穆沁部王公世系资料。这些记载对俺答汗家族历史的研究具有较高的史料价值和学术价值。

《黄册》，作者不详，成书于清初。作者在本书的卷首引用五世达赖喇嘛在《西藏王臣记》中的一句“凡人若不知己之族源，则似迷于森林之猿猴；若不知姓氏，则似玉雕之龙；若不读前辈之诸般典籍，则似堕落迷惘之孩童。”来表明编写该书的目的。内容以佛教的宇宙观点开篇，以帝王世系为主线，依次叙述印度及西藏诸王、蒙古汗统起源，成吉思汗事迹，蒙元大汗世系及帝师，元顺帝后裔事迹，答言汗后裔世系，直至林丹汗。

---

① 道润梯步著，新译简注：《蒙古秘史》，内蒙古人民出版社，1979年第1页。

② 道润梯步著，新译简注：《蒙古秘史》，内蒙古人民出版社，1979年第16－17页。

接着叙述成吉思汗诸子、诸弟的封国，卫拉特蒙古世系，书中记答言汗幼子格哷森札札赉尔洪台世系及其历史最详细。

《蒙古源流》，原名《诸汗根源之珍宝史纲》，成书于1662年。作者萨冈彻辰出生于成吉思汗黄金家族，其家族属于答言汗第三子巴儿速孛罗的长子衮·必里克吉囊一系。本书主要内容包括宇宙生成、人类起源，印度、西藏、蒙古的汗统史以及满洲皇统史等。其中蒙古汗统史是全书的中心内容，而元顺帝退回蒙古草原以后至清初的历史，即明代蒙古史，是全书的重点。在这重点部分中，作者对自己所属的巴尔速孛罗一系的历史又着墨最多，叙述也更详尽，这一部分的叙述具有明显的家族历史特点，即家谱特征。此外，该书提供的答言汗诸子名号及其属部的记载，比其他蒙古文史书的记载更完整、详尽。对研究这些部落的发展史以及其后裔的寻根愿望，具有重要的家谱历史价值。

罗卜藏丹津《黄金史》，原名《概述古代诸汗所建立政道之著作黄金史》，亦称《大黄金史》，约成书于17世纪末至18世纪初。作者在其著作后记中提到撰写该书的目的"让众人世代传阅"。内容主要有印度、西藏王统，成吉思汗先祖世系。成吉思汗生平事迹，窝阔台汗至元顺帝诸汗世系及简史，元顺帝至答言汗前诸汗史与明朝诸帝世系，答言汗至林丹汗诸汗简史，成吉思汗诸弟诸子及九位大臣事迹，满洲兴起与林丹汗败亡。其中对右翼蒙古三部太吉世系记载尤为详细，是研究右翼蒙古世系难得的系谱资料。

《阿萨拉克奇史》，别名《从成吉思汗到乌哈笃妥欢贴穆尔的蒙古历史》，成书于1667年。作者是喀尔喀部善巴，他是成吉思汗后裔、蒙古"中兴之王"答言汗六世孙子，博尔济吉特氏。关于编写本书的目的，他指出"虽将圣祖成吉思合汗的子孙称作天子者多，但深入探究详细叙述者甚少。在他人询问时，为了使糊涂人弄明白，以孛儿只斤为主将历史叙述到现在……为了使当今不懂得历史的人了解历史，并希望我们的子孙读后继续写下去，将史事概括叙述，撰为此史。"该著作主要内容有成吉思汗先祖及成吉思汗事迹、元朝诸帝与帝师、元顺帝妥欢贴穆尔向北撤退之事及其遗腹子明永乐皇帝的传说、明代蒙古诸汗至答言汗历史、喀尔喀与卫拉特战争，答言汗诸子及其后裔，喀尔喀诸台吉世系与事迹，黄教在喀尔喀的传播等。其中，前一部分的成吉思汗祖先世系，尤其在书后半部分详细记载的答言汗十个儿子的世系以及答言汗幼子格哷森札札赉尔洪台后裔世系，本身就是一个内容丰富、叙述详尽的谱系记载，是研究喀尔喀蒙古王公系谱的重要资料。

《恒河之流》，原名《成吉思汗黄金家族史略恒河之流》，作者衮布扎布，成书于 1725 年。全书分为前编和后编两部分。前编记载了孛端察儿至成吉思汗以及成吉思汗子孙至林丹汗的世系和简要事迹，此后按部落逐一记载答言汗子孙清代所在部落、爵位。后编记载了成吉思汗诸弟及其后裔世系和所属部落，清代所在盟旗、爵位等。

《金轮千辐》，全名《黄金家族之系谱，黄金氏族之心娱，九章之篇金轮千辐》，成书于 1739 年，作者是昭乌达盟扎鲁特右翼旗固什·答喱麻，是一名喇嘛。该书是一部以记述蒙古黄金家族的家族世系谱为中心内容的史学著作。作者在说明著述此书的动机时也跟《黄册》和《阿萨拉克奇史》的作者一样引用五世达赖喇嘛的"太平年代，凡人若不知己祖宗，则似迷途之猿，若不知己家谱，则似多鳞之龙；若不知己宗教史，则似荒唐迷惘之孩童"之名言，表明著述的目的是探讨世系谱，让后人知道自己的祖先。全书分九章，共六册。第一册，前言，宇宙起源、生灵起源，印藏王统和蒙古先祖；第二册，成吉思汗事迹；第三册，记述了成吉思汗子孙诸汗至林丹汗世系，诸汗事迹及宗教；第四册，记述答言汗子孙世系，成吉思汗功臣者勒篾后裔，蒙古诸部起源；第五册，记成吉思汗诸弟后裔世系部落，青海和硕特起源，清代蒙古各部落源流；第六册，记五色四夷国，成吉思汗功臣，卫拉特部起源，哈萨尔后裔。该书对答言汗后裔世系及明清蒙古部落有详细的记载，对察哈尔八鄂托克、内五喀尔喀、康里、阿速、喀喇奇里克等很多部落氏族的记载有较高的价值。

《大元国水晶念珠》，通称《水晶念珠》，成书于 1775 年。作者拉西彭楚克，全书分五章。第一章为序言，论述蒙古起源，考辨蒙古族名；第二章记述成吉思汗祖先世系和事迹；第三章记载了从成吉思汗到林丹汗父子的蒙古国历史；第四章记载了答言汗诸子及其后裔世系；第五章记载了成吉思汗诸子、诸弟及其后裔世系和事迹。

《蒙古博尔济吉忒氏族谱》，简称《蒙古族谱》、《蒙古家谱》或《蒙古世系谱》，成书于 1732 年，原稿用蒙古文写成，后由作者译为汉、满二种文字。作者罗密是喀喇沁台吉后裔，他说明撰写本书的目的时曾写到"国有书，家有谱……子孙后代要知先辈源情就要翻阅那些家史，方能明了先辈之事，进而遵从家规家法，世代相传。"全书主要以世系谱体例编著，是一部详细记载成吉思汗至林丹汗的蒙古族通史，又是一部蒙古族黄金家族的世系谱。卷末特别记载蒙古各部各旗的关系及其世系，其中成吉思汗世系和答言汗后裔世系尤为详尽，对于蒙古各部旗世系源流的研究是难得的重要参考文献，对于新疆蒙古、青海蒙古的世系源流研究也有重要的参考价值。

两部《四卫拉特史》，第一部的作者是土尔扈特部人噶旺沙喇布，成书于1739年；第二部的作者是和硕特部人巴图尔乌巴什图们，成书于1819年。两部史书不仅名字相同，而且其内容也基本相同。其中记述四卫拉特世系较为详细，对卫拉特世系研究具有重要的价值。

《宝贝念珠》，成书于1841年，作者是喀尔喀土谢图汗盟人噶尔丹台吉。全书分两个部分。第一部分是关于宇宙形成，印度、西藏王统，宗教传播源流；第二部分记述的是蒙古史，包括蒙古大汗世系，蒙古汗与佛教关系，清初诸汗及统一蒙古各部史，青海蒙古史，西藏史，新疆回部史，卫拉特史，喀尔喀来源及历史。

《乌讷恩素珠克图旧土尔扈特与青塞特奇勒图新土尔扈特诸汗诺颜之世系表》，成书于18世纪末，作者是土尔扈特部僧人格埒克楚勒特木（别名号额哲）。这是土尔扈特贵族从王罕至18世纪末的一部较完整的世系表。对土尔扈特蒙古族的来源、历史事迹，各贵族家庭历史的研究是不可或缺的重要资料。

三、结　语

蒙古民族在有文字记录之前，他们的家谱是由口耳相传，一代又一代传记下来的。自蒙古文字制成以后，蒙古人用文字记录自己祖先家谱，《蒙古秘史》的记载是关于蒙古族祖先以及氏族起源的最初的形态。之后几个世纪，尤其16—19世纪所成书的诸多蒙古文历史文献继承《蒙古秘史》的成吉思汗祖先的系谱的传统，详细地记录了成吉思汗黄金家族的历史，以及蒙古各部形成发展的历史。就像日本学者冈田英弘所指出的“所有的蒙古编年史，从《蒙古源流》到《水晶数珠》，基本上都是成吉思汗系的家谱……”① 那样，蒙古族编年史，即蒙古文历史文献，包括那些成书于19世纪后期的蒙古文历史文献所记载的大量蒙古族家谱史料，是蒙古族系谱学研究的第一手资料。要充分利用并积极挖掘这些珍贵资料，从系谱学的新角度去研究蒙古历史，蒙古族部族历史以及家庭历史是蒙古族系谱学研究中必不可少的重要环节。

---

① ［日］冈田英弘：《蒙古编年史与成吉思汗系家谱》，载《蒙古学资料与情报》1985年第3—第4期第3页。

参考文献

1. 道润梯步著，新译简注：《蒙古秘史》，内蒙古人民出版社，1979 年。

2. ［波斯］拉施特主编：《史集》，商务印书馆，1983 年。

3. 乌兰著：《蒙古源流研究》，辽宁民族出版社，2000 年。

4. 朱风、贾敬颜译：《汉译蒙古黄金史》，内蒙古人民出版社，1985 年。

5. 罗密著，纳古单夫、阿尔达扎布校注整理：《蒙古博尔济吉忒氏族谱》，内蒙古人民出版社，1989 年。

6. 达力扎布编著：《蒙古史纲要》，中央民族大学出版社，2006 年。

7. 乌云毕力格著：《阿萨喇克其史研究》，中央民族大学出版社，2009 年。

8. ［日］冈田英弘：《蒙古编年史与成吉思汗系家谱》，载《蒙古学资料与情报》，1985 年第 3—第 4 期。

9. 札奇斯钦：《蒙古族谱概说》，载《第三届亚洲族谱学术研讨会会议记录》，联合报文化基金会国学文献馆 1987 年。

作者简介

海梅　蒙古族中国民族图书馆古籍特藏部　馆员

关于少数民族家谱数字化的简单思考

申　毅

内容摘要：少数民族家谱作为其内部家族世系繁衍和重要人物事迹的特殊文献，是其民族文化历史的重要组成部分。合理应用数字化手段，促进少数民族家谱的进一步整理开发，对于在新时期保护发扬我国多元民族文化具有重要意义。本文结合当前家谱数字化的一些实例，对少数民族家谱的数字化工作进行探讨。

一、少数民族家谱的价值及其数字化的必要性

1. 少数民族家谱是我国家谱文化的重要组成部分

家谱，又称族谱、宗谱、家乘、房谱、世谱等，是记载家族世系繁衍的历史文献。主要包括谱序、源流考、世系表、辈字、族规家训、图像等内容，是以血缘关系为纽带的家族历史的真实写照。

作为反映本民族历史文化的重要文献，少数民族家谱历史悠久，种类繁多，数量可观。以拥有家谱数量最多的满族为例，其修谱就经历了由简单到复杂、由初级到高级的发展阶段。据有关文献记载，其先民最早修谱的历史可以追溯到女真金朝时期，《元史新编·艺文志》中收录的《金重修玉牒》就是金朝皇族家谱。而到了清王朝，满族由于其居于统治地位，不仅在雍正乾隆年间编纂了著名的《八旗满洲氏族通谱》，而且民间也相继编纂了许多家谱，如《瓜尔佳氏族谱》初修于乾隆四十四年等。

其他民族如蒙古族在元朝建立后，也沿袭金制，设置大宗正府，专司修撰皇室家谱。而东北地区的鄂伦春族，直到17、18世纪，还在马鬃绳上打结记事。通过打多少结，知道本家族有几代人，形成富有特色的“结绳家谱”。另外锡伯族直到20世纪初，也保留着类似习惯。这些各有特色、颇具规模的少数民族家谱，无疑是我国家谱文化中的重要组成部分。

2. 少数民族家谱整理与研究的重要意义

在2001年联合国教科文组织第三十一届（部长级）会议通过的《世

界文化多样性宣言》中提到："文化多样性——人类的共同遗产。文化在不同的时代和不同的地方具有各种不同的表现形式。这种多样性的具体表现是构成人类的各群体和各社会的特性所具有的独特性和多样性。"也就是说，无论什么文化，当它能够与其他文化相区别时才能被辨别，也才有现实的存在意义；无论什么民族，只有保持其文化的独特性才能保存其民族的独立性。

而对少数民族家谱的整理与研究，无疑在传承和保护本民族文化方面发挥了重要作用。少数民族家谱由于其较高的史料价值，既可以让我们了解其家族及民族本身的历史渊源，还能从侧面增强对特定时期历史事件的了解，例如清代蒲慎斋编纂的《泉州蒲氏族谱》就记述了当地回族的一些情况；而辽宁的《庄河金氏家谱》，由于金氏是康熙皇帝四辅政大臣之一鳌拜的后裔，这对侧面了解一下这位当年著名的历史人物也会有所帮助。

此外，少数民族家谱一般对本民族的家族制度、宗教思想、教育理念、姓氏规范、生活习俗都有所记载。这不仅体现了各自民族文化的独特性，也有助于增强族群内部的凝聚力，因此对少数民族家谱的整理与研究，对保护和发扬我国丰富多彩的多元民族文化具有十分重要的意义。

3. 少数民族家谱数字化的必要性

早在20世纪90年代，国内的家谱书目数据库的编辑工作就已经展开。伴随着科技进步，无论是全新的数字化修谱还是对原有家谱的数字化，乃至编制家谱书目数据库以及全文数据库，相对于传统的方式，其优势都是显而易见的。

一方面，家谱的数字化可以永久性地保存这些十分珍贵的历史资料，避免其在历史长河中流失或损毁导致内容上残缺和遗失，使之确保家谱的完整性；另一方面，通过使用世系图、世系树，以及加入音频视频内容等方式，可以在原有的家谱目录等基础上大大提升家谱自身的易用性。利用网络媒介还更有利于家谱的传播及进一步完善，有利于家谱资源的进一步整合。因此对少数民族家谱而言，引入数字化手段对其进行保护、整理及传播，已经是大势所趋。

二、现阶段国内家谱数字化实例

随着文献数字化进程的不断加快，国内与家谱数字化有关的成果不断涌现，这对开展少数民族家谱数字化工作具有很好的借鉴意义。以下仅列举其中较有代表性的实例：

1. 国家图书馆“中华寻根网”（ouroots. nlc. gov. cn/）

2011 年 3 月 5 日，国家图书馆负责内容建设的中华寻根网正式开通。该网站是建立在广泛合作基础上的全球华人家谱数字化服务、教育和研究项目。它以传扬中华谱牒文化为重要目的，利用现代科技手段，在网络上实现寻根问祖、寻根百科、家谱编纂互动、家谱专题咨询、家谱在线查阅、家谱目录和全文检索等功能。

该网站一期项目拥有姓氏数据 500 条、家谱书目数据 3 万条、家谱全文影像 500 余种，约 50 万页，与家谱相关的文献 6000 余种，约 300 万页。其中部分姓氏，如“诸葛”，可以上溯到三国时期，“姜”姓则可以上溯到先秦时期。这些数字资源主要来源于国家图书馆馆藏资源，但网站也提供了用户自行上传编辑家谱的互动功能。

2. 上海图书馆家谱数字化项目

作为国内外目前收藏中国家谱原件最多的单位，上海图书馆共收藏有 17000 余种，11 万多册家谱。分为 335 个姓氏，其中张姓、陈姓、王姓、李姓、刘姓、吴姓等均在 500 种以上，而周、朱、徐、黄、杨、胡等姓也达数百种之多，冷僻姓氏有 90 余种。

早在 1996 年 12 月，上海图书馆就开辟了大陆最早的家谱阅览室，2000 年《上海图书馆馆藏家谱提要》出版后，上海图书馆的馆藏家谱数字化不断加快。2003 年上海图书馆与美国 My Family 公司合作开展了“馆藏家谱数字化项目”，并在 2006 年 9 月将第一期成果 3000 余种家谱，对馆内读者开放阅览。

该项目为了方便读者，实现了与原有的馆藏家谱目录数据库的完全整合。其检索途径与后者完全相同，读者在检索家谱书目数据的同时也可阅览全文影像。另外，还提供对这些影像的简单编辑及打印功能。

3. 其他家谱数字化项目

（1）中华谱牒库

中华谱牒库是由北京大学中国古籍基本工作委员会和北京爱如生数字化技术研究中心联合开发的大型在线古籍数据库，主要收录历代谱牒类典籍。

该数据库的初集共收录宋元明清历代家谱、年谱、仕谱、日谱 2000 种，每种皆据善本制成保留原书所有信息（包括图、表、标记在内）的数码全文，可逐页对照原版影像。同时配备检索系统和功能平台，能进行毫秒级快速海量检索和全电子化的研究整理作业。为遍览历代谱牒，并提取其中丰富信息开辟了广阔的前景。

（2）南开大学图书馆家谱研究文献数据库（www. lib. nku. cn/jp/index. asp）

南开大学图书馆所收藏的家谱种数300余种，覆盖百余姓氏。其范围主要针对中国南方，以浙江省家谱为最多。时间上，主要以民国期间所修家谱为主。尽管该馆在家谱收藏总数及地域范围上并不出众，但在家谱的数字化方面也取得了一定成果。也是作为2010年天津市高校特色资源数据建设的重点项目之一的家谱研究文献数据库。

该项目用户通过浏览该数据库，不仅可以查阅南开大学图书馆馆藏家谱的书目数据以及部分特色家谱的全文数据，还可以了解天津市有关单位所藏的家谱书目数据，同时也能对家谱的相关知识（如相关收藏单位概况、家谱软件开发情况等）进行了解。

除此之外，国内诸如山西图书馆、浙江图书馆、辽宁图书馆都建有不同规模的家谱数据库，并提供馆内外读者查阅。

三、少数民族家谱数字化所应关注的要点

结合以上提到的有关家谱数字化的成熟实例，笔者认为少数民族家谱数字化工作应关注以下几个要点：

1. 明确两者差异，合理借鉴经验

尽管少数民族家谱是我国家谱文化的重要组成部分，但这并不意味着少数民族家谱在数字化过程中，可以全盘照搬现有家谱数字化工作的经验，须注重两者的差异性。

由于少数民族家谱的数字化工作必须注重突出民族特色，这就需要对家谱的民族属性进行细分，而不是简单按照姓氏和地域来区分。比如对于“佟”姓，虽然该姓氏多见于满族，但并非满族独有，包括汉、锡伯、蒙古、回、朝鲜等民族都有使用“佟”姓的。在相关数字化著录时，就必须加以区分，同时要有相应的检索方式，目录结构也要结合少数民族家谱自身的特点，以方便用户使用。另外尽管目前的家谱数字化大多采用全文影像的方式，但也不乏经过文字识别的全文数据，而对于少数民族文字的处理（至少是题名、作者等）更需要加以考虑。

2. 找准自身定位，做好相应规划

我国少数民族的分布极为广泛，社会生活的不断变迁，往往使同一民族散居于多个省份甚至遍及全国。因此对于涉及各少数民族家谱数字化的

相关工作，必须提前做好相应规划。

之前提到的相关实例中，每个项目的出发点都不尽相同，如国图由于其国家馆的定位，其“中华寻根网”的主旨在于建立中华家谱文化的门户网站，而其他一些图书馆或者相关机构，更多将着眼点定位于馆藏家谱的数字化。每个项目着眼点的不同，也就决定了项目的规模、内容深度、成本投入等方面上都存在很大差异。因此对于少数民族家谱的收藏单位而言，即便具有相当的收藏数量，也应找准自身定位，制定合理的规划。

3. 依托现有资源，稳步开展工作

除了上面提到的一些实例，网络上还存在多个以家谱研究、家谱收藏为主的网站，这些网站尽管栏目众多，但绝大多数没有有效的家谱数据来源，更多的都是简单的摘抄或小范围的零散收录，结果自然是无源之水，难以维持。而本文提到的几个项目，都是紧密结合自身或者合作方现有的资源，如中华寻根网，其内容虽然以国家图书馆的馆藏为主，但也提供了自主上传家谱的互动途径。

因此对于大多数少数民族家谱的收藏单位，在进行数字化工作时，应紧紧依托自身现有的馆藏资源，先做好少数民族家谱这部分的数字化工作，再考虑进行相应的业务拓展。

4. 积极争取支持，广泛开展合作

由于少数民族家谱总量偏少，且其在数字化过程中会面临的一些特殊问题，如少数民族文字的识别著录以及部分民族存在如“口传家谱”等多种形态的家谱，这使其数字化工作又具有更强的专业性，无形中增加了相应的运作成本。这显然不是收藏机构可以独自承担的。因此少数民族家谱的数字化进程，还是应借鉴现有的家谱数字化项目的运作方式，通过与社会力量合作或者争取项目资金的支持，以确保相关工作的顺利开展。

参考文献

1. 吴雪娟、吴卫：《满族家谱调查与研究》，载《满语研究》，2003 第 1 期。

2. 王鹤鸣：《从家谱看炎黄子孙的寻根情结》，载《图书馆杂志》，2007 年第 2 期。

3. 佟明宽、李德进：《满族佟氏史略》，辽宁民族出版社，1999 年 12 期。

4. 林德春、聂有财、张丹丹：《满族家谱述略》，载《吉林师范大学学报》，2008 年第 8 期。

5. 新华网新华每日电讯．少数民族家谱见证中华一家

http：//news. xinhuanet. com/mrdx/2010 － 04/09/content _ 13324246. htm ［EB/OL］

6. 雷晴岚：《全球化进程与民族文化多样性》，转引自《广东省社会主义学院学报》，2010 年第 7 期。

7. 毛建军：《中国家谱数字化资源的开发与建设》，转引自《档案与建设》，2007 年第 1 期。

作者简介：

申毅　汉族　中国民族图书馆　馆员

家谱元数据标准规范建设研究

龚文龙

（中国民族图书馆　北京　100031）

［摘要］对家谱信息进行著录是家谱数据库建设的首要工作，而著录工作又必须遵循一定的标准规范，这直接关系到家谱数据库的兼容性和互操作性，进而影响家谱数据交换和共享，因此，对于家谱数据库建设来说，家谱元数据标准规范建设就显得尤为重要。本文概括了自20世纪90年代以来国内家谱元数据标准规范的建设，结合各阶段家谱数据库的建设情况，总结了家谱元数据标准规范的特点。最后，对家谱元数据标准规范的发展提出了自己的建议。

一、家谱概述

家谱，又称族谱、家乘、祖谱、宗谱等，是一种以表谱形式，记载一个以血缘关系为主体的家族世系繁衍和重要人物事迹的特殊图书体裁。家谱以记载父系家族世系、人物为中心，是由记载古代帝王诸侯世系、事迹而逐渐演变而来的。

家谱是一种特殊的文献，就其内容而言，是中国五千年文明史中最具有平民特色的文献；家谱是中华民族的三大文献（国史、地志、家谱）之一，属珍贵的人文资料。对于历史学、民俗学、人口学、社会学和经济学等学科的深入研究，有其不可替代的独特功能，它具有很高的学术研究价值。

近年来，随着国家文化的繁荣发展以及现代信息技术的提高，学术研究和寻根问祖的需求大大增加，国内越来越多的图书馆开始重视馆藏家谱资料的开发和利用，逐步开展了馆藏家谱数据库的建设工作。开展家谱数据库建设的首要工作，是家谱信息著录。而著录必须遵循一定的标准规范，这直接关系家谱数据库的兼容性和互操作性，进而影响家谱数据交换和共享。因此，对于家谱数据库建设来说，家谱元数据标准规范建设就显得尤为重要。

二、元数据标准

1. 元数据的定义

元数据是定义和描述其他数据的数据，是管理、控制信息，是一组独立的关于资源的说明。① 元数据最本质、最抽象的定义为：“关于数据的数据，是对数据进行组织和处理的基础。用于描述数据的内容、覆盖范围、质量、管理方式、数据所有权、数据的提供方式等信息的数据，是数据与数据用户之间的桥梁。”

元数据在许多领域都有其具体的定义和应用。在图书馆与信息界，元数据被定义为：“提供关于信息资源或数据的一种结构化的数据，是对信息资源的结构化的描述。”其作用为：“描述信息资源或数据本身的特征和属性，规定数字化信息的组织，具有定位、发现、证明、评估、选择等功能。”另外，元数据的含义是逐渐发展变化的，早期主要指网络资源的描述数据，用于网络信息资源的组织；其后，逐步扩大到各种以电子形式存在的信息资源的描述数据。目前，元数据这一术语实际用于各种类型信息资源的描述数据。

2. 元数据的类型

传统元数据在互联网存在之前就产生了，主要描述传统文献，书目、文摘、索引等。代表性的元数据格式有 MARC 机读格式、AACR 英美编目条例。“书目”作为元数据的一种形式，在以图书为资源存在形式的相关行业应用有上千年的历史，除图书馆外的行业都有自己的元数据。例如：名册、账本、药典等。元数据做为统一的概念提出，源于对电子资源的管理，最早出现在美国国家航空与航天局的目录交换格式手册中。

元数据作为信息组织、管理与服务领域的重要概念和工具，为信息资源管理带来了高效和便捷，已得到了各国越来越多的重视。国内外各个领域的专家针对元数据作了大量研究，制定了多个被业内广泛认可和借鉴的元数据标准。目前国际上存在多种适用于不同领域、不同类型资源的元数据标准，比较有代表性的元数据有 DC（Dublin Core Metadata）都柏林核心元数据（以下简称 DC 元数据）、URC（Uniform Resource Citation）统一资源描述、CSDGM（Content Standard for Digital Geospatial Metadata）地理空

---

① ISO/IEC 11179－3：2003（E）定义。

间信息、GILS（Global Information Locator Service）政府公用信息资源、EAD（Encoded Archival Description）编码文档描述、TEI（Text Encoding Initiative）文本编码计划、CDWA（Categories for the Description of Works of Art）艺术作品描述目录、VRA Core（Visual Resources Association Core）可视资源委员会核心元数据等。但在某些领域，由于技术的迅速发展变化，仍然存在多个方案竞争，许多标准都处于实验和完善的阶段。

传统图书馆元数据仅适合于图书馆，为了适应网络环境下的数字资源的管理和使用的需要，满足非文献机构和广大用户识别和传输元数据，便产生了 DC 元数据。DC 元数据产生于 1995 年，经过实际应用和不断完善，已经于 2001 年批准为 NISO 标准，2003 年批准为 ISO 标准，在世界多种学科领域广泛应用，已经成为一个被广为接受和应用的事实标准。它是国际组织 Dublin Core Metadata Initiative 拟定的用于标识电子资源的一种简要目录模式，由一组简单的包括 15 个“核心元素”的集合组成。事实上由于 DC 元数据不针对某个特定的学科或领域，因此几乎所有的资源都能用 DC 元数据来描述。它一出现就被北美、欧洲、亚洲和澳洲 20 多个国家认同，不仅图书馆、博物馆都在应用，不少政府机构、商业组织也在采用。

3. 元数据的功能

确认和检索：主要致力于如何帮助人们检索和确认所需要的资源，数据元素往往限于作者、标题、主题、位置等简单信息，DC 元数据是其典型代表。

著录描述，用于对数据单元进行详细、全面的著录描述。数据元素囊括内容、载体、位置与获取方式、制作与利用方法，甚至相关数据单元方面等。数据元素数量往往较多，MARC、GILS 和 FGDC/CSDGM 是这类元数据的典型代表。

资源管理，支持资源的存储和使用管理，数据元素除比较全面地著录描述信息外，还往往包括权利管理、电子签名、资源评鉴、使用管理、支付审计等方面的信息。

资源保护与长期保存。支持对资源进行长期保存，数据元素除对资源进行描述和确认外，往往包括详细的格式信息、制作信息、保护条件、转换方式、保存责任等内容。[1]

三. 家谱元数据标准规范建设情况

1. 基于 MARC/CNMARC 制定家谱元数据规范，开展家谱信息著录工作

国内在家谱元数据标准化建设方面起步较晚，从 20 世纪 90 年代开始，在国内家谱书目数据库建设过程中，主要是使用 MARC/CNMARC 制定家谱元数据标准规范，各图书馆主要在自己的编目系统上通过复用、修改、扩充相应字段等完成家谱著录工作。家谱元数据需要提前制订完成，然后通过编目系统上定制相应字段才能加以著录。譬如国家图书馆在 1990 年就专门成立了"地方志和家谱文献中心"专门开展家谱的整理研究工作。2002 年开始启动地方志家谱书目数据库的建设，[2] 早期曾使用丹城编目系统进行家谱书目数据库的建设；上海图书馆 2000 年推出的馆藏家谱书目数据库项目也在其编目系统上来完成，遵循的是中国机读目录格式(CNMARC)，按照 ISO2709 数据库结构；[3] 哈尔滨师范大学则使用金盘编目系统完成馆藏家谱书目数据库的建设工作[4] 等。

这一阶段家谱元数据的主要特点是：各馆根据自己的理解选定字段著录，势必造成元数据标准不统一，家谱信息著录简单；家谱数据库有效检索点不足，家谱信息揭示功能有限；家谱数据库建设主要以目录数据库建设为主，① 馆藏家谱以资源丰富和财力较为充足的大型图书馆为主。这也与早期的计算机等信息技术的发展水平不高有关。

2.《家谱元数据规范》、[5]《家谱元数据著录规则》[6] 的发布[7]，② 标志着家谱著录有了可供选择的行业规范

2005 年底，《家谱元数据规范》和《家谱元数据著录规则》发布，该家谱元数据规范及著录规则主要由家谱资源收藏量丰富及开发利用较早的上海图书馆主持起草完成，这标志着家谱信息著录有了可供选择的行业规范。《家谱元数据规范》在界定家谱的定义、分析家谱著录对象之间的关系并明确家谱著录单位的基础上，提出了家谱元数据的结构，对家谱元数据规范术语的属性进行了定义，并对每一术语的属性都进行了详细的说

---

① 除文中提到的以外，还有台湾地区联合目录数据库、山东图书馆的山东家谱联合目录、安徽图书馆的族谱查询、福建图书馆的福建联合家谱、广东省立中山图书馆的广东海南家谱联合目录、四川图书馆的馆藏家谱族谱等家谱目录数据库。

② 2005 年 12 月，科技部科技基础性工作专项资金重大项目：中国数字图书馆与标准规范建设，"专门数字对象元数据规范"子项目组发布，主要有上海图书馆承担完成。

明。该元数据方案复用了DC元数据和古籍著录规则的部分内容，由核心元素、资源类核心元素、个别元素三部分组成。其中核心元素14个、古文献核心元素4个、个别元素3个。《家谱元数据著录规则》明确了家谱元数据每一元素的著录内容、取值范围，制定了著录过程中可能遇到的特殊事项的著录原则。

这是国内首次出现的家谱元数据规范标准，也是国家以重大项目的形式，在战略层面组织技术人员完成的家谱元数据规范制定工作。2007年，《数字图书馆标准与规范建设》项目组委托中国科学院国家科学图书馆在全国范围内开展了“全国数字图书馆标准规范建设宣传与推广”培训活动[7]，在全国范围内大力宣传推广数字图书馆的各类技术标准，使得这一家谱元数据规范得到了广泛的应用。该规范的制定，极大地方便了更大范围内的家谱资源的互操作和数据共享。《家谱元数据规范》作为家谱元数据著录的标准，经过实践，得到了大多数单位的认可，被山东图书馆、海南图书馆、中山图书馆等多家单位应用[8]。

3.《在线家谱元数据提案（OGMI)》[9]，提供了在线家谱创建的元数据参考规范

2006年数字平台（北京）软件有限责任公司发布了《在线家谱元数据提案（OGMI)》，此提案是参考DC元数据标准，根据家谱信息资源的类型（家谱目录、家谱谱系、家谱资料）而制订的专门的元数据提案，目的在于实现不同家谱信息系统间的互操作，以及通过各类活动促进家谱资源的数字化建设和信息挖掘。目前，国内外建立起了许多在线创建家谱的网站及家谱制作软件，① 伴随着华裔回乡探亲，寻根问祖的热潮，家谱行业网站的发展前景一片光明，② 该元数据提案对在线创建家谱网站的建设具有很好的借鉴意义。

这一时期，随着计算机、网络等信息技术的发展，一批成熟的数字化建设平台开始出现，家谱全文数据库也逐渐建立起来。譬如，海南师范大学主持的海南省家谱数据库建设采用了北大方正德赛软件3.5版本进行了家谱数据库建设工作；[10]辽宁省图书馆家谱数据库采用了清华同方专业数

---

① 国外：Family Tree Maker：Ancestry. com推出的国外著名的创建管理家族信息的软件、Map My Family Tree：加拿大Progeny Software公司出品家谱软件等；国内：家谱先生（Family Keeper）、天下家谱、赛娜多媒体电子家谱系统等家谱编辑软件。

② 周寿英：《靠祖宗吃饭家谱网站靠谱吗》，载《中国计算机报》，2011年8月1日第015版。

据库制作管理系统（TPI）完成了其家谱数据库的建设工作[11]等。

这一阶段家谱元数据标准的特点为：有了相关的家谱元数据标准规范发布，并受到行业认可和使用；元数据可以在数据的处理中随时定制完成，包括修订、扩充、删除等操作；家谱信息著录更加丰富；检索点越来越多；家谱全文数据库开始大量出现；① 家谱网站也层出不穷。②

4.《时空谱系数据表达与交换标准》，[12]使家谱信息的描述更加全面、深入

《时空谱系数据表达与交换标准》，由南京师范大学虚拟地理环境教育部重点实验室于2010年起草，并已提交申报国家标准。此标准由家谱元数据信息、家谱基本信息和家谱时空信息三部分组成，可以为家谱信息表达、重用、集成、共享与服务奠定基础，该元数据规范基于CSDGM扩充而来，并且加入了地理空间、时间信息，使研究家族的迁徙史以及整个中华民族的家族发展史等提供了很好的线索。但是，按照该标准建立的数据库需要古今地名数据库、人名数据库等辅助数据库系统的支撑，南京师范大学地科院以及国内相关单位已经在这方面做了积极的探索。目前，辅助数据库系统的建设还不完善，有待更进一步的提高。

这一阶段家谱元数据的特点：家谱元数据规范更加科学，家谱信息著录更加丰富、更加深入；元数据所揭示家谱信息的功能更强大；家谱元数据已经上升到国家标准的层面，有的单位积极开展了申报国家标准的工作；家谱数据库的建设在重视规模的同时，越来越重视质量，全文数据库越来越多，这也与现阶段信息技术的迅速发展有密切的关系。③

四、关于家谱元数据标准规范建设的几点建议

1. 实时跟踪家谱元数据的发展、积极参与家谱元数据标准的制定

元数据的含义是逐渐发展的，这就要求我们时刻跟踪家谱元数据的发展、积极参与家谱元数据标准的修订、完善、制定等工作。家谱蕴含着丰

---

① 除文中提到的家谱全文数据库除外，中国谱牒库（全文数据与原版图像）、国家图书馆中华寻根网全文数据库、山西省图书馆家谱数据库（PDF格式全文）、常熟图书馆古籍家谱（图形版全文）、上虞图书馆家谱（图像版全文）等；以及一些大型古籍数据库中的谱牒内容，主要包括北京书同文数字化有限公司开发的《四库全书》、《四部丛刊》、《历代石刻史料汇编》、《永乐大典》等；北京国学时代文化传播有限公司开发的《国学宝典》；北京大学古文献资源库等等。

② 国外家谱网站：ancestry. com、myheritage. com、geni. com、familysearch. org 等；国内家谱网站：中华寻根网、中国家谱网、族谱网、家谱网、百姓家谱、族谱中国台湾网、中根网等

③ 七万字大字符集、繁简体转换、全文检索技术、全文展现功能等都已经有了很好的发展。

富的信息，等待着我们去挖掘，去发现。南京师范大学地科院科研人员成功揭示了家谱的时空信息，为研究家族人口的分布、迁徙以及民族的发展史、迁徙史提供了很好的线索，提出的《时空谱系数据表达与交换标准》，并上报申请国家标准，这应该给我们很大的启示。

2. 按照统一元数据标准，规范建库

家谱数据库建设是否标准规范，关系到家谱数据的兼容性和互操作性，进而影响家谱数据交换和资源共享。在家谱数据库建设过程中，应选择普遍接受的家谱元数据标准规范，严格按照家谱元数据规范要求，建设符合数据质量要求的资源，以确保用户能够准确、完整、迅速地检索到所需信息资源，保证网上各图书馆之间家谱数据能够互相兼容。

3. 加强家谱数据交换标准研究

目前，国内家谱馆藏量比较大的机构都已建立了家谱数据库，为使建立起来的家谱数据库能交换与共享，需要加强家谱数据交换标准研究，开发相应的标准转换工具。对这方面的研究，国外已经有比较成熟的软件，[①] 国内也已经开始进行尝试性的研究；[②] 另一方面，元数据开发应用经验表明，不可能用一个元数据标准满足所有领域的数据描述需要；即使在同一个领域，也可能为了不同的目的而需要不同的但可相互转换的元数据标准，因此，应加强家谱数据交换标准的研究。

参考文献

①张晓林：《元数据开发应用的标准化框架》，载《现代图书情报技术》，2001 第 2 期第 11、15 页。

②田晓春、孙婠、谢万幸等：《国图家谱数据库建设刍议》，载《国家图书馆第九次科学讨论会论文集》，2007 年第 25 – 34 页。

③黄显功：《上海图书馆的家谱数字化资源服务——古籍保护效果的一个实例》，载《图书馆学刊》，2008 年第 1 期第 4 – 第 6 页。

④哈尔滨师范大学古籍家谱书目数据库。

---

① 目前国外家谱学术研究中比较通用的数据规范是 GEDCOM（Genealogy Data Communication），由 LDS Church 的家族历史部门制定的，当前广泛流行的版本是 GEDCOM5. 5。绝大多数家谱软件，譬如 Map My Family Tree 。Family Keeper、Family Tree Maker 等都能支持 GEDCOM 格式文件的导入导出。另外还有 GenXML、GenTech Genealogical Data Model、GetXML 等家谱数据交换有关的标准、协议或统一数据模型，大多实现了 GEDCOM 5. 5 格式到 XML、HTML 或其他格式的转换。

② 南京师范大学虚拟地理环境教育部重点实验室已经开展了这方面的研究，并有相关的成果发布。

[EB/OL]．[2012－7－17]．http：//lib. hrbnu. edu. cn/HsdLib/article_view. asp? id＝38.

⑤上海图书馆：《家谱描述元数据规范》，上海图书馆，2005年。

⑥上海图书馆：《家谱描述元数据著录规则，20O3DEA4TO35：05－E04》，上海图书馆，2005年。

⑦我国数字图书馆标准规范建设．http：//cdls. nstl. gov. cn/

⑧冯一茹：《家谱元数据规范设计与XML实现》，南京师范大学，2011年。

⑨中华大族谱．在线家谱元数据提案（OGMI），http：//www. his8. cn

⑩王芹：《海南家谱数据库建设的思考》，载《图书馆学刊》，2009年第3期第26、27、37页。

⑪郭广堃：《辽宁省图书馆家谱数字化建设概述》，载《图书馆学刊》，2010年第9期第55－57页。

⑫杨翼：《家谱数据交换标准研究》，南京师范大学，2009年。

作者简介：

龚文龙　汉族　中国民族图书馆　馆员

从家谱看满族祭祀

赫 歆

内容摘要： 家谱是以表的形式来表示家族世系的繁衍和重要人物事迹的特殊图书载体。满族家谱现存较多，它将满族的祭祀进行了详尽的记载。满族的祭祀带有许多的宗教色彩，它是基于萨满教的观念发展起来的，与萨满教不仅在外在表现上，更是在宗教观和灵魂观上有许多的联系。当然在承袭方式上和宗教活动方面也有许多的不同，可以说，满族家族祭祀来源于萨满教同时又是萨满教的简化和升华。满族家谱中有关祭祀的记载也兼具对满族文化的传承。

家谱是以表的形式表示家族世系的繁衍和重要人物事迹的特殊图书载体。满族修谱和汉族一样，都是为了记录整个家族的渊源和发展，光宗耀祖。满族十分重视家谱的编纂，无论是官宦之家还是普通百姓都有修谱的习惯，也许正是儒家思想“正人伦，明孝悌”的影响。当然，满族编纂家谱还有更为重要的原因。因为满族受八旗制管理，家谱中记录本家族的旗属、地位、官职等是一个家族身份的证明，更是官职承袭的重要凭证。

满族家谱现存较多，为从历史上认识满族，正确评价满族提供了依据。家谱作为记录家族发展的重要凭据，在各民族和各时代有着多种表现形式，如锡伯族多以布为记录载体，而且内容简单，往往只有一个谱系。而清朝满族从皇室至百姓均比较重视家谱的修纂，所以家谱形制往往比较完整全面。家谱的主要内容为，谱序、谱系、族规族俗、附录及辈字歌等。具体来说，包括姓氏、迁徙、人口、职业、田亩、婚姻、礼仪、祭祀、民俗、传闻、轶事等内容。家谱的形式一般由于编纂时间不同而分为两种：初修的家谱多为叙述式，也就是谱书；分居后抄录的则多为图表式，即为谱单。家谱中记述的除了谱系之外，其中有很大的比重介绍族规族俗。这其中多是祭祀方面的。家谱中将满族的祭祀进行了详尽的记载。

如本溪的《富察氏谱书》，凤城的《瓜尔佳氏宗谱》，新宾的《索绰罗氏普书》，盖县的《关姓族宗谱书》，都有比较详尽的记述。

《富察氏谱书》对祭祖有着十分详尽的记载。称祭祖为内祭，分为大祭、小祭。大祭在十冬腊月，小祭在七、八、九月。大祭用猪，小祭用蔬菜。在里屋西墙上设祖宗板子一架，坐西向东，共香碟三个，是供三仙女恩固伦、正固伦和佛库伦的。

祭祀以前，主祭人选定吉日。到了祭祀日，令秀女多名，上午挑元豆。下午刻元米元豆面子，以备作饽饽用。另准备扫帚、新布、绳等。

第二天祭祀时，令优秀妇女做饽饽。供献九碟，每碟九个，叩礼。之后抬猪，先用新扫帚在猪身上扫七下，合族扶猪走三步，进屋至祖宗前。猪头向外，用酒、水对猪耳孔浇之，猪耳一晃为领牲。族人一起大声说“则”，全扣头。之后将猪肉和血肠供于祖宗前。

凤城《瓜尔佳氏宗谱》对于祭祀做了较为详尽的记述，详细记述了祭天和祭祖仪式，记述为：

贡献屋内仪节凡贡献屋内，以西为上为右，以前炕为右，后炕为左。执祭人必用正嫡，六耳环全备妇人。妾庶孀居，原来孀居，或被出者，俱不用。

祭祀分为春祭仪节、夏祭仪节、秋祭仪节、冬祭仪节。春祭仪节过新年，择正月上旬吉日，前一日做酒仪同冬祭，唯早祭供糕七盘，酒七盅；晚祭供糕九盘，不杀牲，不背灯，余同。

夏祭仪节供苏叶饽饽，前一日，做酒压面，早祭同前。晚祭宰雏鸡供献，背灯并同东祭。秋祭仪节新谷年糕，不做酒，不杀牲，余俱同春季。

最重要最繁琐的是冬祭仪节，前后要经过五天时间，第一天要有格酒礼节，就是将用罗格清的京达蜜酒瓶供于两桌之中，顺碗放筷子一双，再将酒盛两碗，放于西炕左右两旁，原人三叩首，起将酒碗撤下，桌子横立西炕中间。东祭仪礼要择阴历立冬后吉日。第一日有早、晚祭，早祭右酒瓶，祭祀神刀刀把朝右，刃朝后。再请左板上右边香碟，掂香压放神刀上。又做人他力哈与索线，按人数多二三枚方可，完，拴蒙架左边，再剪纸六条，均缝两份，完全拴在高柜门上。

再祭日早起净扫炕地，净抹桌张祭器，先将压酒瓶、香碟请上。放桌两张，对两供板正中，前靠炕沿，后靠挂架。蒙绸立两桌正中，即将索绳头拴两供板正中圈上，一头暂放在排叉上。换索前，将五色线索绕箭头上，立右桌靠蒙架。即请放右供板上香碟，放两桌正中，靠前掂香，将早祭酒瓶抬下炕，放两桌正中前地上。供糕九盘又供酒七盅。执祭人率主祭人大小男妇，近前叩头三遍，换酒，又叩头三遍。起即换索，将索绳纸条一份栓门外柳枝上，执祭人立对右供板手持索箭行，右绕柳枝三遍，如此三遍，将索箭立放原处。即令人抬进祭猪，将水灌入猪右耳内。省牲完，将血盆放供桌右手，肉按前后左右摆妥，内腹五脏俱方内外，盖脂油，执祭人将马他力哈绕肉槽三遍，栓于马尾，早祭毕。

晚祭，放桌，请酒瓶，立蒙架，拈香。供糕十二盘，酒九盅。换酒，省牲，供肉。将主祭人枕头放肉槽头正中，蒙绸放枕上，口朝前。添换背灯酒，撤去灯火，执祭人磕头四次，万持灯撤供。

第二日是还愿也就是祭天。以净高桌一张，放房门口内。三小碟放桌上，中碟盛稗米，头碟盛净水，签子放桌上，东边锅火，应用刷帚、笊篱等物预备屋内，即拿猪。一人在院中东边扶立祭猪，助祭人立桌后，以右手撒米，念颂吉言，主祭人跪颂完，磕头起。抬桌至院中，对梭罗干横放，遂将应用器皿取出，将干拔下，坡立桌后。助祭人持签，左手签死。将梭罗干尖戳猪膛粘血，复立桌原处。又将猪遍身按件割下些许，放桌上西碟内，余皆燎毛抓皮，劈割煮熟。供时饭两碗，肉丝两碗，又撒米念经，磕头。完，将碗内零肉俱装杆上锡碗内，立起安正。

午后换索，先将肉煮熟后用黄米面漂十八个小饽饽，在漂圆饼八十一个，再煮小豆两碗，并早晨米饭，肉丝杂粮丸，筷子两双，铜匙两把，俱安放方盘内，放于前炕西头，叫家中小儿女上炕赴席。又将柜上纸条拴柳枝上，瓷碟拈香，执祭人行至内外柳枝下，左绕三圈，走至小人席上。助祭人将饽饽拿三个放小豆碗内。后将箭上线索拿下，放在饽饽桌上，抬在柳枝下前，三洛粘在柳枝上，三日后，家中人自食。再赴席，小人鱼子弟等用绳索拴在柳枝上，及时解下，与他力哈一并拴在索绳上。将大肉剔骨，骨装在肉槽内，撒米饭一把，签子亦放在槽内一并抬至梭罗干下，移放他处。还愿完毕。

《索绰罗氏谱书统宗》也记载了有关祭祀的内容。其记述的祭祖情节为：在上屋西墙上，并立两分，每分木头香碟两个，西墙北边安索绳口袋，小香碟一个，么镇箭一根，带线麻绳索绳长三丈三尺，拴五色绸条。祖宗架的长宽高有严格的规定。蒙子的大小、颜色也有规定。院内中宫后安天地神位，上香之处安天地杆子一根，尺寸也有规定。祭祀用的酒器、餐具以及牲畜均有数量要求。其他祭祀行为与满族其他家室大同小异。只是祭祖仅在晚间举行一次而已。

从以上例子可以看出，祭祖是满族祭祀的一个重要方面，所谓“酬生我育我，庇护保护之恩，以存孝恩追远之诚，赖以弗之义也。”满族相信他们的祖先虽死，但是灵魂不灭，依旧守护着整个家族。他们认为人是有灵魂的，它是人的主宰，万物的生存，人的福祸以及宇宙中的一切变化都有神鬼在冥冥之中所主宰着的。当祖先们去世，他们的肉体虽已离去，可是灵魂却离开肉体继续存在，并与神鬼们共同生活在一个空间，这样便可以知晓宇宙的一切，把握家族的脉搏。所以祭祀祖先就是让祖先们继续保护整个家族，并指引着家族向前发展。并且，通过祭祖的活动招集一次盛大的家庭聚会，让年轻的家族成员了解家族的祖先，对家族有更深的概念，以此凝聚族人。在潜移默化中对于促进家族成员之间的感情与交流，调节家族成员的关系，提高家族的凝聚力，团结族人起着不可替代的作用。

当然，满族的祭祀不只是祭拜祖先而已，它有着自己的宗教性，满族信仰萨满教，从上述例子不难看出满族的祭祀与萨满有许多的关联。

满族的祭祀有许多萨满教的影子。首先，满族祭祀有自己专用的祭器。如凤城《瓜尔佳氏宗谱》中提到的“哈玛刀”，这些祭器平时同祖宗匣子一起保存在大族长家里，用时到这里来取。这与萨满教是一样的，萨满祭司在进行作法时也有专门的服装、神器。其次，祭祀次数十分频繁。瓜尔佳氏春夏秋冬四季均要进行祭祀，而且还分早祭和晚祭。在满族人看来，家族祭祀不仅仅是对祖先的怀念，更是在乞求先祖的庇佑。这与萨满教任何事情都进行跳神祈祷相似。最后，祭祀仪式也是由萨满祭祀仪式转化而来的。祭司一般由家萨满来主持，整个活动过程充满了浓厚的宗教色彩。比如在满族祭祀中最重要的还原阶段要举行献牲仪式，也就是献猪仪式；要在西炕上搓绳绑猪，在西炕上磨刀宰猪，桌案上摆放的香碟、糕、酒等贡品的摆放顺序和数量都有严格的规定；祭祀时，将酒灌入猪耳，如果猪嘶叫摇头，则表示神已经“领牲”，即接受这一祭品，否则整个家族的人都要下跪进行祈祷，希望神灵可以领受他们的祭祀。这便是一个典型的萨满仪式，只是在家族祭祀时往往进行了简化。

从外在表现上看，满族的祭祀来源于萨满，萨满教的信仰更可以说是祭祀礼俗形成的思想根源。满族祭祀继承了萨满教的宇宙观与灵魂观。与萨满教一样认为任何事物均有神的保佑。家有家神，树有树神，河有河神，且各个家族有自己的守护神。如富察氏供奉的是满族神话中的三仙女——恩固伦、正固伦和佛库伦。宁安满族关氏家族祭祀中便有祭祀树神这一项，可见萨满教中万物有灵、多神信仰的思想观念在祭祀中得到了充分的展示。可以说，没有萨满教的宇宙观和灵魂观也就没有了满族的祭祀。

满族祭祀在思想上与形式上都与萨满教密不可分。满族祭祀就是萨满教的继承和发展，简化并且升化。当然满族祭祀和萨满教还是有区别的。

首先，祭祀的选择上不同。家祭的祭祀人选择，有严格的标准，要选聪明伶俐、身体健康、勤劳并且礼貌的正派家庭的孩子进入萨满培训班学习，经过艰苦的学习后，选择出最优秀的孩子。而萨满继承人的选择更具有宗教意义，一般是在老萨满死后进行，一般采用“神选”或“神抓”的方式选择。挑选的对象往往是体弱多病的小孩，多次医治无明显疗效的，主要是虚病患者。被神附者突然出现昏迷、癫狂等狂状，这些被族人看作“神抓萨满”之兆。一但许愿让此病人当萨满，病就会好的。这样，此人就成为了萨满的接班人。

其次，仪式活动不同。满族祭祀大多是在特定时间进行，满族人将它看做是十分重要且隆重的庆典，如庆祝节日一样热闹，整个家族的人会聚集在一起。主要是祭祖及祭天，祈求神灵和祖先的保佑。而萨满教的主要活动是萨满跳神，并没有特定的时间，只要有需要都可以进行，主要仪式有三种，一种是为本氏族人祈福消灾专门设置的宗教仪式——跳鹿神；还有是专门用于治病的跳神仪式；最后一种是领神跳神，是一种喜庆活动，一般是在族人娶妻，庄稼丰收，向祖先祈福时使用。

总之，满族家族祭祀继承了许多萨满教的思想和形式，但又不同于萨满教。可以说满族家族祭祀来源于萨满教，是萨满教的简化和升华。

满族的祭祀在满族的家谱中有着十分重要的位置，大部分的家谱均对本族祭祀进行了十分详细的记述。可以说满族的祭祀是对本族人进行教育与文化传承的利器。满族家谱记述的满族祭祀繁琐而详细，有着十分丰富的文化内涵。每次的祭祀都是家族成员学习的好机会。族中的族员无论大小都要聆听祖先的来历、祖先的光荣业绩、家族的族规家法等等。这对家族成员来说是一次学习家族历史、家族文化传统的很好的课堂。通过祭祀族员们互相了解，相互团结，互相帮助。另外，通过祭祀活动将满族许多古老的神话流传了下来，得到了保存。而祭祀活动本身就是萨满教的遗存，满族的祭祀可以说是萨满教变异形式的一种保留。

满族家谱中关于祭祀的记载是满族家谱中一个十分重要的内容，通过满族的家谱，不仅可以理清满族发展的脉络，更是深入了解满族文化的窗口。通过对满族家谱的了解和认识，可以了解满族祭祀的情况以及其渊源继承，更是其与原始宗教比较研究的方向。

参考文献

1. 李林著：《满族宗谱研究》，辽宁民族出版社，2006 年。
2. 关继贤主编：《凤城瓜尔佳氏是四修宗谱》，1988 年。
3. 于学斌：《关于满族家祭和家萨满问题的几点思考》，载《黑龙江民族丛刊》，2007 年第 2 期。
4. 赵维和：《满族谱牒研究中相关问题的剖析》，载《邢宝满族研究》，2008 年第 1 期。
5. 徐立艳：《论宁安满族关氏家祭的特点和社会影响》，载《满族研究》，2008 年第 2 期。

作者简介：

赫歆　满族　中国民族图书馆　助理馆员

《辛氏家谱》与河湟辛氏土司研究

辛宇玲

内容摘要：本文以《辛氏家谱》为文本，对历任河湟辛氏土司事迹进行了考证，以探究其与明清中央王朝之间的关系和对土族民族共同体形成的贡献。

辛氏土司曾是土族历史上十四家土司之一，名垂河湟地方历史和土族历史。河湟辛氏土司自明代以来不仅延续了自己的宗族血脉，同时也为历史上土族这一民族共同体的形成作出了很大的贡献。辛氏土司与明清中央王朝的关系也成为我国中华民族多元一体格局形成的一个缩影。本文着重以河湟地区乐都县阿鸾堡辛氏后裔当中珍藏的《辛氏家谱》做一文本分析，以探求其在字里行间中所反映的历史足迹。

《辛氏家谱》原以民和县三川泉尔庄辛土司后裔珍藏的最为详尽，为明朝所修。其中有关辛氏土司家族的继承、职官、封号、重要事迹都有记载。近代河湟地区战乱频发，家谱几经周折，便散失了。现存的家谱除本文所引阿鸾堡之外，还有乐都县蒲台乡辛氏后裔珍藏一部。这两部均为清嘉庆本，按明朝家谱复制，以首封土司朵力乩为一世祖。参看乐都阿鸾堡的《辛氏家谱》可知，这一部家谱几经浩劫，经过十四世土司辛必正在嘉庆三年（1798 年）和十八世土司辛德成在同治十二年（1873 年）的两次修订才成形的。

一、河湟地缘特点与土司制度的出现

“河湟”古称“河隍”，是黄河与湟水的并称，两条河流冲积出的土地称为河湟谷地。该谷地是连接青藏高原与内地的过渡地带，民族交流频繁、多种文化的互动，使河湟地区成为我国少数民族聚居地区中一块具有特殊历史地位与多元文化价值的区域。

河湟在我国地缘格局中处于西部边疆，又带有明显的民族走廊特性。自古以来许多的族群在这里不断迁徙、分离、融合并繁衍生息。清代名臣，西宁道按察使杨应琚对河湟地缘有这样的评价："湟中本西羌地，逼介青海，屏藩郡，而青海周回千七百里，水草丰美，宜牧畜，素号羌戎乐土。故自汉魏立郡以来，先零、秃发、吐浑、吐蕃，叛服迭竖见，收弃承碁。"①

早在秦汉时期，这里散布着许多的羌人部落，并建立了城池。西汉中央王朝迁徙了大量的汉族在这里屯田，并设置郡县，带来了先进的农耕文明。西晋后，东北鲜卑族徙居河湟，其中秃发兀孤建立了南凉政权，慕容部建立了强大的吐谷浑王国。魏晋南北朝时期是我国历史上长期分裂割据的时期，也是北方少数民族大迁徙、大同化、大融合时期。河湟谷地先后留下了羌族、月氏、匈奴、鲜卑等民族的踪迹。唐宋时期，河湟谷地的主体民族为吐蕃人，同时还有党项人、汉人、回鹘人以及侨居的西域商人。元代河湟谷地遂划归章吉驸马作为封地，大量的蒙古部落迁居河湟。明初政府推行移民实边政策，不少回回人来到了这里。清代，河湟谷地基本上形成了多民族杂居局面。

河湟地区有它的地缘特性，历代很难被中央王朝整合。中国的政治中心像一个磁场，离中心越远它的吸引力就越弱。因此，形成了两种不同的统治方式。从先秦时期的"五服之制"思想开始，中国形成了并始终实践着一套内地与边地不同的行政方式，即齐民编户郡县制和控制相对松散的羁縻制。汉族省份是这个王朝的腹地，有着严密的行政管理机构，直辖于皇帝。在汉族与少数民族杂居地区，行政组织就松散一些，一些少数民族的领袖人物被任命为地方官吏。在邻近汉族地区的少数民族区域，则是通过本民族的世袭王公贵族、土司头人来治理。两种行政体制的共存适应了古代边疆地区与内地政治、经济、社会发展的不平衡，也体现了当时历史条件下对民族地区传统和自治权的尊重。

河湟地区从元及明至清，多由土司管辖。土司之职始设于元代，而土司正式受中央王朝册封是明代。当时元顺帝退居漠北，青海蒙、藏各部，相继归附明朝。杨应琚撰《西宁府新志》记载："按宁郡诸土司计十六家，自前明洪武时授以世职，安置于西（宁）、碾（伯）二属。"② 土司之职

① （清）杨应琚撰：《西宁府新志》卷32。

② （清）杨应琚撰：《西宁府新志》卷24。

责，主要是“各统其部落，以听征调、守卫、朝贡、保塞之令”。[1] 辛氏土司就是此时归附明王朝的河湟土司之一。

二、历任辛氏土司考略

辛土司一宗肇始于元末的朵力乩，“西宁州土人，世居西宁卫碾伯所双塔沟辛家庄。明洪武四年（1371）率众归明，选充勇士，授小旗，调至三川地区守卫黄河渡口。”[2] 三川是赵木川、中川、下川的合称，位于民和县东南部。三川之地，川道宽阔，土地肥沃，农业先进，文化发达，长期以来，是土族人民繁衍生息的重要地区之一。

二世土司七十狗，又称奇候，系朵力乩长子“承袭父职，替役”。

三世土司辛庄奴，七十狗长子，承职，替役。从辛庄奴始，以辛为氏，盖取其名第一个字，非古之“辛”氏。

四世土司辛荣，辛庄奴子，于“明英宗天顺四年（1460 年），袭职”。

五世土司辛政，辛荣子，于“明孝宗弘治四年（1491 年），袭职”。

六世土司辛海，辛政子，于“明武宗正德二年（1507 年），袭职”。

七世土司辛宝，辛海之弟，“降袭度百户之职”。“吉囊犯甘凉，辛宝从总兵官击之，战于黑马圈，阵亡”。

八世土司辛威，辛宝之子，“明世宗嘉靖二十年（1546 年）袭职”。

九世土司辛世安，辛威之子，于“明神宗万历六年（1578 年）袭职”。

十世土司辛方略，辛世安之子，民和三川地区土族群众称尕大爷。“明神宗万历四十五年（1617 年）袭职”。因公务赴西宁，从三川行四十里至古鄯八字岭，“遇番贼答尔加宗等，伤劫身亡。贼劫去马匹，白银三百两，黄金三两”。辛方略未入藏三川泉尔庄祖坟，葬于丹阳城遗址内。

十一世土司辛伟鼎，前明辛方略之子。清世祖顺治二年（1645 年）归附清朝。顺治十三年（1656 年）“授试百户职”。

十二世辛振邦，辛伟鼎之子。“跟奋威将军王征兰、临、秦有功，不意身患癖疾，未蒙承职而故”。

十三世辛郎，辛振邦之子。“自幼患腿疾，未蒙承袭前职，雍正年间病故”。

十四世土司辛必正，辛郎之子。“乾隆年间承袭祖前职，到任管事”。

---

① 《明史·职官》卷73、志48，中华书局，1984 年版。

② （清）阿鸾堡：《辛氏家谱》。

十五世土司辛广贤，辛必正之子。“清高宗乾隆三十八年（1773 年）袭职”。嘉庆七年（1802 年），清廷颁给辛广贤以木质印一颗，上有“西宁府碾伯县辛百户世袭指挥府印”字样。

十六世土司辛长寿，辛广贤之子。“清宣宗道光二年（1882 年）袭职”。

十七世辛三元，辛长寿之子。“因病未能袭职”。

十八世土司辛德成，辛三元之子。“携其子裕后等避居藏区，清德宗光绪十二年（1886 年）归里，袭职。”

十九世土司辛裕后，辛德成之子。“清德宗光绪十二年（1886 年）袭职”。

辛裕后至其子辛三辈时，土司制度日趋没落，土司家族已呈凋零之势。辛三辈之子辛忠元，卒于 1960 年。其后裔现住民和三川泉尔庄。

三、辛土司与明清中央王朝的关系

明朝奉行“联番拒蒙”、“反元保塞”的国策，河湟土司多次征调参加军事征剿，对安定西北边陲，维护祖国统一发挥了积极作用。明永乐时期是明帝国与北元王室尖锐对抗时期，此时元顺帝托欢帖木儿虽死，而贵族的实力仍然相当雄厚。西边帖木儿帝国雄峙中亚，以恢复元朝相号召，其兵锋曾逼近天山。明成祖朱棣曾五次出塞领兵战斗，辛氏土司曾多次被征调参加北征，攻打过兀良哈，征讨过阿鲁台，成为扈从明成祖的猛将。

一世祖朵力乩一生戎马生涯，他最为精彩的一役就是明永乐十二年（1414 年）和河湟诸土司御驾亲征“战于忽兰勿失温，大败乱寇。”[①] 永乐十二年（1414），明军从北京出发，兵至三峡口，击败瓦剌部游兵。朱棣乘势向西北方向进攻。行至忽兰忽失温，遭瓦剌军的依山阻抗。朱棣便以精骑引诱瓦剌军离开山势出战，另外部署神机炮及时炮击，自己率铁骑冲入敌阵，杀敌无数。瓦剌军遂大败，此后多年不敢犯边。

明朝李文忠将军兵伐河湟，朵力乩选任护旗官，与敌激战于湟水南岸，一时成为李文忠的护卫骁将，被明王朝封为昭武大夫，子孙世代承袭。

朵力乩长子，二世土司七十狗，又称奇候，在明永乐十年（1412 年），同其弟细候随东伯府沙陀李土司李英，率兵赴凉州金沙城亩讨番酋老的

---

① （清）阿鸾堡：《辛氏家谱》。

罕。“大军至讨来川，斩俘三百六十人。夜雪，贼遁，追，尽获之”。七十狗、细候在这次战役中卓有功苦。永乐二十年（1422年）阿鲁台挥兵大举攻入兴和。明成祖唯恐阿鲁台势力扩大。遂率大军亲征阿鲁台。七十狗随土官李英护驾北征，“连败阿鲁台于元冥河处”。同年．七十狗从明成祖征讨元良哈，“败贼于魁列儿河，获驼马牛羊”。洪熙元年（1425年），七十狗、细候兄弟二人，“奉命追讨安定卫叛贼，连战，破之。师还，七十狗升任总旗，未几，卒于官。赐祭葬”。[①]

明永乐二十二年（1424年），明王朝派使臣乔来喜、邓成等前往西藏，途经安定、曲光地区，安定卫指挥哈三及曲光卫指挥散即昂，劫去了全部金银财物，杀害了使臣乔来喜、邓成及随行人员，边地因此骚动起来。朝廷敕李英与河州卫土官指挥康寿等进讨。辛庄奴同其弟南极保，三弟什保，亦率本部士兵从征。“兵出塞外，贼惊走，追击，逾昆仑山，斩俘一千一百余人，获马牛杂畜十四万。曲先贼闻风远遁，安定王桑尔加什夹惧，至阙谢罪。宣宗加李英功，遣使褒谕，令驰驿入朝，擢右府左都督。辛庄奴、极保、什保兄弟三人功列超等，曾令入朝”，[②] 一度成为明宣宗的护卫官，可以带刀上殿。

洪熙元年（1425年）八月初三，明仁宗朱高炽给李英、康寿、鲁失加、辛庄奴等土司的诏书对此事也有记载：“我仁宗昭皇帝嗣承天位，以安定等处强寇杀害朝使，劫夺赐物，特敕尔等率兵剿戮，除害安民。尔等敬恭朝命，益弹智力，奋勇果敢，躬率壮士，深入寇穴，剪戮擒获男女千余人，得其驼马牛羊十有三万，使凶憝灭迹，良善安居，道路往来，永无患害。眷尔忠勤，深用嘉悦。朕位之初，方任帅，以靖边境，使皆如尔等尽力尽心，何寇不灭，何功不成，虽古良将有何过也？今特遣礼部主事杨镛宴劳尔等，所得人口、马、驼送赴京来，牛羊就彼给尝随征将士，尔（指李土司李英）即驰驿来朝，以副朕怀，故谕。”[③]

宣德三年（1428年）“即尔加族番人不敬，庄奴随李英剿平之”。[④] 宣德五年（1430年）曲先卫都指挥使散即思“邀窃西域贡使，梗塞道途，天子怒，命史昭为大将，率参将赵安、王或，偕太监王安、王瑾，督西宁卫诸军讨之。辛庄奴、南极保，什保兄弟三人复调从征。长驱至曲先，奋

① （清）阿鸾堡：《辛氏家谱》。
② （清）阿鸾堡：《辛氏家谱》。
③ （清）阿鸾堡：《辛氏家谱》。
④ （清）阿鸾堡：《辛氏家谱》。

武扬威，与贼对敌。散即思惧，望风逃窜。诸将纵兵击之，杀伤甚众，生擒贼将答不花，获男女三百四十人，驼马牛羊三十四万有奇，威震塞外。捷闻，玺书慰劳，尝赉加等。"[①] 庄奴、南极保、什保均有功于明王朝。

宣德十年（1435 年），"辛庄奴随西宁卫指挥、三世陈土司斌，赴凉州镇番剿寇，至黄山，遇阿台朵尔伯兵，击败之，有斩级功。"[②] 正统元年（1436 年），明王朝封辛庄奴为百户，赴西宁管事。

清初，辛土司与河湟诸土司率先归顺，使河湟地区率先平稳地归治于清王朝，为维护中央王朝统治秩序，国家统一，打击叛乱势力做出了很大的贡献。

康熙十三年（1674 年）吴三桂发动"三藩之乱"，王辅臣在平凉响应，连陷庆阳、兰州等地。在靖逆将军张勇檄调下，西宁总兵王进宝率汉土官兵进击，河湟各家土司随征。辛振邦领本部士兵从征，"渡黄河，夜以革囊结筏，自蔡湾渡，久围兰州，破之；挥师攻临洮，会大雪，趁贼不备，袭破之；复进兵秦州，亦胜。"

清穆宗同治四年（1865 年），米拉沟（今民和境内）、巴燕戎格厅（今化隆境内）回民在马尕三的领导下举兵反清，老鸦、高庙一带遭焚劫，阻断兰州至西宁交通，土司阿文选率土兵与之大战，兵败而被杀。当时辛德成"分守湟中堡（今平安县），被毁，遂携其子裕后等避居藏区（化隆县辛家窑）。"

由上可见，辛氏土司与明清王朝的密切关系和他们在巩固边疆边防做出的历史贡献。辛土司与土族诸土司始终效忠朝廷，从无反叛，朝贡尽职，随军征讨，被中央王朝所倚重，为保障西北边陲的稳固起到了积极的作用，也为河湟地区社会生产的发展创造了有利条件，对统一的多民族国家的安定和谐做出了杰出的贡献。

四、辛土司族源与土族的形成

辛土司朵力乩的族源，家谱中记为"西宁州土人"。家谱里称其为"土人"与今大的土族没有直接的承继关系，并不能等同。明朝以来，河湟地区的人民把世代居住在这里的达勒达人称作土达子、达子或土达，后来渐渐简称为达民、土人、土民。达勒达是说蒙古语的部落或部族的通称。

---

① （清）阿鸾堡：《辛氏家谱》。

② （清）阿鸾堡：《辛氏家谱》。

西宁州土人朵力乩，为元朝在河湟的一位“诺延”。“诺延”蒙古语“官人”之意，蒙古汗国贵族的通称。元朝在河湟地区有许多“诺延”，多为蒙古宗王重臣，于明洪武初相继归附明朝。明王朝给“诺延”们以世袭特权，“封以官位，授以名号”，并将“边缘旱地，赐各土司，各领所部耕牧”。① 以本族豪酋统治本族人民。

世居西宁卫碾伯所双塔沟的朵力乩被授予世袭土司之职，调至民和三川地区把守黄河渡口和大马家沟口，战时“据险守塞”，平时“讲武务农”。

经过明清两代的悠悠岁月，辛氏土司家族逐渐与蒙古族分化，在其发展过程中不断吸收、融合了藏族、汉族等其他民族或族体成分。如：辛土司家族与瞿昙寺的世袭寺主梅氏家族世代交好，保持姻亲关系。二世土司奇候的夫人梅宜人便是梅氏家族的小姐，以后辛氏家族后裔多与梅氏通婚。梅氏家族是河湟著名格鲁派寺院瞿昙寺世袭土官。瞿昙寺因河湟三罗喇嘛为书招降罕东诸部有功，朱元璋下令为其修建的。从初建到后来的扩建，都得到明王朝的大力扶植。明朝封三罗喇嘛为西宁僧纲司都纲，成为西宁卫的宗教首领，并以瞿昙寺为纽带，加强对河湟流域以及柴达木地区的统治。三罗喇嘛与西藏佛教噶举派祖师玛尔巴同族，故称其家族为“玛尔仓”，意为“玛尔家族”，后来音译为“梅氏家族”。

在后世漫长的岁月当中，辛氏土司与当地藏族一直保持通婚，同时也和汉族等民族相互融合、同化形成了今天的土族。现居于民和县三川地区和乐都县双塔沟的辛氏后裔全系土族。

五、结　语

辛氏土司作为河湟少数民族的部落首领接受明清中央王朝的册封，并始终效忠朝廷，这正是对中华民族多元一体格局的一个具体、生动的解读。“多元”是一种天然的差异性，河湟民族成分复杂，表现出不同的民族特质和文化多样性。“一体”是一种居于国家视野的整合，明代以来辛氏土司的社会身份“国家化”了，土司作为一种特殊的职官设置，被逐渐纳入到明代国家职官体系当中，成为“朝廷命官”正式具有了“国家”的身份，从而产生了一种“天下观”，使自己以为中央平定边关，保境安民为己任，这是一种高于族群的国家认同。

---

① （清）杨应琚撰：《西宁府新志》卷24。

河湟地区是一个民族走廊，这主要是基于民族学的意义。羌人、匈奴人、吐谷浑人、吐蕃人、突厥人、鞑靼人、回人、汉人……有太多的民族曾经讨扰过这里，民族之间相互战争，同时又不断的融合、同化，许多古老的民族消失了，新的民族共同体出现了，这成为一种自然的过程。土族是河湟地区独有的少数民族，应该说它的出现与这里众多的民族有着千丝万缕的关系。对《辛氏家谱》的研究充分证明了这一点，辛氏一支的形成为考证土族族源和探究土族民族形成提供了很好的佐证。

参考文献

1. （清）杨应琚撰：《西宁府新志》，卷三十二、二十四。
2. （清）阿鸾堡：《辛氏家谱》。
3. 《明史·职官》卷七十三、志四十八，中华书局，1984年版。

附：《辛氏家谱》图片（来源：辛宇玲提供）。

作者简介：

辛宇玲　土族　民族文化宫陈列室研究部　馆员

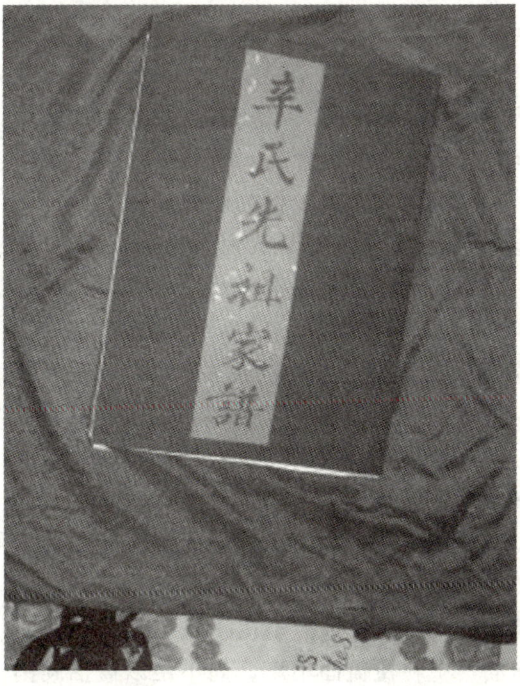

湖南的土著氏族与少数民族族谱的特征

寻　霖

内容摘要：本文作者通过研究分析《湖南人由来考》与《湖南人由来新考》结论及观点的异同，探究湖南土著氏族发展的历程及其与湖南人由来的内在联系。

1933年，著名历史地理学家谭其骧先生曾著《湖南人由来考》一文，以五种湖南方志中的氏族志，即道光《宝庆府志》、光绪《邵阳县乡土志》、光绪《武冈州乡土志》、光绪《靖州乡土志》、光绪《湘阴县图志》所载752个氏族的迁徙状况统计分析，最后得出如下结论：

湖南人来自天下，江、浙、皖、闽、赣东方之人居其什九；江西一省又居东方之什九；而庐陵一道，南昌一府，又居江西之什九；湖南人来自历古，五代、两宋、元、明居其什九；元、明又居此诸代之什九；而元末明初六七十年间，又居元、明之什九。

谭文发表后，影响极大，至今仍为研究湖南人口迁徙的权威之作。然其时亦受到一些学者的质疑，主要认为其论据仅来源于湘北一县（湘阴县）、湘中一府（宝庆府）及湘西南一州（靖州），不足以概括湖南一省之状况。

1990年，谭其骧的学生、今复旦大学教授曹树基另作《湖南人由来新考》一文（载《历史地理》1990年第九期），以补充论证其师观点。曹文以20种湖南方志中氏族志为依据，通过对其间2022个氏族迁徙源流统计分类，得出与其师相似的结论。

谭、曹二文，是迄今研究湖南氏族迁徙源流的两篇最重要的力作，至今仍影响着人们的观点。其论据都来源于湖南方志中的氏族志（表），因此得出相同的结论，同时也使人产生相同的疑虑：

一是以点概面，史料覆盖面不广，尚不足以概括湖南一省之状况。谭文仅列举湘北一县（湘阴县），湘中一府（宝庆府，含邵阳、新化县、武冈州、新宁县、城步县），湘西南一州（靖州）共752个氏族。曹文亦仅列举湘北四县（湘阴县、南县、平江县、岳阳县），湘南五县（宜章县、嘉禾县、蓝山县、汝城县、永兴县），湘中二县（醴陵县、长沙县）、一府（宝庆府），湘西四县（溆浦县、靖州、石门县、永定县）共20县2022氏族。清代行政区划分为地方政府由省、道、府（直隶州、直隶厅）和县（散州、散厅）四级组成。至道光间，湖南布政使司辖4道、9府、4直隶州、5直隶厅、63县、7散州、1散厅，其中直隶州（厅）、县（散州、散厅）共80个。曹文仅列举其中20县，为四分之一。曹文列举的湘北四县中，湘阴、南县、岳阳为洞庭湖滨湖淤积地区，土地肥沃，又处湘、鄂、赣三省交汇处，直至今日仍是移民活动频繁之区。湘东平江、醴陵、长沙、汝城，湘东南宜章、永兴各县处湘赣、湘赣粤毗邻之丘陵地区，为明末清初闽、粤客家人主要迁入地。邵阳处资水河谷平原，自古为湘中重镇，经济、文化、交通一直较为发展，也是迁湘氏族较为集中的地区。在曹文列举的20县2022族中，湘阴、岳阳、南县、长沙、平江、醴陵、汝城、宜章、邵阳等9个湘北、湘东、湘中、湘东南移民较为集中地域的氏族为1305个，而嘉禾、蓝山、武冈、新宁、城步、靖州、溆浦、新化、石门、永定等10个湘南、湘西南、湘西北土著较为集中地域的氏族仅列717个，若再减去蓝山、溆浦二县省内移动氏族，则仅余547族。由此统计分析，自然会得出湖南氏族大部分来自外省的结论。

商周及以前，湖南主要是苗蛮系民族（苗、瑶等族的直系先民）、百越系民族（壮、侗等族的直系先民）聚居地，但也有一部分华夏系民族（汉族的直系先民）南迁至此。今有学者认为：湘中古梅山区域（今安化、新化等县）是上古蚩尤部落的世居地之一，梅山土著苗瑶即上古蚩尤部落的嫡裔。春秋战国时期，湖南基本属楚国疆域，楚人与当地土著蛮人、越人及自川东鄂西迁来的巴人（土家族的直系先民）共同生活在这块土地上，形成了湖南的土著氏族。秦灭楚后，在湖南设立郡县，一部分土著氏族已融入中原汉民族。秦汉至魏晋南北朝，湖南蛮族按地域可分为武陵蛮、五溪蛮、盘瓠蛮、溇中蛮、澧中蛮、零阳蛮、酉溪蛮、长沙蛮、零陵蛮、桂阳蛮、荆雍州蛮等。随着时代的发展，这些地区的土著氏族大部分已汉化，只有一小部分蛮族仍保留其特有的生活文化习俗，这也是今天尚存的湖南各少数民族。

湖南是个多民族的省份，据1990年第四次全国人口普查统计，其时湖南共有52个民族，60657992人，其中少数民族51个，4823649人，占全省总人口的7.95%，占全国少数民族人口的5.29%。在湖南51个少数民族中，已形成氏族聚族而居者有土家族、苗族、侗族、瑶族、白族、回族、壮族、维吾尔族、蒙古族、畲族10个民族。其余则多为新中国成立以后因工作或婚嫁而迁入湖南者，人口较少。

在10个形成氏族的湖南少数民族中，土家族、苗族、侗族、瑶族为湖南的土著民族，先秦以来即生活在湖南，分布比较广。白族为宋末元初自云南迁入，今多聚居于桑植县。回族、维吾尔族、蒙古族多为明初自北方随军迁入，今多聚居于常德、邵阳等市县。壮族多为自湘桂毗邻的广西宾州、贺县迁入，今多聚居于江华。畲族则为明末清初自福建、广东迁入，分布于湘东南汝城、桂东等县。

今湖南少数民族自治县除江华瑶族自治县、城步苗族自治县、通道侗族自治县、靖州苗族侗族自治县、芷江侗族自治县、新晃侗族自治县、湘西土家族苗族自治州（含吉首、龙山、永顺、古丈、凤凰、泸溪、花垣、保靖）外，在湘东、湘南、湘西北还存在大量的民族乡，如辰溪、洪江、会同、沅陵、绥宁、隆回、新宁、蓝山、江永、宁远、道县、祁阳、新田、双牌、慈利、桂阳、汝城、资兴、常宁等。这些县市的瑶、侗、苗、土家等民族的氏族应当作土著氏族看待。由于曹文仅以地方志中的氏族志为依据，而湖南有氏族志内容的方志又仅寥寥数种（多已为曹文所采用），因此也就造成了曹文中湘北、湘东氏族多，而湘南、湘西南、湘西氏族少的局面，由此形成的湖南全省氏族中迁湘氏族大大多于土著氏族的结论也自然受置质疑。

二是论据皆来源于方志中的氏族志（表），没有考虑土著氏族伪造为迁湘氏族的大量存在，其真实性受到置疑。方志虽是官修史书，较为严谨，但其氏族志部分却都由各氏族根据其家谱自行申报，如1946年，湖南省政府成立湖南省文献委员会，由同盟会元老仇鳌任主任，负责收集战后劫余文献及编纂新的《湖南省志》，“氏族志”即为其中一分册。省文献委员会编制了“湖南氏族概况调查表”，由县乡各级政府饬令全省各氏族据谱填报上呈。其时共有2000多个氏族上交了材料。随着大陆解放，此事也不了了之。但这些原始文献至今仍完整保存在湖南图书馆。这些所呈报调查表的氏族，其中很大一部分为湘南、湘西、湘西北的土著氏族、甚至至今仍为少数民族的氏族都无一例外称自己为迁湘氏族。

谭文中仅将氏族表中凡称“世居某县某里”者概认为土著，则七州县中仅有土著9族，即邵阳墨溪黄氏、邵阳同庄李氏、新化石界扶氏、城步黔宁王沐氏、城步凉国公蓝氏、城步颍国公杨氏、靖州杨氏、姚氏、湘阴中塅焦氏。

曹文所列举的湘北区湘阴167个氏族、岳阳48个氏族、平江144个氏族、南县52个氏族中，仅有3族定为土著，即湘阴焦氏、平江罗氏、平江佘氏；湘南区汝城138个氏族，宜章137个氏族，嘉禾32个氏族，蓝山161个氏族（含省内移动者63族），由于该区域“土著无法从移民中析出，且其人口中所含蛮裔或亦较少”，故此468族曹文皆以之为迁湘氏族；湘中区醴陵462个氏族，长沙50个氏族，未列土著；湘西地区溆浦将舒、向、吴、梁、文、杨、田、彭、覃、扶、龙、潘、奉、冉等14姓列为蛮姓氏族；石门、永定将向、覃、田、舒、苏、龙、骆、杨、吴、龚、鲁、潘、彭等13姓25族列为蛮姓。文中所列为土著氏族仅120余族。

攀援本是各族各姓家谱之通弊。由于湖南土著氏族在新中国成立前曾遭受莫大的政治歧视与经济剥削，更是讳言其所出，竞相攀附历史上某一帝王将相、名士重臣，自称名门之后。而在湖南历史上又很少产生过显赫人物，因此各氏族家谱只得伪造迁徙源流，由土著氏族而衍变为迁湘氏族。攀附贵胄、伪造始迁是湖南土著氏族（少数民族）家谱最主要的特征。如永顺龙塔王氏，今为土家族，而其1934年族谱称：迁永始祖墨着王，本江西吉水县蛾眉湾人，以五季来蛮定荒，创立王村。传四世值吴敖骈乱，明、亮、清、聪四公闻吉水邻人彭瑊为辰州刺史，暗约平蛮后分治其地。蛮平功奏朝廷，封彭氏为溪州刺史，王氏亦授麦着黄洞长官，子孙世守其职。杨氏为湘西著名土酋巨族，今除汉族外，尚有侗、苗、瑶、土家等族。1922年（湘西）《杨氏通谱》却称受姓始祖杼公为一世，三十五世杨震，四十七世隋文帝杨坚，五十世代王杨侑，杨侑子福积，唐贞观八年（634年）由长安徙居淮南，五十三世杨盛，由淮南徙居江西吉安府泰和县，五十九世居忠，唐武宗时功封镇国将军。唐文宗时家遭回禄，遂失隋朝玉牒之文。明年由淮南徙于叙州。叙州，唐大历五年（770年）改巫州名叙州，治龙标县（在今湖南芷江东南唐纠山），领龙标、朗溪、潭阳三县，属黔中道。宋熙宁七年（1074年）废。居忠生再思、再韬、再兴。兴裔未详，韬生正云、正昆，徙居山西太原，北宋时金刀令公杨继业即其后。再思守沅州，五代梁开平四年（910年）擒叙州蛮潘全盛，授辰州刺史。绥宁东山龙氏，今为苗族，而其清宣统元年（1909年）《敦厚堂合修宗谱》却以东汉初零陵太守伯高为京兆世系一世祖。以庚公为江西永新世系一世祖，唐宣宗时自湖南道州任江西庐陵吉水丞，因黄巢之乱道阻难归，遂家江西永新。八世采濂，生禹官，禹官初随父任会稽，卜居河南卫辉府汲县，继随外祖居江西吉安府泰和县白下驿，宋元丰四年（1081 年）任南昌节置副使。既而南蛮作乱，调升湖南安抚招讨使，卒葬常德南门外。禹官生宗麻，宗麻随父任湖南宣抚处置副使，平定长衡永宝岳常沅靖等地，不二年苗民感服，移营绥宁东山，遂家铁冲。新晃蒲氏、姚氏，今为侗族，清宣统间《蒲氏族谱》称：汉时元性公，惠帝敕封殿侯，因吕氏专权，不仕，遂隐居豫章南昌府丰城县七里街朱氏巷。晋时洪隋公，由楚迁黔，至六龙山、米贡山，见其地山川秀丽，遂卜居此。元初统公，授辰沅总镇，生四子：佳、臣、裕、昆，同徙居西晃山。1944 年《姚氏族谱》以汉侍郎姚云为一世，居河南开封府祥符县，迁陕州硖石。十九世崇公，为唐相。三十五世文公，从元世祖平定江南，诏为袁、临、瑞三路总管。四十一世良珊，明永乐十四年（1416 年）奉旨拨民，征天下殷实之家实辰州卫，由丰城县迁居沅州岩子坪，四十六世文献迁居晃县伞寨。等等诸如此类，所有土家、苗、侗、瑶、白、壮等少数民族氏族的家谱没有一家坦言其为土著，无不称辗转自江西迁来。

一般说来，湖南土著氏族家谱伪造始迁主要有两种形式，一为随大流，湖南绝大多数氏族之家谱都称明洪武间自江西迁来，故土著氏族家谱也沿袭此说以求他族认同。如 1948 年《桃源县志初稿 · 氏族志》中汉族、土家族氏族多称明永乐二年自江西吉水拖船埠迁来。二为攀荒远，自称唐宋间即已迁湘，再以“年湮代远，谱牒散佚”来掩饰。这种情况在湘南、湘西今少数民族聚居地区的氏族家谱中体现得尤为明显，如新晃吴氏，自称宋宁宗嘉定五年（1212 年）始修族谱，元元贞元年（1295 年）二修，大德四年（1300 年）三修，元统三年（1335 年）四修，明洪武元年（1368 年）五修，洪武八年（1375 年）六修，洪武十年（1377 年）七修，天顺三年（1459 年）八修，成化十九年（1483 年）九修，嘉靖十三年（1534 年）十修，1947 年十一修，但十修以前各届谱序内容都未涉及新晃，可知抄袭他族谱序无疑。但只要我们仔细阅读各氏族家谱，并结合正史，就总能发现一些其造伪的痕迹。如永顺龙塔王氏称始迁祖为墨着王，“墨着”即土家语“王”的意思。又称“其先避秦奔楚”，可见其先世自秦时即已迁入楚地。今该族又一支则作黄姓。湘西杨氏以杨震为始祖，而杨震与杨再思渺不相及。湘西北彭氏以彭瑊为始迁祖，而五代梁开平四年（910 年）彭瑊尚在吉安为吴将敖骈所围，又焉能分身为马楚辰州刺史。新晃蒲氏以“朝秀正承启文廷”七字为派循环使用，湘西杨氏与新晃姚氏皆以“再政通光昌胜秀”七字为派循环使用，都是典型的少数民族特征。江华韦氏自称始祖曾官粤西宾州府，实际上也从侧面印证了江华韦氏自广西宾州迁来的事实。

在湖南少数民族家谱中，也有一些民族并不讳言其非汉族，如回族、维吾尔族、蒙古族。如清光绪八年（1882 年）桃源《马氏族谱》称：“唐太宗时，太史卜宫中邪魔滋扰，遣使往回回借兵压之，回主命哈、马、沙、达四将总领回兵三千镇守唐室，爰娶汉女，以安室家。”桃源薛氏，始迁祖廷车公，从翦常黎镇守常郡，有功于朝，安业于桃源，卒葬陬市薛家岭。其清光绪十五年（1889 年）族谱称：“闻之回民锡姓不一，哈、马、沙、达见于唐，未闻有薛氏者。传闻丁山子四：猛、勇、刚、强，刚酿祸，强避乱入回国，为回民。”桃源翦氏，今为维吾尔族，其 1992 年族谱称：始迁祖哈勒八士，籍本回部，明洪武五年（1372 年）奉旨南征，封镇南将军，赐姓翦，殁于疆，葬常德东门外黄龙冈。子二，长子常蒲，辞官北归；次子常黎，袭父职，居桃源剪旗营牌楼冈。等等。这主要是因为这些民族迁湘日短，其生活习惯、宗族信仰与汉民族都有很大差异，如族中只有礼拜堂，而无宗祠。一时未能完全与汉民族融为一体，且以占领军身份进驻湖南，政治地位自然较其他民族要高，因此也就无法且无必要攀附华夏名流。

由于大量湖南土著氏族（少数民族氏族）家谱都存在攀援华胄、伪造始迁的现象，因此根据来源于家谱的方志氏族志而得出的有关湖南氏族迁徙的结论自然也就受到置疑。

各族家谱普遍存在造伪现象，自然不可完全为据。而方志氏族志记载较为简略，无法判断其真伪，故也不完全可靠，如湘南本是湖南土著聚居地，盘、沈、郑、黄、李、邓、周、赵、胡、冯、包、蒲为湘南瑶族十二大姓，至今尚有大量民族乡镇及人口。而曹文在论及湘南土著氏族时，“依谭先生在《近代湖南人中之蛮族血统》一文中观点，湖南蛮族大姓中陈氏、李氏、唐氏、邓氏、黄氏，陈、李为天下大姓，蛮汉难分。湘南邓、黄二姓，亦与江西迁入之大姓相同，难辨何为土著，何为移民。湘南瑶姓罗氏，也与吉安之大姓相同，而湘南的江西移民中，来自吉安一带者最多，故而蛮汉亦难分辨。总之，湘南土著与外来汉人姓氏的混淆，是蛮、汉互化的结果。由于土著无法从移民中析出，且其人口中所含蛮裔或亦较少，暂付阙如。”因此将湘南五县方志氏族志中所载 468 族全当迁湘氏族计，未免失之太宽。而论及湘西土著氏族时，又将舒、向、吴、梁、文、杨、田、彭、覃、扶、龙、潘、奉、冉、苏、骆、龚、鲁姓氏族全当土著氏族计，未免失之太严。又如谭、曹二文皆列为土著的湘阴中塅焦氏，《湘阴县图志·氏族志》称："其先曰琼，世居湘阴。元末从明太祖金陵，以功累擢福建卫指挥佥事，洪武十四年从征云南，道卒洞庭，子孙流寓长沙。琼传八世至俊，嘉靖中迁今地。"而湖南图书馆藏湘阴焦氏族谱称："始祖琼公，字渭阳，籍金陵，授威平卫指挥，知云贵两省军务兼福建卫指挥，明洪武十三年征调，道经洞庭，病故，谕葬湘阴，子孙以卫务留宦潭州。至八世俊公，字维贤，明嘉靖九年始迁湘阴城东门外八甲。后人分布于南乡之中塅、三神乡之丰仓、高明乡之清泉冲、云静乡之三峰窑等地。宗祠在中塅。"则湘阴焦氏应原籍金陵，为迁湘氏族。由于家谱中有关氏族迁徙的内容较多，故容易识别其破绽。如桂阳邓氏，其族谱称始迁祖少卿公，行五七郎，宋徽宗崇宁时由九嶷零陵偕弟五八郎至桂阳，卜居郡北下溪官口冲岐山，二传为迎公，三传为小四、小五二公。小四公仍居故地，小五公开交溪各户。小四公派下十世元时彬仲公由辟举官抚徭将军，铭仲公官陕西按察使佥事，彬仲公长子均善公任福建莆田县知事，由下溪开创陈溪，均玉公任广东海丰县知事。族谱自称其先为瑶官，故知其为土著。又如新化苏氏，旧谱遥系眉山，自称始迁祖得常公，北宋时人。得常公以前无传焉，宋元丰年间由江西泰和圳上千秋乡水柏保梅子湾迁新化。其实新化苏氏，《宋史·西南溪峒诸蛮传》即载梅山苏氏与北江彭氏，南江舒、向、田三氏，诚州杨氏并称。故知其宋以前即为梅山土酋大姓。

要研究湖南氏族迁徙状况，须将家谱、方志、正史三者结合起来，去伪存真，方能得出较准确的"湖南人由来考"。而湖南少数民族家谱的特征，也能为我们提供鉴定其氏族性质之参考。现今湖南图书馆收藏的近4000部清代及民国家谱中就有许多少数民族氏族家谱，与汉族家谱相比较，少数民族家谱具有以下特征：

1. 体例较为简略

一部完整的家谱，其内容应包括有谱序、题词、凡例、谱论、恩荣、节孝、像赞、考证、家规家训、祠堂、祠产、墓图、派语、世系、传记、仕宦、专志、杂记、文献、修谱名目、服制图、馀庆录、领谱字号等内容。不同家族的家谱在内容上常常也有详简之分。而许多少数民族的家谱却过于简略。如1925年桃源《马氏续修族谱》内容仅有谱例、序、格言、目录、派语、茔图、世系。清宣统新晃《蒲氏族谱》内容仅有圣谕、赠序一篇、自序一篇、孝弟忠信礼义廉节八字家训、服制图、世系图。1944年新晃《姚氏族谱》世系前仅冠序二篇、传赞一篇。1934年芷江《江氏族谱》卷首仅冠《江氏源流及迁徙纪略》一篇。

2. 首修年代较晚

湖南一些氏族早在宋代、明代即已修纂家谱，在清代已形成一个民间修谱的高峰期。随着少数民族汉化程度的加深，其政治地位、经济实力不断提升，一些氏族也开始仿效汉族宗族制度修纂家谱，但首修年代则较汉族晚得多，多集中在清朝末年及民国年间。如永顺龙塔王氏，清嘉道间曾纂有草谱，1934年才正式付梓，为首修。慈利土家族三里朱氏，之前曾纂房谱，但直至1931年始修族谱，此时距自称迁湘年代已有800年历史，故称为《慈利三里朱氏八百年族谱》。桃源回族马氏，清光绪八年（1882年）创修印谱，1925年续修。绥宁苗族龙氏，自称族谱始修于宋绍定二年（1229年），八百年来未经复修，清宣统元年（1909年）始合修族谱。新晃侗族蒲氏，清宣统二年（1910年）始修族谱。新晃侗族姚氏，1929年倡修族谱，1944年才得以完成。江华壮族韦氏，清同治四年（1865年）始捐资入籍，1939年初修宗谱。桑植白族谷氏，自称明洪武间、清嘉庆三年（1798年）、道光十二年（1832年）、咸丰三年（1853年）曾纂修草谱，但直至1918年五修时才首次付印，1948年续修。

3. 所录人口较少

湖南少数民族虽然人口不多，但在分布上呈现出大分散、小聚居状态，即在某一区域内，少数民族人口还是相当可观的，如湘西、湘西北、湘西南一直是湖南少数民族的聚居地。然而即使是同一民族的同一氏族，也只有其中一些汉化程度较深、政治地位较高、经济较为丰裕的家族才能纂修族谱。因此许多湖南少数民族家谱篇幅都较为简略，所录丁口较少。如永顺龙塔王氏，以分迁龙塔的王肇凤为一世，一世1人，二世1人，三世1人，四世2人，五世7人，六世15人，七世26人，八世60人，九世87人，十世151人，十一世103人，十二世119人，十三世30人，十四世8人。桃源马氏、薛氏也仅录人口数百人。

4. 聘请他姓名士为主修

家谱作为一族之史，往往秘不示外族。新谱纂修完毕，旧谱必须缴回宗祠销毁。各族家谱也都是由族中宿学耆儒主持修纂。而湖南一些少数民族，或是因族中文采不够，或是借他族名士扬己族家声，往往聘请他姓名士主持修纂家谱，如慈利三里朱氏、寇氏都曾聘请邑中名士吴恭亨主修族谱。

在湖南氏族中，也有一些氏族原为少数民族，但至今已完全汉化而为汉族者。如湘潭梁氏，始祖也先帖木儿，仕元，世居河南汝宁府汝阳县。明洪武间鉴公由汝阳徙居江宁。后有永安公，官粤，子孙居临桂，梁漱溟即其后裔。清咸丰初，因洪杨变起，朝仪公避乱来湘，居湘潭雨湖；常德宁氏、铁氏，始祖蒙格，仕元太祖，赐名忙哥铁木耳。拥兵南征，因家湖南常德。其弟铁木耳，各垂世胤，迄今宁、铁二姓仍守同姓不婚之约；浏阳慕容氏，始自陕西，后迁湘乡瓦子坪桑梓村。明嘉靖三十八年敬斋公为王府仪宾宗人令，侨居长沙省城王府西门。凡三代，明季兵燹，公锡公又迁浏阳郭家园；宁乡黄材元氏，本姓拓跋，原籍洛阳，览公于宋嘉定间徙江西南昌，子孙繁衍，迁居抚州、长沙、岳阳等地。迁宁始祖仲修公，字隆让，于明正德十五年（1520 年）由江西乐安来湘，爱宁邑风土淳厚，卜居黄材。

虽然我们目前仍无法就湖南人的由来做出一明确的结论，但我们认为在湖南现行氏族中，有相当一部分是以往的土著氏族。伪造始迁是目前湖南土著氏族人口不多、分布偏僻的主要原因。那种将土著氏族，特别是少数民族氏族数量减少，归咎于外来氏族挤压的说法是不符合实际的。

参考文献

1. 谭其骧著：《长水集，湖南人由来考》，人民出版社，2009 年。
2. 曹树基著：《湖南人由来新考》，载《历史地理》，1990 年第九期。

作者简介：

寻霖　汉族　湖南图书馆　研究馆员

中国朝鲜族族谱初探

安美兰　金勇进

内容摘要　朝鲜族族谱是记录朝鲜族同姓同本氏族内的男系血统历史沿革的谱牒。文章从中国朝鲜族的形成谈起，介绍了吉林省延边地区朝鲜族族谱的现状，简要叙述了朝鲜族族谱的历史渊源，并归纳出朝鲜族族谱的功能及其特点。

一、中国朝鲜族的形成和发展

中国朝鲜族属于迁徙民族，源于朝鲜半岛。自19世纪中叶，一些不堪朝鲜王朝封建统治阶级的残酷剥削和自然灾害的朝鲜人偷偷潜入中国东北谋生。特别是1869年朝鲜北部遭受大灾难，众多的朝鲜农民为了寻找生路，相继越过鸭绿江和图们江来到中国，在两江沿岸一带垦荒造田，定居下来。当时，清政府对入境的朝鲜农民一直采取封禁政策，后来改行招民开垦政策。1881年，清政府出于巩固东北边疆防卫的需要，正式彻底废除了延续200多年的封禁令。1885年，清政府将图们江北岸长约700里、宽约50里的地区划为朝鲜农民专垦区，使更多的朝鲜人进入东北。据记载，至1910年，在延边地区定居的朝鲜人多达109500人，在辽宁地区也有5万余人。1910年，日本侵略者吞并朝鲜后，大批的朝鲜反日人士、反日团体成员及在日本殖民统治下破产的农民涌入中国东北和内地，至1936年，东北的朝鲜人达854411人。另外，1937年至1945年，日本帝国主义强迫朝鲜人"移民"到中国东北。到1945年，东北共有朝鲜人169万余人。新中国成立后，长期在中国生产、生活和参加革命的朝鲜人多数留了下来。1952年，延边朝鲜族自治州正式成立，朝鲜族成了中华民族大家庭的一员。60年来，在党的民族政策的光辉照耀下，广大朝鲜族人民充分享受民族自治权利，经济社会不断发展，人口也增加到了近200万。

二、延边朝鲜族族谱的现状

吉林省延边朝鲜族自治州现有80余万朝鲜族，其中有一部分人拥有自己的族谱。其来源一是在延边续写和编印本家族的族谱；二是朝鲜族祖先或者后人从朝鲜半岛带过来的。据调查，自20世纪初到朝鲜（韩国）光复前的近40年间，在延边定居的一些朝鲜族为了认祖归宗，不忘根本，了解和掌握本姓氏和家族的历史，相继编修了族谱，并在当时的朝鲜族聚居地——吉林省龙井印刷，由个人收藏。另外，祖籍在韩国的朝鲜族，自20世纪80年代我国实行改革开放以来，通过各种渠道前往韩国探亲或者打工。尤其是1992年中韩建交后，越来越多的朝鲜族民众去韩国探亲或从事劳务，并借这种的机会探访亲戚，寻根觅祖。很多的朝鲜族在阔别四五十年后，找到自己的祖先和家族，与韩国的亲人相逢，并把居住在中国的后人补进族谱里。回国时，不少人带回来自己家族的族谱。到目前，延边朝鲜族自治州图书馆、延边朝鲜族自治州博物馆、延边大学图书馆、延边大学古籍研究所和龙井市朝鲜族民俗博物馆收集到朝鲜族族谱计80余册，包括金、朴、崔、李、吴、姜、全、林等近30个姓氏的族谱。据了解，除了这些收集到的朝鲜族族谱外，州内和全国各地还有一些朝鲜族族谱由个人保管。

三、中国朝鲜族族谱的历史渊源

说起中国朝鲜族的族谱，不能不提朝鲜（韩国）族谱。因为现有的朝鲜族族谱都是朝鲜族的祖先迁徙到中国后续写和编印的，或者是从朝鲜半岛带过来的。

朝鲜（韩国）的族谱，从客观上讲是在中国族谱学的影响下产生的。据史料记载，中国族谱的雏形大致产生于汉代，主要是为了记载帝王的年表、世系、政绩，后来扩展到王室贵族和士大夫阶层。而朝鲜（韩国），直到12世纪高丽朝建国后，才出现具有“族谱”意义的谱籍，即高丽毅宗王时期编纂的《王代宗录》。而较为系统、完整的族谱，则出现在15世纪。大约从16世纪起，朝鲜（韩国）的各个家族姓氏开始争先恐后地编写自己的族谱，若有哪个家族没有编修族谱，就被认为是耻辱和愚昧。于是，朝鲜（韩国）的各个姓氏都十分注重族谱的编纂，可以说每个姓氏都有自己的族谱，并一直延续至今，特别是如今的韩国，几乎家家都有族谱。而据笔者了解，朝鲜内部自多年前就不再使用汉字，再加上其他原因，朝鲜公民基本没有续写族谱，其族谱很可能大都消亡。

四、朝鲜族族谱的功能

朝鲜民族早期编纂族谱，是人们把修谱作为人的基本要求，如同水有源，木有本，人是祖先所传，自然不能忘本。修谱可以满足人们寻根和感念祖先的情感需求，反映了祖先崇拜的观念。十七世纪以后，在中国宋代大儒苏洵、张载、范仲淹修谱理论的影响下，朝鲜（韩国）的族谱更加强调社会作用与政治功能，反映在谱序中突出家国论、教化和移风易俗上。到了近代，朝鲜（韩国）族谱的功能，主要体现在伦理道德的教化要求方面，并把伦理道德诉求作为人的特征，从而使族谱的功能被泛化，修谱的意义被升华。人们将孝悌忠信礼义廉耻为定义，把族谱作为孝悌之道的载体。

五、朝鲜族族谱的特点

族谱是社会及姓氏制度发展到一定阶段的产物。朝鲜族族谱是记载其一个姓氏、本贯的父系氏族世系的宗族谱籍。一般说来，它以父系为中心，记录某姓氏、本贯世代系统的始祖、各世代的人名、字、谥号、生卒年月日、官职、简历、事迹等。纵观朝鲜族的族谱，有以下几个特点：

1. 层次多

朝鲜族的族谱，按其内容多寡，大致分成这样几个层次：属于第一个层次的“大同谱”，是最为完整和系统的族谱，它包括一个姓氏始祖以下分支的各宗派不同本贯在内的所有血统；属于第二个层次的是“族谱”，它以一个本贯为单位，记载其始祖及世代历史；属于第三个层次的叫“世谱”，它是几个宗派的合谱；属于第四个层次的是“派谱”，它只记载一个宗派始祖、世代的历史；属于第五个层次的是“家乘”，它以某一个人为中心，只记载他（即编写者）上至始祖，下到自己下辈的单系血统世代，也就是不写兄弟、叔伯等旁系，是编写族谱的基础资料。

2. 朝鲜族族谱大都以汉字书写和编印

由于朝鲜半岛一直到 15 世纪没有本民族文字，社会上使用的都是汉字，所以，他们的族谱也是用汉字书写和编印的，直到现在，其族谱的主要内容通常用汉字记录，近代以后编纂的朝鲜族族谱，有的用韩文做了注释。利用汉字书写和编印，尤其是地名和姓氏利用汉字标注，有效地避免了韩语作为拼音文字，即一音一字的弊端，达到了清晰、了然、科学、实用的目的。

3. 以本贯区分同一姓氏的不同血统

随着时代的发展和人口的增加，朝鲜民族同一姓氏的人不断增多，其派系也逐渐扩展，随之出现其族亲系统分派的情况。另外，由于改姓创氏和外来姓，出现了很多血缘毫无相关的同一姓氏。为了明确区分是否同宗、是何分支、从何而来的同姓等问题，朝鲜民族历来讲究姓氏的“本贯”，人人必须确知自己的本贯，如果不知道自己姓氏的本贯，会被认定为非常无知。“本贯”又叫“本籍”、“原籍”、“籍贯”，通常指的是始祖或中始祖的出生地名、食邑地名或者其“定着世居地名”。

4. 通过族谱区分血缘，以防止近亲结婚

朝鲜民族一般通过各自的族谱，了解和掌握自己姓氏的祖先、本贯、血统等常识，做到同宗、同姓、同本贯的人禁止通婚，也避免同宗、异姓、同本贯的人通婚，解决近亲结婚的不合理性和伦理观的问题。

参考文献

1. 廉皓、崔溶镇等：《朝鲜姓氏族谱全书》，北京：中国文联出版社，1999 年。
2. 常建华：《朝鲜族谱研究》，天津：天津古籍出版社，2005 年。
3. 金永万、李松荣等：《延边朝鲜族史》，延边人民出版社，2010 年。
4. ［韩国］金斗憲：《朝鲜家族制度研究》，乙酉文化社，1949 年。
5. ［韩国］宋赞植：《族谱．韩国文化系列》，时事英语社，1982 年。
6. 尹昌铉：《朝鲜氏族统谱》，韩国出版社，1924 年。

作者简介：

安美兰　朝鲜族　延边朝鲜族自治州图书馆副馆长　研究馆员

金勇进　朝鲜族　延边图书馆馆长　副研究馆员

金华畲族族谱考述

钟发品

内容提要： 本文从考察金华畲族雷、蓝、钟三姓宗谱入手，就其收藏现状、内容特点及其历史文化研究价值作了简要介绍与考述。

族谱是我国几千年来宗法社会的产物，它通过“载祖德、立族规，明宗支、分族丛”，借以增强“木本水源”、“敬宗睦族”的思想感情。金华畲族的编修宗谱（俗称造谱），大都在清代及民国时期，近年来也有续修。前几年，我参加金华市委统战部民宗局组织的调查畲族古籍文化工作，专项搜集、登记畲族族谱，跨县区走访畲族聚居的47个畲族行政村68个自然村，通过座谈采访，对畲族族谱的研究价值有了更深刻的认识。

现在，我将所阅查过的128部212册446卷8000多页的金华《蓝氏宗谱》、《钟氏宗谱》、《雷氏宗谱》的收藏、特色及价值考述如下。

一、金华畲族族谱收藏

金华畲族乡村收藏着大量的谱牒资料。先前，宗谱放入专制木箱存放在村祠堂中，钥匙由族长保管。现在，已全部散落在私人家中，当然，这些藏谱人家，也是有一定由来的。1. 祖辈是族首传承给子孙；2. 祖辈在全族中是长子（或大房），有藏谱的优先权；3. 在全族中威望高，有公信度或是具有一定文化程度的人；4. 对保管族谱有贡献的人。

由于历史原因，畲族择居地都偏离城镇，在汉族大村落之外的山坞坡地，畲民与汉族文化交往较少，尤其是畲族谱牒有着神秘色彩，是畲民心中的圣物。别说是汉族人，就是畲族不同姓的族人或是本宗房一般人也难得见着宗谱。畲族老人去世，一件很重要的事情，也是必不可缺的环节，就是儿孙辈要索取去世老人的行位名次（在宗族中的辈分字号和同辈兄弟中从大到小的顺序号）。畲族称“讨位数”，没有这个“位数”，死者上不了祠堂牌位，在年节祭祀中不能“分食”祭供的食物。会变成“饿鬼”，然后“回”到村里或家里“讨食”、“作吵”（闹鬼，搅得村民不得安宁）。但是，“讨位数”时，儿孙们还是不能见到宗谱，到族长（现藏谱人）那里查阅“位数”，按规矩只能由去世者的兄弟辈一人去讨取，族长将写好逝者的行位（如，念行十九郎）用利市纸包好交给他。在祭七礼的晚餐上，按畲族葬俗，子女结队跪在叔伯吃饭的桌子前面，唱“讨位数歌”后，叔伯才起身一一扶起，然后把“位数”交给孝子（长子）。

1. 金华畲族族谱类别

笔者在查阅各地畲村私人收藏的畲族族谱，发现有以下几种形式：

手抄本。这类宗谱大多由本村识字的人来抄录。谱首部分会根据其他村同宗族谱的谱头内容照本抄录，还依样画出祖公神像、宗祠图、祖坟图。到世行第卷目时，单脉抄下本村祖公名讳生卒坟址（把祖公兄弟的名讳生卒表剥离），然后将自家近亲祖辈连接，加上本村同宗现时人丁一一编写而就。一般抄本页面规格为 31cm×28cm，9 行 14 字。用草纸书写，线装本。

石刻或木刻印本。清代、民国时期刊印的宗谱多属此种，字体较大，图像清晰，一般用草纸印刷，而用白色棉纸印谱的较少。布面线装，页面 36cm×24cm，版框 29.5cm×21cm，四周双栏，每页 11 行，每行 21 字。白口，有花鱼尾，口题，目录、卷号、页码及修谱年份。也有页面规格小的，如武义县柳城畲族镇白马下村《钟氏宗谱》，民国辛未年编修，石印本，白色棉纸，线装，宋体黑字。页面 30.5cm×19cm，版框 25cm×15cm，四周双栏 7 行 16 字。白口，有花鱼尾，口题、目录、卷号、页码及编修年号。

誊印本。将老谱后页增补后代新成员的生卒婚育情况，因续修页数不多，不去重印谱首和行第内容，为节俭费用，将新编页面附在老谱后誊印下来，根据分房多寡或住地分布情况，一般只誊印 2–4 部，分各房收藏。

打字复印本。本宗族村落多，人口多，因经济条件差异，不能统一编修宗谱的情况下，有的村以本村或联合小部分村自行续修宗谱。打印一份，复印多份分村或户均一册收藏。因字迹不能长期保存，所以这种形式只占少数。他们简略谱首，重点放在世行第上，目的为清晰祖脉，分清辈分、联结族谊。如武义县坞春村蓝益斌存清光绪年宗谱手抄本 1 册，2001 年续修宗谱时打印本 1 册。

胶印本。宗谱样式和清、民时期相似。蓝色布面改为蓝色纸面，版框四周双栏，字号行距都一样，就是缺花鱼尾、编修年号等，胶印本都是在1980年代后期所印。

电脑排印横排本。近年来，畲族经济生活条件得到较快的改善，许多畲村进行续修宗谱工作，他们依谱寻宗，跨省跨县区联络同宗族亲，筹资编修新族谱。

利用现代科技编印宗谱，完整地保留了老谱内容，还新增了四项内容：收入宗族聚居村景照片和族人照片（包括已故）；宗族人才篇；聚居畲族村况简介；合并宗谱（原为一位祖公名下三兄弟各自修谱，由于年代不远，重修时三合一），如《武义雷氏宗谱》。

电脑排印采用横排，简体汉字，更加方便现代人的阅读习惯。

2. 金华畲族宗谱收藏情况

浙江金华市畲族聚居县市区有武义县、兰溪市、婺城区等，设有武义县柳城畲族镇和兰溪市水亭畲族乡，有47个畲族行政村，231个畲族聚居自然村，12500余人。据调查，每个畲族行政村都藏有畲族族谱，有的畲族聚居自然村居住蓝、雷、钟三姓畲族的，各姓都有自己的宗谱。如武义黄干山畲族村钟姓有清宣统三年重修的《钟氏宗谱》一部，雷姓有清宣统三年、民国庚辰年重修的《雷氏宗谱》两部。民国辛酉年重修的《蓝氏宗谱》一部，手抄《蓝氏宗谱》一部。编修新谱后，有的畲村已达户均一部。如武义县种子源村2008年重修《钟氏宗谱》，钟姓人家38户，印刷《钟氏宗谱》80部。2009年重修《武义雷氏宗谱》印刷200部，分发金华、武义17个畲族自然村174户本宗族村民收藏。

有特殊机缘的人家，还收藏多部本族宗谱，即祖传的草谱、正谱，历次编修的正谱、新谱等。

3. 藏谱者的义务

藏谱者也是宗族的自然领袖，享有较高的社会地位，凡属族中的公益事业，如族谱的编撰和重修、祠堂的鼎建和修葺、祭祖的安排和实施、庙宇的修建和维护等，藏谱者有责任发起和主持。藏谱者一般都是辈分高年龄高，能力也相对强的老年人。族内出现纠纷，遇突发事件，藏谱者出面调停处置更有效力。除此外，藏谱者负有一项重要使命就是不让族谱损坏、遗失。每年伏天，要祭香晒谱防霉烂。有的人用几张烟叶包在宗谱外围，防止虫蛀，有人来查阅宗谱，必须说明情况，并有他信得过的熟人作陪，才能示谱，一般情况下宗谱不外露。20世纪60年代“文革”破四旧运动，谱牒作为“四旧”，红卫兵到处查找焚烧。武义县种子源村钟菊央闻讯连夜将民国辛未年编修的《钟氏宗谱》用牛皮纸包好存入干净的酒坛内，用箬叶封口，抱到屋后贮藏番薯种的泥洞里，然后将洞口用砖块、牛粪封死。红卫兵在她家搜了半天也找不到，只好作罢。类似保护族谱故事很多，我听后很有感触。在畲民心中，族谱是神圣的、至高无上的，有的藏谱者不一定能看得懂谱中内容，但她（他）们心里十分明白，谱中所录笔墨，是记载列祖列宗的辉煌历史，记载了宗族源远流长的血脉（一挂红筋代代连接），面对族谱，心存敬仰。

二、金华畲族族谱的内容特点

每一部畲族族谱都是一个畲族家庭传承史料记载，也是一个民族沿袭的史记。我们所到的畲族乡村，因有了同一民族的“通行证”，藏谱者一般都很乐意从阁楼仓檩里或某个角落的箱柜里取出宗谱给我们登记、拍照。有县、村干部在场作证，还让我们写借条，让我们把宗谱带回办公室复印、细读。

综观金华蓝、雷、钟三姓族谱，从中发现有以下几个特点：

1. 会讲畲语民族村和不会讲畲语的民族村，其族谱谱首内容完全不同

会讲畲语的民族村，他们收藏的蓝、雷、钟族谱中，谱首内容重要位置一般都载有《源流世纪录》（三姓谱通用）、《雷氏源流序》或《蓝氏源流序》、《钟氏源流序》。《敕赐忠勇王族据》、《凤凰山忠勇王祠全图》及文字，《海阳县大宗祠联诗》、《重建盘瓠祠序一、二》、《广东潮州凤凰山忠勇王宫暨盘蓝雷钟阳宅图》、《礼部谨奏奉》、《祖图谱》及龙麟公仪像、高辛王三公主仪像及文字，敕封武骑侯盘自能仪像、敕封护国侯蓝光辉仪像、敕封柱国侯雷巨佑仪像、敕封敌国勇侯钟志深仪像等等。而不会说畲语的民族村（被汉族同化较早的村）其谱首就没有了以上畲族族谱中必须载有的盘蓝雷钟族源脉络图像及文字。

在畲族民族记忆印象中，畲族盘、蓝、雷、钟四姓，是高辛王随天意适时景亲自赐姓取名的。老大出生后，用盘子盛着请高辛王取名，高辛王接盘感到此盘有股清香弥漫却很沉重，故赐姓“盘”名自能。老三出生求赐名时，适逢天上一阵雷声隆隆滚过，高辛王即赐姓雷名巨佑。祖先的传说一代又一代口口相传，直到今天，畲民仍然口述着这一神话般的美丽传说。而不会说畲语的民族村，其族谱没有记载这些有畲族印记的内容。金华婺城区岭上乡高塘畲族村 76 户 166 人，其中钟姓 33 户 69 人，是一个畲汉杂居村。现收藏《钟氏宗谱》三部，每部分上下两册，共六册。该谱分

别于大元至正六年、大明隆庆六年、大明崇祯拾年、大清乾隆戊寅年、大清光绪辛丑年等五次重修。现存的“民国”二十二年（1933）重修的布面线装白色棉纸，宋体黑字，页面 36cm×26. 5cm 的石印本。

其《钟氏世系源流》载：“钟姓源为微子启之后。宋恒公之五世孙宗伯从黎，食乎于钟离，赐钟字为姓。”“会正公于大宋嘉定年间为江南都督府因南渡避难遂徙居闽省汀州府长汀县，后散居上杭、武平不等。……康熙年间士廉、腾雨自福建汀州府武平县城南至浙江金华府汤溪县南乡大原营谋木客生意、靛青生意卜居塔石高塘、下坞口村。”福建武平县钟姓是大姓，“有武平钟姓九”之说，即十个村九个村有钟姓居住，也是一支望族。其汉化过程，年代较久远。婺城区琅琊镇水竹篷畲族村《蓝姓宗谱》也同样记载：“轩辕氏贡秀蓝一株，适值后宫生子，帝欢甚，遂以蓝为姓赐名冒奇，及长。分封蓝昌奇为汝南郡火旺公，盖炎帝蓝为官。”其祖籍是“观元公于乾隆元年（1736 年）自闽来浙移居金华汤溪县塔石庄蒙坑口居住，子孙又移塔石、谷口、大坑、水竹篷等村居住。”

同为钟、蓝姓畲族先祖，赐姓名有了不同版本的传说。不会畲语，汉化程度高的畲族村，其畲族的生活习惯、文化传承已逐渐消失。

2. 畲族族谱特殊的辈分排行方法

金华畲族族谱现收藏的大多数是晚清、民国时期石印本。在谱序中记载创修姓氏宗谱最早年代有金华兰溪市诸葛镇横畈村《蓝姓宗谱》，其先祖于宋绍兴二十七年（1158 年）在闽汀、杭修了《蓝氏宗谱》。并邀请南宋哲学家、文学家吕祖谦作谱序：“一本由来无后先，支分源远始纷然。能将谱牒稽家世，自得源流措掌间。血脉亲疏方有别，子孙贤否并相传，家君独得名巨裔，千载芳名永不喧。”

畲族族谱行文仿照“欧苏格式”，但对行（hang）位字辈上有自己的特殊情结。自古以来，畲族最注重行位以及上行位的仪式。行位是畲族一个特殊的文化标志。不论你是文化人还是文盲，是男还是女，不依照你本人的申请或拒绝，族人会在一定场合，把行位套在你的头上。畲族蓝、雷、钟三姓行位又是不一致的。

钟姓行位字母依序是：念—大—百—千—万。

雷姓行字依序是：大—小—百—千—万。蓝姓行位是大—小—百—千—万—念。钟、雷二姓行位五个字，钟有“念”无“小”（有的地方有小无“千”），雷无“念”蓝姓也分“五字蓝”（缺念）和“六字蓝”。畲族先人编排行位字母时留下一首偈诗：“排行算来分你听，雷姓缺念钟无

‘千’。男人无‘一’女‘无二’，蓝姓五六两样生。”这种小差别，是用来区分蓝、雷、钟三姓宗族的标签，两个族人在一起，用秘语问对方：几字行头？答：“五字毛（无）念”，即姓雷。

行位作何用场？畲族人认为，人生分两个阶段，岁数有限的阳间与和时间无限的阴间。在阴间，族人也要分大小行辈的，最好的办法是用行辈字母登记每一个人行次。

以前，行位序号是不告诉族人的，真正用到行位的是在人死后，按照风俗习惯，人到阴间要跟随去世的太公太婆在一起，经过“讨位数”，如“雷大行十五郎”或“蓝自行十三娘”，“背老佳”（一种宗教仪式）并香炉，依行位依次安放宇（灵）牌，还要经过“送祠堂”（宗教仪式）成为太公（太婆）后，才能享受子孙年节祭品供奉。字辈号也称“起名字头或取名字母”，是为了明确辈分的长幼序列。字辈号各姓都不相同，同姓各宗支（堂号）也不尽相同。2008 年重修的《武义雷氏宗谱》是三房宗族各自有宗谱的基础上汇编成一部。三房的老谱于民国庚申年（1940）夏月同时间同地点纂修。长房自荣公称“铺余山派”，行位字母是：大、小、百、千、万，辈 分 字 头：自—昔—古—文—章—勤—学—可—传—嘉—杨—柳—廷—先—起—松—柏—逢—春—辰。

现在最后一辈为“柳”字辈。

次房自莱公称“大西畈派”，行位字母相同。辈分字头比长房宗谱记载 20 个字头多出 20 个，共有 40 个辈分字头：根山石林德、李永瑞奇英、俊毓能希如，杨春长懋孟。仲有若时惟，潘邦非启蕃，应思扶规云，珠元昌远世。现从自莱（乾隆年间，生卒无考，为始祖公雷巨祐名下第一百五十四世）名下，到了“希”字辈（167 世，希字千行）。

老三自德（郑冈山派），行位字母，大、小、百、千、万。同时配有“天地之黄，宇宙洪荒，日月盈昃，辰宿列传，寒来暑往，秋收冬藏”对应 24 个取名字母。取名字母是：自有启期，光明延庆，朝邦昌茂，永吉宗守，贤成嘉振，福寿臻祥 24 字。从自德自字辈已传至“吉”字辈。

字辈序号只有同姓近宗才能通用，才能区分长幼辈分。远宗族人相遇，无法区分辈分大小，就按年龄大小称呼，称公、称伯（相当爷爷）、称叔、称哥、称弟。畲族有句全族通行的口头禅：“山哈山哈，唔（不）是亲眷就是叔伯”。族人相见，相互认识的，按亲戚称呼，按族内辈分称呼。不认识的，同姓人称叔称伯称兄弟，外姓（如雷姓遇蓝钟姓人），称表叔、表伯、表兄弟等。这是畲族俗定成规的。

3. 行位字辈字母的形成

畲族宗谱大多数是聘请汉族识字先生来纂修。内容格式受汉文化的影响十分明显。有些谱序直接请汉人先生撰写。从记载的老谱序中，畲族先人还邀请朱熹、范仲淹、苏洵、吕祖谦、欧阳修宋代名儒以及各级官吏椽笔作序。在《蓝氏宗谱》中查到清末民（国）初年间有蓝宝成[①]写的谱序。畲人作谱序极少。畲族应用汉文化为自己修谱传史，在借用现成的行文外，还保留（记载）了畲民族千年流传的文化痕迹。

行位字母大、小、百、千、万、念的来历，在畲族经书《阴科叹亡》中可以找到印证，阴科即畲族师公为死者举行法事，叹亡则为死者在出殡前夜所作的法事仪式，其主要内容：诵经为新故亡人开路上天堂，设坛敬酒供茶献香请引魂童子招魂归坛。经书有“大小百千万念经过”之句。行位字母是伴随着畲民葬俗应用的，远在编修族谱之前出现。畲族千年习俗，自然蕴涵了畲族行位字母的形成和传承。在没有修谱之前，去世的畲民墓碑上也刻有行位序号，如武义县种子源村钟法罡墓刻“钟念十二郎公之墓”。钟法罡生于清康熙五十一年（1712），卒缺。《钟氏宗谱》创修于1931年，在未成谱前，宗族中是有行位记录的。

字辈取名字母，一般都是由族长、房长聚在一起商议制定，也有请汉族教书先生帮助议定。为了本宗字辈字母一致性，联络散居各地宗亲共同议定。武义县柳城畲族镇白马下钟氏家族，开基祖钟日显，“自乾隆元年（1736）仲春月从云和县旱大迁宣平下湖源居住。”1867年春，第四世孙钟马星、钟满仔背着曾祖父（钟日昱）和爷爷记录的故居资料（称草谱），带着干粮，跋山涉水回到云和县旱大村寻祖。起初，旱大族亲顾自耕田没有搭理。钟马星拿出草谱跪在田头念着“祖公法罡念十二郎安葬村后古樟树下，坟大手（左边）有台阶十一级”。族人停下犁耙，带他去樟树底下寻墓，果然，100多年后，十一级台阶仍然清晰。族人热情招待，当晚，在旱大村钟明葱老屋相议造谱之事，祖传行位念大百千万不变。商议用“日月圣明、元先祖德、富仪其振、仁利信道、嘉财永昌、春萱彩茂、荣华和顺、盛开玉发、国洪余觐、志满长贤四十字；一世一字，用完再续永以为规”。

据传，当时正闹春荒，旱大村宗亲仅然把自家待种的谷种捣米煮粥招待宣平（今武义）本家来客。白马下村畲民于光绪十九年（1893）用毛笔记录谱稿（未能成谱），为1931年创修《钟氏宗谱》提供重要资料。2009年，云和县旱大村、丽水市莲都区狮子山村、黄庄村、武义县（原宣平）

白马下村、种子源等五村联合重修《云安堂钟氏宗谱》，“云安”即“云”（和）“旱”（安）大祖处分支后的共同堂号。行位字辈遵祖训四十字不变依序沿用。

4. 谱首有始祖的仪像，凤凰山祠墓图文及敕书

自闽东迁徙浙江景宁、泰顺、文成、苍南、云和、丽水、武义、兰溪等的畲族乡村，收藏的族谱一般都在第一卷即谱首内容中刊有始祖高辛王、龙麒（盘瓠）、三公主、盘自能、蓝光辉、雷巨祐、钟志深等畲族始祖仪像，有的族谱还详细刊有广东凤凰山盘蓝雷钟总祠图（配文）、广东凤凰山忠勇王宫暨盘蓝雷钟阳宅图、忠勇五粤东凤凰山墓图、始祖婆三公主墓图、历代外纪世系图等。

敕书是指畲族始祖龙麒率子孙离开王宫时，皇帝亲笔敕文给畲族逢山耕种，免除赋税劳役的榜文。畲民称“开山公据”或“过山榜”。《武义雷氏宗谱》（2008 年重修）第一篇中收有“敕赐忠勇王族据”。“忠勇王历代仕宦敕书”，在“源流世纪录”文中载：“皇帝敕封钦赐盘蓝雷三姓官侯金枝玉叶，并附钟姓永为徭人”。这些敕书的真实性有待进一步考证，但这些共同的特征，为识别民族工作中提供了一个重要的佐证。

5. 历次重修族谱十分重视发族源流

每个宗族在修谱时，都要在谱首内容中记述本支族来源出处。但畲族族谱中的畲族的源流序有三个特点：一是整个民族源流序。把盘瓠传说或四姓始祖由来列入“源流世纪录”刊在谱首。二是本姓始祖源流序反复记述盘瓠传说，四姓始祖源流。《武义雷氏宗谱》收入“雷氏源流序（一）、雷氏源流序（二），雷氏谱序”等。“重修雷氏谱序”还要将始祖雷巨祐承下及迁徙粤、闽、浙至武义的历程记录下来。

其他还载有族（家）规、丧礼图，这些同汉族有相似之处。但以上五个方面都烙有鲜明的畲族民族的印记。

三、金华畲族族谱的历史文化研究价值

大清光绪年间，畲族恩科贡生蓝宝成（云和县杉坑岭村人），是浙江近代唯一的畲族贡生。他多次为浙南畲族乡村蓝雷钟三姓修谱时撰写序，他在《雷氏谱序》写道：“新谱世系裔孙之源流，考究其祖宗之荣耀，知其木本之所出，水源之所来。若是乎，分昭穆，别长幼。迁居，婚嫁，生卒一切皆可得。”著名史学家梁启超在《中国近三百年学术》中，对开发谱牒资源的价值作了精辟论述：“我国乡乡家家皆有谱，实可谓史界瑰

宝。”畲族族谱是我国族谱文化的重要组成部分，开发利用畲族族谱具有十分重要的价值。

1. 畲族族谱是研究畲族起源、生产活动、迁徙历史的重要史料

研究畲族来源的专家发表过诸多学术观点，如“畲、瑶同源”说，“东夷”说，“古越人”说，这些在畲族族谱中是没有提及的。他们把民族的祖先出生时间定格在高辛氏年代，发族地点定格在广东潮州凤凰山区，然后是迁徙各省县。岁月如歌，畲族几百年来一州一县地迁徙，临时栖住偏远山区，且能乐观面对。凭着民族团结互助，勤劳智慧，走州过府寻找落脚点和安身之所，并有的在站稳脚跟后聚村建房，购置产业，成了畲族聚居村落。畲族族谱对迁徙路线记得较详细。武义是种子源村《钟氏宗谱》收有《钟氏各省府州县迁徙行程志》篇：“太祖开基原出广东潮州府（海）阳县，居住数代，人多业少，于宋元祐元年（1086 年）十月二十日，先祖蓝大口、钟十二等披带历代先祖公，凭 1 本移居四处。宋绍熙三年（1192 年）二月内，钟淳钟宣蓝宗移在揭阳县散湖太宝山内居住……明万历四十年（1614 年），钟石洪公带领子孙 28 人从福建宁德县十都安东洋龙坑头迁居浙江处州府景宁县二都油田锦岱墙岭脚。”一部部畲族族谱，勾画出一幅幅畲族迁徙路线图。许多县所写的畲族史料及方志中把畲族迁徙路线作了详细记载。

2. 畲族族谱是凝聚民族精神、寻根问宗的重要依据

畲民对族谱普遍存在敬畏之心，宗谱是神圣的，它记载了历代祖先的名分行位，婚嫁、迁徙、生卒墓地。因此，活着的每一个人只有上了谱，后代子孙才会知道你曾经在这个世上存在过。族谱是以文字图画形式，追溯了宗族的远古来源，历数了开基祖为宗族的生存与繁衍所付出的艰辛。更重要的是，借助谱牒的文字记载，每一个族人都可以在谱中找到自己的位置，从而跨越时空的障碍，把个人与其他族亲、与历代先祖联结在一起。对个人而言，由此产生一种心理上的归属感；对宗族而言，则由此产生一种血缘上的认同感。这种血缘上的认同再通过地缘上的聚居，转化为一种集体性的内聚力，从而构成了为宗族组织得以维系的精神支柱。

解放初期，党中央国务院为畲族的民族识别工作，走访畲族乡村，除了解畲族民风习俗、共同语言、聚居地域等民族要素外，还通过大量的文献资料来佐订，如地方志对畲民的记载，畲民家中收藏的谱牒资料等，为识别民族成分找到了重要的依据。族谱是畲民寻根问祖，访亲归宗的护身法宝。畲族迁徙过程中，会出现迁到新地点居住数年后，子孙因各种原因

又想回到所迁出地居住的现象。有的迁出时间已过了几十年、上百年，要回祖处谈何容易。他们想到的唯一办法就是带着宗谱去认祖归宗，回到祖籍。武义县柳城畲族镇源口村雷有、雷进兄弟，自乾隆八年从云和县雾溪迁宣平雾露山居住。家有《雷氏宗谱》一部。详尽记载“（爷爷）云起公住福建福州府连江县高阳村，（父）应坤公迁浙江云和县雾溪。”雷进因不愿意住在宣平，仅带了宗谱、衣物和干粮回福建寻找爷爷及叔伯，一去不复返。

前面已记述的清咸丰年间，武义县白马下村钟马星、钟满载到云和县旱大寻祖问宗，没有宗谱显示，很难取得族人的信任。

3. 畲族族谱为研究畲族民族史、民俗史、家族史、宗族制度、经济史等提供丰富的史料

族之有谱，犹国之有史；国无史不立，族无谱不传。家族是社会的基本细胞，家谱是记载家族历史的文献。畲族民族的族源传说、源流序列，行第排行、族规家训、公产记载、祠堂族谱、图像赞文、人物行传、迁徙历程、郡望堂号、春秋祭规、婚嫁继嗣等等，我们可以从中了解到畲族人口生存率、男女性比例、人口密度、文化程度、经济活动、民情风俗诸多参考依据。运用畲族谱牒资料，对畲族古今各领域进行深入研究，将会取得更多新的成果。

综上所述，金华畲族族谱具有畲族民族特色的始祖传说，图像、宗族源流及迁徙情况，是畲族重要的民族史料和历史文献。在研究畲族发展史、宗法制度、经济史、人口史、民俗史等方面其族谱具有重要的史料价值。

参考文献：

1.《浙江少数民族志》，方志出版社，1999 年 12 月出版。

2. 张世元主编，《金华畲族》，线装书局，2009 年 12 月出版。

3. 谢滨：《福建畲族族谱及其利用价值》。

4.《武义雷氏宗谱》。

5.《云安堂钟氏宗谱》。

6.《蓝氏宗谱》若干部。

作者简介：

钟品发　畲族　浙江省武义县总工会

浅议鄂尔多斯蒙古族家谱的作用

高素芬

内容摘要：鄂尔多斯蒙古族家谱历史悠久，是鄂尔多斯民族文化的重要组成部分。因此，分析研究鄂尔多斯蒙古族家谱，对研究鄂尔多斯蒙古族历史、社会变迁、民系形成等都有极其重要的意义。

鄂尔多斯蒙古族家谱历史悠久，它是一个家族的历史记载，能够比较真实地了解当时的历史面貌。家谱文献载体所记载的蒙古族从文字资料、姓氏源流、人口变迁、民系形成和发展的丰富内容，是探究蒙古族人源流的最基本材料。因此，分析研究鄂尔多斯蒙古族家谱对于蒙古民族社会发展史、移民史、民族交往以及姓氏文化等方面都将起到极其重要的作用。

一、蒙古族家谱

蒙古族家谱是记载蒙古族姓氏、家族世系、重要人物活动的记录。蒙古族早在元朝时期开始，不论贵族、平民都要撰写家谱，并且成为传统习俗。蒙古可汗和贵族的家谱世系在史料文献中均有记载，而平民的世系家谱多数系家藏。

二、蒙古族姓氏源流

蒙古部族发展的历史，经历了原始公社的各个发展阶段。在古代每一个部落就是一个氏族。古代蒙古人的姓氏是氏族或部落的名称加上特殊的复数升格后缀而成的。波斯史学家拉施德·哀丁在《史集》中记载塔塔儿部落时说："凡是出自此部落的人，如果是男子，便唤作图图忽里歹，若是女人，便唤作图图忽里真"。随着历史的发展，国内各民族交往频繁，蒙古族的姓氏也有很大变化，至少从元代始，即有不少蒙古人改用汉姓、汉名。到明代后，蒙古人改用汉姓也很多，特别是散居在全国各地或邻近汉族聚居地区的蒙古人，改用汉姓的更多。

三、鄂尔多斯蒙古族姓氏

居住在蒙古高原的蒙古人，很早以前就以氏族的名称称呼部落。成吉思汗时期的蒙古氏族部落主要由：

1. 尼鲁温蒙古（蒙古人先祖阿阑豁阿夫人后裔）的氏族和部落有：哈特根（哈答斤）、撒勒只兀、孛儿只斤、诺雅根、巴如剌思、巴如剌、布答嘎德、阿塔尔肯、乌如古德、芒古德、泰赤兀、巴苏特、敖日那尔、洪哈坦、阿日剌德、苏尼特、哈布塔尔哈斯、格尼格斯、主儿根（主儿乞）、札答阑、扎古日德等。

2. 迭日勒根（迭列列斤）蒙古（不属于阿阑豁阿后裔的蒙古人）的氏族和部落有：兀良合、布古奴德、别勒古奴德、都儿边、弘吉剌（分支：伊克日斯、敖勒呼奴德、呼日奴德、洪高里呼德）、许兀慎、高尔勒斯、伊勒都尔钦、苏勒都顺、巴依古德、乌古审等。

3. 蒙古根之其他氏族部落有：札赖尔、塔塔儿、蔑儿格德（蔑儿乞）、卫剌特、巴儿古、霍日、土默特、布拉嘎钦、和日木钦、乌日苏德、特楞古特、撒海德等。

4. 突厥之根演变为蒙古的氏族部落有：克烈惕、乃蛮、汪古（翁古特）等等。

四、鄂尔多斯人组成的部族和氏族

1206年，成吉思汗建立大蒙古国后，实行千户制，打破了原来的部族、氏族为群体的体制。来自各千户的守护、服务于成吉思汗鄂尔多的鄂尔多斯部，因而鄂尔多斯人来自诸多的部族、氏族。这些人，在成吉思汗鄂尔多服役期间，又有不同的职司。因而在鄂尔多斯人的姓氏中，一部分用的是原氏族部落名称，也有一部分是以在成吉思汗鄂尔多中从事的职业名称当作姓氏。

鄂尔多斯人中的部族（亚速坦）有：奇亚特（赫亚特、乞彦）、札德、诺彦特、查干、哈日楚、阿日剌德、达尔哈特、哈拉哈（喀尔喀）、那日、毕特给、明嘎图、苏勒都斯、伊克德、朝日斯等。

鄂尔多斯人中的氏族（敖布格）有二百多种，其中主要的有：大额尔古特、大哈尔钦、大克烈惕（赫日特）、大蒙古、翁牛特、维拉特、哈日哈坦、莫尔格德（蔑儿乞）、乌拉特、畏兀尔金、畏古特、乌日古德、乌古审（乌审）、杭锦、小额尔古特、小哈尔钦、浩尔钦（科尔沁）、克什克腾、格仁诺彦特、小克烈惕、小乌拉特、巴彦诺特（巴亚特）、巴亚古特、巴尔古特、布日特、巴尔古中、巴尔古嘎德、巴苏特、乌吉叶特、孛儿斤、宝日钦、宝日努特、宝日朱特、布克斯、巴哈斯、布哈斯、布尔查克、达尔哈特、道劳嘎德、察哈尔、札赖尔、朱亦德、哈拉哈、哈特根、忽其德蒙古勒金、努如钦、什日布哈斯、唐古德、格古德、昔宝钦、塔布古德、土默特、查干克烈惕、兀良合、哈达钦、浩舒特、弘吉剌（弘格如德）、陶日古特、达拉特、阿苏德、乌格勒德、诺木钦、萨达格钦、苏尼特、阿拉格楚德、脑木钦、乌珠穆沁、哈巴哈斯、呼亦德、呼查德、浩尼钦、阿格塔钦、阿木盖得、吉劳庆、嘎达斯、珠腊钦、嘎拉钦、巴古尔钦、图克庆、希利彼庆、朱寨坦、乌勒腾、嘎其德、高亦德、呼和努德、主儿根、哈力古特、洪哈坦、杨嘎特、赫如特、赫特、玛如德、明嘎特、萨嘎仁钦、图伦古斯、其努斯、札达然、色别日古特、什拉布哈斯、哈日利古特、乌纳钦、辛呼尔钦、青纳其、色尔格钦、苏日古德、布玛坦、希日嘎阿吉日嘎坦、阿拉格阿吉日嘎坦等。

五、鄂尔多斯蒙古族家谱的重要作用

鄂尔多斯蒙古族姓氏文化源远流长，富有民族特色、地区特色和时代特色，是鄂尔多斯民族文化的重要组成部分。鄂尔多斯蒙古族家谱对研究鄂尔多斯蒙古族历史文化，展现鄂尔多斯文化特色具有重要的意义。

1. 鄂尔多斯蒙古族家谱蕴涵着极为丰富的社会史资料

“家谱是一块块历史的碎片，它用独有的方式映现着一个群体、一个区域的历史文化”。例如：鄂尔多斯左翼后旗（达拉特旗）红翎台吉（台吉：蒙古贵族的称号）家谱图是记载从成吉思汗第15代孙子巴图孟克达彦汗至达旗王爷康达道尔基共20代、2000多名台吉的家谱。该家谱图长7.2米、宽3.45米是现存鄂尔多斯市档案馆最大的，也是内蒙古最大的家谱图。庞大的家谱图用较粗糙的一块块长方形麻纸连接起来，然后用黑色毛笔字将台吉的名字一一记载，再以红线连接出他们之间的辈分关系，并加以批注。整体图面美观整洁，布局巧妙、合理，加之高超的蒙文书法艺术，简直是一幅珍贵的艺术品。如此庞大而复杂的家谱，撰著者为准确、美观并避免差错，事先用铅笔画虚线，然后用红线直接连接而成。并用红笔做了批注。红色支线表明儿孙满堂，梯形图案底线越宽说明贵族家庭人口越多。梯形家谱上面刻有太阳、月亮图案的蒙古汗国旗，下有重新统一蒙古各部落的巴图孟克达彦汗字样，组成了子孙后代的家谱图。达拉特旗台吉家谱与皇族和官员家谱不同，与普通家庭家谱也不同，而是台吉家族家谱。这个家族属于圣主成吉思汗的黄金家族，王爷也要在他们之中挑选。此家谱图所蕴含的黄金家族史料，对研究蒙古族社会史具有重要的史料价值。

另如，由成吉思汗第32代世孙鲍枫珊老人，通过各支系家谱资料和有关蒙元历史的书籍资料，编写完成的《敖汉部贝子府王公家族史·孛儿只今氏世系谱》一书，是一部跨越了千年的史书，从成吉思汗先祖——孛儿帖赤那至也速该（巴特尔），成吉思汗，元朝十五帝，直到三十代贝子府德王（德色赖托布），一脉相承。该书出版后，先后被内蒙古图书馆、赤峰市图书馆及敖汉旗图书馆收藏。

2. 鄂尔多斯蒙古族家谱对研究蒙古史具有较高的学术价值和历史意义

例如，由关昌龙等人提供的《五姓宗谱》、《马姓家谱》、《关氏家谱》、《李氏家谱》，经专家认定：河南省内黄县及清丰县的1万多人，是成吉思汗黄金家族的直系后裔。《五姓家谱》的首页是元太祖成吉思汗的头像，内容显示了蒙古族河南省内黄县马次范村一支系，从内蒙世系一世孛儿贴赤那，到二十二世铁木真，再到二十八世的豫王铁木黎，顺序排列清晰，一个不落。其他家谱则是接着铁木黎往后续的，一直记到了现在。《五姓宗谱》诉说了元帝国民族融合的过程，记载了五姓与“成吉思汗”皇族一脉相连的史料，以及当年豫王铁木黎为了逃避明兵追捕，令五子改姓，随其妻姓：铁木清（董清）、铁木明（李明）、铁木能（马能）、铁木杰（关杰）、铁木俊（陈俊），分居五处，这便有了今日的《五姓宗谱》。直到清朝初五姓后裔才得以公开身份。可是，铁木黎究竟是什么人？带着这些疑问，关昌龙等5人怀抱家谱、碑文等不远千里，多次跑到内蒙古寻根问祖，最后到鄂尔多斯市拜访了最后一个蒙古王爷奇忠义的儿子沙若飞，通过沙若飞提供的元朝亲王表，他们得知铁木黎竟然是元世祖忽必烈的玄孙阿忒里纳失里，元朝末年被赐封为河南行省豫王，谥号文贞公。《五姓宗谱》后经内蒙古鄂尔多斯市成吉思汗研究所，认定了河南省内黄县等地区有关成吉思汗后裔这一事。这段史实为研究蒙古史提供很有价值的翔实资料

3. 从家谱中可以稽查有关本地的姓氏源流、分布和变迁

例如，《鄂尔多斯蒙古族姓氏探究》一书，就鄂尔多斯蒙古族姓氏的由来、演变、因果及鄂尔多斯蒙古族姓氏文化内涵等进行详细论述。书中

列出490多种鄂尔多斯蒙古族姓氏，并加以注释。还有《蒙古族姓氏集》，从古至今，随着蒙古族社会和自然环境不断变迁，蒙古族姓氏也随着变化。该书记录并考证3000多种蒙古族姓氏及其分布地区。

另如，湖北省鹤峰三家台成吉思汗后裔部先瑞老人珍藏着一部宝贵的家谱，开篇写道："旧有记云，吾家铁木真姓也，原籍蒙古，元太祖之后。这本家谱经内蒙古专家认定，他们是镇南王之后，是成吉思汗的黄金家族，"正因为这本家谱，弄清了部氏家族的来历，他们村几百名部氏族人最终被专家认定为蒙古族。三家台蒙古族村得以成立，亦主要以这本家谱为佐证。

4. 家谱可以佐证古代地名、村名取名的含义

例如，李氏宗谱记载，先祖嘉那师辅元世祖忽必烈统一中原的行军元帅，其夫人是忽必烈的姑母，至元初南宋亡，其子柯袭元帅受朝廷封派，镇守镇江路再调江阴路，始为江阴一世祖，自此世代在江阴繁衍生息。元明更替之时，李氏先祖遭追杀被绑在树上，当问及姓名时，他灵机一动隐姓为树，方才逃过一劫并生存下来，树家村的村名也由此而来。直到清末民初，祖上才恢复李姓。发展至今人口众多，在江阴一地就有了三个自然村落，分别为树家村、邵岐村和砂山。

李氏宗谱，经专家和鄂尔多斯末代王爷奇忠义老先生等详细翻看后，表示家谱中出现的人物和历史与蒙元史上都能对应上，专家对李氏宗谱做出了肯定，并希望李氏兄弟能把这份元史资料捐给鄂尔多斯成吉思汗陵文史馆作收藏和研究。

5. 家谱可为某区域蒙古族的构成、历史演变提供证据

例如，辽宁朝阳宝广文先生家的宝氏家谱。家谱是清光绪年间续修而成，家谱上有580人，其中二等台吉（台吉，清朝对蒙古贵族封爵名，分四等）1人，三等台吉15人，四等台吉299人，喇嘛111人，无衔者154人，始于清朝初年，传12代。因成吉思汗姓孛儿只斤（史书上又称博尔济特），所以黄金家族又称"孛儿只斤（博尔济特）黄金家族"。黄金家族后人"宝"姓出现在成吉思汗二十九代以后，也就是清末民初时期。由于台吉属于贵族，所以清王朝对他们进行统治的过程中，也实行了特殊民族政策。此家谱有助于学者研究朝阳地区蒙古族的构成、历史演变以及在清朝统治下的蒙古族社会状况。

6. 为鄂尔多斯民俗史研究提供了丰富翔实的资料

由阿拉腾其其格等人整理，根据阿拉腾嘎达苏姓人家的家谱和相关资

料完成的《成吉思汗的阿拉腾嘎达苏》一书，讲述了分布于鄂托克前旗的阿拉腾嘎达苏氏人有着独特的风俗习惯。他们除每年都要派代表参加成吉思汗查干苏鲁克大祭以外，还有与其部族不同的神祇及祭祀仪式和祭祀赞词等。此书所蕴含的民俗文化对研究鄂尔多斯民俗文化史的研究提供了理论依据。

7. 为鄂尔多斯移民史研究提供了重要资料

例如，来自河南省的成吉思汗27世孙王云青先生，以大量的碑文、家谱等作为历史证据，写成的近40万字的历史专著《成吉思汗在中原的后裔》。他曾带着他的专著《成吉思汗在中原的后裔》，向鄂尔多斯人介绍600多年以前定居河南的蒙古人。该书对河南，主要是忽必烈第九子脱欢之第三子四驼王宽彻不花与子孙于元末进入河南的原因、经过以及支系的迁徙、分布、人口，都做出了详细的记载；首次披露了当年的历史真象；以稀有的文献资料，翔实的历史史料描绘了一幅波澜壮阔的历史画卷。为鄂尔多斯蒙古族移民史的研究提供重要历史资料。

总之，鄂尔多斯蒙古族家谱历史悠久，从中不仅可以了解蒙古民族历史发展沿革和文化习俗，而且也提供了中华民族大家庭形成过程中的诸多历史痕迹和见证。作为少数民族地区图书馆，应该对本地区家谱由其是对存世不多而又极具本地特色的少数民族家谱给予更多的关注，加大财力、物力、搜集、保护、利用这一稀缺资源，以此丰富和增加自己的特色馆藏数量。

参考资料

1. 鄂尔多斯蒙古人的姓氏（文摘）。

2. 巴音：《内蒙古最大的家谱图——鄂尔多斯左翼后旗家谱图》

3. 《鄂尔多斯古籍文献丛书》2009年。

4. 侯永锋：《朝阳蒙古族家谱悬疑》，载《辽宁日报》，2007年3月5日。

5. 徐文清：《万余成吉思汗直系后裔现河南巨幅家谱为证（图）》，载《今日安报》2007年26日。

作者简介：

高素芬　内蒙古鄂尔多斯市图书馆

达斡尔族家谱《黑水郭氏家乘》

李小文

内容摘要： 达斡尔族是中国北方少数民族之一，《黑水郭氏家乘》是民国时期郭克兴编纂的一部丛书式达斡尔族家谱，其谱体例奇特，内容丰富，堪称达斡尔族家谱之珍品。

达斡尔族是我国北方少数民族之一，主要居住在黑龙江、吉林及内蒙古等地区，现人口约十三万。达斡尔族历史悠久，但保留下来的民族文献相对较少，家族史方面的文献就更是稀见。然而，民国时期却有人编纂出一部丛书形式的达斡尔族家谱——《黑水郭氏家乘》，其谱体例奇特，内容丰富，堪称达斡尔族家谱之珍品。

《黑水郭氏家乘》，郭克兴编，铅印本，“民国”十四年至十五年（1925—1926 年）印行出版，内容包括：《黑龙江乡土录》、《大贺氏世系录》又名《达呼尔源流考》、《黑水郭氏世德录》、《黑水郭氏扬芬录》、《黑水郭氏先茔录》、《黑水郭氏旧闻录》六个部分。每一部分独立成册，每部卷首均请人题写书名，有编撰者例言，有的还请名人作叙，有目录。编撰者在后四部的例言中均提到：家乘共分八卷，一乡土录；二世系录；三世德录；四扬芬录；五先茔录；六旧闻录；七艺文录；八济美录。[①] 可见，编撰者原计划是要编纂八卷，最后成书六卷，艺文录和济美录未见出版。

郭克兴，字起衰，又字勤宜、兴武。达斡尔族，郭博勒氏（又称郭贝尔氏）。黑龙江省讷河人。光绪十八年（1892 年）生于京师，其家本为黑龙江名门望族。祖父穆腾阿，清咸丰朝任都统、将军。父希朗阿，光绪朝任副都统。郭克兴早岁毕业于政法大学，光绪末年肄业于陆军贵胄学堂，

① 郭克兴编：《黑水郭氏世德录》。

1907年授蓝翎侍卫，后在邮传部供职。民国元年邮传部改组解职，不久任陆军部候差员。1914年于陆军大学肄业后，曾任陆军步兵中尉、上尉、上校等职。后在交通大学、畿辅大学任兼职教授，并参与《交通史》的纂修工作。曾任陆军大学教官并在航空、铁路、交通等协会任职。郭氏"博雅好学"，身为武职，且又能文，不仅精通满文，对汉文也有很深的造诣。一生致力于学术，博览群书，精研史地，搜集了黑龙江省政治、军事、经济、官制、民族、宗教、部落、户口、文化、风俗等大量资料，尤其对本氏族——郭博勒氏有精深的研究。历20年，于1925—1926年完成了《黑水郭氏家乘》。

黑水郭氏家乘之一——黑龙江乡土录

《黑水郭氏家乘》以《黑龙江乡土录》为首卷，由王宗元题写书名，版心下题"民国"十五年印。因其取材广泛，内容丰富，后单独出版，又名《黑水方舆氏族沿革志》。《黑龙江乡土录》意在先从祖先长期生活的地域追根寻源，记述、梳理达斡尔族及郭氏家族的历史渊源，鉴于"黑龙江省远同荒服，旧阙志乘，文献无征"，以至有些著作"以讹传讹"，故作者"意在穷源究委，辨正近著，借免讹传"，"根据历代正史官书名著考订黑水方舆沿革氏族源流。"①《黑龙江乡土录》引经据典，仅《叙例》所列引用书目就达80种。该书共分两篇，即《方舆志》六章与《部族志》十九章，着重论述黑龙江方舆沿革与民族源流。作者在每一专题之下，分门别类地辑录成编，凡论点不同或互相矛盾者，均出按语或己作，阐明自己所持的看法。内容谨严，考证精审。特别是在达斡尔族源流考证上，提出是契丹大贺氏一支之说，言之有据，令人信服。郭克兴治学严谨，特请黄维翰、金梁两位对黑龙江地方乡土、人物掌故熟悉的长辈为之鉴定把关，以保证此书的学术质量。

黄维翰（1867—1930年），字申甫，号稼溪，江西抚州崇仁县人。勤奋好学，清光绪二十一年（1895年）进士。三十三（1907年）年，徐世昌总督东三省时，调其为陆军督练公所参议，不久调任呼兰知府兼办呼兰税局。辛亥革命后，曾主持《黑龙江通志》纂修，不久离去，寓居北京，读书自遣。1919年，被聘为国史编纂处编纂主任。先后编纂成《武昌起义往事本末》、《黑水先民传》25卷、《蒙服志》、《渤海国志》3卷、《呼兰

---

① 郭克兴编：《黑龙江乡土录叙例》。

府志》12卷、《吉林县志》目录1卷、《十年历代名人生年表》2卷、《江西疆域志》、《江西历代地理志》、《抚州先贤传略》、《豫章大事志》等。其纂修的《呼兰府志》，对黑龙江及东北后来方志的编纂产生较大影响。金梁（1878—1962年），字息候，自号瓜圃老人，瓜尔佳氏，满洲正白旗人。光绪三十年（1904）进士，历任翰林院编修、京师大学堂提调、监察御史、内城警厅知事、奉天旗务处总办、奉天新民知府等职。民国成立后，任清史馆校对。工书画篆刻，著述颇丰。编有《光宣小记》、《近世人物志》、《满洲老档秘录》、《黑龙江通志纲要》等，曾参与《清史稿》编纂。

黄、金两位与黑水及郭家有较深的渊源，他们在自己的著作中都曾经撰写过郭家人的传记，如黄维翰《黑水先民传》中的《穆腾阿传》，金梁《黑龙江通志》中的《孝女淑芳传》等，对郭氏编纂此书有很大影响，《黑龙江乡土录》还多处引用辑录二位的《黑水先民传》、《呼兰府志》、《黑龙江通志纲要》、《金梁瓜圃丛刊叙录》等文献，二位也对郭氏编纂的家乘给予极大的关注与支持，黄维翰为《世德录》和《扬芬录》题写了书名，金梁为《扬芬录》撰写叙，肯定了郭氏所辑家乘“考证精确尤详于氏族”，并褒其为“博雅好学后起之秀”。

《黑龙江乡土录》是较全面而系统地记述黑龙江各民族历史的专著，是研究黑龙江省沿革、疆域、民族、建置、民俗及郭博勒氏氏族、人物、支派的珍贵资料。用如此宏大的篇幅辑录记述本民族、家族长期生活地区的历史地理沿革及周边各民族，不仅在少数民族家谱中十分罕见，就是汉族家谱也很稀少。

黑水郭氏家乘之二大贺氏世系录

《大贺氏世系录一名达呼尔源流考》卷首由金弢青题写书名，版心下题“民国”十五年印。编辑者郭克兴广征博引史书典籍，辑录《汉书匈奴传》、《后汉书鲜卑传》、《三国志鲜卑传》、《文献通考鲜卑传》、《魏书契丹传》、《北史契丹传》、《唐书契丹传》、《新唐书契丹传》、《五代史契丹传》、《新五代史契丹传》、《辽史》、《辽史纪事本末》等史籍二十余种，分东胡时代、鲜卑时代、契丹时代、达呼尔部落时代四个历史时期，以翔实的史料并附考证及大贺氏世系表，说明黑龙江达呼尔部郭博勒氏，系出契丹大贺氏，而“契丹之先为鲜卑，鲜卑之先号东胡”。（《汉书匈奴传》节录）

黑水郭氏家乘之三黑水郭氏世德录

《黑水郭氏世德录》卷首由黄维翰题写书名，版心下题“民国”十五年印。郭克兴撰写例言：黑水郭氏旧作郭博勒氏，本达呼尔之支姓，系出大贺氏契丹国族也。远祖徙黑龙江之郭博勒屯因以著姓。《黑水郭氏世德录》分初集（近支碑传），二集（远支碑传），辑录史书方志碑文墓铭中黑水郭氏祖先传记资料60篇，“凡史志著录暨名公巨卿所撰传记碑铭介寿哀挽之文采缀入编者名曰世德录录区以集依支派远近为准”，其中既有列入清史大臣传的清朝名将穆腾阿列传，亦有童孝女郭淑芳墓志。关于祖父穆腾阿，作者辑录了《瑞亭公讳穆腾阿诰命》、《穆腾阿列传》（清史大臣传清史馆旧本）、《穆腾阿列传》（清史大臣传乙丑清史馆改正本）、《穆腾阿列传》（黑水先民传黄维翰）、《瑞亭将军寿序》、《御祭瑞亭公讳穆腾阿文》、《南京穆公祠颠末记》（赵庆生）7篇文字；关于作者已故长女郭淑芳，更是辑有《孝女淑芳传·黑龙江通志》（满洲金梁息侯）、《郭氏殇女传》（张鋆衡軆仙）、《女淑芳圹铭》（傅卓霖幼虚）、《跋郭起衰女淑芳圹铭》（岳阳李澄宇洞庭）《起衰先生丧其女赋诗慰之》（常熟孙雄师郑氏初稿）、《童孝女郭淑芳墓志》（桐城刘泽沛安农）、《郭女淑芳葬志》（郭克兴）《殇女孝慧事略序》（郭克兴）《殇女孝慧事略》（郭克兴）等文9篇。从中可知，淑芳是作者郭克兴的长女，聪慧孝顺，为郭氏夫妇掌上明珠，“民国”六年不幸病故，年仅九岁，令父母伤痛不已。世德录中为这个已故小女孩写文章的作者有些竟是民国时期颇有名气的文人学者，可见郭氏在编纂家谱时怀念爱女的良苦用心。

黑水郭氏家乘之四黑水郭氏扬芬录

卷首由黄维翰题写书名，金梁（息侯）撰黑水郭氏家乘叙，有郭克兴例言，其后有瑞亭将军遗像，版心下题“民国”十四年印。此卷为“搜集列代文献及名家著述有关先人行谊者编入家乘名曰扬芬录”。从版心题记可见这一册是家乘中最早编辑完成出版的一部。

黑水郭氏扬芬录，专记五世祖穆腾阿事迹，足见编者对这位先祖的重视。首先辑录黄维翰《黑水先民传》中《穆腾阿传》，清史馆改正本《穆腾阿列传》，清史馆旧本《穆腾阿列传》及光绪元年诰命；后编辑《瑞亭将军言行录》，编者认为“王父处为名臣出为名将，事业文章待考者甚多，故先哲遗著中与王父有一字之关系者莫不敬谨录之，裨可由此推彼宁滥无简识者谅之。”[①] 言行录分：武功、政略、介寿、荣哀、录遗，记其祖穆腾阿的武功政略，内容亦与《黑水郭氏世德录》略有重合。

穆腾阿（1824—1884 年），字瑞亭。布特哈正白旗满那屯（今属黑龙江省讷河市辖）郭布勒哈拉人。生长于官宦世家，接受过学堂教育，精通满、汉文，文武兼治，学识渊博。作为清末武将，他驰逐战场，平粤平捻平回平枭，无役不与，勋绩叠奏，咸丰四年（1854 年），从军于僧格林沁部，翌年加副都统衔。同治初年赴直隶山东与太平军林凤祥部作战，屡建战功。同治十年二月（1871 年 3 月），任镶白旗蒙古都统，同年六月升任江宁将军，主持江宁至荆州一带军务。光绪六年（1880 年）任镶黄旗蒙古都统。光绪十年（1884 年）夏病故于蒙古职地，于江宁建有专祠奉祀。在晚清军队中，穆腾阿系有谋略之将领，长于整饬军务，热心兴办书院。他对当时国家边疆危机有清醒的认识，当英军陈兵沿海，海防吃紧时，他曾疏请操练后备兵，加强炮队，以固海防。著有《演练炮阵图说》一卷、《诸葛兵法》、《楹联录》等。是黑水郭氏家族引以为傲的祖先。

黑水郭氏家乘之五黑水郭氏先茔录

《黑水郭氏先茔录》卷首由叶潜题写书名，郭克兴撰写例言，版心下题“民国”十五年印。先茔录分：初集黑龙江茔志，二集京兆茔志两部分。内中附录多幅坟茔图，如黑龙江茔志中的《郭博勒屯附近略图》；京兆茔志中的《北京前八家间附近略图》、《京兆宛平县前八家黑水郭氏茔地略图》、《京兆大兴县孙河镇马泉营村东黑水郭氏茔地全图》、《北京马泉营间道路图》等，“先茔录附图均系安图金皋如君赓熙代绘”。同时，书中还附有郭克兴撰写的《郭女淑芳圹铭》等碑文的拓片数张。

黑水郭氏家乘之六黑水郭氏旧闻录

《黑水郭氏旧闻录》卷首由王宗元题写书名，版心下题“民国”十五年印，郭克兴撰写例言。旧闻录分为八集：初集曰谥法汇考赐祭仪式附之；次集曰祠宇纪实；三集曰旧牍残存；四集曰先考挽词；五集曰征存录遗；六集曰修谱始末（实为六集而非八集）。“旧闻录凡族中遗迹如家庙宅第祠宇庄田金石文字图像等类悉得收录，他如遗闻轶事有关文献家世见于书册随收随录，片言只字无可归类者，或阙疑待考，尚须订正者亦暂存

---

① 郭克兴编：《黑水郭氏扬芬录例言》。

录之。”①

旧闻录卷首有《勋华裕后图》，图题：同治纪元彭烺子星氏作于西安，时瑞亭将军五十仲强管带随侍；光绪十六年庚寅御赐（慈禧御笔）；大总统题褒郭曹氏匾额；五世瑞亭将军手泽；六世石友将军手泽等，为民国家谱中采用当时先进印刷技术保留祖先遗泽的时尚谱书。

《黑水郭氏家乘》是一部民国时期编纂的，极具民族特色的达斡尔族家谱，其主要特色可归纳为：

1.《黑水郭氏家乘》开宗明义，明确黑水郭氏即郭博勒氏，为达呼尔民族。与某些少数民族家谱不突出民族属性截然不同。
2. 由于缺少家族旧谱，《黑水郭氏家乘》引经据典，大量辑录引用正史官书地方史志，以探究本民族本氏族的发源地及历史源流，在家谱中较为稀见。
3. 由达斡尔本族人编纂，几乎以一人之力完成一部篇幅较大，丛书形式的家谱，足见少数民族编撰者的文化素养及对家谱的认识和编纂水平。
4. 家谱内容丰富，包括：《黑龙江乡土录》、《大贺氏世系录一名达呼尔源流考》、《黑水郭氏世德录》、《黑水郭氏扬芬录》、《黑水郭氏先茔录》、《黑水郭氏旧闻录》六部分。其谱原本有更为庞大的编纂框架，不知何故未能完成，（例言中称家乘共分 8 卷，而最终只见 6 卷）其艺文录和济美录未见出版。
5.《黑水郭氏家乘》虽卷帙较大，既有大贺氏世系录，亦有黑水郭氏世德录，辑郭博勒氏近支、远支碑传两集，却不知什么原因缺少一般家谱中最重要的部分——本氏族的世系表，这在家谱中非常少见。

作者简介：李小文　汉族　国家图书馆研究馆员

① 郭克兴编：《黑水郭氏旧闻录例言》。

马依泽氏与古老谱牒敦悦堂《马氏宗谱》

谢梅英

内容摘要：本章简要介绍了《回族典藏全书》及其收录概况；并依据其所收古老回族谱牒文献敦悦堂《马氏宗谱》，结合其族人著作，给予了总结性研究与分析，对马依泽氏古老巨族来华迁徙缘由、人口分布、繁衍发展及族中杰出名人事迹、著述等做了重点分析叙述，揭示其家谱的文献价值及史料特点，展示其族人对中华民族的杰出贡献。

一、《回族典藏全书》的收录概况及价值特点

家乘谱牒，具有弥补正史缺失的作用，是一种濒临灭绝的历史文献，出于对谱牒文献的厚爱，笔者在宁夏图书馆收藏的大型丛书《回族典藏全书》里，惊喜地查阅到回族谱牒文献12部，反映10个回回氏族迁徙缘由、人口繁衍分布、姓氏来历演变和发展过程，其版本来源、修谱年代、谱史、谱族人口数量均属家谱文献之珍品，而《马氏宗谱》、《赛典赤家谱》、《陈江聚书丁氏族谱》、《马氏族谱》等更是家谱文献中的奇葩。这些好的家谱文献归功于《回族典藏全书》的出版，它为我们研究回族课题提供了全方位书目，在此对其作一简要介绍：

《回族典藏全书》（原名《回回古代全书》），是宁夏社会科学院于2004年经宁夏回族自治区人民政府正式批准立项筹集的大型回族文献工具书。该套丛书于2008年8月由甘肃文化出版社和宁夏人民出版社联合出版发行。该套丛书的出版，不仅有很高的文献保存价值，也将填补中国历史上无系统整理研究回回人汉文古籍的空白，为国内外深入开展回族文化研究提供了一套最为原始、权威、完整的大型回族典藏资料，是中国第一套回回鸿篇巨制，是一部关于回族历史文化的四库全书。诸多珍本、善本、孤本首次出版。全套共计235册，搜集整理了五代至民国间回族典籍532种、3000余卷，总计约10万页。

鉴于篇幅所限，笔者以《回族典藏全书》中收录的敦悦堂《马氏宗谱》为主要依据，对古老巨族马依泽家族及谱系作重点分析研究，揭示其家谱的文献价值及史料特点，展示其族人对中华民族的杰出贡献，旨在进一步弘扬回族这个了不起的民族，彰显回族人民在回汉文化融合中的历史功绩，介绍《回族典藏全书》给回族谱牒文献研究提供的最原始和最珍贵的书目。

二、《马氏宗谱》概况及马依泽来华缘由以及家族名流

1. 马依泽先祖来华缘由及其天文学贡献

马依泽（921—1005 年），号渔叟，西域鲁穆国人，回族。是一位通天文精历算的伊斯兰星历学家，是回族依泽马氏鼻祖。《马氏宗谱》序文对马依泽的记载是："始祖自西域鲁穆来中时宋建隆二年岁在辛酉封钦天监世袭侯爵筑居陕西西安府泾阳县永安镇李尚书塔旁。"宋太祖赵匡胤建隆二年（961）应诏入华，修天文治历法，宋建隆四年（963 年）农历四月，《应天历》编成，经王处讷（译音）代呈太祖皇帝御览，颇得赏识，宋太祖赐序颁行。《应天历》分六卷，分别为《历经》、《算经》、《五更中星历成》、《晨昏分立成》、《昼夜日出入立成》和《晷影立成》，此法在中国历法中首先引进星期制度（见《宋史》第 68 卷宋律历志）。在《应天历》之前，中国的历法中没有星期制，只有"旬"制。马依泽氏在《应天历》中首先引进了星期制，且以伊斯兰教的"主麻日"为一星期之始。他还编撰了《后周广顺明元历》一卷、《太一青虎甲寅经》一卷，宋太祖特意将马依泽留在身边，作为顾问，赐任职司天监；乾德四年（966 年）封为侯爵并长期担任司天监监正，他第一次将阿拉伯天文学传入中国，对中国天文学的发展做出了巨大贡献。

马依泽和他的儿子之所以在宋初特别受赏识，除了他所具备的天文学知识、伊斯兰学识外，还有一个重要的原因，就是他精通阿拉伯星占术，熟知日月交食和五星方位的推算，这也是他能得以封侯的主要因素。古代的司天监，是帝王的御用机构，不但观测天象、颁布历法，而且还要为皇家占卜、选择吉日服务，从某种意义上来说，后者是它更重要的职能。马依泽就因为在星占和考校日月食等方面有出色表现，曾得到宋太祖御笔亲书赞美敕谕的最高荣誉，详见《马氏宗谱》序文及一世祖名下注释。

"马依泽"乃阿拉伯语 Mu 'izz 的音译名，汉译马依泽。他在学术上的贡献得到了宋太祖的赏识，旌表天文略部，授光禄大夫、右柱国兼钦天

监，世袭侯爵，定居陕西泾阳，世为回族。据《马氏宗谱》载明，马依泽长子马额曾于宋太宗赵光义至道三年（997 年）袭侯爵，任司天监监正，次子马怀亦于宋真宗赵恒咸平四年（1001 年）奉旨授承德郎、司天监监副，三子马忆在宋真宗天禧五年（1021 年）封龙虎将军、上护军副总兵。马依泽在宋初的司天监任职 30 多年（963—997 年），直到年老退休由他的长子接替继续在司天监任职并继承他侯爵的封号，这在当时是很少见的殊荣，他的三个儿子也都因为天文学方面的才能而受到重用。

2. 敦悦堂《马氏宗谱》撰修经历及概况

敦悦堂《马氏宗谱》创建于明成化年间，有 13 位明代学士名人达官写了序言，从家谱序言中知道此谱由 8 位马姓族人递修，依次是：马斌、马隆、马聪、马良、马俭、马州、马和、马贵。由马依泽氏第二十代裔孙马义奉旨创修，马义乃明成化骠骑将军、广西浔梧等处地方署总兵官都督佥事，马义接旨后又赴广西担任武职，公务在身，家谱实际由其子、侄儿等 8 人完成，据载首创家谱共 72 部，分发予马氏居中国各地后裔，是我国首部奉旨撰修的回族谱牒。乾隆年间二次重修，主要原因是原《马氏宗谱》在安庆历次兵燹中，仅有合肥孔城礼字号尚存，今敦悦堂《马氏宗谱》就是依据明成化初年版本再次修订，为木刻本，成书于清光绪二年（1876 年），重修谱序中有 9 位清代学士名流高官传序，有清雍正后知名后裔的赞、传、合传总共 48 篇。

该谱牒始祖马依泽，号鱼叟，谱文记载了自北宋建隆二年（961 年）西域穆鲁国人（阿拉伯人）。马依泽入华修历以后，经明清两代，到光绪年间氏族人口繁衍传承、后人达二百余万，遍布于祖国大江南北，俨然成为一个回回巨族，名人辈出。该谱牒除卷首外共分 15 卷，70 余万字，近 2000 页，为“路字号”，用木刻版刊印 83 套，国内失传，美国哥伦比亚大学东亚图书馆藏存有该书当年的木刻版本。此谱不仅记载了回族生命的传承，更展示出他们对中华文明的持续贡献，是世人了解回族形成发展的珍贵文献，一度遗失，后在美国发现，由马氏后人复制带回，十分难得。今《马氏宗谱》影印原美国木刻版，收录在回族典藏全书第 95 至 101 册，篇幅浩大，是目前中国最古老的家谱之一。它既包括安徽怀宁马氏世系，也包括沧县扬石桥马氏，实际上也是青县马氏、关中马氏、天津马氏和许多马姓回回族人之源头。敦悦堂《马氏宗谱》始自公元 961 年至 1876 年，体系完整，世系记载清晰，1 到 37 代后裔中间无间断，历时 900 余年谱史，保存完整，实属难得，为回族与前回族文化及伊斯兰文化形成研究提供了非常珍贵的史料，阅读此谱，可以发现它有诸多学术价值。

3. 马依泽氏乃回族中的古老巨族

人口分布极其广泛：据马氏族谱系卷二“本族分支各省郡邑系考”记载，马依泽后裔族人分布在我国十几个省市自治区、州县，（有马氏族人的具体名单，略）即：直隶皖城；北直元氏县、平山县、南宫县、赞皇4县；山东益都县、高苑县、栖霞县、高密4县；山西阳曲县、盂县、孝义县、永宁州4个州县；河南陈留县、杞县、鄢陵县、郑州、陈州、南禹、许州、新安县、信阳州、新野11个州县；陕西兴平县、泾阳县、富平县、镇安县、同州、白水县、华州、潼关县、乾州、武功县、淳化县、褒城成、凤翔县、宁州等14个州县；浙江奉化县、象山2个县；福建福清县、罗源2县；四川合州、荣昌县、安居县、武隆4县，云南安宁州、马隆州、阿迷州、江川县、弥勒县、南姚州7个州县；贵州定番州麻哈州、清平县等4个州县。（见《回族典藏全书》第95册329—336页）

名门望族：自北宋建隆二年（961年）马依泽人华修历以后，经元、明、清三代，到光绪年间氏族繁衍传承、后人遍布中华大地，人口达二百余万，分散于祖国大江南北，俨然成为一个回回巨族，名人辈出。自宋代至清代，马依泽氏祖奉旨任特进光禄大夫佑柱工袭侯兼（天文院）司天监国至三十五代，915年中（961—1876年），世代为官。马氏族人中世科（举人）32人，1人为探花及第，4人为黄甲进士，世忠（封相爵位的）99人，知府以上官职者30人；清光绪二年（1876年）谱牒修好后两年，马依泽后人又有4人中举，马化龙，马之琪、马之骏父子等四进士因科考公布延后而未能收录在此谱当中，成为憾事。其族人文职学士数不胜数可谓世袭官爵，族门显赫。谱系序文30余篇，族人传、序传、跋、碑文等50余篇。谱系章、考图30余篇；皇帝圣旨、诏书、特旨多达几十贴（见《回族典藏全书》第95册167—414页）。足见其黄恩浩大，豪门巨族之气势，为典型的科脉家族。见《回族典藏全书》第95册337—413页一至三十五代。

马依泽家族宋元明清举人进士及职官一览表

世 系	姓 名	朝代举人进士	名 次	官 职
第一代	马依泽			乾德四年八月十三日奉旨授特进光禄大夫右柱国工袭侯兼司天监

续表

世系	姓名	朝代举人进士	名次	官职
第二代	马额			至道三年三月二十六日奉旨承袭特进光禄大夫右柱国工袭侯兼司天监
	马怀			咸平四年十一月二十一日奉旨恩荫承德郎司天监副
	马忆			天佑五年升河南怀庆府副总兵
第三代	马文斌	宋咸平三年子科	四十九名举人	宝元二年三月十五日天平知府
第四代	马御颐	景佑四年丁丑科	三十九名进士	嘉祐七年四月二日南昌知府
	马耀颐	宝元三年庚辰科	二十二名进士	治平三年十月二日福建学道
	马鸣颐	庆历三年癸未科	二十四名进士	熙宁五年六月初九日翰林院大学士
	马鹤颐	拔贡出身		皇佑元年正月二十八日汾州知府
	马翔颐	庆历元年任午科	二名举人	元丰二年七月二日山西巡守道
第五代	马素翁	庆历六年丙戌科	七十六名进士	熙宁四年三月十五日云南按察司
第六代	马嵩	治平元年甲辰科	六十名举人	靖国元年翰林院侍讲
第七代	马明燕	熙宁三年庚戌殿试	榜眼及第	大观四年五月十二日兵部尚书
	马岳灿	元祐六年辛未科	十八名进士	靖康元年九月一日汾州知府
	马明蒸	元丰四年辛酉科	六十名进士	重和元年七月一日贵州按察使司
第八代	马之中	绍圣四年丁丑科	七十名进士	宣和六年二月十五日浙江布政使司参政
	马忠信	大观三年已丑科	五十六名进士	绍兴二十五年十月十九日都察院左御史
第十　代	马乾玠	庆元二年丙辰科	四十二名进士	绍定五年四月十二日河南府知府
第十三代	马鸿粹	淳咸八年戊辰殿试	武探花及第	贵州府副总兵
第十七代	马原景	元至顺二年辛未科	十六名进士	至正（十五年后）工部尚书
第二十一代	马隆	咸化十九年癸卯科	二十一名举人	承德郎南京刑部主事
第二十三代	马俯	正德九年甲戌科	二十六名武进士	湖北抚标参将

续表

世系	姓名	朝代举人进士	名次	官职
第二十八代	马韬	康熙二十三年甲子科	五十四名武举人	安庆卫千总升守备
第二十八代	马圮受	康熙五十一年壬辰科	四十六名进士	山西偏关营参将
第二十九代	马大缙	康熙五十七年戊戌科	六十五名进士	福建邵武府都司
第二十九代	马大用	康熙五年丁未科	探花及第	乾隆二十一年升福建水师提督
第二十九代	马大经	乾隆十五年庚午科	十九名武举	
第二十九代	马祖贵	雍正元年癸卯科	武举	
第三十代	马家良	乾隆十二年丁卯科	三十名举人	四川会理州知府
第三十代	马家奎	乾隆二十五年庚辰科	二名武举	
第三十代	马家植	乾隆三十五年庚寅科	二十三名武举	
第三十一代	马光普	咸丰元年辛亥科	举人	
第三十四代	马维聪	光绪二十九年癸卯科	举人	广东连州、直隶知府
第三十四代	马承融	光绪二十九年癸卯科	北榜举人	
第三十四代	马玉亭	补行光绪庚子科	举人	
第三十四代	马文灿	定统元年巳酉科	举人（湖北光化）	

马氏家族自始祖马依泽（961年）应诏入华至明洪武二十七年（1394年）前，已传30代。一世谱牒始祖列章始宗考妣序章凡二，原文见《回族典藏全书》第95册第429—432页。洪武二十八年（1395年）自马哈直一代起，由山西大同迁居怀宁（今安徽安庆）。此家谱历来鲜为人知，1968年中国学者罗香林在美国首次发现，遂著论文公之于世。马依泽是安徽安庆市南关城内回族马氏的始祖，据《怀宁马氏宗谱》等记载，马依泽的后人至今已传至40代，人口几乎遍布全世界包括港、台地区以及美国、新西兰、马来西亚、日本等国，是中国继赛典赤之后第二个有明确记载、分布广泛的回回巨族，诚可谓历史悠久、枝繁叶茂。

《马氏宗谱》谱牒文献的价值特点：1. 马依泽，《马氏族谱》具有中国回回民族形成的“大分散、小集中”特点，马氏家族分散于全国各地及世界各国；2. 他们“落地开花、积极主动和汉民族融合”的特点，马氏先祖依泽主动接受汉文化，如．将自己的阿拉伯音译名 Mu ‘izz 的音译名改为中国的单姓马，并按中国姓名文化取号渔叟；3. 主动将自己的伊斯兰天文学贡献给汉民族；并世代生活在中国大地，成为地地道道的中国民族。据统计，全国 900 万回族，马氏就有 200 万以上，为中国人口发展形成提供了可靠依据；4.《马氏宗谱》具有历史悠久、记载完整、版本珍贵稀有之特征；5. 具有鲜明的科脉豪门巨族特征，族中达官、文武举人进士、名人层出不穷，呈现明显科脉豪门巨族特征。总之，《马氏族谱》是研究回回民族人口形成及文化的非常珍贵谱牒文献，是研究中国整个民族形成不可缺少的历史资料。

三、马依泽氏后代主要名人著述概述

回族马依泽马氏传人遍布中华大地，涌现出诸多大家，由于篇幅所限，仅述著名的后裔，明参将马义奉旨承修的《马氏宗谱》、明初修建的安庆南关清真寺已成为全国著名回族建筑群，属于省级重点文物，马义为中国回族研究及伊斯兰文化做出了不可磨灭的贡献。马化龙父子，是明代马氏家族传人，书香门第，父子同登榜首传为佳话，［只因光绪二年(1876 年）木刻本谱牒刚刚刻板付印，未能将之后新考中举的族人增补进宗谱]，明万历年间，马化龙及其二子马之琪、马之骏一门三进士轰动朝野。马化龙任天津兵备道副使，马之琪系万历三十八年榜眼及第，任崇祯礼部侍郎，马之骏任户部主事，又因新诗而为北京明代著名文学家，著有《秒远堂文集》收录在《回族典藏全书》第 168 册至第 172 册内；清代著名书画家改奇，也是马依泽的后裔，居北京，他擅长诗词绘画，为清代著名的回族诗词画家，如《题洞庭友人画扇怀真适园红蕙》、《题一日三秋》等，其中《玉壶山房词选》、《改奇遗诗》、《孔子胜迹图》、《百幅梅花图》、《辅景美人图》、《红楼梦图咏》收录在《回族典藏全书》第 193 册；名画《四季美人图》表现了高超的画技，被众多爱慕者称赞，宁夏博物馆收藏此画。

近代今人熟悉的著名回族武术家马良也是马依泽马氏族的后人，著有《中华新武术棍》收录在《回族典藏全书》225 册至 228 册内；可谓每代都有人才继出。马依泽氏自古爱国，今爱国人士马本斋，也是这个家族的传人。此谱不仅记载了回族马氏族人之生命的传承，也展示了他们对中华民族文明的持续贡献，是中华回族人民值得敬仰的豪门巨族。

马依泽氏敦悦堂《马氏宗谱》是回族家谱文献中的瑰宝，是中国家谱乃至回族家谱中古老而稀有的谱牒珍品，也是世人了解认识回族人口及马姓形成发展的珍贵文献。

参考文献

1. 吴海鹰：《回族典藏全书》，甘肃人民出版社、宁夏人民出版社，2008 年第 94－95、110、133－134 页。

2. 李惠铨：《郑和》，宁夏人民出版社，1985 年，第 47－51 页。

3. 海正惠：《古今回族名人》，宁夏人民出版社，2008 年第 3－5 页。

4. 吴海鹰：《回族典藏全书导读册》，甘肃人民出版社、宁夏人民出版社，2008 年第 1－50 页。

作者简介：

谢梅英　宁夏图书馆副研究馆员

朝鲜民族姓氏与亲族关系探究

韩光云

内容摘要： 朝鲜民族是具有悠久历史、创造灿烂文化的东方礼仪民族。朝鲜民族主要居住在朝鲜半岛，一部分迁居在中国、美国、俄罗斯、日本等国家，成为世界性的民族。朝鲜民族姓氏的产生由来已久，形成了以姓氏和本贯为血脉的具有独特的亲族关系，成为朝鲜民族家族生活习俗的重要部分。本文以朝鲜民族的姓氏、家谱、亲戚为主要内容，阐述其渊源和特征。

一、朝鲜民族姓氏的渊源

姓氏是用来表明家族系统的一种标识。姓氏所代表的是一个特定人物为始祖，而且世代相传的单系血缘集团。姓氏来源于人类原始共同体社会时期的氏族，当初姓和氏有着一定区别的。姓指某一个血族集团，氏指由此派生的新血统，都属于同一个血脉。随着岁月的流逝，姓和氏的概念逐渐趋于模糊，被统称为姓氏。

朝鲜民族的姓氏也由来已久，因与中国的汉文化有着千丝万缕的联系，所以接受了汉姓的做法，采用汉字姓氏，但它具有与本民族文化息息相关的独特性。朝鲜民族的姓氏，是以父系血统为本位的一种标识。真正意义上的朝鲜民族姓氏，起源于朝鲜半岛封建王朝建立初期，即朝鲜三国时期（高句丽、新罗、百济）后期的4—5世纪。当时充当统治阶级的王公贵族为了确立其特权地位，采用依照血缘关系来区分尊卑贵贱的方法，给自己冠以姓氏。进入中世纪中叶，朝鲜民族姓氏有了进一步的发展，与姓氏相结合的本贯体系得以初步形成。朝鲜民族姓氏的数量随着时代的变迁有着很大的差异。历史上的古朝鲜、高句丽、新罗、百济等朝代究竟有多少姓氏，还没有具体的文献记录。到了朝鲜李氏王朝时期（1392—1910年）才有了较详细的文字记载，但是各个时期的文献资料的数字记录有差异。比如，朝鲜王朝时期，英祖、正祖年间编撰的《增补文献备考》中记载：朝鲜王朝初期的朝鲜民族姓氏共有4296个（这也许包含了各姓氏的本贯）。后经历了《壬辰倭乱》（1592年）和《丙子胡乱》（1636年），减少了289个姓氏，后来又增加到496个姓氏。朝鲜王朝时期的其他一些文献，即《世宗实录地理志》上记录265个姓氏，《陶谷丛说》上记录298个姓氏，《盎叶记》上有486个姓氏。由此可见，从15世纪到18世纪期间，朝鲜民族姓氏有300—500个。进入近现代朝鲜民族姓氏仍保持上述数量，据《朝鲜姓氏调查研究》（1934年，朝鲜中枢院编撰）的统计，有326个姓氏。较为正确具体地记录历史上传承下来的朝鲜民族姓氏的文献为《陶谷丛说》。在此文献收录的298种姓氏中，按著姓、稀姓、僻姓、复姓来分有四大类型。具体如下：

（1）著姓

甲姓12种：金、权、柳、李、朴、申、郑、赵、崔、韩、洪、尹。

乙姓16种：姜、具、南、闵、徐、成、宋、沈、张、许、黄、安、吴、俞、任、元。

丙姓25种：康、庆、高、郭、罗、梁、吕、卢、林、睦、孟、卞、边、裴、白、孙、辛、慎、全、丁、曹、蔡、鱼、严、禹。

（2）稀姓

甲姓41种：孔、丘、琴、奇、吉、廉、鲁、刘、马、牟、文、潘、房、方、卜、奉、尚、宣、偰、薛、苏、田、朱、周、池、陈、秦、卓、太、表、河、咸、玄、杨、余、延、玉、庾、殷、芮、王。

乙姓19种：甘、公、仇、鞠、唐、都、陆、明、石、叶、承、蒋、庄、车、皮、邢、邕、魏、韦。

（3）僻姓

甲姓38种：简、强、甄、景、龚、贡、桂、陶、杜、龙、庞、门、夫、宾、思、史、昔、邵、钱、诸、智、晋、秋、拓、胡、扈、桓、双、夜、于、於、荣、伍、温、阴、伊、异、印。

乙姓136种：贾、价、间、葛、江、骞、坚、耿、敬、京、卿、固、曲、谷、骨、瞿、弓、克、瓜、鴌、那、宁、乃、端、段、顿、童、董、登、对、凉、良、路、绿、律、雷、麻、乜、万、蒙、物、米、弥、梅、班、邦、芳、藩、范、凡、汎、别、甫、斧、部、附、栢、森、桑、鲜、聂、素、水、寿、顺、旬、僧、乘、昇、胜、时、柴、信、宝、寻、章、苌、传、占、程、井、钟、宗、种、珠、俊、则、直、才、千、芊、肖、烛、冊、翟、濯、台、宅、泽、片、平、包、标、鄷、冯、毕、弼、彭、何、贺、夏、合、赫、刑、荆、候、嵇、和、花、华、化、牙、阳、扬、燕、永、吾、翁、祐、牛、郁、翌、艾、原、袁、员。

（4）复姓

复姓11种：南宫、独孤、东方、令狐、扶余、司空、司马、西门、石抹、鲜于、皇甫。

如上所述，朝鲜民族的姓氏约有300种，其中使用人数最多的大姓为金、李、朴、崔、郑。

纵观朝鲜民族历史的发展，其姓氏来源具有多种渠道和收纳方式。第一，朝鲜半岛固有的姓氏，占有一定比例。具体有以下方式：朝鲜神话传说中的姓氏；国王自己起的姓氏；国王御赐的姓氏；派生改创的姓氏；国王给“乱民”起的侮辱性的姓氏；由来不详自古相传的姓氏等。第二，来自中国的汉民族姓氏，占有很大比例。据统计，能确认来自中国的姓氏约有130多个。其收纳方式有：以使臣东渡到朝鲜半岛定居而形成的姓氏；为政治避难东渡到朝鲜半岛定居而形成的姓氏；作为联姻公主的随从东渡到朝鲜半岛定居而形成的姓氏；以援军东渡到朝鲜半岛而形成的姓氏；以有名学士身份来到朝鲜半岛而形成的姓氏；因遇海风漂流来到朝鲜半岛定居而形成的姓氏；由来不详的汉民族姓氏等。以上所述是朝鲜民族姓氏的主要来源。另外有来自其他民族和地区的姓氏和来源不明的姓氏，所占比例甚少。

在朝鲜民族的历史发展进程中，自从出现数百种姓氏以后，人们发现许多人虽不是同一个宗族，还以同样的汉字来标记自己姓氏的现象。故此，只看姓氏难以分辨其血缘系统。朝鲜民族历来就非常注重血统关系，于是开始研究能够清楚地表明血缘关系和家族系统的方法，终于找出一个弥补单用姓氏无法区分血族关系之不足的标记方法——本贯。本贯是指某一姓氏的始祖的故乡或祖先们世代生息的地方。本贯又称本、贯、贯乡、乡贯、贯籍、本籍等。朝鲜民族的本贯何时出现还没有确切的定论，但能够肯定的是，同样的汉字姓氏使用现象频繁之后，才有了本贯。根据历史文献初步推断，本贯的起源可以追溯到朝鲜半岛三国时期（高句丽、新罗、百济）。比如这一时期出现的金海金氏和庆州金氏，就表明同样金氏的两种本贯。姓氏在表示血族系统时，必须与本贯相结合才能表明自己所属的系统。据资料显示，朝鲜民族近300种姓氏，具有3000多个本贯。大部分姓氏的本贯通常为10个以上，而且还有了一个姓氏具有数百个本贯的情况。比如，据史料记载，金氏的本贯为498种，居于首位，其次为李姓，其本贯为451种，再次为崔姓，本贯为325种。本贯的确定要具备相应的条件，即必须是某一个姓氏的始祖初居之地或长期居住之地，或者是同姓中血缘不同的人群之始祖初次定居的地方。已命名为本贯的地名，随着历史的变迁有些已消失，有些则改称为另一个名称。但这些地名用来表示本贯时，一律沿用当初的原名。

朝鲜民族自古以来严格遵守“同一血统不婚”的风俗。早在上古时期朝鲜民族的先人们就懂得“同姓相婚，其生不繁”的道理，从而出现“同姓不婚”的传统习俗。不过有些不属于同一血统的同姓之间也不能成婚，单靠同姓来判断其限制显得特别苛刻。因此，出现了本贯以后，解决了这一难题，逐渐形成了“同姓氏同本贯不婚”的制度。为了完善此制度，对于姓氏与本贯的组合类型和由此出现的区别点做出了相应的规定。这样就确立了三种同一血统的类型和三种相异血缘的类型。

（1）同一血统类型

第一，同姓同本的亲族。大部分同姓氏同本贯者都属于同一个血统，是不能成婚的。

第二，异姓同本的亲族。这俩姓氏原出自同一个祖先，后因种种原因而相互分离并各自有了不同的姓氏。

第三，同姓异本的亲族。原是同出一祖的子孙，随着血族中人口的繁衍，分为几支派系，各自迁居异处自立一系的血族。

上述三种类型都属于亲族，因此这三种类型的姓氏之间不能成婚。

（2）不同血缘系统

第一，同姓同本的异族。既然姓氏和本贯相同，但是出现其始祖血统截然不同的情况。这样的情况一般出现在大姓之中，比如，金氏和崔氏。

第二，异姓同本的异族。虽然其始祖的居住地相同，但出现始祖各自属于不同血统的情况。

第三，同姓异本的异族。尽管姓氏相同，但其始祖既没有血缘关系，又各自居住在不同区域。

二、朝鲜民族族谱的来历

族谱是社会及姓氏制度发展到一定阶段的产物。族谱是以文字、图表形式记载一个家族或宗族的来历、血统关系的谱籍。它以父系为中心，记录某一姓氏、本贯世代系统的始祖、各世代的人名、字、号、出生和逝世年月日、官职、简历、事迹等。另外还收录了本宗族的重要陵墓、祠堂、庙宇等，可以说是一个家门的历史谱书。

朝鲜民族的族谱其历史比较久远，很多历史文献显示，记载家族谱系的习惯始于朝鲜三国时期。起初主要适用于王公贵族，记载君王年表、世代、政绩等。到了高丽王朝时期（918—1392 年）出现了真正意义上的族谱。高丽王朝毅宗王（1146—1170 年）时，由金宽毅编撰的《王代宗录》算是族谱的开创。但是目前留下的系统较完整的族谱，应该是朝鲜王朝（1392—1910 年）成宗王 7 年（1476 年）编撰的《安东权氏成化谱》。还有明宗王（1545—1567 年）时期出版的《文化柳氏谱》。这样从 16 世纪开始出现了范围较广的族谱热，从王公贵族、士大夫到富商、庶民，只要有权势和钱财，就可以拥有族谱。到了 20 世纪初，综合性的历代族谱汇编相继出现，如《万姓大同谱》、《朝鲜氏族统谱》等。中国的朝鲜族也继承和沿用朝鲜半岛固有的修谱习惯，到了 20 世纪 30—40 年代，流行了编撰族谱的热潮，几乎每个大家族都拥有本姓氏的族谱。据调查，20 世纪 60 年代以前，每个姓氏、本贯的族谱应有尽有，但是经历了“文革”所剩无几，目前，在博物馆收藏的朝鲜民族族谱大约有 20 个姓氏、80 个本贯的 80 多种。包括《朝鲜氏族统谱》、《间珲万姓大同谱》（专门记载中国境内，特别是延边地区的朝鲜民族姓氏）在内的 20 多种人数比较多的姓氏的族谱。

族谱又称系谱，大体上有宗谱和派谱，但具体的修谱过程中出现多种记述方法，如家牒、家乘、家谱、成谱、派谱、支谱等。族谱从内容的完整程度分成几个层次，比如，最完整的系统谱书叫“大同谱”，其中包括一个姓氏的都在始祖以下分支的宗派以及不同本贯在内的所有血统。其次是“族谱”，主要以本贯为单位记载其始祖、世代历史等。再次是“世谱”，是几个宗派的合谱。又再次是“派谱”，只记录一个宗派的始祖、世代的历史。最后是“家乘”，只记载某一个人（主要是编写者）为中心，上至始祖，下到自己和下辈的单系血统世代（不写入兄弟、叔伯等旁系）。家乘可以说是编撰族谱的最基础的资料。

过去，族谱的编撰为每个家族的重大事情。为了顺利进行修谱，在家族或宗族内选出德高望重的长辈来主持具体程序，让属于同一个血统的家族，递交像家乘的单子。单子里记载全体家族成员和女婿、外孙等不同姓的成员的姓名、字号、官职等。这种单子就是编撰族谱的基础资料。族谱的世系部分采取格栏形式，从始祖到各世代的子孙一一记录在内，但记述有特定的格式，将同一个世代和同一个辈分记录在同一个格栏之内。朝鲜民族的族谱编撰有自己的独到之处，因为当时男尊女卑的思想比较浓厚，把女人视为“出嫁之外人”，不能记录在族谱之内。就是对于女儿或孙女只标示“女”字，填写女婿的名字。另外，外孙子可以记录在内，外孙女就排除在外。过去族谱的编撰通常每隔30年进行一次，这样可以修改和补充新的内容。

三、朝鲜民族亲戚表示法

在朝鲜民族的生活文化当中，亲戚关系是非常重要的一环，形成了所谓的“同族集团”。同族集团以父系家长制为基础的有血缘关系的同姓同本组成的社会集团，其中包括堂内亲和宗亲。纵览朝鲜民族的传统文化可以看出，朝鲜民族历来就非常重视父系血统。第一，姓氏一律以父系血统为依据，不论男女都始终保持父系姓氏。第二，血族的谱系也按父系来计算，都以男性传承为中心。第三、对待子女亲疏程度上出现重男轻女倾向。

堂内亲是以父系血统成员组成的亲戚，即上有高祖，下有玄孙，网罗旁亲兄弟姊妹的亲族集团。按照朝鲜民族的“寸数法”，堂内亲的范围包括8寸以内的父系亲族。堂内亲有所谓的“本家”和“分家”，本家的长子、长孙为宗孙，能继承家业。宗亲是以高祖以上的祖先为始祖，把与这个元祖有血缘关系的所有成员网罗在其内的血族集团。宗亲又称为“门中”把姓氏和原籍作为其重要标志，凡是同姓同原籍的人，都会成为宗亲的血族成员。按宗亲的规模大小分为小宗、支派宗、大宗等。族谱类别中的宗谱就是记录宗亲成员信息的谱书。

朝鲜民族的亲戚关系是比较庞杂的血族系统，具备较完善的辈分和称谓体系。亲戚大体上可分为血亲和姻亲。血亲是以血缘关系为纽带而构成的亲族，包括父系血亲和母系血亲。姻亲是以婚姻为媒介而组成的亲族，包括夫系亲族和妻系亲族。

综上所述，亲族是由血缘与婚姻关系连接的一群人组成的社会集团，但所有的亲族成员并不是都很亲密，在血缘关系上有着亲疏远近的差别。为了分清这一血缘关系上的差别，从而出现了所谓的亲族关系表示法，即《寸数法》。寸数法是朝鲜民族自古以来采用的一种以几何的计算方式来体现亲族关系亲疏远近的独特的表示法。这里的寸数指的是表示亲族关系亲疏远近的数字，这个数字越小，亲缘关系越亲近，反之则亲缘关系越疏远。寸数的计算，从夫妻关系开始算起，把一代算做1寸。这样夫妻间是没有寸数的。父母子女间的寸数为1寸，这是寸数算法的起点。直系亲族是以我中心，祖上4代，下辈4代的家族范畴。如与父母子女之间为1寸、祖父母与孙子和孙女之间为2寸、曾祖父母与曾孙之间为3寸、高祖父母与玄孙之间为4寸。不过在实际生活当中，直系亲族一般不计算寸数。在寸数的计算上，属于同辈的亲族按偶数来计算其寸数，比如，4寸、6寸、8寸等。而上下辈间寸数则用奇数来计算，比如，3寸、5寸、7寸等。依照此计算法，兄弟姐妹间的寸数为双数，而叔侄之间的寸数则是单数。这种寸数计算法适用于父系亲族、母系亲族、夫系亲族、妻系亲族等所有亲族间的亲疏远近。朝鲜民族的寸数计算通常只涉及8寸左右，超过8寸认为不是亲近的亲戚。

例如：父系亲族的寸数法。

祖父（2寸）	从祖父（4寸）	在从祖父（6寸）		
父亲（1寸）	伯叔父（3寸）	堂伯叔（5寸）	再从伯叔（7寸）	
自己	兄弟（2寸）	堂兄弟（4寸）	再从兄弟（6寸）	三从兄弟（8寸）
儿子（1寸）	侄子（3寸）	堂侄（5寸）	再从侄（7寸）	
孙子（2寸）	从孙（4寸）	再从孙（6寸）		
曾孙（3寸）	曾从孙（5寸）			
玄孙（4寸）				

总之，在朝鲜民族的家族生活习俗中，姓氏和族属成为鲜明地表现民族传统的、注重血缘意识的一种文化符号和平台，为保持民族传统生活特性起了不可忽视的文化作用。

参考文献

1. 内蒙古朝鲜族研究会编：《朝鲜姓氏族谱全书》，中国文联出版社，2000年。

2. 许辉勋著：《朝鲜族民俗文化及其中国特色》，延边大学出版社，2007年。

作者简介：

韩光云　朝鲜族　吉林省延边博物馆朝鲜族民俗研究部　副研究馆员

大理白族新修家谱及其收集整理

刘　丽

内容摘要：大理地区白族家谱的修纂历史较早。20世纪90年代以来，在部分以白族居住为主的村镇悄然兴起了新修家谱的活动。本文就大理白族自治州图书馆目前收集到的白族新修家谱，对其特征作了粗浅的考察，并结合工作实践，对今后的收集整理工作提出了自己的看法。

白族是接受汉文化影响较早的民族，白族家谱的起源可以上溯到与唐宋王朝伴随始终的南诏大理国时期。据《南诏中兴二年图传·文字卷》记载，南诏时期，洱海地区已有白族先民编撰的《张氏国史》。宋元以来，段氏、高氏及杨、赵、李、董等白族的名家贵族都修过家谱。现今保存下来的白族家谱多数是明初以后重新纂修的。仅《中国少数民族古籍总目提要·白族卷》中就收入流传至今的白族家谱31种。白族地区民间的修谱与中原地区一样，成为宗族中一项重要的文化活动。20世纪80年代以来，全国各省、州、市（县）普遍开展了新志的编纂。稍后于此，90年代起，在白族聚居的广大农村也悄然兴起一股续修家谱之风。面对民间这股新修家谱之风的兴起，有人反对，有人支持，有人不置可否。对于修谱，笔者是外行，不敢妄加评论，只是由于长期从事古籍地方文献的收藏、整理和参考咨询工作，在著录大理白族自治州图书馆馆藏谱牒资料及接待大量查阅族谱资料的读者咨询中，对馆藏的旧谱与新修家谱作了粗浅的比较，得出了一些不成熟的想法，姑且算作门外杂谈吧。

一、大理白族新修家谱概略

据笔者的初步考察，90年代起新修的家谱主要是以大理白族自治州辖区内的大理市、洱源、鹤庆、巍山、宾川等经济相对较为发达的地区为主，其中又以大理市喜洲镇最为突出。就目前收集到的喜洲镇新修白族家谱就有：《大理喜洲翔龙村张氏族谱》、《大理州喜洲城东村、染衣巷杨氏族谱》、《珂里庄马氏家谱》、《喜洲杨氏家谱》、《大理喜洲白族赵氏族谱》等多部。喜洲是白族文化的重地，素有“商城”之称，又有“富甲南滇”的美名，曾有喜洲十大姓家谱流传于世。从这些新修家谱的“序”、“跋”中反映出，改革开放后，随着党在农村政策的落实，使喜洲镇的农村及个体经济得到了迅速的发展。经济的发展固然改善了居民的生活，但同时也给社会带来一些负面影响，于是要求道德重建的呼声日渐高涨。加上修志过程中，作为地方史料的旧谱价值被重新发现，于是村民们开始了重拾祖先在长期的历史发展中形成的“崇尚礼节、重视读书、助人为乐、和睦相处、抵御侵略、建功立业”等思想的旧梦。他们自发地开展了联宗祭祖、敬宗收族、修建宗祠等活动，并在这些活动中得到了精神上的安慰。在开展这些活动的过程中，续修或新修家谱便自然而然地提到议事日程。

就收集到的新谱来看，大理地区白族的续修家谱与过去的修谱已有了很大的不同，无论是修谱的目的、修谱内容，还是修谱活动的实施都呈现出许多新的特点。首先，修谱的指导思想不同。过去修谱，以宗法观念为指导，以父系家长为轴心，宣扬封建礼教，褒奖功名富贵，强调光宗耀祖。现在修谱，一般以平等思想为指导，不分大宗小宗，世系排行虽仍以父系家长为轴心，但其妻女都已同时入谱，如若是独生子女，即使是女儿，也作为世系的传人入谱。其次，修谱人员的组成，所需经费的来源不同。过去修谱是由族长或德高望重、知识渊博的人主持，所需经费来源是宗族的公产或是望族、名人赞助，只有具备雄厚经济文化实力的大家族才能做修谱这种光宗耀祖的大事。现在修谱者往往是由村民推荐出来的人，组成一个续修小组，由有一定文化程度和对续修家谱之事较为热心的人主持，他们多数为该族中的退休干部和教师。有的则干脆聘请当地有修谱经验的人来主持，而那些参加过编修县志、部门志的工作人员，通常被聘为顾问。修谱所需经费主要来源于经济条件较好的族人赞助及各家各户的自由捐款，男女不限。第三，在修谱活动的实施上，分工更细，透明度更高。大理地区的许多白族家族在实施修谱时都成立有专门的机构，如家谱编纂组、编辑委员会等。参与修谱的人员有更加细致的分工，如《云南鹤城舒氏族谱》就有主编 1 人，副主编 2 人，编辑 7 人，委员 16 人，分别负责采访、查实资料、整理、校订，各尽其责，相互配合。许多白族新修家谱除了将修谱人员的具体分工、捐资者姓名金额等公示族人外，还将修谱的细节过程以及编务资料公之于众，如《宾川揭氏族谱》就有详尽的“编撰始末”。

由于续修家谱本身是与过去联系在一起的，如何吸取、继承、发扬旧谱中的精华部分以及如何批判和扬弃封建性糟粕部分，这与主修人的素质、涵养以及各方面的水平密切关联。也正因如此，大理地区的白族新修家谱的水平、社会价值等，都存在着较大的差异。

二、大理白族新修家谱特征

综观大理白族地区的新修家谱，虽然在纂修质量、装帧形式等方面存在较大的差异，但它们却普遍具有以下几方面的特征：

1. 内容的连续性

家谱一般是由族长或贤明族人主持修订的，后续者往往根据前修家谱的体例，补充增加各种现状资料，在世系列表、家族迁徙、人口兴替等方面更显得代代相传的特性。在许多白族新修家谱中，往往继承了清代，尤其是民国家谱编修的基本特点和内容。如反映近代白族政治家张耀曾家族历史的《大理喜洲翔龙村张氏族谱》先后修过七次：始修于十一世孙拱文，续修于金用公，三修于二十二世孙绍宗（清同治丙寅，1866 年），四修于二十三世孙其烈及二十四世孙士琦等（光绪丙申，1896 年），五修于二十五世孙慕曾（1928 年），六修于仰曾（1947 年），七修于二十七世孙光煜等（1988 年），平均七十年左右修一次，此次为第八次续修。张氏家谱在内容上是连续的，每次续修，都是在旧谱内容上作增补、考订；而有的新谱则干脆把以往的旧谱重新整理，置于卷首，如《大理古塔桥赵氏族谱》，1992 年第八次续修时，就将前七次所修的旧谱一至四卷统归为一册，按目录进行叙述；又如 1994 年第三次续修的《蒙化范氏族谱》则将原稿一部四卷与续修新谱一卷合编为五卷，分上下两册一并刻印，修谱体例则是沿用旧体例。

2. 形式的多样化

家谱自古以来，曾有多种称谓，家谱仅是其中使用最多和最有代表性的一种。近年来，在大理白族地区的新修家谱中则出现了以“文史资料汇编”、“庄志”、“村志”、“家族史”等命名，而内容与谱牒大致相同的多种形式的称谓。如反映我国著名历史学家、民族学家、教育家马耀先生家族历史的《云南洱源白族马氏文史资料汇编》，该书编写组在“序言”中写到，出版《汇编》“以示家族历史，激励后人，同时为更大范围的历史写作提供资料”。从体例上看，该书设有概述、宗禅碑记（图片）、先辈照片、历史照片及采编史料照片、宗祠碑记（文字）、先辈传略、氏族繁衍表、马氏子孙有贡献有造诣人员名录、准印证明及附录、捐献表和后记十个部分；而在《下鸡邑志稿》、《鲁川志稿》等村志中则详著姓氏概略、姓氏源流、人物等。如2004年编纂的《阳和庄志稿》则专列家谱一章，对阳和庄李、赵、杨姓三个家族的世系、人口、姓氏源流、家庭状况、房屋建设、人物等作了详细记录。它们虽然称谓不同，但从中却折射出了牒谱的内容；2010年由白族乡土作家赵勤编著的《大理周城村赵氏族史》则采用“个人记忆”、“口述文学”的方式撰写家族史来记载家谱；有的新修家谱则打破地域界限，将起源于同一祖先的宗族编成一部大谱，如1999年鹤庆鲍氏十七世孙鲍光撰修的《鲍氏宗谱》，以及2002年仍由鲍光等人撰修的《鲍氏宗谱——大理海东后裔补》，谱中除记述鹤庆、海东鲍氏事外，还记录了金沙江地区鲍姓分布情况，以及与北京、安徽、江苏等远籍同姓寻宗溯源的书信；又如2010年云龙石门杨氏十九世孙杨汝文等经过十多年酝酿撰修而成的《云龙县石门杨名飏（崇峰公）同族家谱》，在命名时，为区别于石门其他杨姓（石门地区有六个不同祖宗的杨姓），将清道光年间政绩卓著的白族政治家、曾任陕西巡抚的十五世祖杨名飏姓名嵌入谱名；有的则打破了姓氏界限，将同居地的不同姓氏家族编为一部异姓联谱，如2004年由赵椿撰修的《鹤庆县松桂宝窝村下登赵杨二姓宗族谱》。

3. 记述内容更加丰富

随着修谱之风的盛行，大理白族地区新修家谱受新修方志、地方史的影响，记事范围进一步拓展，记述内容也更加丰富。据考察，白族新修家谱的内容，除继承旧谱中的谱序、谱例、姓氏源流、先祖考辨、世系图录、墓图、墓谱、家法族规、艺文著述等主体内容外，记事范围还拓展到历史沿革、自然地理、人口经济、文化教育、风俗习惯、旧闻杂忆等方面。如2000年杨定康等撰修的《喜洲杨氏家谱》中专列“风俗志”，分节日、习俗、宗教信仰三部分详细记述杨氏家族的家庭习俗及喜洲白族民俗；《大理喜洲城东村染衣巷杨氏族谱》则列“考释、杂录”，收录喜洲镇重要碑铭，对喜洲人的茶道、“打围”游戏、白族洞经音乐等习俗作了考述；有的新修家谱中记述了白族地区珍贵的地方史料，如《大理喜洲翔龙村张氏族谱》中有“喜洲商帮中的张氏家族”一章，从中可了解到喜洲商人自强不息、义利兼顾、珍惜品牌的创业精神；滇西重镇鹤庆自古以来就是茶马古道上一个重要的驿站，19世纪后期20世纪初期崛起、壮大的鹤庆商帮是滇西白族地区最早形成的一个商业集团。由舒自益主编，2006年扩容再版的《云南鹤城舒氏族谱》中收入“鹤城舒氏老商号名称初探”、“清末民初舒氏商贸活动及对社会的影响和贡献”、“舒金和行述”等文，并附“鹤城舒氏老商号部分掌柜像”，对兴盛和商号创始人舒金和父子促成鹤庆商帮的形成及发展等作了详尽的介绍，对了解鹤庆“舒系商帮”商贸活动，以及滇西地区少数民族商业资本发展的概貌是颇具有价值参考都是具有参考价值的资料。

4. 资料考述更加详尽

部分白族新修家谱的修谱者本身就是大理民族史研究专家，他们通晓白族历史文化，强调修谱与修志、作史相类，应尽量做到广采博访、审择严谨、撰述详实。在修撰时除参照旧谱及家族资料外，还参考了县志以及史书、辞典等各种文献。《云龙县石门杨名飏（崇峰公）同族家谱》的“先祖传略”中收入“云龙县志载本姓13位先祖事略”；《宾川揭氏族谱》中的“宾川揭氏源流”就综合参考了大量工具书、地方志等文献，对揭姓缘起、宾川揭姓祖籍、入滇始末作了梳理介绍，考证了揭氏定居宾川周能160多年的历史。

在所收集到的新修白族家谱中，还有一个最大的特点就是图文并茂，除附载反映家族历史的老照片外，还收有大量反映白族当代自然地理、社会经济、民族风俗、艺术作品的图片，从不同角度反映出白族村镇的现代生活风貌。可以说，一部家谱就是一个家族的百科全书，这也正是新修白族家谱价值的体现。

三、采取相应措施，加强对白族新修家谱的收集整理工作

鉴于全国范围内第二轮修志已经启动，不少地方已在着手纂修续志，而作为民间一种必然现象的存在，家谱的续修也在继续。作为文献收藏单位的各级图书馆，在注重旧谱的收藏、整理与编目工作的同时，更不应忽视对各地区新修家谱的收集整理工作。对此，笔者谈一些个人的看法，仅供同行参考。

1. 加强新修家谱的收集工作，并在此基础上形成一个地域范围内的新谱收藏中心

随着社会的进步，人们的思想观念也有了改变，大部分修谱者的文献意识增强，将家谱向公众公开，认识到将家谱送交公藏可以避免遗失，更有利于家谱的保存，而将新修成的家谱刻印后分送有关图书馆、档案馆，这客观上为图书馆收藏新谱提供了便利。目前，大理地区白族新修家谱的

收藏总的来说十分分散，除了图书馆外，各地档案馆、方志办等机构也都或多或少有些收藏，更有较多的新谱资料还存于私人手中。因此，图书馆应本着对历史负责的态度，加强收集工作。

对新谱的收集，除了传统的购买方式外，还应结合各地不同的实际，开展诸如地方史料复本交换、缩微复制、复制品交换等多种方法。笔者所在的大理白族自治州图书馆在这方面已摸索出了一套行之有效的方法：一是向地方民族文献利用者征集。即向那些为撰写或考证地方、家族等史实目的而来的读者做宣传动员工作，以优质文献服务换取他们的认可，主动向他们索要新修家谱资料，并发给收藏证；二是鉴于新谱大都是作为内部资料刊印的实际，主动争取当地新闻出版局的支持，由新闻出版局作为工作制度向出版者提出将刊印好的族谱赠送图书馆收藏，起到了事半功倍的作用；三是由于修谱是一种民间行为，要加强收集，必须掌握修谱线索。要充分依靠基层图书室、修志部门及当地文化教育界人士的参与，及时掌握各地修谱线索，制定收集计划。对于有线索而又由于各种原因暂不能入藏者，应记下线索，以待条件成熟时收藏。在此基础上，以州图书馆牵头，编制联合目录，待条件成熟时建立白族家谱收藏中心。

2. 各图书馆应根据馆藏，加强整理及开发利用工作

在充实收藏品种的基础上，应编制相应的馆藏新谱目录，方便社会利用。由于家谱内容繁杂，简单的题录式目录根本无法概括和展示家谱的多重特征。因此，目录编制应以提要式为宜。在提要之中，注重始祖及其以下世系沿革、迁徙以及家族社会生活相关的资料介绍，尽量详细，并力求准确无误。同时，在著录方面，除了遵循已有的旧谱著录条件的规定之外，还应加上修次、族源与地名，以使目录对家谱的介绍更加完整，并在此基础上将新修家谱加工制作成全文数据库。

在家谱资料的服务方面，欧美公共图书馆的做法值得我们学习。据介绍，英国伯明翰图书馆的“地方研究与家族史”部门，特别设立了一个“族谱工作室”，帮助读者如何查询家族史相关资料，及如何进行寻根与编辑家谱工作。各馆可根据各地实际，采取诸如利用宣传橱窗，将不同装帧形式、不同体例文风的新修家谱作专柜陈列，向前来咨询的修谱人员做宣传、介绍。也可根据馆藏，列出一系列的地方史研究参考书目、人物传记、与当地民族文化背景有密切关系的资料等，供他们参考。

四、结　语

目前，大理白族聚居村镇的续谱活动十分活跃，已成为白族民间传统

文化事项的重要组成部分之一。新修家谱运用传统的表述手段，以书面文字的形式记载了一个个白族家族的发展脉络，在传承民间传统文化的同时承载了更多新的内容，蕴藏着丰富的地方史料，是一种性质独特的文献，有它特有的价值。作为文献收藏单位的图书馆，加强对新修家谱的研究与收集整理工作，不仅是必要的，而且应是及时的。

参考文献

1. 上海图书馆：《中国谱牒研究》，上海古籍出版社，1999 年。
2. 张锡禄：《南诏与白族文化》，华夏出版社，1992 年。
3. 陈昭珍：《欧美公共图书馆地方文献之征集及其服务·图书馆学·信息科学·资料工作》，2003 第 3 期。

作者简介：

刘丽　白族云南省大理白族自治州图书馆　副研究馆员

中国民族图书馆馆藏家谱综述

郝承茹　王华北

内容提要：本文概述了中国民族图书馆馆藏家谱收藏情况，通过细致的分析，对馆藏家谱的类型、内容以及史料价值作了进一步的探讨与研究。

家谱是记载同宗共祖有血缘关系的人物和事迹等方面的历史书籍。它与正史、方志构成了中华民族历史文化的三大支柱。对家谱收集、整理与研究，其丰富的内涵必将对人文社会科学和自然科学的研究起到有力的推动作用，同时对海内外华人、华侨寻根问祖及增强中华各民族凝聚力均有积极的促进作用。

中国民族图书馆是我国少数民族文献的主要收藏、交流和展示中心，拥有丰富的民族文献馆藏资源。馆内有藏书70余万册，馆藏以民族文献为主，其他文献为辅，其中仅少数民族文字古籍就有20余万册，与民族地区有关的地方文献约15万余册，其丰富而独特的藏书体系在国内外赢得了“民族典籍之宫”的美誉。

中国民族图书馆馆藏家谱资源丰富，且以少数民族家谱为特色，现馆藏家谱有150余种。收集、整理这些家谱，为研究我国各民族的族源及民族之间融合有着重要意义；对增强各民族的凝聚力也有着十分积极的作用。整理、研究这些家谱，展示中国民族图书馆丰富的馆藏资源，对促进民族文化和全国乃至世界各国图书馆进行学术文化交流，推动民族文化事业全面发展，提高古籍专业人员的科研水平等方面都有积极的促进作用。同时也能真正体现出我们为民族工作、为民族文化事业、为民族团结进步服务的宗旨。

一、家谱收集情况研究

中国民族图书馆所收藏的家谱有：

书　名	责任者	版本时代	始　祖	始迁祖
那氏族谱	那寿山	1988 年	（清）奇玛瑚	（清）羊山
盛京开原关氏宗谱	佚名	1866 年	（清）翁吾顺	（清）硕木科
瓜尔佳氏宗谱荣萃		1941 年	（清）松阿力	（清）翁窝图
关姓族宗谱书	佚名	光绪末年		（清）内厄号
萨嘛喇氏族谱	蔡运升	同治年		（清）邦牛
吴氏谱书	吴宗阿		（清）云朱	（清）宗阿
王氏族谱	王毓秀	1988 年	（明）道熙	（清）有强
赵氏谱书	赵玉臣	1941 年	（清）阿起	（清）束陈
章佳氏族谱	庆秀	1922 年	（明）穆都巴颜	（清）观彻
高氏宗谱	高文起	1830 年	（清）高文增	（清）高有德
郑氏家谱	佚名	1640 年		（宋）郑绵
郑氏宗谱	郑沂	1920 年		（宋）郑绵
石井本宗族谱	郑名山	1801 年	（宋）郑绵	（清）郑筑英
章佳氏族谱庆秀		1922 年	（明）穆都巴颜	（清）观彻
王氏族谱	王毓秀	1955 年	（明）道熙	（清）慧昶
吴氏谱书	吴宗阿	1988 年	（清）云朱	
邓氏宗谱	邓琛儒	1944 年		
解氏族谱	佚名	1907 年		（清）乌拉气
花氏谱书	花锡光	1939 年		（清）白穆哈
富姓谱书	佚名	1985 年	（清）富当阿	（清）拉色力
马佳氏族谱	马延喜	1927 年	（明）马穆敦	（清）多起
陈满洲赵氏谱	佚名	1930 至 40 年		（清）色勒
赵氏谱书	赵广信	1983 年		
马氏族谱	马燕山	1984 年		
金氏宗谱	金氏族人	1960 年	（清）马连通	（清）金荣
谭氏族谱	佚名	1958 年	（清）谭守曾	（清）谭会仁

续表

书　名	责任者	版本时代	始　祖	始迁祖
索绰罗氏谱书统宗	云林	1929 年	（清）松吾突	（清）舒力突
詹氏宗谱	詹宗燕	1924 年		（清）詹文举
张氏谱册	张天御	“民国”期间	（明）张常山	（清）张有库
田氏家谱	佚名	1988 年	（明）田养民	（清）田弘亮
贾氏谱书	佚名	1927 年	（明）贾复周	（清）贾柱温
张氏祖谱	张天阁	1934 年	（明）张成功	（清）张有财
赫舍里氏宗谱书	赫墨林	1879 年		清洼尔达
六箴堂张氏家谱	张长尊	1992 年		（明）锁壁
白氏家谱	白氏家人	1992 年		（清）万亮
尹氏族谱	不详	1929 年		
金氏族谱	不详	1936 年		
杨氏家谱	杨廷柱	1992 年	（明）成，字德庵	生真，字荩臣
杨氏家谱	杨朝珍	1992 年	续修	（清）世贵
冯氏家谱	冯氏家人	1992 年	（明）宠	（明）胜，封宋国公
铁氏家谱	铁国兴	1992 年	（明）铉	（明）福
戴氏宗谱	戴守辰	1992 年	（西周）戴公	（明）诚，字逸，号济贫
脱氏宗谱	脱宝兴	1992 年	（元）脱脱，字大用	（清）光明
黑氏家谱	黑延绪	1992 年	（明）黑资哩	（明）黑资哩
西藏王统记	索南坚赞	1985 年	（周）聂赤赞普	（唐）松赞干布
萨迦世系史	阿旺贡噶索南	1989 年	裕赛	（金）贡嘎宁波
西藏王统记	索南坚措	1955 年	（周）乜尺赞保	（唐）松赞岡保
朗氏家族史	大司徒·绛求坚赞	1989 年	塞琼惹	（南宋）京俄扎巴迥乃
六祖分支	张兴	1983 年	希慕遮	（周）笃慕
金文世族谱	吴其昌	1936 年	（商）周文王姬昌	
武定凤氏本末笺证	何耀华	1986 年	（周）德布	（宋）阿而
车里宣慰世	李拂一	1947 年		（宋）叭真

续表

书　名	责任者	版本时代	始　祖	始迁祖
湘西土司辑略	谢华编	1959 年	（唐）彭玕	（五代）彭瑊
藩獻记	（明）朱谋	民国间	（明）奠堵、恭靖王	（明）宸浮，镇国公
李氏家谱	李学敏	2001 年	（元）木华黎，谥号忠武	（清）李士恒
罗洪谱系	罗氏家人	2002 年	伍折	讷格吉使
南海甘蕉蒲氏家谱	瓒勋	1913 年	（宋）玛呿阿，号鲁尼氏	（明）胜，字宗达，号秋涛
聚真堂马氏宗谱	马良	1929 年		（明）德鲁丁，字彦明
代州冯氏族谱	冯曦	1933 年	（明）有才	（明）盛，隆庵公
吉林他塔拉氏家谱	他塔拉哈拉·魁升	1989 年	（清）穆坤达罗屯	（清）倭尼堪，行一
凤城瓜尔佳氏四修宗谱	关继贤	1988 年		（清）松阿力
马佳氏宗谱文献汇编	马熙运	1993 年	（明）穆敦	（清）阿兰泰
八旗氏族通谱辑要	阿桂	清抄本	（清）爱新觉罗	
武威达氏家谱	达金	1856 年	（明）恪纳牙	（明）达云
陇西李氏宗谱	夏衍荣	1866 年		（明）万十三郎公
大理史城董氏族谱	董安永	1922 年		（唐）成
萨尔图氏家乘	萨尔图英	1900 年	（清）萨尔塔珲公	（清）库察
汝南覠蓝氏宗谱	夏时雨	1881 年	盘瓠	（清）崑岡公
蓝氏宗谱	蓝增树	1926 年	盘瓠，封护国候	（唐）光辉，封骑国候
雁门萨氏家谱	萨镇冰	1933 年	（元）萨拉布哈	（元）野芝，字天舆
曹氏宗谱	五庆堂曹氏	1990 年	（明）良臣，谥安国公	（明）俊
正红旗满洲哈达瓜尔佳氏家谱	恩龄	1849 年	费信勇公，讳英东开	（清）尼雅济布
冯翊雷氏宗谱	雷学宇	1947 年	封武骑候	（清）八郎公 库察

续表

书　名	责任者	版本时代	始　祖	始迁祖
清皇室四谱	唐邦治	1923 年	（清）布库里雍顺	（明）爱新觉罗·都督孟特穆
南通顾氏宗谱	顾祖培	1931 年	（汉）安朱公	福二公，讳昌，字嘉猷
八旗满洲氏族通谱	佚名	清刊本		
右翼近支旗第四族宗室黄册	清宗人府	1921 年	自奕字辈行三至启字辈行一	
冯翊雷氏宗谱	雷兆政	1922 年		（清）先其，名科生
汝南邑蓝氏宗谱	王华曾	1904 年	盘瓠公	（明）意清公
金氏宗谱	金全汉	1890 年		（明）锡爵，字公言，封护国将军
古润金氏宗谱	金全喜	1936 年	（唐）亦不喇金	（明）锡爵
吉林成氏家谱	成多禄	1910 年		（清）凤鸣，字岐山
米氏宗谱	米俊明	1903 年	（唐）穆罕默德	（清）国玉
赵氏族谱	赵秀山	1916 年	元瑞，封镇国公	（明）家根
古润城南门外虢踞坊芦花桥贡氏重修宗谱	大受	1933 年	（唐）穆罕默德	（清）文清公
赛典赤家谱	马云华	1938 年	（元）赛典赤瞻思丁	（元）阿丹
合不勒罕以前世系	高文德	1979 年	（唐）孛儿帖那	（宋）合不勒罕
合不勒罕诸子世系	高文德	1979 年	外纪始祖（唐）孛儿帖赤那	（宋）合不勒罕
吴氏家谱	吴桓全	1884 年		

二、家谱的类型、内容研究

馆藏家谱在（装帧）形式上，主要以书本为主；在内容上，大部分（包含）“序言”、“家训家规”、“世系表”等部分。

1. 序文

大多数家谱都有序文，主要包括以下内容：论述家谱的性质与功能，论述宗族的来源，记述族人修谱的历史，谱书的结构，修谱的方法，修谱凡例，以及修谱人所做的贡献等。《聚真堂马氏宗谱》序文包括《人统源流》、《三皇治世》、《教统与认同之关系》、《我马氏来华源流》、《马市长支北迁源流》、《明末后避难焚普马诗》、《江苏二芝麻使劲状》、《聚真堂》、《明末清初以来我北方马氏事宜》等篇章，并有“考证”五点，“证谬”说明及“证谬图”，还有凡例十四条。序文很完整，是研究家谱不可多得的材料。

2. 家训家规

比较正规的家谱都有家训家规。如《铁氏家谱》中的“右录祖训十则”；《戴氏宗谱》中的“五法四则”，《米氏宗谱》“家规十六条”等，其内容涉及祭祀、守法、尊宗、睦族、谨言、慎行、待人、处世等方面，其中不少内容至今仍有参考价值，比如尊宗敬祖，“敬祖之意，卒逝之期，应刻肺腑，岁岁祀之，切勿［玩］忽”（《戴氏宗谱》）；教育子弟，“族中有不肖子弟，送交掌教与族长严管，至三次不悔者，阖族送官究治”（《铁氏家谱》）；互帮互助，“有不能娶者，同族共助，不能葬者，亦同族共助”（《铁氏家谱》）等。

3. 世系

世系是家谱的主要内容，一般都详细记载了宗族成员的姓名字号、生卒年月、婚姻、子嗣、入仕等方面的内容，往往也占有很大的篇幅。我国的家谱，在形式上有欧体、苏体之分。欧体横排，每图五栏；苏体上下直排，每图也是只列五世。馆藏家谱多采用欧式，不少家谱也有表，即将族人情形列表记录在册。更多的谱是图、表并存。过去的家谱一般只收男性，之所以如此，据说是女方出嫁以后会记录在对方的家谱中，这在馆藏家谱中不难看出。近年重修的家谱则多将女性也一并收入，这也正反映了时代的进步，人们的宗族观念也在悄悄地改变。

三、家谱的史料价值研究

关于家谱的史料价值，许多学者已经作了论述，有浅有深，这大概与掌握的材料多少有关。结合馆藏家谱，谈一点自己的认识：

1. 为研究我国族源形成提供线索

《聚真堂马氏宗谱》记载该马氏一世始祖马德鲁丁原系阿拉伯清真嫡派，自明朝洪武二年应明皇聘请精于历学专家团来华，到江苏省江宁县，因执掌钦天监，有测天问之学，“復蒙赐我马氏大测堂堂号”。马氏二世祖分三支，长支空城马氏祖；二支江苏大测堂马氏祖；三支浙江大测堂马氏祖。二支后人根据“现在族人既无大测学识，兹改堂号为聚真堂”，旨在“发展真理，求真主顾友”祜祐我马氏子孙永在清真教，自强不息。《聚真堂马氏宗谱》告诉我们，聚真堂马氏族人，乃阿拉伯人后裔；《六箴堂张氏家谱》谱文记载张氏之上世有伯韫、仲韫二祖，“居金陵，其先西籍”，说明了六箴堂张氏之祖来自西域；《黑氏家谱》首序文中写有：其“祖原名黑資哩”，“系西域一头目”。唐贞观时“及至面君，赠黑为姓”“蒙授职亲军指挥”等语。这说明黑氏族人的先祖是由西域而来。以上这些家谱都说明了其先祖来自西域，这对研究我国族源提供了可贵的资料。

2. 有利于我国家族史的研究

在这些家谱中我们可以发现，我国各地都有一些大的家族，他们在当地起着重要的作用，他们的发展在一定意义上就代表着当地的发展历史。如《元咸阳王赛典赤家谱》系元代咸阳王赛典赤瞻思丁家谱。民国年间在滇西发现，据说为马注所撰，其内容比元史本传更为详细。书前面有若干宗之图、谱系清详，内容丰富，是研究赛典赤家族的珍贵文献，为回族家谱中之难得者。另如《南海甘蕉蒲氏家谱》全书分“姓族源流考”、“历代家谱”、“历代序文”和“跋”等部分，除用文字表述外，并附有 80 幅宗支图。该谱图文并茂，谱系清详。此谱极为珍贵，是研究中国回族家族历史的重要参考资料。

3. 为我国民族迁徙史的研究提供重要史料

家谱所提供的移民史线索是相当广泛的，通过阅读一个朝代的家谱，可考证当时某个家庭迁徙的原因、时间甚至影响。如《六箴堂张氏家谱》谱文记载张氏之上世有伯韫、仲韫二祖，“居金陵，其先西籍”，于金陵开设药铺一座，名“六箴堂”。励精图治，繁衍生息，讵意“靖难之役”，战九蔓延，家道中落。永乐改元逾二载（1405 年），落居山东宁津县长官镇。由此可知，张氏迁徙和历史上的“靖难之役”有直接关系。与此谱所述同一迁徙原因的还有《铁氏家谱》。《国朝献征录》曾记载“靖难之役”时铁氏先祖铁铉以兵部尚书职留守济南，久与燕王军交战，屡败朱棣兵。建文四年（1402 年）朱棣自扬州举兵，渡江攻陷南京。建文朝官如齐泰、方孝儒、铁铉等所有正统派皆被杀戮。铁铉死前，表现壮烈，宁死不从。燕王怒，剜其双目，并将其烹死。铁铉时年三十七岁。铁氏族人后来迁徙关东，初在广宁（今辽宁北镇）以西，义州（今辽宁义县）东南的狼君洞落户。清朝初年相继到沈阳定居，康熙年间又有部分铁氏族人去山西、河南以及江南各地。

结束语：

总之，家谱为研究各民族族源形成、文字使用、人口分布、迁徙原因、职业及各民族人民融洽相处提供了珍贵的史料。对家谱的利用，其意义不仅仅在于新史料的开发，而且将为新的研究角度和方法，提供了有益的启迪。

参考文献

1. 白寿彝、马寿千：《几种回回家谱中所反映的历史问题》，载《北京师范大学学报》，1958 年第 2 期。

2. 翁乾麟：《论广西回族的族谱及其史料价值》，载《回族研究》，2001 年第 3 期。

3. 刘侗：《辽宁回族家谱选编》，天津古籍出版社，1992 年。

4. 赵潜：《青州回族溯源》，重庆出版社，2004 年。

5. 山东回族编委会：《山东回族古籍辑录》，宁夏人民出版社，2008 年。

6. 马文清：《回族谱序与宗源考略》，2011 年。

作者简介： 郝承茹　汉族　民族文化宫馆员

王华北　汉族　中国民族图书馆古籍特藏部副研究员

试论我国少数民族家谱的研究与利用

崔德志

内容摘要：文章通过分析我国家谱资源的研究利用状况，阐述了研究利用少数民族家谱的意义，提出了加强研究利用少数民族家谱的相关措施，并列举了应该注意的几个方面。

一、引　言

家谱亦称族谱、宗谱，是对谱牒、族志、家乘等的一种泛称。它以表谱的形式，记载了一个以血缘关系为主体的家族世系繁衍和重要人物的历史事迹，是家族演变的重要史料，对进行社会学、人口学、民族学、历史学等学科的相关研究具有独特的参考价值。家谱是传统文化的折射和侧影，可以弥补正史、方志之不足，并与正史、方志共同构成了中国历史研究资料的三大支柱。我国少数民族家谱历史悠久、种类繁多、内容丰富，是我国家谱大家庭中不可或缺的重要组成部分。少数民族家谱虽深受汉族家谱的影响，但又保持了各少数民族自己的特色，大大丰富了我国家谱的内容，少数民族家谱的研究利用更应得到我们的重视。

二、我国家谱资源研究利用状况

中国家谱源远流长，是中国古籍的重要组成部分，是中华民族一笔珍贵的历史文化遗产。中国家谱以其独有的价值魅力日益引起学界的关注，不少单位、团体和个人也十分重视家谱资源的收藏、研究与利用。

1988 年 7 月 10 日至 15 日，由山西省社会科学院发起并主办的“中国家谱首届学术研究会”在山西五台山召开。[1] 会议就中国家谱在国内外的收藏和利用情况进行广泛交流，对有关学术问题进行深入讨论，并就如何进一步开展谱学研究提出了许多设想。会上还成立了“中国谱牒学研究会”，并决定创办《谱碟学研究》杂志。此次会议的召开，对改变中国的家谱多被外国人研究利用的局面，推动中国家谱的研究具有重大意义。1998年11月18日至20日，上海图书馆与上海海峡两岸学术文化交流促进会联合召开的“全国谱牒开发与利用学术研讨会”在上海图书馆新馆举行。[2]会议就家谱的学术价值、撰修体例、开发利用等问题展开热烈讨论，会后出版了《中国谱牒研究》论文集。2000年5月，上海图书馆又召开了“迈入新世纪中国族谱国际学术研讨会”，来自中国大陆、“台湾”、香港和日本、美国、新加坡、越南等国家和地区的近百名学者参会。会议围绕编纂《中国家谱总目》、家谱的数字化、新修家谱、中外谱牒的比较等专题进行研讨。会后出版了《中华谱牒研究》论文集，论述的问题较前更加深入，标志着海内外对谱牒学的研究提高到了一个新水平。

进入21世纪以来，有关中国族谱学的研究论述日益增多，主要表现在族谱学史、族谱工具书与资料整理、族谱介绍与族谱史料价值研究、族谱意义讨论、族谱资料的利用、少数民族族谱研究等方面。族谱学史方面，如王锦贵、林杉在《家谱资源的发展与利用研究》（《山东图书馆学刊》2011年第2期）中对家谱起源、家谱分期等基本问题进行了论述。[3]族谱工具书与资料整理方面，由上海图书馆牵头编纂、上海古籍出版社于2009年7月14日正式出版的《中国家谱总目》，对全世界存世的中国家谱开展了一次空前大调查，摸清了存世中国家谱的基本状况。族谱介绍与族谱史料价值研究方面，如袁彤的《浅谈家谱的保护和利用》（《图书馆工作与研究》2010年第3期）。族谱意义的讨论方面，如谢琳惠的《家谱文化在和谐社会建设进程中的弘扬》（《图书馆》2009年第6期）。族谱资料的利用方面，如李琨的《欧美家谱档案利用工作对我们的启示》（《档案与建设》2007年第12期）。少数民族族谱研究方面，如郭盛的《我国少数民族谱牒文献的特点和类型》（《档案》2008年第1期）、寻霖的《湖南少数民族家谱的特征》（《图书馆》2006年第5期）和沈林、沈延林的《谈满族家谱研究与民族历史文化知识教育的关系》（《满族研究》2010年第4期）等。

近年来家谱利用服务水平也在不断提升。例如，国家图书馆和上海图书馆等均设有家谱档案阅览室，提供家谱的图书、缩微胶卷等文献资料的检索、阅览、复制等服务。上海图书馆还建立了家谱数据库，提供家谱的数字化服务，服务更加便捷，适应了信息社会的用户需求。

三、加强少数民族家谱研究与利用的意义

1. 有利于促进民族团结，增强民族凝聚力

中华民族上下五千年的文明史，就是各族人民相互交融、共同发展、

促进社会进步，创造文化繁荣的历史。少数民族家谱是中国家谱中不可或缺的重要组成部分，它与汉族家谱文献共同呈载了中华民族大家庭形成过程中的诸多历史痕迹，见证了汉族与少数民族以及各少数民族之间和而不同、谁也离不开谁的史实，铸就了祖国的和谐与稳定。加强少数民族家谱的研究利用工作，可以增进各民族之间的相互了解，对新时期促进民族团结，增强民族自信心和民族凝聚力具有重要意义。

2. 有利于继承和弘扬优秀的少数民族传统文化

家谱是中华民族传统文化的重要组成部分，汉族和少数民族异彩纷呈的家谱文献揭示了中华文化的多样性与和谐性。分析研究少数民族家谱，可以了解中国各少数民族历史发展沿革和文化习俗，对继承和弘扬优秀的少数民族传统文化具有极大的促进作用。

3. 有利于历史学、社会学、人口学等学科科研工作的开展

家谱文献是一个资料宝库，其中不仅包含了详细的家庭史料，也蕴藏着丰富的社会资料。家谱中包含了人口、宗族、婚姻、风俗、礼仪乃至民族迁移与融合等各个方面的原始记录，从多个角度和层面上反映了当时社会的政治、经济、文化面貌。家谱以其丰富的内涵起到了对正史和方志的补充作用，能为社会学、历史学、人类学、民族学、经济学、人口学、伦理学等提供资料，从而推动相关学科科研工作的开展。

四、研究利用少数民族家谱资源的相关措施

1. 制定相对完善的政策，为家谱资源的研究利用提供政策保障

国家要制定相对完善的政策，为充分研究利用少数民族家谱资源提供政策保障，包括促进家谱普遍利用的政策、保护公民个人隐私的限制利用政策以及协调家谱利用的协调利用政策等。

家谱的普遍利用政策即开放利用政策，是指全体公民都享有利用和要求提供档案服务的权利。家谱的开放利用政策能够促使家谱收藏单位更加重视家谱资源的利用，又赋予民众在家谱利用中享有更大的自由，为普通民众利用家谱档案营造良好的氛围。家谱的限制利用政策是指为了尊重与保护与公民私人及其家庭生活有关的秘密，而采取限制家谱利用政策。家谱的协调利用政策是指通过政策措施科学规划家谱资源在各地区、各部门的分布，促进家谱资源的共建共享，以实现家谱资源的充分利用和社会效益的最大化。

2. 加大少数民族家谱的征集力度，为研究利用提供物质基础

我国的档案馆、博物馆、图书馆、科研院所等收藏有大量的少数民族

家谱文献，但仍有许多极具价值的少数民族家谱文献和大量的少数民族口传家谱流散于民间，有的甚至流失到国外。因此，要进一步加大少数民族家谱的征集力度，鼓励个人采取捐赠、寄存或出售等方式把他们所藏的家谱文献交给国家收藏部门，实现对家谱资源的尽早保护、及早利用。对目前无法获得家谱原件的，可以制成复制件或进行缩微拷贝提供读者使用。

3. 加强对少数民族家谱的研究整理

家谱既蕴藏着民族文化精华又携有封建糟粕，只有运用科学的方法对其进行研究整理，才能实现家谱资源的有效利用。因此，国家要加大资金投入，为少数民族家谱的研究整理提供基本的经费保障；要通过社科基金等加强对少数民族家谱相关科学研究的支持；要动员和鼓励民间资金从事少数民族家谱的研究整理。

4. 注重少数民族家谱资源的数字化开发建设

在计算机和网络通信技术高速发展的今天，实现少数民族家谱资源的数字化建设已是大势所趋。通过家谱资料的数字化、网络化，以更加便捷的方式提供给读者使用，可以使家谱提供利用服务上升到更高的层次。家谱资料的数字化建设不仅可以大幅提高家谱的使用效率，而且还是保护和发展珍贵家谱古籍的最佳手段，可以有效解决家谱古籍“藏与用”的矛盾，实现抢救、保护、利用珍贵家谱古籍的目的。

5. 创新服务方式，促进少数民族家谱资源的充分利用

将家谱文献提供给读者使用是加强少数家谱征集、整理、研究的最终目的。因此，少数民族家谱收藏部门应充分开发利用馆藏民族家谱文献资源，针对各民族读者语言文字、文化习俗、宗教信仰的不同大力开展特色服务，主动开发具有参考性的信息服务，以满足各民族读者的不同需要。

五、研究利用少数民族家谱应注意的问题

1. 注重家谱资源的共建共享

在我国，档案馆、博物馆、图书馆、科研院所等单位及个人都藏有家谱文献。因此，加强各收藏单位之间的互惠合作，实现家谱资源的共建共享显得尤为重要。通过建立家谱资源共建共享强有力的协调机构，实现资源建设的互补，联合进行关键技术攻关，进行人力资源共享，可以避免重复建设和资源浪费，实现经济、社会效益的最大化。

2. 打造一支强有力的专业人才队伍

人才队伍建设是开展少数民族家谱相关工作的重要方面。要注重理论

与实践的结合，打造一支结构合理、素质过硬的专业人才队伍，为少数民族家谱相关工作的开展储蓄后备力量。

3. 加强国际间的交流与合作

开展少数民族家谱相关工作不能故步自封，要加强与世界各国和相关国际组织的交流与合作，充分交流各自的成功经验，可以有力地推动我国少数民族家谱研究利用工作的开展。

六、结　语

随着研究的进一步深入，少数民族家谱这个蕴藏丰富资料的宝库必将会给我们带来更多的惊喜，少数民族家谱的研究利用也必定会不断发展，日益成熟。

参考文献

1. 叶建华：《中国家谱首届学术研讨会召开》，载《浙江学刊》，1988 年第 5 期第 104 页。

2. 陈宁宁：《全国谱牒开发与利用学术研讨会综述》，载《图书馆杂志》，1999 年第 2 期第 47 页。

3. 王锦贵，林杉：《家谱资源的发展与利用研究》，载《山东图书馆学刊》，2011 年第 2 期第 1－4。

4. 常建华：《中国族谱学研究的最新进展》，载《河北学刊》，2009 年第 6 期第 99－104 页。

5. 王鹤鸣：《中国家谱总目》的编纂，载《国家图书馆学刊》，2008 年第 1 期第 35－39 页。

6. 袁彤：《浅谈家谱的保护和利用》，载《图书馆工作与研究》，2010 年第 3 期第 67－69 页。

7. 谢琳惠：《家谱文化在和谐社会建设进程中的弘扬》，载《图书馆工作与研究》，2009 年第 6 期第 97－98 页。

8. 谢琳惠：《传统家谱与和谐文化建设》，载《河南图书馆学刊》，2010 年第 6 期第 39－41 页。

9. 寻霖：《湖南少数民族家谱的特征》，载《图书馆工作与研究》，2006 年第 5 期第 49－51 页。

10. 沈林，沈延林：《谈满族家谱研究与民族历史文化知识教育的关系》，载《满族研究》，2010 年第 4 期第 31－36 页。

11. 郭盛:《我国少数民族谱牒文献的特点和类型档案》, 2008 年第 1 期第 40 - 43 页。

12. 李琨:《欧美家谱档案利用工作对我们的启示》, 载《档案与建设》, 2007 年第 12 期第 8 - 10 页。

13. 张建松:《少数民族家谱见证中华一家》, 载《新华每日电讯》, 2010 年 4 月 9 日。

14. 庞春妍、过仕明:《建设古籍家谱书目数据库延伸大学图书馆社会职能——以哈尔滨师范大学图书馆古籍家谱书目数据库为例》, 载《图书馆建设》, 2010 年第 6 期第 65 - 68 页。

15. 王芹、邱红、余曰昆:《海南家谱收藏保护及开发现状》, 载《四川图书馆学报》, 2010 年第 1 期第 49 - 52 页。

作者简介:
崔德志　蒙古族　中国民族图书馆采访编目部副主任　馆员

试论家谱的收集整理工作

金 勇 崔 哲

内容摘要： 家谱是一个家族的历史记载，通过家谱，我们能够比较真实地了解当时的历史面貌、时代精神、社会风尚，了解在那个历史背景下人们的生产、生活情况。本文通过了解家谱的功能、作用、意义等论述家谱的收集整理工作。

少数民族家谱是民族地区公共图书馆地方文献的重要组成部分。家谱包含的内容相当丰富，作用也很广泛。家谱中所记载的姓氏、源流、聚落、变迁及人口发展等史料，可供民族学、人口学研究；所载的郡县归属、自然环境、重大灾害等史料，可供地理（地名）学研究；所载的生产力和生产关系、上层建筑和经济基础方面的大量史料可供历史学研究；所载的艺文（含诗词）可供文学艺术研究；名胜古迹等方面的史料对开发当地的旅游资源起到了很好的宣传作用。因此，收集利用好少数民族家谱具有重要的现实意义和价值。

国家档案局、教育部、文化部早在1984年就指出："家谱是我国宝贵文化遗产中亟待发掘的一部分；蕴藏着大量有关人口学、社会学、民俗学、经济学、人物传记、宗族制度以及地方资料，它不仅对开展学术研究有重要价值，而且对当前某些工作有着很大的作用。"

家谱，亦称族谱、宗谱、家乘、通谱、统谱、世谱、支谱、房谱等，名称各异，其内涵是同一的，只是外延有所区别而已，现在一般统称家谱或族谱。家谱是系统记述某一同宗共祖的血缘集团世系人物或兼及其他方面情况的历史图籍。而姓氏是"某一同宗共祖血缘集团"的标识符号，家谱、族谱就是记录某一姓氏家族成员间的血缘关系的图册。谱牒文化是中华民族优秀文化的重要组成部分，也是中华文明的特有现象。

一、家谱的功能

家谱是一个家族的历史记载，通过家谱，我们能够比较真实地了解当时的历史面貌、时代精神、社会风尚，了解在那个历史背景下人们的生产、生活情况。家谱是和正史、方志一样重要的历史典籍，是史学的重要组成部分之一。

家谱是一个巨大的资料宝库，可供从事社会学、历史学、考古学、经济学、民俗学、人口学、民族学、文学、政治学、宗教学、法学、姓氏学的研究人员从中查询资料，寻找依据，进行研究。

1. 宗法思想研究资料

家谱和宗法的关系从一开始就密不可分。宗法制度是封建王朝维护其统治的重要基础之一，而家谱的族规、族约、家法、乡约等，正是加强宗法制度的有力工具。

2. 家庭道德研究资料

族规、家规中保留了许多对我们今天极为有益的东西，如孝父母、和夫妇、勉讳书、尚节俭、戒赌博、戒淫秽、戒懒惰、戒奢侈等，对我们建设现代家庭道德和精神文明都有很好的借鉴意义。

3. 家族制度研究资料

家族制度是利用血缘关系统治族人的社会制度。在许多家谱中都有家族制度的极为详细的资料，如家族的组织系统、家族的财产管理、家族的赈济方法等，为我们研究家族在古代社会中的地位、作用、组织形式、管理方法等提供了丰富的资料。

4. 经济史资料

家谱中保存有相当数量的经济史资料，这些资料包括家族的集体田产如祠田、坟田、庄田、山林等的数量、形成、经营、管理、收支情况等。有的家谱还记录了家庭成员经商、贸易的事迹。这都为我们今天研究古代经济史提供了很好的素材。

5. 人口问题资料

家谱的中心部分是家族人口的世系传承，在家谱的“房派图”、“支派分布图”、“迁徙图”、“先世考”、“世系图”以及家谱的一些序跋中，记录了家族人口的数量、迁徙、分布、婚姻状况等资料，可提供人口学研究者使用。

6. 历史人物传记

家谱是世系的记录，许多家谱中既有简单的世系，又有十分详细的传记、行状、墓志、年谱等，对研究历史人物及其家世大有帮助。

7. 民族史资料

有的家谱记载历史上少数民族情况甚详，更有些少数民族家谱，它们是研究少数民族史不可多得的资料。

8. 地方史志资料

家谱也是民族地区地方文献的重要组成部分，通常方志中所包含的内容如选举、职官、人物、户籍、祠宇、碑记、艺文等，在家谱中也是重要内容。

9. 教育史资料

家谱中一些重要的章节载录了许多教育史资料，如在族规、家法、仕宦录、科甲记、教育志、族墅、传记等就载有宗族教育、学校、科举、劝学措施、教育方法的内容。

10. 民俗学资料

家谱还是一个民俗学资料库，一些少数民族家谱在家礼和人物传记里记录了许多民俗内容，尤其是在家礼中的婚礼、葬礼、祭礼等中，本地的风土人情、本民族的礼仪风俗都有体现。另外，与人们日常生活密切相关的物质民俗、岁时习俗、社会习俗、精神习俗等在各地家谱中也都有记载。

11. 宗教史资料

有些家谱是信仰宗教者的家世记录。在这些家谱中，他们对本家族所信仰的宗教一般都给以说明，同时表达了他们的宗教观。还有的对本族人的宗教活动、宗教礼仪和习俗有详细记述。

12. 华侨史资料

我国沿海地区一些省份的家谱涉及族人出国谋生的历史，包括出走原因、人数、时间、侨居地区分布、职业、所在地生产、生活情况及与家乡、家族的经济、文化、政治各方面联系，这为我们进行华侨史研究提供了素材。

13. 重大历史事件资料

中国历史上一些重大历史事件，都不同程度地记录在家谱中，虽然这些记录并不完整系统，但却十分具体，也是研究者获取资料的一个途径。

二、家谱的当今作用

1. 寻根，留本

古人云：“谱牒身之本也。”意思是说谱能告诉你，你是谁，从哪来。

古人曰："雁过留声，人过留名．""名"就是人之本，人生一世，死了，连一个名字都没有留在世上，若干年后自己的子孙连自己的祖先是谁都不知道，那不是枉活一生，白活一世，换言而之，你的孩子也就失去了根本。树高千丈，叶落归根，你的根地在哪里？万里江水，源起何处？连自己的根源都不了解，岂不负先人养你？现在不知道祖父母名字的人为数不少，更谈不到自己是哪支哪系，所以家谱意义重大，一者可以帮你查清你的祖先是谁，让你的名字与祖先一起流芳千古，二者你如果真的断线，把你的祖辈、父辈和你一同记载下来，让你的后人代代相传。

2. 清缘、备查

古人云："子孙不知姓氏所从来，以昧昭穆之序者，禽兽不如也．。"意思是说，姓氏是一种血缘关系的标志，人兽之别，就在于人们对有血缘关系的本族人，有一种生生相息的寻根意识，使这个家族有强大的凝聚力和生命力。一个人不管漂泊多远，总是忘不了自己家乡，因为那里埋藏着他们的祖先。

3. 增智、育人

古人云："养不教，父之过。几十年来由于对自己子女缺乏家族观念的教育，导致现在有很多人没有家庭观念和人伦教导，君不君，臣不臣，父不父，子不子，上下不分，孝义全无，有老不养，有子不教，赌博竭力，吃喝玩乐无度，围观不体恤黎民，骄奢淫逸，为民不尊师长，横蛮恣行，用什么教育他们，谱书中就有很好的教材，家训族规中规范了后人的言行。谱书中收入了历代经典，例如，如何立志？如何敬业？如何治学？如何治家？如何做人等，有很多东西在学校里学不到的。谱书能很好地陶冶我们的情操，鼓舞我们热爱生活，奋发向上，为国贡献，为族争光。

4. 血肉联情

俗话说："亲不亲，故乡情。"在大流通的社会中，在国际一体化时代，人们不可能禁锢封闭。走出家门，走出国门，这是今人后人子孙必行之路，通过联宗族谱，本族同一血脉的同胞更进一步加深了解。一个人走在外，路人不如乡人，乡人怎能与血肉之情相比。经济开发中的往来，生死祸福的降临，人与人之间自然也非常需要相互提携、帮助，有了家谱，哪怕你走到天涯海角，哪怕相见恨晚，血肉亲情一定更好更深厚。

5. 承前启后

这里有双重含义，一是上对先人，二是下对后辈，先人千辛万苦创业，育人，为社会创下了丰功伟绩，不能从我们这一代丢掉，必须通过家谱为祖先树碑立传，把他们的育人和创业精神，一代一代地传承下去，作为永久的纪念，这是我们这一代或后一代人神圣的不可推卸的历史使命。古人云："书中自有黄金屋，书中自有颜如玉。"先人只能留给后人知识，精神财富，思想财富，留给后人祖宗的品德，儿孙们才有生财之道，才能发迹万贯，这些都凝聚在我们的家谱之中，只有把这些留给他们，才能上对得起祖宗，下对得起后人。我们把先人的优良传统继承和发扬光大，要用我们的实际行动传给我们的后人，得以一代一代延续，无穷匮也。

三、加强对少数民族家谱的收集整理工作

作为文献收藏单位的民族地区图书馆，在注重旧谱的收藏、整理与编目工作的同时，更不应忽视对本地区少数民族家谱的收集整理工作。

1. 加强少数民族家谱的收集工作，并在此基础上形成一个地域范围内的家谱收藏中心。随着社会的进步，人们的思想观念也有改变，一些有识之士已改变家谱绝对不外传的老观念，他们鉴于私人收藏不如公家收藏更能长久保存，以及为了促进修谱水平的提高，也将一些新修成的家谱刻印后分送到有关图书馆、档案馆，这在客观上为图书馆收藏家谱提供了便利。目前，家谱的收藏总的来说十分分散，除了图书馆，博物馆、方志办等机构都或多或少有收藏，更有较多的家谱资料还存在于私人手中，因此，图书馆应本着对历史负责的态度，加强收集工作。

2. 对少数民族家谱的收集，除了传统的购买方式外，还应结合各地不同的实际，开展诸如地方史料复本交换、缩微复制、复制品交换等多种形式。一是向地方民族文献利用者征集，即向那些撰写或考证地方家族等史实目的而来的读者做宣传动员工作，以优质的服务换取他们的认可，主动向他们索要家谱资料，并发给收藏证明；二是由于修谱是民间行为，要加强收集，必须掌握修谱线索。要充分依靠基层图书馆、修志部门及当地文化教育界认识的参与，及时掌握各地修谱线索，制定收藏计划。对于有线索却由于各种原因暂不能入藏者，应记下线索，以备条件成熟时收藏。

通过以上的论述可以看出，家谱这一独特性质的文献，有他独特的价值，作为地区文献收藏单位的民族地区图书馆加强对少数民族家谱的收集整理工作不仅是必要的，而且也应是及时的。

四、家谱研究的现实意义

家谱中所保存的家规、家训以及治家格言等，从一开始就以积极进取

的人生价值和社会价值来讨论家庭环境和家庭氛围的建设。在家规、家训中，封建伦理纲常礼教作为其理论基础占有中心地位，三纲五常、孝悌忠信的内容占全部内容的大半。家谱中的家规、家训除上述内容外，还有“睦族人”、“和亲友”、“恤孤贫”以及“戒赌博”、“戒奢侈”、“戒懒惰”、“戒淫逸”等，对家庭成员的行为、举止做出规范，这也是我们今天借鉴的有益成分。

家谱研究的另一现实意义是通过家谱研究，满足海内外“寻根谒祖”的需求。“树高千丈，叶落归根。”家谱作为一个家族血缘关系的总记录，将海外族人与祖国亲人紧紧连在一起。

1. 家谱是记载一个姓氏家族或家族某一分支的宗族民系和历代祖先的名号谱籍

家谱是记载血亲、婚亲家族长期发展变化史实的原始记录。家谱也是记录家族正面历史、经验、技术和文化的史实资料，是给后人留下的一部优秀的教科书，后人可以从中得到经验借鉴、文化传承和思想启迪。

2. 家谱流淌着割舍不断的血缘关系

伴随着自然和社会演进的历史长河，源自同一血脉的家族，引领着自己的姓氏符号，形成了本家族的宗亲氏系，并逐步出现了记载宗亲祖先的谱牒。这是血缘的延续，是根脉的连接。不管你迁徙到何方，不管你在世界的任何角落，家谱都连接着你，血缘和亲情都将跟随着你。历历家谱，蕴含着祖先的图腾，流淌着家族的血脉。

3. 家谱，承载着义无反顾的民族凝聚力

相同的姓氏构成了家族。家谱体现了宗法与人伦这一维系家庭、家族关系的本质功能，同时它也具有维系社会、法律、道德、传统的深厚内涵。这也是血缘的延续，是根脉连接。历历家谱，不管你是何氏何姓，不管你的家族大小，都要以传承为依归，体现着最基本的道德传统，凝聚着厚重的民族向心力。

4. 家谱，积淀着源远流长的民俗文化

家谱的出现，本身为中华文化的发展赋予了一层新的内涵。众多家族供奉着列祖列宗的虔诚心灵，催生了祖厝、宗祠、家庙、神龛等的建筑辉煌和地域特色。随着祭祖礼俗与儒、佛、道教的融合，形成了独特的祭祖规制、原则和程式。去除某些不合理的成分，实为中华民俗文化之大成。历历家谱，包含着华夏山河的人杰地灵，渗透着炎黄子孙的聪明才智，展现着中华民族的文化成果。

总之，时代在进步，社会在发展，但现存的家谱永远是我国宝贵的文化遗产，

作为子孙后代的我们有责任，也有义务收集整理、开发利用好它们，让家谱发挥出更大的作用。

参考文献

1. 刘丽：《谈白族新修家谱及其收集整理》，载《民族图书馆学研究》，辽宁民族出版社，2006 年 12 月。

2. 张秀玉：《谈新修家谱的价值与弊端，图书馆工作与研究》，2011 年第 9 期。

作者简介：

金勇　朝鲜族　延边朝鲜族自治州图书馆方志馆主任　馆员

崔哲　朝鲜族　延边朝鲜族自治州图书馆副馆长　馆员

南京等地部分回族家谱及源流概述

马慈光

内容摘要：本文简要记述了南京等地部分回族家族的历史源流及发展情况，并对与之相关的部分特色家谱进行了分析研究。

一、有关常德金陵马氏家族的来源

从南京到湖南常德定居的马氏家族，至今缺少文字资料说明他们祖先的情况和历史。

关于马氏家族，幼时据先辈口传得知，迄今居住常德已有150年以上。各户人丁衰旺不一，共同认定同属“马大测堂”，来自江苏南京江宁，他们似乎只知道十个辈分字，即明、中、惟、继、大、文、光、国、致（志）、从（成）。当时我童稚无知，但往事今犹留脑际。

欣闻中国民族图书馆现有专人研究民族姓氏家史，并收集了大量家谱的资料，我特去求教。

伊斯兰教创立于7世纪初，唐代开始传入中国，元朝已有很多西域人到中国传教、经商、修历法。

明朝朱元璋对回回民族采取了利用和同化的政策，与他一起起义的大将常遇春就是回族，他对阿拉伯人天文历法的成就颇为赞佩。明洪武二年（1369年），朱元璋遣使访阿拉伯麦加政府，邀请天文历书专家来华。阿拉伯人德鲁丁携三个儿子：沙亦黑、哈麻、沙哈和随员，带着很多书籍和测量仪器，从麦加西120公里的吉达到中国来。由宋国公冯胜推荐为朝廷录用。他们在南京江宁司天监中被任命为领导职务。明朝司天监是掌管观测天文、推算历法的中央机构，兼管培养生员。

回回历法属阿拉伯历法系统，包括民用历法、十二宫法的推算、五星位置的推算、交食预报的方法、占星术。视恒星和行星各有性格和能力，对万物产生影响，是当时世界较先进的方法。测量仪器的精密度也不断更新。洪武三年（1370年）明廷改司天监为钦天监，下设天文科、漏刻科、大统历科、回回历科。德鲁丁父子还参加翻译“回回历法”。德鲁丁的次子哈麻长于天文星占学，洪武十五年（1382年）奉明太祖命与武英殿大学士吴伯宗同译“西域星占学”，翌年译成“明译天文书”（《天文书》1995年曾在台湾出版）。洪武五至七年（1370—1372年），德鲁丁带第三子沙哈回国探亲，在返回中国途中死于浙江。长子沙亦黑继任钦天监监正，次子哈麻任监副。由于他们对天文历法测算的贡献，二人同授予回回大师。德鲁丁长子沙亦黑被朱元璋招为驸马，赐配洪武帝十三公主。因马皇后敬重皇亲，赐姓马，即马皇后外家姓。由此马德鲁丁的二世分为三支：长子马沙亦黑，字仲德，随建文帝北上，在北京御赐砖塔胡同，称空成马氏；次子马哈麻，字仲良，留在南京江宁；三子马哈沙，字仲义，留在浙江绍兴，人数最少。

由于他们掌握钦天监，测天文学识高深，人们称他们为“大测先生”，再次赐为“马大测堂”。以后由马哈麻这一支主持南京江宁钦天监事务，同时他们也保留“大测堂”称号。

一般认为在南京提到“马大测堂”即指马哈麻为祖先的这一支。民族图书馆藏有一本珍贵的《聚珍堂马氏宗谱》（1929年），详细介绍了马大测堂马哈麻家族演变的历史。

1986年广西民族学院陈久金等访问南京伊斯兰教协会及清真寺有关学者，了解到有关《聚珍堂马氏宗谱》的线索，见到了马哈麻的后裔及所收藏的“马大测堂”的中堂挂轴。马哈麻之母及弟逝世，成祖遣使慰问。明永乐十三年（1415）马哈麻去世。由侄纳黑矢只罕继任，此后有人认为已无大测之学识，建议改大测堂为“聚珍堂”，但族人很多仍沿用“马大测堂”。

江苏宗支辈字自江苏六世定为二十字，共列如下：

玉 应 三 如 世，之 是 遵 景 恒，

明 中 惟 继 大，文 光 国 致 从。

十世后再续二十字，共列如下：

元 良 诚 永 保，至 德 立 先 基，

广 裕 周 千 冀，昌 华 显 万 期。

多年以来马氏前辈口传的十字辈分正好在这里面。《聚珍堂马氏宗谱》指出，1929年南京已经传至“国”字辈，而常德1931年开始有“光”字辈，据常德马氏前辈口传，大约在“明、中、惟”辈前后他们从南京移到

此，应当在一百几十年以前，从以上史实可证明，常德马氏家族可能源于马哈麻一支。

民族图书馆的马氏族谱还很多，有北京、怀宁、固始、南京、辽宁、云南等地马氏家族，但均未出现“大测堂”或辈序相同的，这足以证明马氏家族的马哈麻祖先的来源。

根据一份“南京回族状况”，详细分析了南京回族的兴衰历史，明朝以前人数无大的衰减，明初随首都北迁，有少数人移居辽宁、河北，清中叶由于手工业的发展，居民生活较为稳定，建了很多清真寺。但到太平天国时（1853—1864 年），南京回族大遇困境，因为太平军信奉上帝，几乎烧毁所有清真寺，回民遭迫害。清同治三年（1864 年），曾国荃破天军，在南京火烧月余，民不聊生，行乞外逃。一些有余资回民设法迁到外地，经收购土特产，如粮、油、棉、木材、食盐、油漆等，进行转口贸易。我祖先即选择湖南常德，这里背靠湘西、川、贵，有丰富的物产，离武汉和长沙很近，水路交通运输十分方便，同时常德还是居家安定的一座小城，他们在这里生活，但是对故乡南京仍旧怀着深厚的感情，多年保持与南京亲友联系，通婚。建立了自己的清真寺，使更多的亲友也来此定居，在常德逐渐形成一个多姓氏的南京帮。

二、石氏家族的历史点滴

唐代进入中国的大食国军民，以国为姓，即为食氏。清朝时发动反清起义，败后为避祸而改姓石。

另一说，今住河北泊镇的回族石氏。传说原是元朝丞相脱脱的后裔。先被征调去南方，为建元大都（即北京）采集木材及石料。返回泊镇时元朝已亡，他们便用木材石料修建了清真寺，明军问他们时，他们指石为姓。

另外，今河南开封的回族石氏原系犹太人，宋时由印度来中国经商传教，部分人取石为姓，已融入回族。

在今甘肃平凉，据说住在长寿焦家乡石家塘的回族石氏有以下辈系：

文学应全国　仕宏开泰春

乾坤丰登厚　松柏

清光绪七年（1881 年），石氏曾修《巴颜戎石氏家谱》，明初，祖居南京珠市巷内的石氏，后去青海。回族石氏最早见于史书是五代十国时期（唐以后，公元 900 至 960 年），前蜀的官员中著名的有石愢温。

唐朝时，在中亚的锡尔河流域，有一个九姓的国家，包括康、安、曹、石、米、何、火寻、戊地、史九姓，组成一个石国，在今乌兹别克斯坦首都塔什干的附近，按中亚一带语言，塔什干应为“Tashikent”，“塔什”意为石头，“干”意为城市。在我国甘肃祁连山北的昭武县（今临泽县）有他们的居民，主要从事农畜业，善战、养良马。

唐高宗永辉年间（650—655 年）昭武九姓附唐，石国的石姓人入唐时也带进西域的文化、音乐、舞蹈。当时有名的乐人石宝山即是石国人。

回族形成前的石氏家族，历史迁徙过程很复杂，古时北方石姓源于河南，有后代曾在卫国（山西、河南一带）做官。卫国的都城几经变迁，起初在河南淇县，又到滑县、濮阳、沁县。西汉时北方石姓人口渐多，当时有万石君石奋，随刘邦到了长安（西安），石奋家有不少人做高官，家族声势显赫。据《姓氏攻略》称，石氏“望出威武、渤海”，“望”是指居某地而为当地仰望之意，武威郡在今甘肃武威，唐初改为凉州，渤海郡在今河北沧州境内。

唐人林宝在《元和姓纂》中说，石氏分布在渤海（河北）、平原（山东）、上党（山西）、洛阳（河南）四处。

据《台湾通志》：唐初有石氏人，从河南固始随陈政、陈元光父子到福建漳州。五代时为闽西望族，后唐时（公元 929 年）石琚从安徽迁到福建同安，一部分又到了广东。宋元时，石氏大批南迁，名石智的到了金华，成了浙江大户。据《江苏如皋石氏家谱》称，先祖石柱，字季邦，元初迁自丹徒。据《金坛石氏家谱》称，金坛石氏为北宋文学家石延年的后裔，老家在安徽，宋代时做汴梁光禄大理寺丞，晚年回丹阳，其第十四代后裔石斌伍迁到金坛鲁庄，为当地石氏先祖。

据《江苏溧水石氏家谱》称，其先祖石邦彦和石�，明代由江阴迁至无锡，这一支中有一位叫石源清的，在近代上海开办了源昌机械厂、福源和福昌两家帽厂，创办了私立的进贤小学。该宗谱又称，这一支中先祖石思贤在宋高宗南渡后为避战乱隐居在建康丹阳湖，四世以后，石良庆迁至溧水黄鹤山，八世以后石允通迁奉安乡梅庄里。石姓南宋后到海南。石秉贵落琼山，石秉选入文昌，明初后，中原久经战乱，人稀地荒，明从山西、河南调大量人口到中原开荒，大批石氏人又进入中原。明清以后，有石姓人迁居海外。

据最近《金陵晚报》（2011 年 5 月，日期不确）报道，发现了《武威石氏蚺城宗谱》（蚺城即今江西婺源），此宗谱当时编好后共印 12 套，后来几乎都不知下落，独有一份在 1937 年被石学鸿收藏。这位石学鸿家庭屡遭不幸。“文革”期间将宗谱丢失，幸被一老者拾到，交南京市李府巷的居委会，后来交还石氏后人。据说此宗谱反映了石氏 2700 年的变迁历史，比孔府家谱历史还长，堪称是世界最老的家族史料。

又，1868 年，石忠有、石忠烈曾编有《武威石氏宗谱》，堂号为恭俭堂，现英国哥伦比亚大学有藏，可能上海图书馆也有，那里现收藏了全国 7 万多份家谱。

三、金陵回族伍氏家族简介

在湖南聚居的金陵回族，有一支伍氏家族，他们主要集中在常德和澧县一带，伍氏先祖移居湖南可能出于多种原因，有经商的、投亲友的，也有担任官职举家迁到湖南的，他们来到湖南可能有二百年以上的历史。

聚居常德的金陵回族居民以马氏最多，他们属马氏测堂。马氏各代都有与伍氏联姻的情况，就我们知道的，“继”字辈的老姑奶奶嫁到伍家，推算当在 19 世纪末，“大”字辈的姑奶奶出嫁到马家不止一位。同时伍家的姑奶奶也有出嫁到马家的。这样形成了马、伍两家的亲密关系。

在抗日战争前，伍氏在常德城区可能有十家，澧县臨澧、津市还有几家，此外长沙也有伍氏的亲戚，如清真徐长兴饭庄，三兴街牛肉店的主人家都与伍氏有亲戚关系。

这些伍氏的后人，追根溯源，都先后来自南京江宁。回顾伍氏家族的历史，有必要先从南京说起。

南京回族中，伍氏是望族，据伍氏家谱载，始祖伍儒，字德全，原籍西域撒马尔罕（在今乌兹别克斯坦国境内）人。

明朝洪武二年（1369 年），伍儒自西域与德鲁丁一家受聘来华从事天文历法的测算，在南京共生活五十一年，受聘江宁钦天监刻漏科。自伍儒起连续十年任职钦天监称博士，有博士官六代之美誉。据清同治《上江两县志》卷二十四上称：“耆旧云，伍儒字德全，乐善好施，洪武中赐藉金陵，经历学，诏授刻漏科博士，掌钦天监监事，给官房一所于古天津街，后会为寺。”清嘉庆《江宁府志》对他的事迹亦详有记载。

又据明朝王孝著《乡钦脍谈》，则从伍氏六世谈起，原有规定，伍氏在六世前不得离开天文历法职守，六世以后渐放松。

六世伍浩，字少西，开始经商，开伍少西山货店，成为巨商，在南京地方志上可见到他的事迹。

回族伍姓家族人员，本以居南京为多，郑和曾奏请造伍氏寺院，明末清初，伍家立了八房，逐渐分居到全国各地。

清康熙时伍氏十一世伍遵亮为珠宝商，其曾孙十四世为武探花（陈伍探花），封南京三上街。曾传有二十字辈序：

斯	密	侍	颖（允）	迪
*	*	*	*	*
仲	正	必	怡	贤
泽	厚	传	基	远

伍氏后人繁多，人才辈出。

十一世伍遵亮的堂兄伍遵契（1598—1698 年）为南京清真寺大阿訇、大学者，出身伊斯兰教经学世家，通晓阿拉伯文、波斯文，翻译了多部经学著作，其中有《归真要道》，译自波斯文，有经典著作《采尔萨德》，该书主要讲述姓名义理，修道界姓和复命归真之道，为伊斯兰教重要读物。

十三世伍光瑜，字孚严，号屏秋，曾参加编修《上元县志》，著有《補园诗集》八卷，并辑有《六事箴言续录》。

伍氏十四世伍长华，曾任甘肃按察使，湖北巡抚，著有《云南铜法志》、《两广盐法志》，在当年林则徐进京陈述禁烟计划时，他曾兼任过湖广总督，在武汉查抄烟具并投入江中，这比虎门销烟还早了半年，在林则徐的日记及林的奏章中都提到了此事。

伍氏十五世伍承钦，字进斋，号式之，道光十九年举人，性情刚毅，曾任知县，人不敢以私。

清末伍氏十七世有伍崇仁，积极参加了辛亥革命。伍崇学，又名伍仲文，为近代著名学者，他与作家鲁迅在南京矿务学堂同学三年，在一间宿舍居住，后又同去日本留学，在日本弘文学校学习日语，自日本回国后，又同在北京教育部共事，一在二科，一在三科，后伍仲文担任普教司司长，1913 年伍仲文去浙江视察工作，鲁迅在绍兴家中接待了伍仲文，并和弟弟周建人一起同游绍兴名胜景地，以上情况在鲁迅日记里有详细记载。

伍仲文作为知名学者，曾与柳亚子等同是南社的社友，这个南社当时聚集了中国众多的文化精英，在中国近代文学史上，为唤起民众争取民主起了积极的作用。

1953 年，谭震林以江苏省省长的身份特别请伍仲文（伍崇学）担任省文史馆馆长。

伍仲文的胞妹伍崇秀（复明）是革命前辈林伯渠原配夫人，他们的女儿林莉为全国政协委员，对伍氏家族的往事犹能记忆。伍仲文为收集家族史料付出了很大的精力。

林莉于2006年出版了《往事琐记》一书，较详细地回忆了家庭往事，她的父母林伯渠和伍崇秀共生育了六个子女，开始在湖南临澧生活，林莉排行第三，大哥和二姐较早离家到外地上学。林莉生于1925年，一家人有时随林伯渠到处奔波，后来伍崇秀带着四个孩子回临澧。伍崇秀早年毕业于湖南女子师范学堂第一届，一生钟爱教育事业，在临澧曾任当地女校教员、校长。

抗日战争开始，林伯渠已在延安担任中共领导工作，决定接林莉和林琳（四妹）去延安上学，不久之后他们和一大批革命子弟前往苏联学习。此后，伍崇秀带着最小的孩子一直留在湖南。

2011年5月，林莉曾回故乡访问，这是她已八十六岁。

现代中国文化界有两位伍氏后人值得一提。

伍必端教授，生于1926年，南京人。抗战时到重庆，开始学美术，成为版画家，任中央美术学院版画系主任，1956至1959年留学苏联列宾艺术学院，多次将自己的作品捐献国家，1985年他设计了抗战40周年纪念邮票，有介绍他的书出版。

伍贻业教授，1936年生，南京人，毕业于南京大学历史系，任中国伊斯兰教协会副主任，南京大学教授，他是一位知识渊博的学者，对伊斯兰教和西方文明以及儒家思想的关系有独到的研究，值得称道。

伍氏家族有一分支，长期留守湖南常德澧县，出于经商、工作职务和投亲友的多种原因，前后定居湖南有一百五十年以上。在湖南常德定居的南京回族后裔，以马姓居多，而与马姓联姻的伍氏几乎各代都有。

在抗日战争时期，伍氏家族成员在湖南常德还很多，新中国成立后，他们各家的后代渐渐分居全国各地。

伍厚成家，其母为马氏“继”字辈先祖，老人在新中国成立前夕去世，伍华卿家其妻系马氏“大”字辈姑祖，本人曾在邮局工作。儿子后去河南洛阳拖拉机厂工作。

伍伯章，伍仲明兄弟二人家庭后人较多，他们的胞姐和表姐都嫁到了马家（“大”字辈）。伍伯章有二女一子，大女在常德农村成家，二女伍贻艳，1922年生，在学生时代参加新四军，后任中共旅大市宣传部副部长。

1985 年离休，一个儿子在新疆钢铁厂任高级工程师，他们的舅舅是著名回族学者傅统先，傅幼时即离家外出求学，留居上海。

伍仲明过世较早，他的儿子在洛阳拖拉机厂工作成家。伍必元一直与母亲居常德，家庭生活较困难。伍必恒为马家“大”字辈姑祖母的养子，姑祖母出嫁伍家，丈夫早逝，即收养亲侄为子。伍必恒幼时曾学习皮革加工手艺，后去湖南邵阳成家立业。

伍氏家族成员的部分资料，可参见马亮生主编的《湖南回族人物录》。

还有一说，据清末时北京城的评书演员奎胜城在评书长篇《明英烈》中提到伍殿章取金陵的故事［按伍殿章（伍福）与胡大海、汤鼎臣（汤和）、朱洪武、邓万川、常遇春、郭英为盟兄弟，胡等六人的武艺皆伍殿章传。伍惯使护手钩，系清真教人，今牛街尚有他的后人］。见连阔如著：《江湖丛谈》261 页，当代中国出版社（2005 年）。

参考文献

1. 《明史》
2. 《聚珍堂马氏宗谱》。
3. 《南京回族状况》。
4. 《其他马氏宗谱》。

作者简介：

马慈光　回族　中国科学院研究员

关于满族家谱研究及其现实意义的思考

李胜寒　杨俊兰

内容摘要： 通过对满族家谱版本价值和史料价值的探索和研究，揭示出满族家谱研究的现实意义。

“参天之树，必有其根；怀山之水，必有其源。”中国家谱文化源远流长，博大精深。清代著名史学家章学诚曾曰：“夫家有谱、州有志、国有史，其义一也”①，可见，家谱与方志、正史一样，是重要的历史典籍，是中华民族传统文化的重要组成部分。

一、家谱和满族家谱

家谱，亦称族谱、宗谱、祖谱、家乘等，是系统记录同宗共祖的血缘集团世系人物和事迹等方面情况的历史图籍，是一个家族的史料汇编。通过家谱研究，我们能够比较真实地了解当时的历史面貌、时代精神、社会风尚，了解当时人们的生产、生活情况。作为一种特殊史料，家谱维系的不仅是一个家族，更是一个民族。在中国，修谱被视为树立家族观和道德规范的途径，到目前已有3000多年的历史。

中国少数民族家谱历史悠久，种类繁多，虽深受汉族家谱的影响，但还保持自己民族的特色。分析研究少数民族家谱，不仅能了解中国各少数民族历史发展的沿革和文化习俗，也能发现中华民族大家庭形成过程中的诸多历史痕迹和见证。满族家谱在国内现存的各少数民族家谱中数量最多，作为中国最后一个封建王朝，满族享有很多特权，同时也有很多足以夸耀的祖先和家世值得记录。从满族现存的家谱来看，乾隆以前谱书比较简单，清代初年只记下一些祖先的人名与传承关系，在太祖实录中保留着

---

① 王鹤鸣著：《中国家谱通论》，上海古籍出版社，2010年。

用满、蒙、汉三种文字记载的简单皇室世系，这要算是满族现存最早的家谱。乾隆年间《八旗满洲姓氏通谱》的问世，可看出满族谱书已较为完整，家世清楚。嘉庆、道光时期，谱书基本延续乾隆修谱风格，仍较简略。到清末民初满族所修家谱，体例包括诰封圣旨、历修谱序、宗派、大事记、世系源流、官宦表、列传、祭祀、文牍、跋等，内容非常完整、详尽。如马延喜纂修的《马佳氏族谱》，“民国”十七年（1928）京华印刷局铅印本，家谱内容大体一致，详略有异。

二、满族家谱的研究价值

（一）版本价值

馆藏古籍满族家谱既有抄稿本、刻本，也有采用西方新技术的铅印、石印、影印本及复制本。与其他文献的版本相比，有自己的特色。其中稿本或抄本居多，最早的一部为倭克精额、西拉布同纂的（满文）《沙金傅察氏宗谱》，清道光十六年（1836 年）年抄本。《正白旗满洲叶赫那拉氏宗谱》，清同治九年（1870 年）抄本。叶赫那拉氏族谱国内现存十余部，满学专家对叶赫那拉氏族谱收藏地及谱名、修谱时间及版本作了统计。[①] 查核《中国家谱综合目录》，这些稿本、抄本均未见其他馆著录，属国内孤本，具有极高的版本价值。

刻本中有《悚斋家传》、《正红旗满洲哈达瓜尔佳氏家谱》，恩龄纂修，清道光二十九年（1849）刻本。虽在国家图书馆、首都图书馆等九个机构都藏有此谱记录，但只有民大图书馆藏为足本。[②]

《八旗满洲氏族通谱》八十卷，鄂尔泰等纂修，清乾隆九年（1744）内府刻本；《钦定八旗氏族通谱辑要》二卷，阿桂等编，清刻本。刻印精良，均为满族族谱佳本。晒蓝本《蒙古博尔济吉忒氏族谱》二卷，碑传一卷，博尔济吉罗蜜纂，清雍正十三年（1735 年）抄本，原谱藏在国家图书馆，日本、美国亦藏有此谱。[③]

满族家谱大多是私家纂修，私家刊刻印行，因财力和条件所限，不少家谱仅以抄本或稿本流传。因只在家族内部编号限量收藏，其印制数量一般以一、二十部为多见，印本较少。如《正红旗满洲哈达瓜尔佳氏家谱》，

① 《中国家谱综合目录》，中华书局，1997 年。

② 《中国家谱综合目录》，中华书局，1997 年。

③ （清）恩龄撰：《正红旗满洲哈达瓜尔佳氏家谱》，清道光二十九年（1849）刻本。

在凡例中说明共刻印八部，分藏于西安和京都的八个家庭。满族的规模、人数不同于中华民族的主体汉族，所以形成的家谱数量远低于汉族家谱。

（二）史料价值

满族家谱涉及政治、经济、文化、宗教等多方面内容，对于我们研究当时社会历史具有十分重要的史料价值。

1. 满族家谱中的列传等对满族历史人物和重大历史事件研究具有权威的资料价值。

一般历史人物主要通过正史的传记、笔记、方志等查考，即使一些著名人物，正史文献也不够全。不太著名的人物则很难找到。许多家谱还有十分详细的传记、行状、墓志、年谱等，对研究历史人物及其家世很有帮助。在家谱里可以了解某人属于何支、何房及名字、号、行第、生卒年、配享、后嗣、墓地，对家族中的重要人物还写了传记。尤其是官职、官阶等记载详细。中国一些重大历史事件，都不同程度地记录在家谱中，虽然这些记录并不完整系统，但却也十分具体，是研究者获取资料的一个途径。雍正五年（1727 年）管理族务大臣等议准：凡系世职官员，令其预先缮造家谱，存贮都统衙门。申请袭职者出示家谱后，经八旗都统核实上奏皇帝颁发敕书。首卷前列有世系表，从始祖完布禄至九世的人名之下都著有爵位及官职，卷中又详细记载历代重要人物的事迹及官职，成为觉尔察家族成员承袭世职的重要凭证。

2. 满族家谱对于满族人口史和宗法思想研究具有重要的史料价值

家谱的中心部分是家族人口的世系传承，对于族人出生和死亡，都有详细记载，比官方详细而可靠。通过家谱的“房派图”、“支派分布图”、“先世考”、“世系图”以及家谱的一些序跋，可以了解本家族各个时期的人口数量、结构、分布、增减的原因及职业、文化、婚姻、寿命等情况，提供给人口学研究者使用。清乾隆九年（1744 年）修成的《八旗满洲氏族通谱》共收录除爱新觉罗家族之外的满族姓氏 654 个，记录八旗人物超过 2 万人。宗法制度是维护封建王朝统治的重要基础之一，而家谱和宗法的关系密不可分，家谱的族规、族约、家法、乡约等，正是加强宗法制度的有力工具。这既是八旗满洲重要的氏族宗谱集成，又是八旗满洲的姓氏总集。正如梁启超所言“欲考族制组织法，欲考男女产生两性比例，欲考出生率与死亡率比较……恐除于族谱家谱外，更无它途可以得资料。”① 迄今为止，没有发现哪种史料比家谱提供的人口统计数据还多、还详细。

3. 满族家谱为宗教史和社会史研究提供了重要史料

有些家谱对本家族所信仰的宗教一般都给以说明，是信仰宗教者的家世记录。他们在家谱中表达了他们的宗教观。还有的家谱对本族人的宗教活动、宗教礼仪和习俗予以详细记述，通过对家谱中祭祀的仪式、时间、主祭人、祭食等情况的记载，考察满族祭祖与萨满教之间的关系。家谱中祠堂、祠产、祠规、族学、家礼、族约、家箴等都不同程度地揭示了宗法制度中的神权、族权和夫权，经济方面记录了该家族的田产、契约文书等，文化方面记录了该家族的教育、科举、职官及著作。可见，满族家谱为满族社会及文化研究提供了最基本的资料。

4. 满族家谱为民族迁徙问题的研究提供了民族史资料

满族家谱、族谱对某一地域的山川河流、疆域分界等都有详细的记载，通过对满族在不同时代和地域的发展状况进行考察，了解某民族的族源及迁徙地区的情况。有的家谱记载的历史情况甚详，更有些民族家谱是研究少数民族史不可多得的资料。如辽宁《庄河金氏家谱》是满族家谱，金氏是康熙皇帝四辅政大臣之一鳌拜的后裔。中国历史上各朝人口流动很频繁，对这些问题的研究必须借助于少数民族的历史文献。家谱或族谱对本家族的始祖由何处而来，迁居原因，经何处而定居此地等，交代得清清楚楚。如《瓜尔佳氏家谱》反映了瓜尔佳氏宗族繁衍和迁徙的历史、家族官爵、各代官爵的变化及明代的锡伯部从沦为科尔沁蒙古的附庸，中经拨归满洲上三旗，到南迁盛京的历史过程。②

5. 满族家谱为研究满族汉化问题和教育史提供了重要资料

满族家谱纂修有满文、满汉对照文字和汉文三种情况。清乾隆之前以纯满文居多，清中期以后开始出现满、汉文对照，道光以后汉文逐渐取代满文，反映出满族汉化的趋势，馆藏满族家谱证明了这一点。满族家谱中一些重要的章节记录了满族教育史资料，如在族规、家法、仕宦录、科甲记、教育志、传记等就载有宗族教育、学校、科举、教育方法等内容，家谱还记录族人字辈的排行字语，反映出汉文化对满族的影响。字辈原为汉人专利，清代康熙朝满族人开始采用字辈。即子孙后代一代一字作为排序。辈分字中显现出忠、君、仁、义等寓意，民间也着意仿效。到了清代

① 梁启超著：《中国近三百年学术史》，东方出版社，1996 年。

② 文言著：《锡伯族瓜尔佳家谱考见》，载《满族研究》，1991 年第 1 期。

中期，使用满俗汉名，如八九、玉格、老格，后又冠以汉姓，如金、佟、赵等，反映出民族文化的进一步融合。

6. 满族家谱为满族地方史志和民俗学研究提供了资料

家谱是地方文献的重要组成部分，通常方志中所包含的内容如选举、职官、人物、户籍、碑记、艺文等，在满族家谱中也是重要内容。满族家谱还是一个民俗学资料库，一些家谱在家礼和人物传记里记录了许多民俗内容，尤其是在家礼中的婚礼、葬礼、祭礼等，本地的风土人情、礼仪风俗都有相当的体现。另外，与人们日常生活密切相关的物质民俗、岁时习俗、社会习俗、精神习俗等在各地家谱中都有记载。

此外，满族家谱还能提供有关满族妇女、满族伦理道德、遗传学、人才学等多方面的史料。由此可见，满族家谱作为史书之一，其作用是相当突出的。

三、满族家谱研究的现实意义

第一，通过研究满族家谱，对我们建设现代家庭道德和精神文明有很好的借鉴意义。1 中国家谱一般都有家规族训，封建伦理纲常礼教作为其理论基础占有中心地位，三纲五常、孝悌忠信的内容占全部内容的大半。在教化族人孝敬、和睦、祭祀、亲情、乡情方面有着潜移默化不可替代的作用，它对于规范人生和教育子弟有着积极的意义。

满族家谱还从另一个侧面反映了满族政权的发展史。它需要足以“强宗固族”的精神条件，而良好的家风的形成，正是这种精神条件的基础和内容之一。家谱中所保存的家规、家训以及治家格言等，从一开始就以积极进取的人生态度来讨论家庭环境和家庭氛围的建设。满族族规、家规中保留了许多对我们今天极为有益并具有借鉴意义的成分，如孝父母、和夫妇、勉讳书、尚节俭、戒赌博、戒奢侈等，对家族成员的行为、举止做出规范，是重要的家庭道德研究资料。

第二，通过研究满族家谱，满足海内外炎黄子孙“寻根谒祖”的情结。家族渊源和世系图表是家谱中最为重要的内容，这是当代人寻根问祖的重要资料，而且只有家谱这种特殊历史文献才能提供这些资料。我国沿海地区一些省份的满族家谱涉及族人出国谋生的历史，包括出走原因、人数、时间、侨居地区分布、职业、所在地生产、生活情况及与家乡、家族的经济、文化、政治各方面联系，这为我们进行华侨史研究提供了资料。“树高千丈，叶落归根”，海外华侨看到祖国繁荣昌盛，纷纷回国寻根，探亲访友，并为家乡的经济建设慷慨解囊、投资。家谱作为一个家族血缘关系的总记录，将海外华人与祖国亲人紧紧连在一起。

第三，通过研究满族家谱，构建一种适应社会主义新时代的新型家谱。满族家族制度是利用血缘关系统治族人的社会制度。在许多满族家谱中都有家族制度的极为详细的资料，如家族的组织系统、财产管理、赈济方法等，为我们研究家族在古代社会中的地位、作用、组织形式、管理方法等提供了丰富的研究资料。通过对我国满族家谱进行内容、体例、结构等的分析，新型家谱或家族档案，其编制原则既要符合现代家庭的需要，顺应现代社会的发展，又要具备传统家谱的“敦宗睦族”、“凝聚血亲”的功能作用。编制方法不但要继承传统家谱中的一些优秀成分，还要创制适应现代需要的内容。

第四，通过研究满族家谱，谱牒学这门学科会不断发展并将日益走向成熟。满族家谱中保存相当数量的经济史资料，这些资料包括家族的集体田产如祠田、坟田、庄田、山林等的数量、形成、经营、管理、收支情况等。有的家谱还记录了家庭成员经商、贸易的事迹。这都为我们今天研究古代经济史提供了很好的素材。随着满族家谱研究的进一步深入，家谱这个蕴藏丰富的资料宝库还会为我们提供许多新的其他资料。为了保护家谱文化传承，目前，专家学者正在呼吁“中华家谱”申报非物质文化遗产。

第五，通过研究满族家谱，为社会学、民族学、历史学等多学科的研究提供了资料。从宋代开始，修纂家谱是中国人生命中不可或缺的一部分，被认为是维持家族凝聚力的一种途径。经过多年的发展，家谱成为一种内容丰富、种类繁多、记事详备的独特史料。满族家谱是一个巨大的资料宝库，可供从事社会学、历史学、考古学、经济学、民俗学、人口学、民族学、政治学、宗教学、法学、姓氏学等研究的人员从中查询资料，寻找依据，进行满族社会历史的研究。它从家族史的角度来阐释、反映、印证中华民族的历史进程，对于我们今天继承和发扬多元民族文化，热爱祖国，促进民族团结、增加民族凝聚力都具有重要的现实意义。

作者简介：

杨俊兰　大庆市委党校图书馆

李胜寒　大连民族学院

山东青州回族家谱纪略

赵　潜

内容摘要：本文概括介绍了山东青州地区现存清代及民国时期编修的回族家谱版本、源流和收藏情况，同时亦介绍了三种新时期新编修的回族家谱。

回族入居青州已有七百年的历史，他们与兄弟民族一起，为创造青州的历史文明做出了巨大贡献。但对于回族丰厚的历史文化，特别是各姓氏渊源、繁衍发展、名人轶事等，历史上地方志书没有给予足够的记载，以致使人们对于回族的认识不能全面、充分，甚至产生偏见。而回族各姓氏的族谱，却能翔实系统地记载了回族渊源，迁徙时间和地点，世系繁衍等，成为研究回族历史文化最宝贵的资料。最近几年，笔者有幸接触到一些珍藏多年的青州回族家谱。读了这些族谱，使人最突出的感受是，青州回族是一个有深厚文化底蕴的民族，是一个人才辈出的民族，是一个对历史有卓越贡献的民族，是一个伟大的民族。

青州回族家谱一般始修于明朝，多重修于清康乾盛世，又续修于民国时期。这些家谱能保存至今，实属不易。特别是在十年浩劫时期，一些有识之士冒着被批斗、抄家的风险，将族谱藏在炕洞中、顶棚上；还有的几经迁徙，宁舍财物而不舍谱牒。如今这些族谱不仅成为研究青州回族，而且成为研究山东回族的宝贵史料，有的甚至成为研究中国回族史的宝贵资料。

盛世修谱，近几年来青州回族随着经济的发展，社会的和谐，各姓氏又以极高的热情将族谱重新续修。使这一宝贵的历史文化遗产继续得以传承，使这朵民族文化之花重放光彩。本文将对目前已发现的青州回族家谱作以概括的介绍。

《青郡赵氏宗谱》现存本为清乾隆十六年（1751 年）青州赵银重修，

“至亲苍岩查松创式誊修”，手抄本，不分卷，四册。之前，曾于康熙二十四年（1685年）青州赵庆臻重修，初修时间不详。谱序名为《圣裔赵氏家乘序》，为康熙本原序。该谱记载了青州回族赵氏渊源。元咸阳王赛典赤赡思丁为“别庵伯尔之裔”，元世祖西征，“入宿卫从征伐”而入中华。青州赵氏先祖为赡思丁之孙、纳速拉丁长子伯颜，元中书平章政事，“卒年五十九岁，赠宣忠佐命开济功臣，开府仪同三司，追封淮王，谥忠武。”伯颜生三子，长子明高（原名买的耐），次子明方，三子明远（原名赛木马儿）。“元亡，明高、明方相继死节，惟明远蒙明太祖深嘉其讳，敕谕同始祖母诰封一品夫人马氏，改迁山东青州府益都县南柳社下户为民”。“洪武元年（1368年）八月二十三日出京，至丙寅（洪武二年正月为丙寅月）初六日，入青州府益都县南柳社下户为民”。该谱的特点是不像汉族家谱那样，有按儒家思想规范的体例，只有序言和直叙式世谱，有较明显的伊斯兰文化的影响。特别是前两世的人名中，如“得林”、“哈木”、“四罕”等，仍带有伊斯兰经名“易德里斯”、“哈木宰”、“易斯罕格”的音韵。正因如此，它反映了回族逐渐与汉文化融合的过程。

该谱为研究青州回族历史提供了宝贵的资料，也为研究赛典赤家族在中国的影响和中国回族史提供了宝贵的资料。原谱在今中央民族大学图书馆善本库房，绵纸线装，楷体墨书，孤本。页面 30cm × 19cm，有插图、色线，保存完好。该谱已由赵潜从北京抄回复制，并分别赠与中国民族图书馆和上海图书馆。

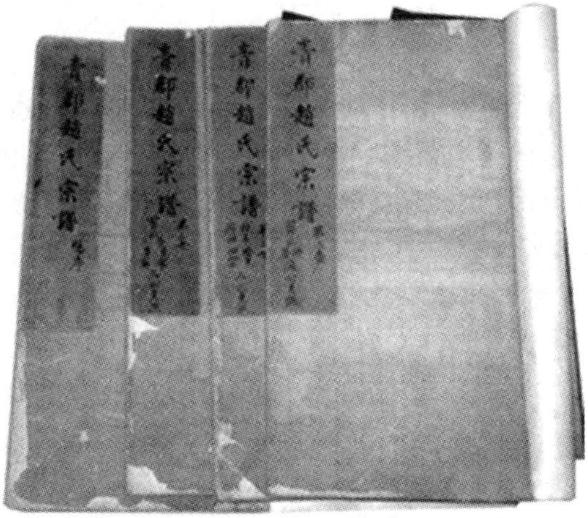

图1：《青郡赵氏宗谱》

《益都杨氏世谱》现存本为清道光甲辰年（1844 年）由青州杨湝重修，“遗德堂”版本，不分卷，四册。该谱初修于明嘉靖庚子年间，由正德六年进士杨应奎修撰并作序。家谱记载了青州回族杨氏渊源。杨氏为元咸阳王赛典赤赡思丁之孙、纳速拉丁之子伯颜察尔后裔。伯颜察尔官至元中书平章政事，佩金符、尚主、赠太师、奉元王。传至杨应奎五世祖莫苏，因居元大都羊市角头，故以为杨氏。至明洪武元年，兵取大都，都人南迁。六世祖曾为山东临朐中尉，遗有田宅于青州，遂携五世祖莫苏及二女奔青州。入居青州后又六世至杨应奎，明正德年进士，官至中宪大夫，礼部祠祭，清吏司郎中，曾任甘肃临洮、河南南阳知府。免官后归青州，与诸名士结“阳溪吟社”，为“海岱七子”之一。

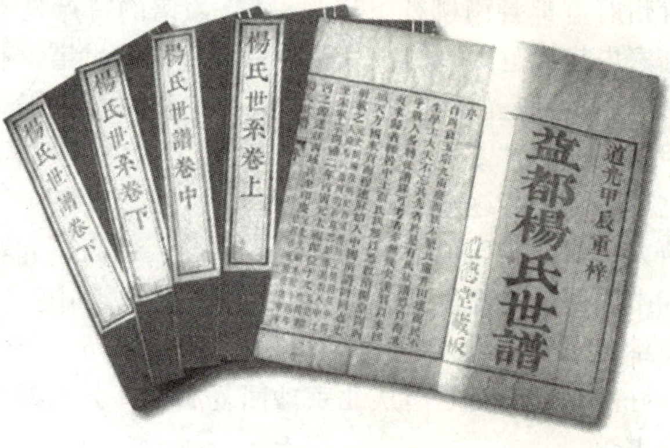

图 2 为《益都杨氏世谱》

该谱为研究青州回族历史渊源提供了宝贵的史料，也为研究赛典赤家族在中国的影响提供了宝贵史料。该谱前有序后有跋，体例规范。刻本，绵纸线装，楷体印刷，朱墨套印。页面 26cm × 16cm，版框 19cm × 13cm，四周双边。半页 9 行 20 字。版口有口题、墨鱼尾，页码，保存完好。

《杨氏家谱》是青州城里南营街南端，由临朐迁徙而来的杨姓一族的家谱。该谱为“民国九年（1920 年）岁次庚申公历十月二十二日”编修，由六世孙连增率侄彦杰、俊创修并作序，八世孙泰宗谨书。一九九七年九世孙金辉、志凯重修。原谱序详细清楚地记载了杨氏渊源。“始祖讳天爵，原籍临朐县西北乡，距城三里高园墙庄人。自前清康熙五十五年（1716 年）岁次甲午，迁移益都城内南营街路西居住，始入清真教，已二百有六年矣，共系九世。原以皮货为生理，至今尚未失传。刻下子孙益繁，人丁稠密，恐后失考，故谨立家谱为志。祖茔在西门外刘家庄，地大亩一分。始祖至三世祖葬于茔内。”谱序之后，有杨氏一至十一世世系表。

查阅临朐县政协编印的《临朐县志汇编》之《民国临朐续志》卷九《氏族》篇记载：“杨氏，邑著姓。城西南杨善集镇杨姓分二支。一始祖洪时，清初迁自盘阳，今十余户。一始祖铎，自五井迁来。其他散处……城西北高垣墙……诸村。”与《杨氏家谱》序言中所记原住地完全相符。

该谱为研究青州回族渊源提供了宝贵的历史资料。

《益都丁氏族谱》现存本为“民国”三十年（1941 年）青州丁文藻、丁瀛基重修，刘蕴唐、丁应科作序，四册不分卷，益都新时代印刷社印刷。之前，清光绪三十一年由丁玉璞主修并跋。该谱记述了青州回族丁氏渊源。丁氏为至圣穆罕默德之甥赛义德之后。至圣以赛、沙、丁三姓为后，故丁氏出自回部，又为济国公后。先世德兴公原籍定远县，为明开国功臣，以战绩卓著封济国公，列祀功臣庙，谥武襄。青州回族丁氏，一支于明永乐年间由枣强迁入；一支由江宁迁章丘，又于明万历元年徙居金岭镇，至十六世始迁青州居住。两支一本，分流同源。十八世有丁殿祥，清嘉庆十九年（1814）中武状元，诰封武功将军。其弟丁殿甲于清嘉庆二十二年（1817）中武进士。谱中有丁殿祥祖父母及父母受封敕文。

图 3 为《益都丁氏族谱》

该谱是研究青州回族历史的宝贵资料。绵纸线装，楷体墨书。页面 28cm × 18cm，版框 20cm × 15cm，四周双边，10 行 26 字，版口有口题，墨鱼尾、页码、印刷社名称，保存完好。

《青郡马氏族谱》现存本为清嘉庆三年（1798 年）由青州马氏十三世

马兆鹏重修并作序。一册，不分卷。之前，清康熙七年由马介石主修。该谱记述了青州回族马氏渊源。“马氏先人为元大勋戚，秉钧当轴服官四方者世不乏人，以功袭铁木耳职。当元顺帝北逊，马氏先人扈跸乘舆，以身当敌，帝乃得行。有公名德者守官金陵，不得随帝去。明太祖即位，公自以世为元臣耻事明，遂携家隐居临淄，甘为齐民焉。又以世奉回教，临淄回教鲜少，见益都之金岭镇回教甚多，乃自临淄移家于金岭镇。”临淄谭家庙村原有马氏先茔。之后又徙居青州城里。九世有马之骥，明天启五年进士，授馆职，以忤魏党归。崇祯初年起用检讨一职，升国子监司业祭酒，卒于官。据《青州真教寺建寺碑》记载，马之骥曾主修城里清真寺。

该谱对研究青州回族历史有重要价值。谱为旧手抄本，绵纸线装，楷体墨书，一册，不分卷，页面 28cm × 18cm，墨框 20cm × 15cm，四周双边，9 行 25 字。总序缺 27 字。

《青州马氏支谱》（麻改马）2009 年春，由光盈召集族中兄弟动议创修，光诚作序。马氏先祖原为明衡王府良医所御医，本姓麻，与府内回族马氏御医共职。清顺治三年，衡王府被抄。麻姓御医鉴于时势变化，遂即以青州城内迁至东关，将其姓氏由“麻”改为“马”，皈依伊斯兰教。其宅院东至昭德街，西至夏钦园，南至马家后门，北至王家店。祖茔在城西刘家庄。明末清初至今，已有三百六十余年。马氏十世之后，使用“林、克、大、元、继，宝、光、振、家、邦”十字作辈分用字。此谱仅修马氏十四世元修支系，故称本谱为《青州马氏支谱》。

《山东省民族志资料》对其马氏亦有记载：“明衡王府在益都城内，府中设良医所，内有马姓、麻姓共职为医。东关昭德街有麻姓所遗房宅旧迹，现称马家后门。其附近东后坡一带马姓，传说是由麻姓所改。”

《刘氏族谱》（淄京仪宾刘氏）现存本为清光绪八年（1882 年）青州刘玉桂、刘怀德等重修。二册，不分卷。之前，康熙四年由六世辅乾、翰美创修，辅乾作序。光绪三十年由十三世孙万季、万俊、万年等又重修，邑庠生赵奎彦作序。族谱记述了青州回族刘氏渊源。刘氏一族明永乐间徙自彭城，迁居于齐，为临淄西隅社民，至明成化六年始卜居青州。始迁祖名惠，字海涯，生子 2 人，孙 8 人，子孙蕃盛。始祖茔地在青州城西刘家庄。五世刘珍娶明衡王府邵陵王三子镇国将军临轩公长女林郇郡主为妻，封朝列大夫，享仪宾职禄，故青州将此刘氏一族称为“淄京仪宾刘氏”。

图4为《刘氏宗谱》

该谱不仅为研究青州回族历史提供了宝贵的资料，还为研究明衡王府与青州回族的关系提供了宝贵的史料。谱为清光绪八年青州王岱璐手抄本。绵纸线装，楷体墨书，一册，不分卷。页面 34cm × 27cm，墨框 28cm × 15cm，无边栏，12 行 28 字，保存基本完好。

《青州刘氏支谱》（沧州御史刘氏）该谱原本青州已失，现存本为1990年后据河北、天津等地资料撰修。原谱创修于清乾隆四十二年，由青州举人杨峒作序。“民国”十二年，青州刘氏十七世溶塘、祜等重修并作序。重修前刘氏专程到沧州西赵河庄访问，并开经祭扫祖茔。该谱记述了青州回族刘氏渊源。刘氏始祖命兰公，官居明锦衣卫都指挥。“吾始祖于明永乐二年，由应天府北迁横海，占居郡城东西赵河庄，至三世兄弟同堂十人，分为十门”。自明正统年间，八门六世祖讳铭，自沧州始迁青州，繁衍为最。铭子瓒字廷璧，明成化二年（1466年）进士，累官陕西按察司副使，曾主修青州东关真教寺。青州将此刘氏一族称为“沧州御史刘氏”。

该谱为研究青州回族历史提供了宝贵资料。

《张氏族谱》现存本为“民国”三十一年（1942年）青州张瀛阶等重修并序，8册不分卷。之前，曾于清乾隆三十八年（1773年）张云会重修，清光绪二十九年（1903）张绍南重修。该谱记述了青州回族张氏渊源。张氏于明成化年间移居青州，一世祖兄弟五人，长曰文，次曰武，三曰英，四曰洪，五曰象。武始祖男名勋，任青州清真寺掌教，五子十九孙，繁衍昌盛至今。张氏累世崇奉教门，掌教辈出，人才济济。七世鸿图，十世梦麟，十一世学经，十三世瀛阶等多人为清真寺掌教。九世鸿玉为清丙午科举人。十四世和太、仲轩善丹青，十五世哲臣任衍圣公府执印官。

该谱为研究青州回族历史提供了宝贵资料。谱为绵纸线装，楷体墨书。页面27cm×20cm，四周单边，10行20字，保存完好。

《张氏族谱》（刘改张）此张氏一族，是明监察御史刘瓒之孙，入赘其舅父张家，繁衍所成，青州称为刘改张氏。该谱修于“大清光绪二十二年岁次丁酉（1896年）嘉平月谷旦”，由张氏十五世孙张宝玉创修并作序。该谱开始先录有明成化间皇帝敕封刘瓒父母的敕谕。谱序记载：“张刘原籍南京应天府上元县，时制更为江宁府二郎岗人氏。胞兄弟三人，讳命长、命远、命兰。于永乐二年随驾至燕京，充银牌先锋随都指挥，历政多年。皇帝即位，遂命占地而居焉……”序言所记始祖入居青州之经过，先茔在古西关刘家庄，都与沧州刘氏族谱所记完全相同。谱序后记载了一世“让”至十二世张氏一族世系名单。

清雍正九年（1731年），张氏四世孙张永盛在所立《新建真教寺二门碑记》中，也详细记载了刘改张氏渊源：“粤稽家乘，本刘姓侍御公谱系也。因高祖邑庠生讳让，嗣岳公浚，赘张氏，而继志述事则未尝一刻忘也。”清乾隆四十二年杨峒所撰沧州刘氏《青州支谱原序》中也有记载：“先是宪副公有孙曰让，出嗣外舅张氏，而世与本宗齿昭穆之序”，“今刘典张氏族之别也，原其所自，生则同姓也，百世而婚姻不通者也”。

《查氏族谱》现存本为清同治二年查应和及族孙宗承、宗舜重修，“葡萄序”格式。之前，曾于乾隆年间坤公撰修。该谱记载了青州回族查氏渊源，“夫回回查氏之始祖，西域天臣国人也。大明天顺皇帝北狩于鞑靼，为呡顿乜允所虏获，而羁绊于沙漠不得归者，荏苒数载，方因‘繇’而得释焉。帝复归，始祖有保驾还国之功，从龙护卫之宠，封吾始祖于青州卫，赐姓，锦衣千户，钦赐世袭之职，兼给赡养之田，蠲粮免役之宽”。谱中所记，清道光二十二年，先茔有坟11冢，其中有明天启二年所立镇国将军石松公（四世）之墓和明威将军海岚公（五世）之墓。

该谱为研究青州回族历史之宝贵资料。原谱为绵纸，宽1米，长2.5米，楷体墨书。后人又用棉白布重制，赵毓枢绘制。

《沙氏家乘》为清光绪三十二年（1906年）续修本，马象乾手抄，棉纸，线装，一册，不分卷，共86页。前半部分有序言9幅，另有《续修族谱范例》、《沙氏墓表》各1篇，计40页，世系表46页。《沙氏家乘》始修于雍正三至六年（1725—1728），光绪三十二年由十四世清正、沙明等重修。

《沙氏家乘》记载，“沙氏自元世祖入中华，其先无可考，而隶于青者有荣公、瑾公二人。相传荣公为益之广文，因家焉，固望族也”。广文即广文馆，古时教育机构。始祖荣公是因在青州作儒学官员而在县城定居。而沙氏何时何地入居青州，序言文字中均无交代。据真教寺修寺碑记推算，沙氏入居青州时间，当与沧州刘氏相近。

另外，青州还存有《沙氏族谱世系图》挂轴，高 1.8 米，宽 1 米，葡萄序格式。清光绪三十二年由十三世孙福昌、福祥等编续，本人曾祖父赵克成绘制并题写。《沙氏族谱世系图》弥补了《沙氏家乘》中只有荣公支派，没有瑾公支派的缺憾。另外，金岭镇清真寺中还存有沙氏四世岗公墓碑，其内容与《沙氏家乘》中之《沙氏墓表》基本相同，亦于光绪三十二年所立。

《王氏族谱》（侯膏庄）现存本为“民国”三十一年（1942 年）青州王根立撰修，并分别由丁华峰、王长寅、王根立作序。王根立手抄，一册，不分卷。该谱记述了青州回族王氏一族历史渊源。“益都王氏初本汉族，始迁之祖正一公，率子兄弟六人，长讳有成，次讳德成、道成、化成、明成、儒成。父讳凤翔，母汪氏。于清乾隆十二年，由金岭镇之南侯膏庄奉母来居，始治东关昭德街王家巷。乾隆三十五年，卜兆于云峡河庄东北虎头崖，有墓巍然在焉。素慕回教教义清正深奥，越两年而入教。自此分为六支，支派绵衍，子孙繁多。”谱中所记清乾隆三十五年王氏先茔碑曰：“先祖考凤翔，茔在金岭镇之南侯膏庄之北处。此阡乃先茔妣汪太君墓也。先考讳显字正一，与先妣汪太君墓次弟而葬。恐后无识，爰志碑以传后人云。”

该谱为研究青州回族族源提供了宝贵史料，反映了回族与汉族相互融合的历史。

《王氏族谱》（金岭镇）2002 年 5 月，由金岭镇王氏动议创修。该谱详叙王氏渊源。其先祖宛葛斯，是先知穆罕默德派往中国传播伊斯兰教的第一位贤者。唐贞观三年，护携天经到长安。后人因科甲，唐王赐王姓。唐中期先祖迁入山西太原，明定都金陵后，迁至南京应天府上元县二郎岗。1403 年，迁入山东临清州碎皮巷，1506 年嘉宝祖率家人迁居山东青州府金岭镇。

王氏族谱曾有六世祖昭曦修撰，“文革”期间被毁。幸有十二世秉衡先生 1935 年记有谱牒资料珍藏。1956 年族人又从三世祖王寰墓地所立碑文抄得谱系一份珍藏。二者成为王氏谱牒之宝贵资料。今泰安泥沟村、临沂南关镇、博山、沂源东里村、滨州市蕀城等地，均有王氏同宗在焉。

《青州脱氏族谱》原谱已失。2005 年，青州脱恩铸先生依据辽宁、河北等地资料重修并作序。一册，不分卷。该谱记述了青州回族脱氏渊源。脱氏始祖脱脱，官拜元太师，中书右丞相。后被朝奸诬死。时长子哈剌章庸州安置，次子三宝奴兰州安置。三子周彬时年尚幼，愿随父死节，静以待之，后迁至河北省新河县。青州脱氏先祖来青州定居当在明代。因青州城里清真寺始建于明嘉靖二十五年，青州脱氏自甘肃兰州定阳县脱家沟迁来，任阿訇而落户。至清康熙四十九年添修清真寺东大门、仪门、影壁，则为脱氏先祖讳脱成者领工修建，影壁上有砖雕载文“大清康熙四十九年匠作脱成”字样。

该谱为研究青州回族历史提供了宝贵资料。

《李氏族谱》2003 年由李忠民、忠科等动议创修，忠民作序。族谱记载了李氏先祖渊源。据族中长者李玉标所记，李氏先祖兄弟四人，于明洪武二年由山西太原徙居山东青州。长兄李文藻落户南下庄，即今五里黄峪、下庄、十字等村李姓是其后裔。二兄李文兴落户云河村，云河村李姓是其后裔。三兄李文忠落户东关，今东关、后坡、夏钦园及火车站等地李姓是其后裔。四弟李文华落户十里庙村，现十里庙村、坡子村等李姓是其后裔。李氏原有族谱，“文革”中被毁。

由于族中谱牒资料尽失，此谱仅修其先祖兄弟四人中三兄李文忠后裔李士瑛、李士杰、李士德支派。

其他姓氏族谱尚未拜读，不作介绍。

参考资料

1.《青郡赵氏宗谱》，清乾隆十六年（1751 年），青州赵银重修。

2.《益都杨氏世谱》，清道光甲辰年（1844 年），青州杨澥重修。

3.《杨氏家谱》，“民国”九年（1920 年），孙连增、孙彦杰、孙俊创修。

4.《益都丁氏族谱》，“民国”三十年（1941 年），青州丁文藻、丁瀛基重修。

5.《青郡马氏族谱》，清嘉庆三年（1798 年），马兆鹏重修。

6.《青州马氏支谱》，2009 年，由马光盈修、马光诚作序。

7.《刘氏族谱》，清光绪八年（1882 年），青州刘玉桂、刘怀德等重修。

8.《青州刘氏支谱》，1990 年后据河北、天津等地资料撰修。

9.《张氏族谱》，“民国”三十一年（1942 年），青州张瀛阶等重修并序。

10.《张氏族谱》，清光绪二十二年（1896 年），张宝玉创修并作序。

11.《查氏族谱》，清同治二年（1863 年），查应和及族孙宗承、宗舜重修，之前，曾于乾隆年间坤公撰修。

12.《沙氏家乘》，清光绪三十二年（1906 年）续修本，马象乾手抄。

13.《王氏族谱》，“民国”三十一年（1942 年），王根立撰修，并分别由丁华峰、王长寅、王根立作序。王根立手抄。

14.《王氏族谱》，2002 年 5 月，由青州金岭镇王氏动议创修。

15.《青州脱氏族谱》原谱已失。2005 年，青州脱恩铸先生依据辽宁、河北等地资料重修并作序。

16.《李氏族谱》，2003 年由李忠民、忠科等动议创修，忠民作序。

作者简介：

赵潜　回族　山东省青州退休教师

安徽畲族初探

钟有根

内容摘要： 安徽的畲族主要分布在宁国境内的云梯畲族乡及其周边乡镇，本文简要论述该支畲族的迁徙、人口、认定历程，以及其政治、经济、文化的发展。

安徽的畲族主要分布在宁国境内的云梯畲族乡及其周边乡镇。云梯畲族乡地处安徽省东南部，东邻苏杭，西靠黄山，连接皖、浙两省三个县市，位于长三角经济区与中部地区的结合地带。

一、迁徙、人口、认定

现居住宁国境内的畲族，迁至此地大约有 130 年。他们的迁徙状况，我们可以从以下几个方面得到了解：

其一是族谱资料。云梯畲族乡白鹿村 13 村民组蓝汤富、蓝德富、蓝德元三兄弟保存的《蓝氏宗谱》是从浙江兰溪蓝氏宗祠传下来的。

《蓝氏宗谱》明确记载："明正德间（1506—1521 年）由丽水南乡迁云（和）县岩下。于崇祯七年（1634 年）迁景邑（景宁）之六都驮暮庵。十三年（1640 年）复迁温州、泰顺石余坑。乾隆七年（1742 年）转迁景邑之都赤木山口、吉山、清潘山、徐崇、罗坑头等处。"迄同治八年（1869 年）始迁兰溪西乡而居焉。大约在清光绪年间，由蓝德富的曾祖父迁入安徽宁国的云梯乡境内。这一支系现已繁衍到第六代，约近百人。云梯乡附近的仙霞镇油岭钟汤金保存的手抄《钟氏宗谱》记载，钟汤金家是其曾祖父的父亲钟宣春及其三个儿子挺良、挺和、挺章一大家子约在光绪年间从福建浦城迁至宁国仙霞幽祖（现在的油岭）居住至今。据钟宣春第五代孙钟汤金说，他们这一支系现已繁衍到第八代，共约有 200 余人。现今都还居住在仙霞镇。这是宁国境内畲族中迁入较早，人口较多的支系。

其二是查询相关口述资料取得证据。据畲族研究专家施联朱 1982 年的调查资料显示。现居住在千秋关的钟氏家族，据当时被调查人钟仁和（现已故）口述，他们家是由浙江景宁迁到淳安，再由其父亲钟汤才十七八岁时，约光绪五六年（1879—1880 年）年间迁至宁国杨山的青草湖，后又迁至云梯的千秋关居住至今。现已第六代，这一支系已有 60 余人。

据白鹿西坑的蓝金相介绍，他们家是祖父、祖母、伯父（蓝子兴）、伯母和其父亲（蓝朝兴）五口人于光绪十九年（1883）从兰溪油铺西方坞迁到现今的驻地——云梯乡白鹿村的西坑。现已 7 代，约有 70 余人。据被调查人千秋第 6 村民组的雷旺友（现已故）口述，他们家是其祖父于光绪十三年（1887 年）从浙江桐庐迁至现今的居住地——云梯乡千秋村的铜岭关居住，现已第六代约 50 余人。

其三是走访调查取得资料。据笔者走访的千秋八组蓝汤奇老人介绍，他们家是其祖父从浙江景宁迁至宁国云梯乡千秋村的铜岭关居住，至今约 120 余年，现已第六代约 100 余人。千秋畲族村蓝姓大部分属同一支系。据杨山乡原党委书记雷汤青介绍，他们家是曾祖父兄弟三人（其中一人叫雷海水）在光绪年间从福建浦城迁至云梯乡白鹿村龙王庙居住。后迁至落花坞居住至今。现已第六代约 60 余人。据钟汤荣（原宁国市第六届政协副主席）介绍，他们家由其曾祖父于 100 多年前由福建浦城迁至宁国云梯独山头居住至今。现已有 40 人。

据施联朱 1982 年的调查显示，安徽的畲族共有 1104 人，分布在宁国县狮桥区有 1064 人，占安徽省畲族总人口的 96%。其中以云梯公社为最多，有 868 人，占该公社总人口的 14.5%。占宁国县畲族人口的 78%。据笔者 1998 年根据派出所户籍资料调查统计，云梯乡共有畲族人口 862 人，其中蓝姓 402 人，雷姓 276 人，钟姓 184 人，全乡 4 个行政村，其中千秋畲族村 283 人，云梯村 285 人，白鹿村 273 人，毛坦村 1 人，乡直 20 人。千秋畲族村的畲族人口占全乡畲族人口的 33%，该村的畲族人口占全村总人口的 25%。

由上述可知，现居住在宁国境内的畲民迁入宁国的历史大约 130 年。那么为什么雷、蓝、钟三姓几乎在同一时间迁入安徽宁国境内呢？这要结合当时的历史背景来分析。据有关资料和传说显示。太平军与清军在宁国境内发生过多次激战，群众伤亡很大。战事结束后，宁国境内又发生瘟疫，死亡惨重，据《宁国县志》卷十四《灾异·清》记载：“同治元年（1862 年）乱定。五月，宁国瘟疫流行，全境死亡狼藉，无人掩埋。该县志的《附注》也记载："据乡老言，宁民死于锋镝者十之三，死于瘟疫者十之七，散于四方归来者不及十分之一。至今土著少，客籍多，足以证之。"由于战争和瘟疫造成宁国境内人口稀少，土地荒芜。1982 年畲族研究专家施联朱到云梯调查时，据蓝金相叙述，他的祖父在迁往宁国之前到安徽的广德、宁国一带看看，发现宁国人少地多，又有柴烧（据说兰溪当时是烧稻草的）"好做食"，因此他们就从兰溪迁到了宁国云梯。当时畲民是这样唱的"有奈何有奈何，掌（住的意思）落宁国种包萝，一兜包萝两个仔，比你作田好得多"。足以证明畲民迁入宁国的背景和历史原因。因此周边地区的居民在同一时期陆续迁入宁国境内，造成宁国境内"土著少，客籍多"的现状。

新中国成立前，畲民们并不知道自己是一个独立的民族，只知道自己的祖宗与别人的不一样。讲话穿戴与别人不一样，他们自称为"自己人"、"山哈人"。他们至今还是居住在山脚、山腰，并相对集中，形成大分散、小聚居的格局。他们刚迁入宁国时，仍以山地农耕为主要经济模式。以少量租种地主的梯田为辅。他们至今仍保留自己的语言和民歌。在新中国成立前及解放初期，少量畲民和汉人通婚，但大多数男女青年都要尽量找一个"自己人"结为伴侣。这充分表现出他们仍保留着一个民族所具有的"共同地域、共同语言、共同经济生活、表理于共同文化上的共同心理素质"这四大特点。

在宁国境内畲族认定之前，千秋村畲民雷汤德到浙江桐庐的舅舅钟志元家拜年，钟志元对他说："我们山哈是少数民族，上面对我们很关心，你回去后跟大家商量一下，可以写信给中央民委，要求上面承认你们是少数民族。但要讲自己的话，唱自己的歌。"雷汤德回家后就跟本村的雷旺友讲了此事。雷旺友马上写信与钟志元联系，请他帮助与上面联系。同时与雷汤富（原云梯高级社会计）等人先后给中央民委写了好几封信。中央民委回了一封信给雷旺友，大意是："你们的信已收到，已有公函到你省，由你省组织人员调查，请放心。"当时畲民们奔走相告，非常高兴。

因雷汤德回宁国后讲"今后要唱自己的歌曲"，因此由雷旺友、蓝根凤、蓝民才等人组织畲民唱畲歌。由于当时社会尚欠稳定，紧抓阶级斗争，因而乡公安员误认为这些"下客佬"天天晚上聚会，可能要闹事，于是带领民兵进行制止，并在雷旺友家中拿走了中央民委的回信。

由于安徽省收到中央民委的公函，就委托宁国统战部和民政局到云梯、仙霞、杨山进行民族识别调查，调查组翻山越岭，走村串户、走访了大部分村民。查阅了雷、蓝、钟三姓的《宗谱》，对畲民进行登记造册，并到浙江文城、景宁、爵永、兰溪、桐庐一带进行追溯调查。经过反复调查论证，直到1958年6月，安徽省人民委员会才下文“认定宁国境内雷、蓝、钟三姓（主要指云梯、仙霞、杨山等地）为畲族”。据当时的高级社会计雷汤富回忆：在仙霞召开了仙霞、云梯、杨山有关村乡干部及畲民代表参加的宣布大会。

二、政治、经济、文化

在历代统治阶级的残酷剥削和压迫下，畲族人民受到污辱和歧视，有的人称畲民为“下客佬”，是狗祖宗的后代，说“下客佬”祭祖是设在桌子底下祭的，这是对畲族人的一种莫大污辱和歧视，并造成极大的负面影响，直到现在，畲族人到外地出差或做客，若说是畲族人，别人就会好奇地问：“听说你们是不吃狗肉的吧?!”，意思就是说狗是畲族的祖宗。其实不吃狗肉也是部分畲民，并非唯畲族不食，因为狗是人类狩猎的帮手和好伙伴并通人性，故人们不忍食其肉，再者狗吃屎，视为污秽，故不食之，并非狗是畲民的祖宗而不食之。

在云梯曾经发生过这样一件事，椐蓝开友（原云梯小学校长）说，他听老人们说，约在40年代初，当地的地主恶霸企图将“下客佬”赶出云梯，趁云梯街一家店铺被劫之机，地主朱茂春、姜渭等人将畲民头面上的人物雷炳江带到姜渭家，要雷交代何人所为，雷根本不知此事，同时也不认为“山哈人所做，当然不会承认更无法交代，地主把雷炳江捆绑起来。当雷炳江侄子雷马青知道权叔立即带人找到朱茂春、姜渭，并要求立即放人，但始终没有结果。此事因此激怒了云梯一带的畲民，他们一边与桐庐一带畲民联系请求他们支援，一边组织当地畲民200余人手执棍棒、利刃，聚集在姜渭门前，再三要求放人，但姜渭、朱茂春等人依仗自己有势力仍置之不理，因此更激怒了畲民，雷马青（练武之人）随手拔起门前一棵近碗口粗的桂花树，大喊一声“打”，就在大家就要动手之际，姜、朱等人见势不妙被迫让步，把人放了才算了事。地主及当地人看到这班“下客佬”如此厉害，再也不敢轻易刁难“下客佬”了。

在经济上他们虽说是“一兜包萝两个仔，比你作田好得多”，但仍过着饥寒交迫的生活。当地汉人讥笑“下客佬”是“男女下田，无米过年”。虽是讥笑，却也是事实。新中国成立前，千秋村畲民没有一栋瓦房，冬天没有棉衣，只能靠钻草窝、烧火堆来取暖过冬。冬天日子短，为了节省粮食，只能一天吃两餐，而且都是以山薯干、玉米为主食。由于贫穷，读不起书，一般都不识字，直到现在，年龄在六七十岁的老人还是不识字多的。

新中国成立后，实行了各民族平等的政策，各级党委、政府认真落实党的民族政策。1992 年 11 月经安徽省人民政府批准，改宁国县云梯乡为“云梯畲族乡”，钟汤荣任第一任乡长，并配备了相应的畲族干部。2001 年，经本人调查，云梯畲族人中有副科以上干部 10 人，县市以上（历届）各类委员、代表 23 人，在本乡任教的畲族教师占教师总数的 20%。先后有 5 名畲族代表参加北京国庆观礼和全国少数民族参观团。在经济和社会各项事业上发展迅速，1994 年云梯畲族乡率先跨入小康乡行列，农民人均纯收入达 1477 元，至今为止，农民人均纯收入一直高于全县平均水平。千秋畲族村十年前还处于全乡最低水平，因千秋村山场多，畲民多（畲民勤劳），现在已处于全乡领先地位，新农村建设初具规模，95% 以上的村民都住上了砖混结构的楼房，拥有私家桥车 18 辆，货车、农用车已替代过去肩挑背扛的扁担。2010 年，该村被国家民委确定为“全国少数民族特色保护村寨”。云梯畲族乡在全省所有民族乡中，农民人均纯收入等经济指标一直处于领先地位，并分别于 1994 年、2005 年、2009 年三次被评为“全国少数民族团结进步先进集体”称号。

云梯畲族乡的畲民们在各级党委、政府的领导下，正以一种严谨求实的作风和奋力拼搏的精神建设一个文明美丽、团结祥和的家园。

作者简介：

钟有根　畲族　浙江泰顺县北丰畲族文化中心理事

《八旗满洲氏族通谱》苏完瓜尔佳氏研究

赵国强

内容摘要： 本文从研究《八旗满洲氏族通谱》苏完瓜尔佳氏的记载入手，详细阐述了苏完瓜尔佳氏的族源及发展历程。

乾隆九年（1744年）十二月初三日，由清代弘昼等奉清高宗弘历之敕而编纂的《八旗满洲氏族通谱》[①]（以下简称《通谱》），谱系由满洲及蒙古、高丽、尼堪（汉人）四个民族组成。书中辑录了除清代皇室爱新觉罗氏以外的满洲姓氏，详细记述了其归顺爱新觉罗氏的时间、原籍何地、官阶及勋绩情况。这是满洲民族共同体最终确立的一部法典。

《通谱》开篇记述了苏完瓜尔佳氏，并明确指出："瓜尔佳氏为满洲著姓，而居苏完者尤著。"[②] 那么苏完瓜尔佳氏在那一历史时期到底处于什么样的地位，本文给予简要阐述。

一、苏完瓜尔佳氏族源

《通谱》卷一在"苏完地方瓜尔佳氏"中记载："其先有同胞兄弟三人，长曰佛尔和；次曰尼雅哈奇；三曰珠察，后离居。佛尔和仍居苏完，尼雅哈奇迁席北，珠察由瓦尔喀再迁西尔希昂阿济哈渡口。珠察生素尔达。素尔达生二子，长子曰王沙鲁；次子曰王扎拉达。王扎拉达生莽喀尼。莽喀尼生罗罗墨尔根。罗罗墨尔根生常喀尼墨尔根。常喀尼墨尔根生二子，长曰尼堪；次曰索尔果。索尔果为苏完部长，有子十人，其族最盛。"[③] 还记载：费英东，"镶黄旗人，苏完部长索尔果之次子也。国初，

---

① 弘昼等撰：《八旗满洲氏族通谱》，卷一，第2－3页。
② 弘昼等撰：《八旗满洲氏族通谱》，卷一，第2－3页。
③ 弘昼等撰：《八旗满洲氏族通谱》，卷一，第2－3页。

随父亲率五百户首先来归。太祖高皇帝嘉之，授一等大臣。以孙女妻焉。”①

另据辽宁海城的《佛满洲苏完瓜尔佳氏家谱》（以下简称《全谱》）记载：“瓜尔佳氏为满族著姓，而居苏完者尤著……原生长在松阿里乌拉达林苏完沃野阿拉哈哈达世居，因此为苏完人氏。其一父生三子，长曰佛尔和、次曰尼雅哈齐、三曰珠察。后兄弟三人因争鹏翎忿气离居。佛尔和仍居苏完；尼雅哈齐迁西㚟（伯）地方，以后成为席北、卦尔察祖；珠察由瓦尔喀再迁西尔希昂阿济尔渡口（或日迁明朝的喜乐温卫），复归苏完。珠察生一子，名曰素尔达（约生明洪武二十一年左右），被定位瓜尔佳氏关姓始祖。”②

两谱记载的家族史基本一致，只是个别地名和人名音转译法略有出入，说明这个家族史是史实。如果将珠察认定为这一家族的始祖，那么二世祖为素尔达；三世祖为旺扎拉达；四世祖为莽喀尼；五世祖为罗罗莫尔根；六世祖为常喀尼墨尔根；七世祖为索尔果。同时说明，这一家族世居苏完地方。

另据《清史稿》、③《锡伯族源出女真论》、④《双阳满族史话》⑤ 等资料记载，历史的“苏完”就是今天的吉林双阳。进而说明，苏完地方瓜尔佳氏是从双阳走出去的一个部族。

二、苏完瓜尔佳氏归顺情况

满洲姓氏“来归”（指归顺建州部）的时间，在《通谱》中分为“国初”、“天聪”、“崇德”、“顺治”、“康熙”五个时段。而年份不清者，则标以“来归年份无考”（“来归”是指来到建州部归顺于努尔哈赤麾下）。“国初来归”者共有379姓、3277户（人），其中瓜尔佳氏就有459户，占14.01%。“天聪时来归”者共有151姓氏、549户（人），仅瓜尔佳氏就有41户，占7.47%。“来归时间无考”者共有312姓、1058户（人），其中瓜儿佳氏151户，占14.27%。“崇德时来归”者共有4姓、4户（人），

---

① 弘昼等撰：《八旗满洲氏族通谱》，卷一，第2－3页。

② 张炳旭等著：《〈佛满洲苏完瓜尔佳氏家谱〉研究》。

③ 赵尔巽等编纂：《清史稿》，中华书局，1977年，第1951页。

④ 都兴智著：《锡伯族源出女真论》，载《吉林大学社会科学学报》，1997年第2期第76－82页。

⑤ 赵国强著：《双阳满族史话》，吉林人民出版社，2011年，第33页。

“顺治时来归”者共有75姓、293户（人），“康熙时来归”者共有2姓、2户（人）。后三个时期均没有瓜尔佳氏来归者。

《通谱》记载的瓜尔佳氏共有752户、789人来归，仅苏完瓜尔佳氏就有163户（此户与索尔果率本部500户的内涵不同）、187人，分别占21.58%、23.70%。特别是索尔果部归顺最早，可以说起到了积极的带头作用。这说明苏完瓜尔佳氏人数众多，影响较大。此外，在苏完，除了“著姓”瓜尔佳氏外，尚有马佳氏、舒舒觉罗氏、纳喇氏、富察氏、完颜氏等姓氏来归者。

三、苏完瓜尔佳氏旗籍隶属情况

《通谱》卷一记载，苏完瓜尔佳氏传主84人，其涉及人物达1057人；附载102位主要人物；共涉及1359人。在84位传主中，分布在镶黄旗14人；正黄旗24人；正白旗17人，镶白旗11人；正蓝旗5人；正红旗4人；镶红旗5人；其他旗共4人。上三旗（镶黄旗、正黄旗、正白旗为上三旗，由皇上直接管辖）共有55人，占66%。在传主涉及的1057人中，分布在镶黄旗192人；正黄旗288人；正白旗167人，镶白旗198人；正蓝旗58人；正红旗37人；镶红旗18人；其他旗共99人。上三旗共有647人，占61.2%。在记载的1369人中，分布在镶黄旗274人；正黄旗305人；正白旗245人；镶白旗205人；正蓝旗95人；正红旗77人；镶红旗36人；其他旗共132人。上三旗共有824人，占60.2%。无疑，苏完瓜尔佳氏在上三旗中占有主要地位。

四、苏完瓜尔佳氏分布职司情况

《通谱》记载，苏完瓜尔佳氏在朝野担任的文职有六部尚书、大臣（包括大臣、内大臣、议政大臣、散秩大臣、参赞大臣、驷院大臣）、总督、总管（包括盛京、张家口、山海关总管）、部院左、右侍郎、太师、少师、太子少傅、少保、太子太保、太仆寺卿、太常寺卿、鸿胪寺卿、武备院卿、内阁大学士、内阁学士、内阁侍读、经筵读官、按察使、郎中；巡抚、鸣赞、牧长、长史、编修、中书、助教、副都御史；赞礼郎、博士、中允、大使、迎送官、钦天监监副、庶子、司胙官、进士、包衣大、署丞、检讨、郎中令、御史、主事、灵台郎、典簿、候补寺正、布政史、通政使司通政使、监道、通判、贡生、云台郎、内官领、典仪、启心郎、署正、寺丞、给事中、知府、天文里、厩长、司务、给使什长、笔帖式、县丞、知州、同知、知县、司经局洗马、领音、文举人、主事等。

苏完瓜尔佳氏在朝野担任武职的有领侍卫内大臣、将军、都统、副都统、佐领、头等侍卫、二等侍卫、三等侍卫、蓝翎侍卫、前锋侍卫、侍卫领班、侍卫什长、侍卫署参领、步军总尉、步军副尉、备御、护军校、参领、副参领、云麾使、前锋校、陵寝翼长、头等护卫、二等护卫、三等护卫、步军校、委署步军校、骁骑校、委署参领、护军参领、兵部理事、整仪尉、副骁骑校、副将、兵部侍郎协领、冠军使、兵部库官、治义正、防御、城门尉、亲军校、步军统领、一等都尉、前锋参领、翼长、游击、城守尉、内管领、侍卫署总领、司库、护军统领、副护军统领、前锋校、千总、管守信炮官。

由此可见，从中央到地方的各级文武衙门中均有苏完瓜尔佳氏任职，在整个政权的运作中，他们起到了中坚作用。自朝廷的内阁大学士、各部尚书，至地方的总督、巡抚、知府、知县；从都统、将军、佐领、侍卫，到前锋校、骁骑校、亲军校、千总，都有相当部分苏完瓜尔佳氏人任职。

五、苏完瓜尔佳氏勋爵与官位等级分布情况

经对《通谱》“苏完地方瓜尔佳氏”所涉及的1359人进行数字处理，初步认定获得勋爵者377人（次）；任一至九品文职者441人（次）；任一至六品武职者733人（次）。

在勋爵中，有额驸6人；超品公爵18人（次）；超品侯爵1人；超品伯爵5人（次）；一品子爵12人（次）；二品男爵21人（次）；三品轻车都尉98人（次）；四品骑都尉112人（次）；五品云骑尉104人（次）。

在一至九品文职中，一品官职44人（次）；二品官职29人；三品官职25人（次）；四品官职14人（次）；五品官职122人（次）；六品官职50人（次）；七品至九品官职157人（次）。

任一至六品武职中，任一品官职34人（次）；任二品官职36人（次）；任三品官职134人（次）；任四品官职188人（次）；任五品官职146人（次）；任六品官职192人（次）。任其他官职3人（次）。

从人数统计上看，苏完瓜尔佳氏所任文武各官职的人数，在中央机构任职的多于在地方上执政的，任武职的人数又高于任文职的，说明开国之初苏完瓜尔佳氏仍保持着满洲的“骑射”传统。在中央任文职的，又以六部居多。在部院衙门中，笔帖式一职充任者最多，有114人（次）；其次任员外郎的53人（次）；再次任郎中的41人（次）。在武职官职中，任佐

领者达144人（次），为最多；其次任骁骑校者88人（次）；再次任护军校者74人（次）。从文职和武职官品位人数分布看，苏完瓜尔佳氏后继有人。可见，苏完瓜尔佳氏极其重要地影响着国家机器，尤其是在中央文武衙门，故有“关满朝”之说。

此外，苏完瓜尔佳氏获得皇上赐号的15人（次），配享太庙的2人，御书碑文勒石的6人。进一步说明，苏完瓜尔佳氏在皇上心目中具有重要地位。

六、苏完瓜尔佳氏著名人物

对清朝历史影响重大的苏完瓜尔佳氏著名人物主要有费英东扎尔固齐、图赖、卓普特、鳌拜巴图鲁、车克、石廷柱。他们的主要功绩如下：

1. 费英东扎尔固齐，镶黄旗人，苏完部长索尔果之次子也。国初，随父亲率五百户首先来归。太祖高皇帝嘉之，授一等大臣。以孙女妻焉。征瓦尔喀国，取噶家路，悉收降人以归。又往征瓦尔喀、安褚拉库路，取屯寨二十余处。又迁瓦尔喀、蜚悠城户口，尽收其环城屯寨。令侍卫扈尔汉获五百户先归。值乌喇国发兵万人要诸路，两军相持未决。费英东扎尔固齐率兵继至，大败其众。后取抚顺县，明兵来援，费英东扎尔固齐督兵追战，所乘马闻火炮惊逸，诸军不前，费英东扎尔固齐回马大呼，麾众直入。于是诸军并进，大破之。太祖见之曰，此万人敌也。后从太祖征乌喇，力战破贼。征叶赫时，费英东扎尔固齐攻其城之西面。守陴者投石飞火，不容相逼。太祖命之退，费英东扎尔固齐不肯退，终堕其城。费英东扎尔固齐自少从征诸国三十余年，身先士卒，冲锋陷阵，战必克，屡奏肤功，授一等子，历任都统。年五十七以疾卒于官。其为人忠直，见国事稍有缺失，辄毅然强谏，毕智殚力，克输勇略，以佐成帝业。太宗文皇帝即位，追封费英东扎尔固齐为直义公，配享太庙。太宗曾谓群臣曰：“费英东扎尔固齐见不善，必先自斥责而后劾之。见人之善，必先自奖励而后举之。其所奏善恶，被劾者亦无怨言，被举者亦无骄色。朕未闻尔等诸臣以善恶直奏似斯人也。钦此。”顺治十六年，世祖章皇帝念费英东扎尔固齐参赞庙谟，恢扩疆土，为开创佐命第一功臣，特崇延世之爵以励忠勤，加其世职为三等公。康熙三十七年，圣祖仁皇帝恭谒陵寝至盛京，追念费英东扎尔固齐旧勋，亲奠墓次，复遣官读文祭之。御书碑文勒石纪焉。雍正九年，世宗宪皇帝特旨加其封号为信勇公。

2. 图赖，正黄旗人，费英东扎尔固齐第七子也。纳海、图赖分别世袭费英东的三等公。由废员从征董薬时，追杀叛逃之察哈尔，多所俘获。初围锦州，击却宁远来援兵。征北京连破马总兵营，斩杀甚众，授骑都尉。又以乘夜率百人解滦州，位有功，授为三等轻车都尉。取大凌河，击败明建军道张春。兵征大同，攻克灵丘县城，授为二等轻车都尉。过北京，征山东，击败吴总兵步骑八千余众。连克四城，授为三等男。后围锦州，克其外围，并击败松山马兵，授为一等男。又以攻取前屯卫中、后所二城，授三等子。定鼎燕京时，入山海关，以步战破李自成营，复追至庆都县败之。后叙诸功绩，以图赖持忠贞之心不惜生命，戮力王家，克秉忠义，优封三等公。又于潼关等处，屡败流贼兵众，攻拔太平府城，擒福王，晋封一等公。后征福建，击败黄鸣骏等于仙霞关，十五战皆捷。共下泉州府等十城，杀伪唐王朱聿钊及伪国公方国安等大小伪官一百五十四人，降其兵八千余众。以疾，卒于军。顺治九年追谥号昭勤公，配享太庙，复御书碑文勒石纪焉。

3. 卓普特，镶黄旗人，卫齐之次子也，由佐领征黑龙江有功授云骑尉。围锦州击败杏山松山马步兵。平定河南、江南时，累立军功。后于杭州、海宁、平湖、松江等处，屡败伪陈总兵等兵，并获其船，叙功，优授骑都尉兼一云骑尉。寻任兵部理事官五载，考绩授为三等轻车都尉。两遇恩诏，优授一等轻车都尉兼一云骑尉。从征湖广击败伪总兵陶养用等兵，于衡州府，又于王公岭阵斩伪黄副将，叙功授为三等男。又于恩诏授为二等男，历任都统。卒。

4. 鳌拜巴图鲁，镶黄旗人，卫齐第三子也。由佐领从征锦州先拆毁上方堡边墙前往埋伏大兵得以继进。后由大同入边克得胜堡。大兵征皮岛，与准塔联舟渡海，先众而往，举火为号，后师继至皮岛，兵列阵于堡上，鳌拜亲冒矢石鼓众奋登，竟克之。太宗文皇帝以此岛可比大城，从优议叙，授三等男，赐巴图鲁号。围锦州时，击败杏山、松山援兵，叙功授为一等男。后洪承畴率各路总兵，吴三桂等合兵十三万来援锦州。太宗亲统大军往御，鳌拜巴图鲁等益鼓勇进击，大获全胜。吴三桂等率兵夜逃逸，鳌拜巴图鲁复跟踪其后，乘胜长驱直抵塔山，追杀其马步兵过半而还。以功优授为三等子。定鼎燕京时，叙诸臣功绩，晋封一等侯。统兵驻防大同时，总兵姜瓖叛率两营贼兵来逼我军，鳌拜亲督官兵，破其一营，斩首殆尽，晋封二等公。遇恩诏加少保兼太子太保。顺治十八年受世祖章皇帝顾命为辅政大臣，特赐一等公加太师。其军功所得之二等公令其子纳穆福承袭，任领侍卫内大臣。后鳌拜获罪将其子所袭公爵一并削革。康熙五十二年，圣祖仁皇帝追念鳌拜功绩，恩赐一等男，以其亲弟巴哈之孙苏赫承袭。雍正五年赏还鳌拜一等公爵，又加其封号为超武公。令其孙达福承袭。

5. 车克，镶白旗人，克尔素之孙也，初袭父席尔那佐领。太宗文皇帝赐姓觉罗，由前锋侍卫围锦州连败洪承畴三营兵。定鼎燕京时，入山海关击败流贼马步兵二十万众。叙功授骑都尉后，任户部理事官，考绩称职加一云骑尉。两遇恩诏加至二等轻车都尉。历任户部尚书、议政大臣。世祖章皇帝以车克素忠勤，始终不渝，加太子太保寻擢内秘书院大学士。后又加少师兼太子太师。卒，赐葬如典礼，谥号文端，立碑纪焉。

6. 石廷柱，正白旗人，石翰第三子也，初为明署事守备。太祖高皇帝取广宁举城归附授三等轻车都尉。取囊努格时，以奋勇争先克敌，授为三等男。从征察哈尔俘获甚众。又以征旅顺口有功，授为三等子，围锦州击败松山、杏山马步兵。又攻克塔山、杏山二城，授为二等子。又招抚昌平、怀来等州县、太原等府，叙功授为一等子。遇恩诏晋三等伯。后围大同时，击败泽州贼兵三千。又攻克浑源州及汾州府等五城，晋二等伯。又遇恩诏晋一等伯兼一云骑尉。缘事降为三等伯历任都统兵部尚书、京口镇海将军。后引年告休，加少保兼太子太保。卒，追赠少傅谥号忠勇，勒石纪焉。

七、结　论

苏完瓜尔佳氏族源就是今天的吉林双阳。在归顺的所有瓜尔佳氏中，苏完瓜尔佳氏归顺占户数 21.58%，占人数的 23.70%，起到了积极的带头作用。苏完瓜尔佳氏在上三旗中占有主要地位。在整个清朝政权的运作中，苏完瓜尔佳氏起到了中坚作用。苏完瓜尔佳氏极其重要地影响着国家机器。

参考文献

弘昼等撰：《八旗满洲氏族通谱》。

张炳旭等著：《〈佛满洲苏完瓜尔佳氏家谱〉研究》。

赵尔巽等纂：《清史稿》，中华书局，1977 年。

都兴智著：《锡伯族源出女真论》，载《吉林大学社会科学学报》，1997 年第 2 期。

赵国强著：《双阳满族史话》，吉林人民出版社，2011 年。

作者简介

赵国强　满族　长春市双阳区旅游局

从《中国蒙古文古籍总目》分析蒙古族家谱特点

李金花

内容提要 本文对《中国蒙古文古籍总目》收录的蒙古文家谱进行较系统的分析，从蒙古族家谱的分布地区、收藏单位、装帧形式、版本、内容等几个方面梳理概括出蒙古族家谱的基本特点。

家谱，又称族谱、祖谱等，是一种以表谱形式，记载以血缘关系为主体的家族世系繁衍和重要人物事迹的特殊历史典籍文献。

蒙古族家谱是记载蒙古族姓氏、一个家族世系、重要人物活动的记录。据有关资料，蒙古族早在元朝时期开始，不论贵族、平民都要撰写家谱，并且成为传统习俗。蒙古可汗和贵族的家谱世系在史料文献中均有记载，而平民的世系家谱多数系家藏。在长期的迁徙和战乱中，有的停记、遗失以至被迫烧毁。目前被公众所发现的蒙古族家谱数量不多，基本上都是贵族或有等级职位者所属，其年代是清代或民国甚至更晚。1999 年北京图书馆出版社出版的《中国蒙古文古籍总目》（以下简称《总目》）收录了全国 180 个藏书单位和 80 位个人收藏的 1949 年以前中国抄写、刻印的蒙古文图书经卷、档案资料、金石拓片和期刊报纸共 13115 款条目，全面反映了中国蒙古文古籍文献的实际面貌和收藏情况。其中家谱文献有 193 条。《总目》收录的这些家谱收藏单位相对集中，主要在国家图书馆、内蒙古自治区社会科学院图书信息中心、内蒙古大学图书馆、内蒙古日报社蒙文资料室等五家单位、少量文献收藏在内蒙古自治区图书馆（1 份）、辽宁省阜新蒙古族自治县蒙古语文办公室（2 份）、黑龙江省杜尔伯特蒙古族自治县博物馆（1 份）、内蒙古自治区阿拉善左旗档案馆（1 份）、才仁巴利（个人，存 1 份）、内蒙古自治区档案馆（1 份）、辽宁省喀喇沁左翼蒙古自治县档案馆（2 份）、内蒙古自治区哲里木盟库伦旗档案馆（1 份）、才让（个人，存 3 份）、内蒙古自治区锡林郭勒盟苏尼特左旗档案馆（1 份）等单位和个人手里收藏。分析这些家谱，发现蒙古族家谱有以下几个特点：

一、现存蒙古文家谱版本年代较晚

《总目》收录的家谱，从其年代来看，大多数为清代末期到民国，甚至还有个别年代更晚的。有的有确切的年代，有的没有，但从其著录来看，不是清代的就是民国时期，而且有不少藏品印有满蒙古文的公章。如《鄂尔多斯右翼后旗镇国公扎木苏始九代家谱》为清光绪四年（1878 年）毛笔写本，《鄂尔多斯右翼后旗巴图孟克达延汗三子巴尔斯博罗特始十八代家谱》为清道光元年（1875 年）毛笔写本；《章京巴雅尔莽鼐苏木诸台吉家谱》为民国 4 年（1915）毛笔写本，《鄂尔多斯右翼后旗章京布噜齐禄苏木诸台吉家谱》为民国 34 年（1945 年）毛笔写本；《鄂尔多斯右翼后旗诸台吉家谱》为清末毛笔写本，《鄂尔多斯右旗前期诸台吉十一代家谱》为清末毛笔写本；《喀尔喀札萨克图汗部札萨克图汗兼多罗郡王索特诺木喇布坦旗三等台吉色宁家谱》、《鄂尔多斯右翼后旗三等台吉珲第始九代家谱》等 110 余种文献盖有“旗札萨克”或“某某旗管家章京”，“盟长印章”的满蒙文的印章；《总目》文献中，年代最早者为清嘉庆二十年（1815 年）的《哈鼐诺颜洪古尔至玛哈巴拉家谱》，年代最晚者为 1946—1947 年间钢笔写本《哈尔固苏木哈尔固嘎查宝山家谱》。

二、蒙古文家谱分布地域广，但又相对集中

《总目》收录的家谱，显然是清代有了盟旗制度后的产物。盟旗制度是清朝政府对漠南蒙古族的统治制度，盟旗各级官吏由理藩院选择蒙古王公台吉担任，世袭罔替，政令通过盟旗贯彻。盟旗制度的核心是旗，若干旗组成一盟，盟长不能直接干预各旗事务和发布政令。旗是蒙古地区行政区域，又是蒙古封建主的领地，旗长叫札萨克，札萨克府下设杜萨勒克赤（协理），梅林（辅理）和札希勒赫赤（章京）等，分别主管民政、财政和军政。清廷在蒙古地区共设二十盟，内札萨克六盟，即哲里木、卓索图、昭乌达、锡林郭勒、乌兰察布，鄂尔多斯。外札萨十四盟，即外蒙古喀尔喀四部四盟、西蒙科布多杜尔伯特、三音济雅图左右二盟、新疆土尔厄特五盟，和硕特一盟、青海河北左右两翼二盟等。《总目》收录的家谱分布在以下几个盟、旗的范围内。有鄂尔多斯市所属鄂尔多斯札萨克、鄂

尔多斯右翼后旗、鄂尔多斯左翼前旗、鄂尔多斯左翼后旗、鄂尔多斯左翼中旗、乌兰察布盟、哲里木盟、外札萨喀尔喀、青海札萨克、昭乌达盟、辽宁（属于卓索图盟）、乌喇特东公旗、杭锦旗等。但主要集中在鄂尔多斯市各旗的家谱最多。

三、蒙古文家谱均为写本

《总目》中的家谱有毛笔写本、竹笔写本、钢笔写本。其中大多数为毛笔写本。如《章京莽鼐苏木诸台吉家谱》，清光绪二十一年（1895 年）毛笔写本，《哈鼐诺颜洪古尔长兄儿子》为清光绪年间竹笔写本。从文献使用的墨色来看，基本上是黑色，仅有一件《哈鼐诺颜洪古尔至玛哈巴拉家谱》为清光绪二十年（1815 年）朱墨双色套写写本。另外《总目》中收录的唯一的钢笔写本家谱为《哈尔固苏木哈尔固嘎查宝山家谱》。

四、蒙古文家谱多为散页

《总目》中的蒙古族家谱有散页、卷轴、有缩微胶卷、也有一些成册复印件。而蒙古族家谱原件基本上是散页，少则一张，多则几十张，并且尺寸上大小各不相同。如《多罗额駙家谱》为自 1663 年开始记录的成吉思汗黄金家族额驸始十四代家谱，一张，尺寸相当大，高 200 厘米，长 800 厘米。《鄂尔多斯左翼前旗巴图蒙克达延汗三子巴尔斯博罗特始十九代家谱》为民国时期毛笔写本，共 78 张；有三种文献为线装书：《台吉家族史》为清同治五年（1866 年）毛笔写本，1 册，线装。《黄金家族哈萨尔世系谱》一册，线装。《哲里木盟与阿鲁科尔沁部家谱》为毛笔写本，一册，线装；仅有一种文献《巴图蒙克达延汗之子巴尔斯博罗特家谱》（09459 号）为清代毛笔写本卷轴。另有 24 种文献原件收藏在德国马尔堡大学图书馆，2 种文献收藏在丹麦哥本哈根皇家图书馆，1988 年由内蒙古大学拍照并制作成缩微胶卷。有 8 种文献为复印件，原件分别收藏在南京档案馆和私人手里。

五、蒙古族家谱内容丰富形式多样

1. 贵族家谱

清代，满族统治者为了控制和利用蒙古封建主势力，对于归服的蒙古封建主，按其效忠与功劳的大小，给予爵位，分别授予亲王、郡王、贝勒、贝子、镇国公、辅国公等不同爵位，并世袭罔替，相传子孙。《总目》

收录的家谱恰恰都是这些贵族家谱。从家谱题名中就明确记录其家族的身份爵位。如《阿雅泰墨尔根阿海始十二代家谱》、《成吉思汗九骏之一太师孛斡尔出家谱》《伊克昭盟鄂尔多斯札萨克多罗贝勒阿勒坦额齐尔左翼前旗家谱》、《鄂尔多斯右翼后旗镇国公扎木苏始九代家谱》、《鄂尔多斯右翼后旗贝子色棱纳木扎始六代家谱》、《鄂尔多旗右翼后旗三等台吉阿巴勒始七代家谱》、《鄂尔多斯右翼后旗巴图蒙克达延汗三子巴尔斯博罗特始十七代家谱》、《鄂尔多斯左翼前旗咕噜岱青始十九代家谱》、《鄂尔多斯右翼中旗管旗章京诺尔布家谱》、《鄂尔多斯左翼中旗首授二等台吉阿南达始九代家谱》、《鄂尔多斯左翼中旗和硕亲王固噜始十代家谱》、《鄂尔多斯左翼中旗协理四等台吉阿玉什始七代家谱》、《鄂尔多斯左翼中旗郡王栋如布始九代家谱》、《参领台吉八延多尔济辖下诸台吉家谱》、《喀尔喀札萨克图汗部札萨克图汗兼多罗郡王索特诺木喇布坦旗三等台吉色宁家谱》、《喀尔喀札萨克图汗兼多罗郡王索特诺木拉布坦家谱》、《喀尔喀札萨克图汗部右翼后旗镇国公衔札萨克一等台吉巴扎尔巴尼家谱》、《喀尔喀札萨克图汗部右旗札萨克札萨克辅国衮布索伦家谱》、《喀尔喀札萨克图汗部贝子衔辅国公云敦多尔济家谱》、《喀尔喀札萨克图汗部中左翼右旗札萨克辅国公八延济尔噶勒家谱》、《喀尔喀札萨克图汗部左翼后末旗札萨克阿克旺车凌家谱》、《喀尔喀札萨克图汗部左翼中旗札萨克镇国公达木定索伦家谱》、《乌兰察布盟喀尔喀右翼达尔汗贝勒云端旺楚克旗察布丹家谱》、《哈鼐诺颜洪古尔兄长儿子》、《情海札萨克一等台吉索诺木多尔济家族史》、《多罗额驸家谱》等家谱题名中有近三十种职位。

2. 多次续修的同一家族的家谱

从《总目》可以看出不少蒙古族家谱有修谱续谱的传统，《总目》09372－09375 号为鄂尔多斯右翼后旗札萨克固山贝子都棱的家谱，分别为贝子都棱的七代家谱、八代家谱，09375 号为九代家谱；09376－09380 号为鄂尔多斯右翼后旗巴图蒙克达延汗三子巴尔斯博罗特的家谱，其中有十八代家谱，也有十七代家谱；09381－09382 号分别为鄂尔多斯右翼后旗三等台吉阿巴勒始七代和八代家谱；09384－09386 号为鄂尔多斯右翼后旗镇国公索诺木始十代家谱；09398－09406、09422 号为鄂尔多斯右翼后旗巴图蒙克达延汗三子巴尔斯博罗特的家谱，有十六代、十七代、十八代、十九代家谱；09409－09422 号为鄂尔多斯右翼前旗固噜岱青始十代、十二代家谱等。

3. 集体家谱

《总目》中出现一个盟的家谱，一个旗的家谱，一个苏木的家谱，出现更多的是一个家谱包含了诸人的家谱内容。如 09488 号为鄂尔多斯市诸台吉家谱；09462 号为杭锦旗家谱；09482 号为札萨克台吉旗家谱，09458 号为章京阿勒坦格日勒苏木诸台吉家谱，09468 号为章京玛尼巴达尔苏木家谱，09470 号为鄂尔多斯右翼后旗章京哈达苏木诸台吉家谱；参领辖下诸台吉家谱（09490、09492、09493 -97 号），09482 号为札萨克台吉旗家谱，09455 -58 号为旗诸台吉家谱，09554 为《哲里木盟与阿鲁科尔沁部家谱》等。

4. 姓氏家谱

《总目》中收录了几部姓氏家谱，如《兀良哈氏诺颜家谱》、《乌图尔氏家谱》、《博尔济根察罕什巴古家谱》、《罕图特氏家史与谱系》、《蒙古营家史》、《蒙古孛儿只斤家族史》等。其中《兀良哈氏诺颜家谱》收藏在喀喇沁左翼蒙古族自治县档案馆，是兀良哈（乌梁海）蒙古人之旗谱，是世界上迄今发现的最大的蒙古族家谱，具有珍贵的文献价值。

5. 成吉思汗黄金家族家谱

09523 号为《黄金家族二十九代家谱》，09535 号为《哈布图哈萨尔家谱》，09536 号为《黄金家族哈萨尔世系谱》，09364 号为《成吉思汗九骏之一太师孛斡儿出家谱》，09365、09376 -09380、09398 -09408、09459 -61 号为鄂尔多斯右翼后旗巴图孟克达延汗三子巴尔斯博罗特始许多代人的家谱，从这些家谱可以了解到成吉思汗黄金家族的流传延续情况。

6. 其他民族家谱

《总目》中只出现一部其他民族家谱，叫《耶律氏家谱》。是契丹民族的家谱，耶律家族，属于以家族名称为氏。此文献对研究契丹民族的历史提供了有益的文献资料，值得关注。

7. 多数家谱较简略无题名

《总目》中有三分之二的家谱题名是根据文献的内容，由著录人员自拟的。比如，《阿雅泰墨尔根阿海始十二代家谱》、《鄂尔多斯右翼后旗贝子色棱纳木扎始七代家谱》、《鄂尔多斯右翼后旗诸台吉家谱》等，均为原文献无题名，著录员根据文献内容自拟题名的。

综上所述可以得出蒙古族家谱的特点：现存 1949 年以前编修的蒙古文家谱数量不多，主要分布在鄂尔多斯市右翼、左翼、后翼各个旗，有极少数分布在乌兰察布盟、昭乌达盟，外札萨喀尔喀（现在的蒙古国），哲里木盟，青海、辽宁等地。就版本和年代而言，基本上清代中晚期及民国时期的毛笔写本，装帧形式为散页，少则一张，多则几十张。内容多为贵族，有公职者所属，有少量蒙古族姓氏家谱。有资料显示蒙古族曾有大量家谱流传，但现保存下来的为数不多。蒙古族著名文学家尹湛纳希的家族谱，辽南的巴尔虎后裔、元裔都姓、撒哈拉氏（许姓）均有家谱流传于世。但遗憾的是《总目》里未见这些家谱收录。近年来有一些学者整理研究蒙古族家谱并出版发行，如《辽宁蒙古族家谱选编》、《哈日嘎纳哈拉家谱》、《乌珠穆沁家谱》、《岫岩巴尔虎旗—暨巴尔虎蒙古族翁阔特寇氏谱系》等，内容涉及蒙古族源流、姓氏、人口迁徙、地域分布、蒙旗设立、满蒙关系、牧场、土地等。这些家谱的珍贵程度不亚于《总目》收藏的家谱，希望在不久的将来有更多的家谱文献被挖掘整理，公布于世。

参考文献

1. 《中国蒙古文古籍总目》，北京图书馆出版社，1999 年 12 月。

2. 文轩著:《清代盟旗制度》，载《阴山学刊》，1988 年 2 期。

3. 陈国干著：《清代盟旗制度的来源与性质》，载《内蒙古社会科学》，1981 年 1 期。

作者简介

李金花　蒙古族　国家图书馆　副研究馆员

从蒲氏家谱看蒲家香业发展历史

王华北

内容摘要：本文通过对蒲氏家族的来源及蒲氏家族经营香料的历史现状，阐述宋代是蒲氏家族香业发展的鼎盛时期；探讨蒲氏家谱是研究中西海上航线发展，蒲氏香业发展，阿拉伯海商家族迁徙及中国的伊斯兰教活动和明代以后逐步汉化的历史。

国内现存蒲氏家谱有：广东《南海甘蕉蒲氏家谱》，初辑于明万历四十七年（1619 年），重修于光绪三十三年（1907 年），内含总谱和蒲寿庚兄蒲寿晟脉下的支谱，蒲寿晟排列为总谱中的第五世；福建永春《蒲氏族谱》，初辑于康熙年间，重抄于光绪二十二年（1897 年），内含总谱和蒲寿庚脉下的支谱，蒲寿庚为总谱第七世；福建德化《蒲氏家谱》，系永春谱的翻录；福建永春《龙溪蒲氏支谱》，同治九年（1870 年）纂修，系泉州蒲族的支脉，由总谱的第十七世开始记载；福建诏安《蒲氏家谱》，修于光绪八年（1882 年），是泉州蒲姓分支迁漳浦县再分支诏安的支脉谱。上述各谱，以《南海甘蕉蒲氏家谱》和福建永春《蒲氏族谱》最具史料价值。《南海甘蕉蒲氏家谱》的蒲寿庚栏目空项，福建永春《蒲氏族谱》则留出空页 1 张。这是由于明初明太祖因蒲寿庚弃宋降元而惩罚蒲寿庚后裔，禁蒲姓者不得读书入仕，蒲氏后裔修谱之时采取了隐讳的手法。关于蒲寿庚的祖先，上述两谱均记载原籍为蒲昌海（新疆罗布泊），取蒲为姓。对此，史学界都持否定态度，认为是明代以后穆斯林族谱中常见的伪托大姓的做法。两谱自蒲寿庚以上的世系姓名和年代也全然不同，学者们倾向于《南海甘蕉蒲氏家谱》较为可靠，而对福建永春《蒲氏族谱》蒲寿庚以上的世系、姓名，则认为多系杜撰。《南海甘蕉蒲氏家谱》卷十一《蒲氏初四世太祖太中大夫公传》记载，蒲氏二世祖“玛哈珠、玛哈嗅二公倡筑羊城光塔。俾昼则悬旗，夜则举火，以便市舶之往来也”。专家认为此光塔即现存广州怀圣寺内的光塔，亦即岳珂《桯史》卷十一《番禺海獠》文中的光塔。多数学者认为蒲寿庚祖籍阿拉伯，10 世纪前定居占城，约 11 世纪移居广州，13 世纪初再迁居泉州。蒲氏族谱是研究中西海上航线，蒲家香业发展历史，阿拉伯海商家族迁徙及其在中国的伊斯兰教活动和明代以后逐步汉化历史的珍贵史料。

香料是热带芬芳类植物和动物分泌的香胶。主要产于东南亚、南亚和东非等地。我国虽然也有土产香料，但数量较少，主要是靠外国进口。海外的香料在很早以前就已传入中国，“古者无香……至汉以来，外域入贡……而南蕃之香，独后出焉。”特别是从东南亚一带和阿拉伯等国进口为最多。宋《太平寰宇记》就记载古城国王遣使来贡方物，“中有洒衣蔷薇水一十五琉璃瓶，言出自西域。”《诸蕃志》也说：“蔷薇水，大食国花露也”。根据南宋泉州市舶司官吏叶廷珪的《香录》和赵汝适的《诸蕃志》所记，我国从东南亚等地进口的香料的种类达二十九种之多：

序号	香名	种类	产地	备注
1	龙脑香	有梅花脑七种	出渤泥、三佛齐（宾窣）	别名：脑子、非三佛齐有
2	沉水香	有沉、笺等五种	出真腊、占城、渤泥	别名：沉香
3	笺香	为沉香之次者	出占城	别名：笺香
4	黄熟香	近于笺香	出真腊	别名：夹笺黄熟香
5	速香	速香次于笺香	生速出真腊，熟速出真腊、占城、渤泥	生速为上、熟速次之
6	暂香	熟速之次者	出真腊、占城、渤泥	木之半存者
7	生沉香	以刀修出者为生结沉	出海南山西、真腊	
8	蕃沉香	有蕃沉、舶沉、药沉	出渤泥、三佛齐	产于下岸者
9	鹧鸪斑香	与真腊速等	出海南山西、真腊	别名：细冒头
10	乳香	有滴乳等七种	出大食、载至三佛齐	别名：熏陆香
11	檀香	有黄檀等三种	出三佛齐、又云出阇婆	
12	降真香	有蕃降等三种	出三佛齐、阇婆、蓬丰及海南	别名：紫藤香
13	马里香	占城香之一种	出占城、乌里（乌丽）	别名：丁地香或身丁香

续表

序号	香名	种类	产地	备注
14	生香	下于乌里香	出真腊、占城、海南	
15	交趾香	似占城笺香	出交趾国	
16	安息香	原文略同金颜香	出大食、真腊、贩于三佛齐	应为安息国香
17	苏合香	味如笃耨	出大食国	别名：苏合香
18	亚湿香	十种香和成	出占城国	
19	除脂拂手香	以脑麝和成	出真腊、占城	
20	丁香	大音曰鸡舌香	出大食、阇婆诸国	别名：丁子香
21	麝香木	味如麝香	出占城国、真腊	泉人以为器用
22	栀子香	如中国之红花	出大食国	别名：薝葡花
23	蔷薇水	花露瓶装今以茉莉代之	出大食国	别名：花露水
24	龙涎香	海龙吐涎	出大食国、西海	别名：龙涎
25	没药	似安息香	出大食国（波斯松脂）	别名：末药
26	血碣	略同没药	出大食国	见《香录》
27	金颜香	似安息香	出真腊、大食	见《诸蕃志》
28	笃耨香	有白黑二种	出真腊国	见《诸蕃志》
29	肉豆寇		出阇婆、苏吉丹	见《诸蕃志》

香料的用途很广，“有供焚香者，可佩者，又有入药者。”作为药材的称为“香料”，现在仍然称为“南路货”。《云录》云：“蕃沉：能治冷气，医家多用之。黄熟香：此香虽泉人之所日用，而夹笺居上品。沙檀：药中多用之。降真，泉人每岁除，家无贫富，皆燃之如燔柴。苏合香：中风病大者，亦仿之可合软香及入药用。”在封建社会中，香料成了地主阶级的奢侈品，叫做“香品”。如香球、香水、香衣、香厕等。统治阶级更把香料引向邪道，作为愚弄人们的迷信品，如焚香拜佛，搞香火、香亭、香灯、香炉等，不一而足。

由于香料的广泛使用，需要的数量很多，必须从外国进口大宗的香料，因此产生了“香料贸易”。历代统治阶级十分重视香料的进口，唐代开始在广州进行统治香料。宋代封建政府更加重视海外贸易。香料是宋代进口蕃货中的主要商品，它成为政府经济收入的重要来源之一，“宋之经费，茶盐矾之外，惟香之利最博，故以官为市”。香料在当时是非常名贵的，“龙涎香每两与金等”，《宋史》记载：“三佛齐国所贡乳香九万一千五百斤，值可以一百二十万余缗。”《新纂香谱》有一条史料说：“海贾鬻真龙涎二钱，云三十万可售，鬻时明节皇后许酬以二十万贯不售。”香料物贵价昂，政府为了博获其利，列香料为专卖商品，称之“榷货”，对香料进行征税和收购。每“海舶至者，视所载十算其一，而市其二。”就是规定香料收税十分之一，即抽买十分之三。宋代把“榷货”分为两类：一是普通榷货，发放通行三十七种药物，如木香、槟榔等是；另一类是绝对榷货，如玳瑁、牙、犀、宾铁、龟皮、珊瑚、乳香等八种，据《宋元明经济史》记载乳香是其中最重要的一项。

宋政府即把香料定为“榷货”，特地在京城设立一个专门机构来管理榷货的运销问题。“太平兴国初，京师置榷易院，乃诏诸蕃国香药宝货，至广州、交趾、泉州、两浙，非出于官库者，不得私相市易。”政府对商贩走私香料处罚很重，私买一百文者要受处分，过十五万就要刺配海岛。后来又规定四贯以上的要判徒刑一年。宋政府对香料的管理是非常严格的，可以说完全垄断了香料的专营权。南宋年初（1127 年），政府偏安杭州，以“市舶之利最厚”马上要恢复泉州市舶司，掌管“蕃货、海舶、征榷、贸易之事”。政府为了捞取更多的收额，采取了种种办法，加强市舶司的管理，鼓励中外商人积极经营海上贸易，大量进口各种香料。每年举行两次隆重的祈风礼节，迎送中外商人入国。对进口香料多的商人，赐以官衔。《宋史》记载：绍兴六年（1136 年）“泉州连南夫奏请，大食蕃官蒲罗辛贩乳香值三十六万贯，补承信郎。”同时对市舶司官吏的晋升和降级，也以香料为标准“定其殿最”。有“闽广船务鉴官，抽卖乳香，每及百万，则转（升）一官”的规定。南宋官吏千方百计增多香料的进口，从中取利。如“大商蒲亚里（阿拉伯人）既至广州，左武大夫曾讷利其材，以妹嫁之，亚里因留不去。上（皇帝）令劝亚里归国，往来干运香货。”

泉州是我国宋元时代对外贸易的著名港口。中外货物云集于此，中外商客会聚其间。有许多国家的各种香料，大量地从这里源源不断地登岸。根据赵彦卫的《云麓漫钞》所记从泉州市舶司进口香料的国家有三十多个，这些国家大都也记录在《诸蕃志》中，其范围十分广泛。据《宋会要辑稿》记载：绍兴二十五年（1155）从占城国（今越南南方）进口泉州的香料，就有沉香等六万三千余斤。有乾道三年（1167 年）大食国（今阿拉伯国家）控诉占城国夺取他们的乳香、沉香等达十万多斤。仅此两条，足见泉州港进口的香料，为数达到了惊人的程度。《诸蕃志》对中外商人以中国货物与外国香料互市的情况有着详细的记载。泉州市舶司进口香料的税收获利，在《建炎以来朝野杂记》一书中说："建炎二年（1128 年）至绍兴四年（1134 年）七年时间，泉州市舶司进口香料的获利九十八万缗。绍兴末，广泉二市舶司抽分和卖所得，每年多至二百万缗。"从上述文献史料看，泉州古船大批香料的出土，就是宋代泉州港大量进口香料的实证。

香料是宋元时代输入我国最主要的商品，外国商人经营香料的很多，被称"蕃商"。由于进口香料既能捞取厚利，又会得到封建政府的支持和鼓励，所以有许多阿拉伯商人，以从事香料贸易为职业。他们寄居南洋诸国，以三佛齐为中心，把大量的香料贩运到中国来。他们有的长期侨居中国，专做香料生意而成为富商，有的因做香料贸易还被封建政府封以官爵。

宋末元初，泉州市舶司蒲寿庚家谱便是一个世代经营香料为业的阿拉伯家族，根据历史文献的记载，蒲家经营香料的历史是很早的。宋郑思肖著《心史·蒲受耕传》是一篇记载蒲氏最早最可靠的历史材料。传云："蒲受耕（寿庚）祖南蕃人，富甲两广"。他的历史也记录在岳珂的《桯史》卷十一中："蕃禺（广州）有海獠杂居，其最豪者蒲姓，号白蕃人，本占城之贵人也。……而大富盛甲一时。绍兴壬寅（1192 年）余满十岁……且辄会食……酒以蔷露，散以冰脑……堂中有四柱，皆沉永香，高贯于栋，曲房便榭，无论也。"从这里可以知道，蒲寿庚的祖先是从占城迁徙来中国的商人，不仅于1192 年就已经在广州做香料生意，而且是广东最大的香料富商，家里设备之豪华和使用大量的香料，如非贩卖香料以获取巨利是不可能的。

在《蒲氏族谱》（大宗谱）上（有"蒲氏家言"及"蒲氏源流"二节）讲到蒲家是从西方来的回教徒："家居西极池（海）上，世秉清真教，天下蒲姓一脉。""今吾宗散处九州……皆吾祖一身自出也。"《蒲氏族谱》说蒲家宋时"自西域入中国，并且有他们的祖先建造光塔，以便市舶往来"的记载，现在光塔仍然是广东回教有名的古迹。从闽广所记蒲氏家谱的史料可以证明，他们是阿拉伯人，先居住在占城国，后迁我国，为香料商人。我们还可以从明何乔远的《闽书》得到旁证材料。《闽书》说：

“蒲寿庚，其先西域人，总诸蕃互市，居广州，至寿庚父亲开宗徒于泉”。可见蒲寿庚家族是居住在广州做外贸易富的香料商人，到其父蒲开宗时才从广州移居泉州来的。

《蒲氏族谱》记载：“（四世）蒲捏吐柏，乃宣赠太中大夫，生（五世）蒲寿宬、蒲寿庚二人。”关于蒲寿庚父亲的名字所说不一，在这里称蒲捏吐柏，福建《蒲氏族谱》作蒲仕宾，《闽书》为蒲开宗，三者是否为同一人，或所记有误还待考证。然而，蒲氏家族以经营香料为业是毫无疑问的。在封建政府官许愿，鼓励外国商人进口香料之下，一个阿拉伯人，能成为豪商巨贾，并且得赐“太中大夫”之官衔，正是由于蒲家大量经营香料的结果。

蒲氏家族于南宋迁来泉州之后，仍然以从事香料为业，而且得到了进一步的发展。当时蒲家在这里经营香料的主要代表人物正是蒲寿庚。据《宋史》记云：“初寿庚提举泉州（市）舶司，擅蕃一舶利者三十年。”“蕃舶”即外国人的“香舶”，是香料船之意。蒲寿庚擅蕃舶之利，就是他专门搞香料贸易。日本桑原骘藏解释为“做市舶司三十年”，是完全没有历史根据的，蒲寿庚是在咸淳末年（1274 年）镇压“海寇”以后才于景炎元年（1276 年）升任市舶司的，在这之前，他并没有做市舶司。景炎以前泉州市舶司的官吏，都记载在《福建通志》、《泉州府志》和《闽书》之中。这里不做详引。《闽书》说：“清咸淳末（寿庚）与其兄寿宬平海寇有功，累官福建安抚沿海制置使。景炎元年，授福建广东招抚使，总海舶。”所以《宋史》说他“擅蕃一舶利者三十年”，就是指蒲寿庚经营香料达三十年之久。后来在他升任市舶司后“亦官亦商”，不仅可以更大规模地进行香料贸易，同时还通过进举、呈样、阅货、赠送等“合法”手段来摄取利益，增加自己的财富。《桯史》提到“泉州有舶獠，曰尸罗围，赀乙于蒲”。可见蒲氏当时在泉州是比波斯商人更富有的商家，他拥有大量的资财和海舶。所以当宋元鼎革的时候，宋将张世杰率兵至泉州时，曾经掠夺他的船只和财产。

蒲寿庚为了保障经营香料的利益，他投降元朝。《元史》董炳文传云：“昔者泉州蒲寿庚以城降，寿庚素主市舶，谓宜重其事权，使为我扞海寇，诱诸蛮臣服。因解所佩金虎符寿庚矣。惟陛下恕其专擅之罪，帝大嘉之，更赐金虎符。”

元帝嘉奖董氏重用蒲寿庚，并立即恢复泉州市舶司。后来，蒲氏“以归附之功官平章（从一品官），升平海省于泉州，富贵冠一时”。至元十五年（1278年），蒲寿庚升任福建省中书左丞。《闽书》说他“元以寿庚有功，官其诸子孙，多至显达。泉人避其熏炎者（八）十余年”。当蒲寿庚显赫时，他的家族成为南海香料贸易的垄断集团。其兄寿宬隐居在法石乡中，为他出谋划策。元初又中状元，他的诗集《心泉学诗稿》中，常提及海客、凝香、军持等，说明他们确是个经营香料的海商世家。蒲寿庚的长子蒲斯文，又在至元十八年（1281年）继其父之任为泉州市舶司，仍然管理香料贸易。即使是蒲寿庚的女婿，也拥有海船八十艘，同是从事香料贸易的大商人，宋《癸辛杂识》卷下记云：“泉南有巨贾，南蕃回回佛莲者，蒲氏之婿也。其家富甚，凡发海舶八十艘，癸巳岁殂。”

蒲氏家族以经营香料为业，在蒲寿庚活动的时间内，特别是1276年升任市舶司以后，他和他的家族都拥有自己的海舶。泉州古船是一艘泉州建造的中等远洋船，据考证是在1277年间沉没于后诸港的，当这艘古船贩运香料往返于南洋之间，正是蒲氏家族经营香料的全盛时期，这艘古船可能是蒲氏家族的香料船。据从船中出土的木牌木签进行考证，也得到有力的证明。

蒲氏家族兴盛于宋元时代，明清时代衰落了，但是他们做香料生意却成为一种特殊职业世袭了下来。泉州古船发掘后，根据出土文物，结合历史文献，对蒲氏家族的香业作了调查，直到现在，蒲氏家族还有经营香料的，这为研究蒲家香业的历史提供了很好的佐证。

明代封建统治阶级歧视异族，蒲家亦遭到迫害。明陈懋仁《泉南杂记》云：“余闻《宋元通鉴》云：我太祖皇帝禁泉州蒲寿庚、孙胜夫之子孙，不得齿于仕类，盖治其先世导元倾宋之罪，故终夷之也。”蒲家在这种情形下，不得不迁出泉州，避居于福建永春、德化、漳浦、诏安等地生活，甚至有的改姓逃难。在晋江县东石有改从母姓杨的，《蒲氏族谱》（大宗谱）及《龙溪蒲氏支蒲》（小宗谱）等，对东石蒲氏改姓有比较详细的记载。（小宗谱）云：“大明建极之后，劫运难逃，族惨遭兵焚，流离失所，靡有孑遗。唯翰林院编修诚斋公（十一世）解组潜踪（改从母姓杨）得以图存，是为继绝开基始祖也。”（大宗谱）云：“蒲本初号诚斋，东石开基公一世祖。崇谟公次子，借母氏杨。由泉州府学生员，中洪武十七年丁卯举人。”谱中所指蒲本初，在明洪武时因禁蒲氏应考科举，从泉州逃到东石，改从母姓杨，考中举人后升为翰林院编修，正是蒲寿庚的直系子孙。据（大宗谱）记载他的世系是：“（七世）寿庚——（八世）师文——（九世）崇谟——（十世）本初——（十一世）承龙——（十二世）大成……”蒲氏家族虽然被迫改姓迁居，但是，他们经营香料却一直世袭到现在。据调查在永春、德化的香料业。新中国成立前大多生产迷信品，新中国成立后生产卫生香及蚊香，至今仍在生产。现在泉州一带香料业主要集中在泉州、永春、德化三市。这种手工业仍然是蒲姓子孙所擅长的。

据说在永春、德化二市调查，“蒲庆兰香室”，是一家经营香料的商店，他们自十三世世茂从泉州迁居来永春卓埔，做香料为业，已经有八九代人了，从未停止过。家中还保存有一些香料文物，蒲家还有部分人出洋到越南南方（占城）去做香料生意。

在德化城关有蒲姓“玉兰堂香室”，据说是从永春迁居于此，世代从事香料业，家中还留有一些制香用具。他们做香的原料，有沉香、檀香、丁香、木香、降香等，多为外国进口的，也有部分是本地香料林的土产。在德化他们的祖宅、香室、店印、商标、香料（如枫油、积柏、香粉和竹竿）、香壶（有的放香料，有的放药散）、香具（如铁制或石制的碾槽）、药单以及他们制香祖先的“三公像”，这些文物都是和蒲家制香业有关系的。蒲家所制的香名很多，据调查有真香、沉香、檀香、兰花香、奇楠香、时香等，大体可分为线香、篾香二种。线香有直的和圆形的。篾香以竹为骨、外涂香粉。还有香珠、香钟、香蛇、香炉等种类很多。他们还会详细介绍制香的技术和配方。

根据调查泉州港的“香料林”，主要集中于永春的备湖和德化的欧山。《永春县志》云：“枫有脂而香，即药中之乳香。柏油扁柏，侧柏。”原来枫树是高大的乔木，高约二、三十丈，树皮被割破，还留有一些香液结成黄色香块。侧柏也是一种香木，可以制香料，今永春一带称为“积柏”。香料的来源，有的早在宋代就已经从外国移植进口了。如降真香，宋《香路》就记载有十种即“蕃降、土降、广降”。蕃降即指外国进口的降真香，土香和广香是指移植在福建和广东的降真香。可见有些香料树早在一千多年前就已经移植到我国来了。

另外，在泉州法石有种花业，法石是蒲寿庚的家乡，在涂门外三十七都的云麓前墓（茂）社，村前有阿拉伯祖墓三座，祖墓前面就是花圃，这里居住有卜姓，查看《云麓卜姓氏族谱》的卜氏世系图，他们也是在明初永乐年间改蒲姓为卜姓的，他们仍然是以种花为职业，而且有一种特殊的风俗习惯，用香料、香花敬奉祖先。他们种植的茉莉花和素馨花是从阿拉伯移植来的，用来加工成香料。据叶廷珪的《香录》记载：“蔷薇水，大食国花露也，五代时蕃使蒲诃散以十五瓶效贡，厥后罕有至者，今则采茉莉花蒸之，取其液以代焉。”

蒲氏子孙世世代代种植香花，成为泉州的特殊职业，据《法石志》说：“蒲寿庚系南宋末泉州守将，回族人，他在云麓有花园，由其兄蒲寿宬子孙承管。”这正有蒲家经营香料业的遗迹。

经调查：永德的制香业、法石乡的种花业，都是与宋代蒲氏家族经营香料有渊源关系的。泉州一带的蒲氏家族中，至今还有一部分子孙居住在越南南方（古占城），那里正是他们的祖先做香料生意所居住过的地方。蒲氏家族经营香料的种类及其来源与泉州宋船出土的香料基本相同，可以说宋代是蒲家香业发展最鼎盛时期。这为今天我们研究蒲氏香业的发展提供了有力的佐证。

参考文献

1. 《广东南海甘蔗蒲氏家谱》，蒲氏族人明万历修、清光绪重修本。
2. 《蒲氏族谱》，清康熙年间蒲奇成修。
3. 《文献通考》，马端临宋互市。
4. 《宋会要辑稿·徐松食货志·市舶条》。
5. 《泉州海宋代海船发掘简报》载《文物》1975 年第 10 期。
6. 冯承钧《诸蕃志校注》，中华书局。
7. （日）桑原骘藏，《蒲寿庚考》。
8. 庄为玑、庄景辉：《泉州宋船结构的历史分析》，载《厦门大学学报》1978 年第 2 期。
9. 何乔远：《闽书》福建人民出版社。
10. 梁天成：《永春县志》。

作者简介

王华北　汉族　中国民族图书馆古籍特藏部　副研究馆员

吉林乌拉地区的七户关

关云德

内容摘要：吉林乌拉地区拥有众多满族关姓，其共同祖先是牡丹江地区的古里甲部和夹古部，是以地为氏的部族。后来南迁各地，才形成众多关姓。本文依据满族家谱谱序介绍七户关源流并重点介绍罗关家族。

吉林乌拉地区聚集的满族关姓，是该地区户数最多、人口最多的姓氏，被称为“七户关、八户赵”的传说，不但关姓种类多，而且居住的还比较集中。

满族同姓不一定是同祖，但是满族关姓却是同源于金代的古里甲氏、夹古氏。《满族源流考》中的括儿牙氏、兀良哈、嫌进兀犹哈、阔儿看兀犹哈，即是《八旗满洲氏族通谱》中的瓜尔佳氏，“瓜尔佳”是《金史国语解》中的“古里甲”。“古里甲”汉姓“汪”，后来瓜尔佳氏也有汉姓金姓的。《满洲源流考．金史姓氏考》中又有“瓜尔佳旧作来谷”的记载，“来”是“夹”之误。清朝认为夹谷氏即满洲的瓜尔佳氏。兀良哈瓜尔佳、阔儿看、兀狄哈、瓜尔佳都是以原在黑龙江流域居住时的地名，冠于瓜尔佳氏之前。兀良哈即“吾兰”。据《明实录》记载：吾兰在黑龙江与松花江汇合处以西不远。因此说兀良哈、瓜尔佳氏原居吾兰处即兀良哈地。这里的瓜尔佳氏后来迁到图们江以北，仍自称兀良哈瓜尔佳。留居原地的仍称吾兰儿处女真人。阔儿看兀狄哈瓜尔佳中“兀狄哈”一般认为是“森林之民”，“阔儿看与虎尔哈河、罗海川（金代称牡丹江）同音”。因此说明阔儿看兀狄哈仍用原居住地名称冠于瓜尔佳氏之前，以示不忘故乡。

在《金史》中记载，金代古里甲氏有著名的大臣石伦和蒲察。古里甲石伦，上京路隆安人。隆安即潼州，在今吉林省农安县，13 世纪初有 10180 户。石伦以武举登第，宣宗、哀宗曾因他英勇善战，委以重任。金哀宗八年（1231）被元军杀害。古里甲蒲察在宣宗时为葭州（太原府）刺史。他智勇过人，曾被推荐元帅府事，本路兵马都总管。《满洲源流考》认为金代古里甲氏即瓜尔佳氏。瓜尔佳氏最初生活在黑龙江及松花江中下游一带。有人认为：牡丹江唐代称忽汉河，金代称瑚尔喀、胡里改，清初称虎儿哈。古里甲与上述称呼同音，古里甲即瓜尔佳，瓜尔佳是由牡丹江古名而来。牡丹江流经金代胡里改路，在今黑龙江省依兰县汇合松花江，因此认为瓜尔佳氏原在松花江及牡丹江中下游。还有人认为：女真语“忽里”即“满语 koron”即“馆”，“hoton”即“域”。这里有瓜尔佳之音，因此，“瓜尔”有“馆”、“阁”、“城”之意。瓜尔佳可以理解为“城之家”或“住房之家”。瓜尔佳氏是以馆、城为标志的一族，后人称呼为瓜尔佳氏。从史实上来看，瓜尔佳氏所居住之地，原是辽代五国部辖地，金代称胡里改路，从辽代至明代，这里就有部分女真人定居在城郭里生活。明代位居黑龙江流域的名城弗提斤域，即今黑龙江省富锦县，赫哲语“富锦”是屯子，也有城郭之意。因为瓜尔佳氏与虎尔哈河（牡丹江）以及忽汗河、胡里改路等古地名联系在一起，足见瓜尔佳氏是这里的古老氏族。以后随着女真人的迁徙，瓜尔佳氏分居各地。除了苏完瓜尔佳氏于 1588 年南迁到赫图阿拉，编入镶黄旗，即索而果部。其他瓜尔佳氏大多迁往长白山一带。据罗关原谱记载：“原居黑龙江省富锦县，1404 年迁到辉南朝阳川，以打猎为生，因献虎有功，皇帝赐乌拉一地为瓜尔佳氏居住，顺治年间立祖”。据《吉林通志》卷十一（沿革志）载：“瓜尔佳原作加古部，谨按金世纪，有瓜尔佳部，列传六十五，又有和伦，原作胡伦水瓜尔佳部，和伦即今霍伦川，在五常厅境珠嘉部”。罗关当为胡伦水瓜尔佳部。至今仍称呼伦瓜尔佳。《苏完瓜尔佳氏宗谱》记载：“瓜尔佳本系地名，因此为姓其氏族甚繁，散处于苏完、叶赫、讷殷、哈达、乌喇、安褚拉库、蜚悠城、瓦尔喀、嘉木湖、尼玛察、辉发、长白山及各地方瓜尔佳氏。”由于瓜尔佳氏迁徙到这么多地方，于是，就形成了不同称呼的关姓。如居住在长白山纳音河地方的瓜尔佳氏就称为纳音关，居住在安图地方的瓜尔佳氏，就称为安图瓜尔佳，居住在霍林河、呼兰河一带的瓜尔佳氏称呼伦瓜尔佳氏，女真语发音“呼伦”、“呼罗”，取谐音“罗”为族姓，因此叫罗关。满族入关后，学习汉族文化，取满族姓第一音节的双声或叠韵或谐音的汉字为姓，瓜尔佳氏的首字“瓜”，汉姓中没有，因取其声母相同的“关”为姓，瓜、关为双声字。所以，瓜尔佳氏就以关为姓至今。

吉林省是满族关姓最多的省份。其中有关姓居住的地方：

长白山地方：长白山朝鲜族自治县，漫江、临江、长白山六道沟、八道沟、十三道沟、十四道沟等地。

苏完地方：在今抚松县以东地区。

辉发地方：在辉南县附近、梅河口等地。

瓜勒察地方：在今白城地区。

叶赫地方：在今梨树县。

松花江地方：指第二松花江流域广大地区。

安图瓜尔佳地方。

吉林乌拉地区现有十余种关姓宗族。如敦化县有“黑背关”、“京旗关”、“荒地关”；吉林市乌拉街有“大户关”；舒兰县白旗镇有“长白山关”、“佛关”；蛟河县、吉林市有“纳殷关”、“安图关”；吉林市、敦化县、桦甸县及“台湾”和美国有“记成号关”，又称“前门里关”；吉林市有“苏完关”（即京旗关）；永吉县杨木乡宋屯有“乌苏关”；乌拉街北兰旗村有“蒙文关”、“罗关”；九台市胡家乡关屯是“蒙文关”；乌拉街镇丰口有“侯关”；大口钦前团山有“芍药关”；永吉县九站乡通溪村、打渔楼、苇子沟、九台市哈什蚂屯有罗关；乌拉街韩屯有“哈达关”；吉林市、永吉县口前下达屯有“郭城关”。被称为吉林地区七户关的是指这七户关人口较多，有蒙文关、侯关、罗关、芍药关、大户关、哈达关和本地关。其中大户关门户最多。关姓虽多，却有区别，同姓而不同祖。现今传世的瓜尔佳氏谱书所记载各自始祖都是归附努尔哈赤以后才立祖的，修谱均在清朝后期。故各瓜尔佳氏是什么关系，尚不能确定，有待以后进一步考证。

现将七户关谱序抄录如下：

蒙文关：系满洲瓜尔佳氏，隶镶蓝旗。

现较集中居于乌拉街北兰旗屯。该姓氏原世居吉林省抚松县以东、西林河以南，漫江以北的苏完部。明万历十六年（1588 年）第七世祖索尔果率所部五百户诸申，归顺于努尔哈赤建州部以后，赐“蒙文（即“银”之意）瓜尔佳氏”，意在仅次于“爱新（即金）觉罗”姓。

蒙文关氏谱序：原祖以来，在白山、双山、安图后居住。先祖蒙文关阿音布禄，在辉发打猎为业，又在库伦青山居住。由青山迁至赫叶穆居住后，前随驾出征在前锋有功。后又调遣先祖嗣赵莫尔根，奉旨设立旗佐八部。又丁酉年三月初五日，到乌拉设立“八旗”，奉旨开辟贡山，赐赴三姓城在威德力山色移垦山。皆按本分，帮助清室做事。在乌拉浑落户，二辈行一艾喜，在乌拉南门路西镶蓝旗，功名领催……辈分诗取单句格，共六个字反复使用。“昌顺福景延海”。

佛关：系满洲瓜尔佳氏，隶正红旗。

始祖为常乃（即常喀尼墨尔根），也是索尔果之父常乃之子尼堪（即索尔果之弟，本支第二世），先居盛京，后居北京。该支因本支祖先出身寒微，于是，在清顺治朝由盛京拨迁打牲乌拉地方充差，与“蒙文关”为同宗之人，自称“佛（即旧、老、陈之意）关”姓。现较集中居住舒兰县白旗镇内。辈分诗取五言三句，计十五个字：“富升永文福，树业成洪烈，功威立品申”。

侯关：系瓜尔佳氏，隶正黄旗。现较集中居住乌拉街丰口屯和舒兰县溪河乡四家子屯。该姓氏世居长白山百草沟（今吉林省汪清县百草沟乡），东海窝集部绥芬路屯长（即嘎珊达）康果礼是本族始祖。明万历三十八年（1610 年），康果礼率所属绥芬路众主动投归努尔哈赤帐下，并于努尔哈赤拜结为“换谱兄弟”。其弟喀克笃理被努尔哈赤赐封为子爵。至天聪三年（1629 年），喀克笃理因叛罪被削藩，其后裔（今乌拉街一支）被贬为奴，拨至打牲乌拉地方当差，居乌拉街以东的半山区丰口地方，充打牲役。到乾隆末年，其先祖额勒登保因战功卓著，赐封侯爵，世袭罔替，时称“通侯”。额勒登保之侄荣全袭为“桓侯”。荣全之子袭为“福侯”，福侯之子袭为“哈侯”，计连袭五代侯爵。至第四代侯时，从北京返归故里丰口，筑造“侯府”一座。至第五代侯时，正值民国 21 年（1932 年），乌拉街一带“跑小傻子（即农民起义军）”，该府邸被焚毁，“哈侯”全家死亡。因门第非凡，故俗称“侯关”。辈分诗取五言四句格，大人辰辙韵，记二十个字：“康泰承先荫，都德清福勋，中荣明显世，丙国庆长春”。

讷殷关：系满洲瓜尔佳氏，隶镶红旗。讷殷指讷殷河，在今二道白河的上游，以讷殷而得名的讷殷部始祖索而霍多率族众主动归附于努尔哈赤，在参加攻打袁崇焕守城宁远的战役中，不幸阵亡。其子喀尔蓝，隶正黄旗，曾任宁古塔付都统。留居盛京一支，后因“取证户单”时，未入旗籍，又拨迁宁古塔城正黄旗的“纳音瓜尔佳”户册之中，仍充牲役。清康熙二十二年（1684 年），随宁古塔将军移居吉林城驻防充差。现较集中定居于吉林市郊区白山乡兰旗屯。辈分诗取五言四句格，江阳辙韵，计二十个字：“文德忠先世，鸿恩福荫长，裕承荣一贵，绍守延贻□”。

建州关：系满洲瓜尔佳氏，隶镶红旗，建州女真人后裔。该姓氏原世居沈阳，始祖迈图曾任盛京佐领，至第二世祖怀他哈时，于清顺治年间拨迁打牲乌拉地方充差，升珠轩达，曾往赴汤旺河流域采打东珠贡鲜。第三世祖憨奇后升打牲乌拉总管衙翼领。第四世祖哈达曾任领催，系当时的打牲珠户世家。现居乌拉街韩屯，今九台市三家子等。辈分诗取七言两句，计十四个字：“木发千枝归一本，水流万派无双源”。

大户关：系满洲各家氏，隶正红旗，海西女真后裔。现较集中定居于黑龙江省宁安县、吉林市、长春市、永吉县乌拉街、杨木乡等地。因支系最多，人口也最多，故自称“大户关”。该姓氏原世居长白山布吞、辉发、呼兰、哈达等地，与伊尔根觉罗氏（赵姓）同出一源，后归辉发部。自该部被建州女真灭后，亦称“奴俘”。清朝顺治十四年（1657 年），乌拉地区置打牲机构，始祖达呼泰、来达、达音兄弟三人被拨迁乌拉地方，初居乌拉布占泰城落户。后来，季祖达音随巴海将军移驻宁古塔，从此，该支留居宁古塔至今。辈分诗取五言六句格，江阴辙韵，计三十个字：“始世高成远，德恩续久长。兰阶洪泽继，桂殿庆衍祥。孝友承先志，积善福禄康”。

罗关：系满洲瓜尔佳氏，隶镶红旗。该姓氏原世居松花江上游，后迁到双山、安图、辉发等地，被辉发部招抚归顺，隶辉发部女真人。至清顺治年间，始祖乌达胡卒于辉发，遗有二子翁萨、东萨，其亲侄拉都胡背负乌达胡骨骸，带领翁萨、东萨移徒乌拉地方，保驾有功，分封乌拉八旗充差。拉都胡于顺治辛丑年（1661 年），赴盛京办理文牍哈番（为辅助之官）差使。至乾隆五十四年（1789 年）翁萨、东萨分支立祖分谱，翁萨支迁九站乡通溪村、莲花泡、东萨支迁苇子沟。东萨有三子，长子安泰居苇子沟，次子古勒纳后迁九台市其塔木镇的西哈什蚂屯至今，三子那密达迁打渔楼，官至拨什库，死后葬于打渔楼罗家坟，有碑一座，两面刻有满汉两种文字，是康熙四十八年立的碑，现存放在罗关“满族民俗室”。官封二品顶戴花翎，原有彩色画像，存放在罗关谱房中，文化大革命中被毁。罗关辈分诗取五言四句格，中东辙韵，计二十个字：“云长连海瑞，国富永清平。继振兴文广，鹏程显圣明。”

吉林地区的“七关”辈分诗，是光绪年间，由“七户关”的穆昆和有文化高的人聚会吉林市牛马行（今河南街）西春发大酒楼，每户关姓两人，共议拟定各关姓的中间“范”字，因为以前满族宗谱记名全是满文满语（小名），各户关姓，同居一地，如果没有规范辈分诗，很难分辨是什么关。经过统一议定，这“七户关”都有了自己族支的辈分诗，没有雷同。在吉林地区，不论在哪遇到关姓族人，一盘问便知对方是什么“关”，只要说名字中间范什么字，便知道对方是哪户关姓。

除了上述“七户关”以外，吉林地区还有“郭城关”也称丰关、东关、芍药关、乌苏关等。珲春还有“三关”即头关为“安楚拉库瓜尔佳氏”；二关为“苏完彦瓜尔佳氏”；三关则是“纳音瓜尔佳氏”。这三关都是明清时不同的地名与河名，“瓜尔佳氏”则为姓也。祭祖时只挂白布帘，白挂提。还有“按出拉瓜尔佳”，正白旗，同治九年时改编到正蓝旗。祖先在努尔哈赤东征按出拉库时归顺的，本家族一部分在宁夏，一部分在北京。先祖是海参崴乌拉基奥斯托古人。还有“按出瓜尔佳郭罗”关姓，顺治年间迁至宁古塔，康熙五十五年从宁古塔搬到珲春，正白旗。

吉林地区各族关姓家谱上有很多断枝缺嗣的，多为阵亡之因。有清一代，作为统治阶级御用工具的乌拉官兵，外御强敌，内求统一，为维护封建专制统治，也镇压人民起义。《乌拉史略》第七章“乌拉兵事”、“御外兵事行动”载：清康熙二十一年（1682 年）九月十六日，调乌拉兵阻击罗刹，参加了雅克萨反击战，迫使沙俄签订了《中俄尼布楚条约》。康熙五十七年（1719 年）二月十五日，调乌拉兵驻防新疆，在内务府大学士长玲率领下，活捉张格尔，粉碎了列强的颠覆企图。乾隆五十五年（1790 年），调乌拉兵开赴西藏，在福康安指挥下，粉碎了英国殖民者的阴谋。光绪六年（1880 年），调乌拉兵赴海参崴，驻防三年。光绪七年（1881 年）二月，调乌拉兵赴库伦城（蒙古）驻防。

对内兵事活动：

清康熙十二年（1673 年）一月六日，调乌拉兵七百人，赴云、贵、川平三藩之乱，大部乌拉兵战死。乾隆三十八年（1773 年）六月，调乌拉兵赴大小金川，镇压土司萨罗奇起义军。乾隆四十二年（1777 年），阿桂率乌拉兵远赴甘肃，镇压回民起义军。乾隆六十年（1795 年），额勒登保再率乌拉兵镇压白莲教起义军。同治元年（1862 年）一月，调乌拉兵镇压太平军运动。同治六年（1867 年）六月，调乌拉兵镇压捻军。

在清朝，乌拉官兵阵亡不计其数，仅同治年间，对内兵事活动中阵亡就 393 人。从乌拉八旗子弟阵亡情况表上看，大多为乌拉地区的瓜尔佳氏，战死后只能捎回一个辫子到家乡下葬。

下面着重介绍罗关家族：

一、辉发部中的罗关家族

阔儿看兀狄哈瓜尔佳氏南迁，为什么不加入别的部，偏要投奔辉发部呢？因为辉发部是海西女真之一部，有着亲戚关系，约在永乐初年，以忽拉温部为代表的海西女真已经南迁至第二松花江沿岸。扈伦四部兴起于明朝中叶，形成于明朝后期，罗关家族始终承认自己是扈伦瓜尔佳氏，在辉发部一个叫窝集口子的地方住了下来，只是当兵打猎，所以，辉发部被努尔哈赤灭掉后，部族大多数没有受害，仍在当地山区以打猎为生。据家族传说，祖先在辉发山一带猎到一只虎，偏赶上皇太极带领八旗兵在围场围猎，一问方知瓜尔佳氏乃女真老姓氏，就让先祖往乌拉地方来入旗充差，专司打牲。于是，罗关祖先翁萨、东萨在叔辈哥哥拉都胡带领下，边打猎边走向乌拉街署，入镶红旗七牛录当差。

二、乌拉充差

罗关家族于清顺治年间来到乌拉旧街定居，编入七牛录镶红旗籍，迄于顺治辛丑年（1661 年），先祖拉都胡赴盛京办理文牍哈番差使。经盛京将军英寿，副都统那穆采阅乌拉地面山环水绕，土地肥沃，堪以设置安旗，专司打牲一部。当经呈请奉准部咨遂执乌拉居住猎户挑选八名旗人八大户编联八旗，每旗捡放莫尔根一名首领，责成各旗丁丹之职务。其时拉都胡之子尔胡里捡放镶红旗莫尔根之缺，镶黄旗莫尔根捡放连谱山，正黄旗莫尔根捡放额勒齐步，正白旗捡放武齐步，正红旗莫尔根捡放博齐奈，镶白旗莫尔根捡放遂明阿，正蓝旗莫尔根捡放萨达哈，镶蓝旗莫尔根捡放爱喜。所放八旗首领专司分配带领入山打牲差使。嗣由关姓内排选数名，移拔拉林列入蒙古西伯驻防。从这段谱序记载上看，罗关家族被编入打猎队。后成立协领衙门，又到协领衙门当差，后乌拉成立一千精兵，罗关家族又加入这一千精兵中，从乌拉八旗兵阵亡表上看，阵亡八旗兵大多数是瓜尔佳氏人。古勒纳支中涌现出一名协领大人叫双城，人称双大人，故后由八旗兵抬着棺椁从乌拉街往北过松花江 70 里地的西哈什玛屯老坟下葬，青砖发旋封顶，刻碑两块。十年动乱期间，被破四旧掘坟，石碑不知去向。

三、分祖立谱

罗关家族谱序记载：头辈先祖乌达胡之子翁萨，东萨哥俩由于人口发展多起来，已住不下，于乾隆五十四年（1789 年），哥俩分家，同时分祖立谱。翁萨支由旧街屯搬到永吉县的前通溪屯，腰通溪屯，后通溪屯，莲花泡屯，后又分支于乌拉街北兰屯，舒兰县溪河乡的赵屯、舒兰站等地居住至今。东萨之子有三，恩特、古勒那、那密达，哥仨搬到永吉县三道岭子，前苇子屯和后苇子屯。由于人口发展迅速，这三个小山沟子容纳不下这么多人口，于是，哥仨于同治八年（1869 年）分家，长子恩特支居永吉县三道岭子，次子古勒那支搬到九台县的西哈什玛屯，后又分 4 支，各搬到腰哈什玛屯，南北窑屯，刘家窝堡屯居住至今。三子那密达支搬到永吉县土城子乡的打渔楼村，前后苇子村居住至今。拉都胡支在清时随龙入关，现在大多数在北京工作。

翁萨与东萨哥俩同时分祖立谱，各有一套完整的萨满祭祖神器，萨满的培训也都在一起教乌云。

四、翁萨支现状

翁萨支自乾隆五十四年分祖立谱后，都是在龙虎年举行续谱烧香。十年浩劫中，翁萨支的祭祖神器存放在溪河的赵屯关其昌家，被红卫兵“破四旧”全部收缴上去，统一焚烧了。1998 年我去通溪调查翁萨支现状时，在腰通溪发现还有位关云儒老萨满，已 84 岁了，耳不聋眼不花，只是他用的萨满神本子在家盖新房时被雨淋湿烂了。我骑自行车跑遍了翁萨支现住的地方，调查得知，翁萨之共有 3 本谱书，赵屯支谱书装在谱匣子里，一起被焚烧，莲花泡支一本、通溪一本也被烧了，北兰屯罗恒军家有一本是他父亲抄下来的，谱书记载庚辰年春二月初七日，应是1880 年的二月初七日立谱。翁萨之子额斯泰，四辈哥6 个，头三个哥仨有后，后三个人无后。老大雅奇居溪河口赵屯，倭拉那居莲花泡，安查哈居乌拉街镇北兰屯。文革祭祖神器全部被烧后，至今再没人张罗修谱。现存罗恒军家的翁萨支谱修到12 世，大约50 年代。复印本现藏关云德家中。

五、东萨支现状

古勒那支族谱与那密达族谱原在一起，50 年代还一同在腰哈什玛屯关云英家续过一次谱，后由于路远不方便，80 年代那密达支另立族谱，不再参与古勒纳支腰屯的续谱烧香活动。古勒纳支从未间断在龙虎年烧香，每续一次谱，写谱人员都抄录几本谱书，现已有窗户纸本谱书十余本。1994 年，关云德将古勒那支谱书整理，由关长尧父子出资印刷。罗关家族古勒纳支和那密达支是清光绪甲辰年（1904 年）二月初二日立的谱，以前在本族关长羽家只有谱折一张，上面有记载的是 11 世，拉都胡支也记载 11 世。吉林乌拉地区的关姓很多，素有“七户关八户赵”之谣，这是说乌拉地区有很多种关姓居住，为了不致混淆，各户关姓族长齐聚吉林牛马行西春发大酒楼，共议各户关姓的辈分诗，乌拉地区居住的罗关家族辈分诗，取五言四句格，中东辙韵，计20个字："云长连海瑞，国富永清平。继振兴文广，鹏程显圣明。"

古勒纳支的祭祖神器及家谱保存完好，是已故穆昆达关凯在"文革"破四旧时藏入高粱地里，后又转移多处才保存下来。1986年，在关云刚、关云章两位萨满年事已高的情况下，在族中让有病许愿的4位年轻人学乌云，1988年经过抬神后，成为新一代萨满，使罗关家族的萨满祭祀习俗传承下来。现保存萨满神本6本，全满文神本1本，满文神单3张。

六、满文谱的恢复

罗关家族原有白绫子满文谱一幅，是东萨支的全谱。十年动乱期间，由于都知道罗关家族续谱烧香，在破四旧范围之内，必须上交，最后决定交出谱匣子和满文谱，还有3面抓鼓。因为满文已无人认得，谱烧了还有谱书，以后还能再修。1988年关云德重画了谱头，仅写有古勒纳支的族谱，又重新打制了谱匣子，匣面有浮雕二龙戏珠图案。2000年，在关凯旧居重建罗关家族祠堂。2011年又将龙口祖坟立了满汉两种文字碑，有始祖乌达胡墓、拉都胡墓、东萨墓。2012年适逢龙年，关长宝与北京民族大学满语教授王硕老师联系，王老师将罗关家族谱全部标上满文，由关云德抄写在绫布上，中断30多年的满文谱终于恢复了。

作者简介：

关云德　满族　吉林省九台市其塔木镇刘家满族村

浅析朝鲜族和汉族姓氏源流

方英兰

内容摘要： 姓名是人们的生活中非常重要的一部分，不仅是一种语言现象，同时，姓名也是不同历史时期的产物。本文意在通过对朝鲜族和汉族姓氏源流差异的分析，而使朝鲜族和汉族对彼此姓氏有所了解，更好地促进沟通和交流。

所谓姓名，即由姓和名组成，俗称名字。姓名是用来称呼某一确定的个人与他人相区别的语言标志，因为有了名字，人类才能正常有序地交往。与此同时，姓名的特征体现了其本身的社会文化现象所蕴涵的社会文化内涵，从某种意义上，反映了一个国家或民族不同时期的道德标准、价值观念和风土习俗等，因此被喻为“文化的镜像”。而本文主要想介绍在同一文化背景下，朝鲜族和汉族姓名的源流的差异。

一、朝鲜族姓名源流

朝鲜族历史上号称高丽或“白衣民族”，主要居住在中国东北部，吉林延边、黑龙江省东北部、辽宁北部。朝鲜族使用姓氏的时间是从公元前1世纪开始的。其姓氏同其他民族姓氏一样，始于贵族，由贵族（国王）开始，自上至下，由根本以支派，由少到多地发展，逐渐普及到黎民百姓。高句丽、新罗、百济可以说是朝鲜族族源。据《北史·高丽传》记载：“朱蒙至纥升骨城，遂居焉。号曰高句丽，因以高为氏。”朱蒙乃扶馀王子，公元前37年征服浑江流域的沸流、盖马、朱那等部落，在今辽宁桓仁县建立了一个少数民族政权——高句丽。“纥升骨城”在高句丽开国王都五女山。因此，这是高句丽最先使用的姓氏。百济、新罗也追随其后，分别在4世纪和6世纪开始使用姓氏。

《新唐书·百济传》说：“百济……有六方，方流十郡，大姓有沙氏、燕氏……”《北史·百济传》中也说，百济国除扶馀氏外有沙、燕、解、真、国、苗、木、王、张、司马、首弥、黑齿等姓，由于叛乱，王建大怒，分别赐给叛乱者以牛、象、豚、獐之类的兽姓。后来，他们的后代将原姓分别改为朝鲜语同音字于、尚、顿、张等姓氏。

新罗国儒理王赐阏川杨山村长阏平为“李”氏，赐突山高墟村长苏伐都和为“崔”氏，赐茂山大树村长俱礼马为“孙”氏，赐山珍子村长智虎为“郑”氏，赐金山加利村长祗陀为“裴”氏，赐明活山高耶村长虎珍为“薛”氏。比如说，朝鲜族常见的金、李、朴、安、张、赵、崔、陈、韩、姜、柳和尹姓，在高句丽的历史上几乎没有出现过。而且除了金、朴算是韩国本土姓氏外，李、张、赵、崔、陈、柳等姓氏都是南北朝后期至隋唐时中国的大姓和贵姓。

而今，朝鲜人口最多的金、朴、李、崔、郑五大姓中，金氏可考的106个本贯（祖籍乡贯），金氏主要来源于新罗国王金阏智、伽耶国王金首露，金姓来自神话传说；朴氏有70多个本贯（来自新罗国王始祖朴赫居世，新罗国王虽然是同一家族，却有朴、金两个姓，朴姓亦来自神话传说）；崔氏有43个本贯，全为本土起源；李氏有109个本贯，其中有30多个始祖来自汉族；郑氏有35个本贯，其中只有瑞山郑氏、琅琊郑氏两个本贯的始祖来自汉族。此外，还有像昔姓（2本贯）、文姓（17本贯）少数姓氏。

金姓起源于新罗：脱解尼师今九年（65）春三月，王闻金城西，始林间有鸡鸣声。迟明，遣瓠公视之，有金色小椟挂树枝，白鸡鸣于其下。瓠公还告。王使人取椟开之，有小男儿在其中，姿容奇伟。上喜，谓左右曰：“此非天遗我令胤乎。”乃收养之，及长，聪明多智略，乃名阏智。以其出于金椟，姓金氏。改始林名鸡林，因以此为国号。

朴姓的起源：据《咸阳朴氏世谱》载：“新罗本辰韩之地，朴氏赫居世始立国，是为新罗始祖（时在公元前57年）。先是朝鲜遗民，居东海滨为六村，各有部长。六村长忧其无君长，会阏川祷于天三日，五色云下，杨山麓罗井林间有仙人，跪拜状。高墟村长苏代公往观之，有一大卵如瓠。剖得婴儿……辰人以瓠为朴，而此大卵如瓠，故遂为姓。”

李氏来源：除了在新罗时期，新罗国儒理王赐阏川杨山村长阏平为“李”氏之外，也有历史记载，在1387年朱元璋要求收复原东北地区的元朝属地，高丽国王拒绝归还，并派都统使李成桂进攻辽东，李成桂反对出兵，发动政变，1392年废黜国王自立，史称“李氏朝鲜”。此外，李氏还源于西汉李般后裔、汉朝乐浪太守李震、唐朝支援新罗将领李茂后裔、朝鲜开国功臣女真人李之兰、明将李如松子李应祖和李天根的后代。

崔氏来源，据其家谱记载“东汉末年的时候，军阀混战，平州刺史崔毖率族人千余避乱入朝鲜，其后发展成为朝鲜族大姓”。

郑氏起源于远古的传说时代。据朝鲜人编撰的《三国史记》记载，早期的朝鲜人居住在朝鲜半岛的山谷之中，分作6个部落，至新罗第三代国王时始分封授姓，其中的珍支部居住在觜山干珍村，更名为本彼部姓郑。

昔氏来源，据《忠州金氏世系》载：“新罗第三代王昔脱鲜是从海上飘来的，匣中诞生的，在海上漂流时，被一老妇人见到收养，因为匣是有喜鹊送来的，‘鹊’去掉‘鸟’故姓昔”。

文氏来源，据《南平文氏派谱》载：“我文氏得姓，肇自元祖。昔我文祖诞降也，五云呈瑞，石函赫灵。”因始祖诞降时，云彩斑澜而命之。

二、汉族姓氏源流

中国人在三皇五帝以前（距今约五千年），就有了姓。据传说，姓的最早起源与原始民族的图腾崇拜有关。氏族部落不但对图腾奉若神明，禁止食、杀、冒犯，而且把它作为本氏族统一的族号。在原始部落中，图腾、族名和祖先名常常是一致的，久而久之，图腾的名称就演变成同一氏族全体成员共有的标记——姓。由图腾演变为姓的传说很多。据考证，夜郎国的国君是竹王，他的臣民以竹为图腾，姓竹。又据史书记载，晋国有狐毛、蛇平，汉代有狗未央、狼莫、鹿旗，三国有豹皮公等人。透过这些古怪的姓名和骆、虎、蚁、牛、羊、鸟、龙、竹、梧、茶、菊等与动物、植物名称相同的姓氏，隐约可见图腾崇拜对姓氏起源的不可磨灭的历史印迹。

姓的源流除与图腾关系密切外，还与女性分不开。那时是母族社会，只知有母，不知有父。所以“姓”是“女”和“生”组成，就说明最早的姓，是随母亲的姓。根据考资料，西周铜器铭文中，可以明确考定的姓不到三十个，但大多数都从女旁，如：姜、姚、姒、姬、娲、婢、妊、妃、好、嬴等。表明不仅古姓多与“女”字相关，就连“姓”这个字本身也从女旁，这大概是母系氏族制度的一个特征性产物吧。妇女在生产生活中居于支配地位，实行群婚制，兄弟姐妹之间可以通婚，在这种制度下，子女只知其母，不知其父，所以在神话里流传着“圣人无父，感天而生”的许多故事。许多古姓都从女旁，可见我们祖先经历过母系氏族社会的痕迹。

夏、商、周的时候，人们有姓也有氏。在古代氏族发展的过程中，又衍生出“氏”这个称号。传说，黄帝治理天下时，已有“胙土命氏”。氏的产生，最大量、最频繁的时代是周朝。周朝初年，为控制被征服的广大地区，大规模地分封诸侯。而这些诸侯国的后人即以封国名为氏。另外，各诸侯国又以同样的方式对国内的卿大夫进行分封，大夫的后人又以受封国的名称为氏。以后，各种形式的氏的来源又不断出现，如以国名为姓，像夏、商、周、秦、鲁、宋等；又如以官职为姓，司马、司徒、太史等；亦有以居住地为姓，如延陵、东郭、南营和职业技艺为姓，如巫、屠、卜、陶等。

在姓氏文化权威机构家族网的研究资料中，目前汉族姓氏使用最多的是李、王、张等三大姓氏，其姓氏源流也各不相同：

李姓最早出自“嬴”姓，春秋时期流行以官位作姓，道家学说的创始人老子因祖辈为理官，遂以理为姓氏，后传为“李”。是为李姓起源。唐初开国元勋诸将徐、邴、安、杜、胡、弘、郭、麻、鲜于、张、阿布、阿跌、舍利、董、罗、朱邪共16姓被赐予李姓，由此人丁大增。

王姓一般帝王的后裔称王子、王孙，随后便用作姓氏。王姓也是由很多其他姓氏变化而来，最多的是出于“姬”姓，相传为古帝虞舜之后，另外，姓王的人也有些是商纣王时比干之后，甚至古高丽国君也是王姓，逐渐发展为中国第二大姓。

张姓据《元和姓纂》中记载，“黄帝第五子青阳生挥，为弓正，观孤星，始制弓矢，主祀张星，因姓张氏”。因此相传张姓源于黄帝，是黄帝的后代。张姓自汉代开始逐渐增多，与当时道教的兴起与流行有关。当时盛行“黄帝赐姓张氏”的说法，比如当时的道教领袖如张角、张鲁等。

综上所述，一方面，我们可以明显看出无论是朝鲜族，还是汉族的姓氏源流都经历了漫长的历史时期，朝鲜族经历了高丽、新罗和百济；汉族姓氏经历了母系社会，夏、商、周和战国时期。一方面是汉族姓氏起源时间要比朝鲜族姓氏要早，姓氏数量也比较多；另一方面，从朝鲜族和汉族的姓氏异同的源流来看，朝鲜族的姓氏是源于本贯（即家乡籍贯），不同的籍贯，有不同的姓氏；而汉族姓氏是源于不同时期的历史，比如战国时期的“齐”、“鲁”、“赵”等，还有以封地、部落名为姓氏，也是汉族姓氏源流的鲜明特征。通过对比朝鲜族和汉族姓氏的源流，使朝鲜族和汉族同胞可以对彼此姓氏的起源有进一步的了解，从而更有利于促进双方的交流、沟通，为朝鲜族和汉族的民族团结奠定良好的根基。

参考文献

1. 李　吉:《寻根认祖》, 气象出版社, 1999 年第 1240 页。
2. 王泉根:《中国姓氏的文化解析》, 团结出版社, 2000 年第 112 页。
3. 太平闲人:《三家评本红楼梦》, 上海古籍出版社, 1988 年。
4. 朴尚春:《朝鲜族姓氏源流》, 载《寻根》, 2009 年 2 期。
5. 何光岳:《中国姓氏源流》, 湖南教育出版社, 2003 年。
6. 孙艳姝:《朝鲜人》, 东方出版社, 2009 年。
7. 姜榕泽:《朝鲜族人民特点》, 载《民族语文》, 2011 年 3 期。

作者简介:

方英兰　女　朝鲜族　延边图书馆流通服务部主任副研究馆员

从《正红旗满洲哈达瓜尔佳氏家谱》看满族家谱编纂及其价值

孙学雷

内容提要：《正红旗满洲哈达瓜尔佳氏家谱》翔实记录了哈达瓜尔佳氏尼雅济布一支的家族历史。瓜尔佳氏为清王朝满族八大姓氏之一，为满族共同体的核心组成之一。其《哈达瓜尔佳氏家谱》在揭示此期家谱编纂和家族史实方面，实有代表性和典型意义。它不仅验证了专家们关于家谱价值的经典论断，而且以其北方少数民族家谱的特质，补充着这些论断，为家谱编纂、清史研究的某些局部细节问题提供新的视角，也是证史补史的实证资料和修谱的范本。

一、《正红旗满洲哈达瓜尔佳氏家谱》的编纂及其体例

《正红旗满洲哈达瓜尔佳氏家谱》（本文简称《哈达瓜尔佳氏家谱》），（清）恩龄修，清道光二十九年（1849 年）刻本，8 册，10 行大小字数不等，白口，四周双边，单鱼尾。全书由谱序、谱例、谱原、谱汇、谱图、前四代家谱、长门至六门家谱、后册谱图、后册家谱构成。

家谱编修恩龄（1792—1866 年），满洲正红旗人，字楚湘、述园、知园，尼雅济布六门第八代孙。由兵部笔帖式历官淮安府知府，升江南淮扬兵备道兼理河务（随带军功加三级）。道光二十三年（1843 年），因病回旗编纂家谱，谱成时年 57，已有曾孙 2 人，五世同堂。生年史籍未详，由家谱推知。本谱外，还著有《知园诗存》。

瓜尔佳氏家谱序云："族中旧存只有满洲谱图，其中阙略舛错者甚多，至人丁生殁、官阶事迹、坟墓地址以及子女婚嫁姓氏名字，二百余年来大都口述流传，谱中并无详细册记，以至现在，已有阙而无考者"，于是，根据长辈谕知，保九弟、延五弟、延三弟的旧图添注，"会萃辩证，讨论搜罗"，"阅六寒暑之久，始克竣事。"

谱序引礼大传“尊祖故敬宗，敬宗故收族”与范文正公言说明编纂主旨，云：“万物本乎天，人本乎祖，木有根而枝附焉，水有源而流出焉。谱也者，籍以萃人情之涣而联合族之和气也”，表明编辑家谱的目的与意义，观念、笔调与汉文家谱已如出一辙。

瓜尔佳氏家谱凡例共计18条，分别述及体例所本、始祖、详略、入谱规则、避讳、册次、藏谱等。其“谱式系仿照钮钴禄氏十六房家谱体裁略加参酌非敢创臆”。祖父尊长讳名依照钮钴禄氏十六房家谱与直隶昌黎县万氏家谱，不注“某某填讳”字样。“余孤陋寡闻，谨照巨族前贤各家谱成式恭办，不敢创臆”。

按语“查各家谱成式”，“多系于语句前注写某某谨按字样，间亦有前只写谨按二字，统俟按语写毕后另行旁注某某谨记敬记字样”，“余孤陋寡闻，拟仿照旁注成式，似觉尤为敬谨”。

可知本谱体例是借鉴、取舍当时满族、汉族家谱编纂的成功范式而来，在从众与不从间体现出编者的修养、取舍、态度与立场。因未见钮钴禄氏十六房家谱，无从比对，只有从本谱推知其梗概，也由此可以略知当时满族家谱编纂的一种典型形态。

“国初以前谱图世系未能征实，何敢扳援”，以费信勇公讳英东为远祖，而遵《钦定八旗氏族通谱》所载，以尼雅济布“率众来归”为受姓始祖。疑以传疑，信以传信，持严谨求实的态度。以长门二门有驻防西安、难以周知，三门人丁较少，五门无嗣，叙述稍略，四门、六门见闻较易，所记较详。详略以掌握材料多寡为准。谱内填红者，注写“以后随时添注”；身故而妻室尚在的，注写；“余俟续注”；年久无考者，注写“余俱无考”；阙而或可补注者，注写“余俟续考”。区分墨色和添注种类，体例严谨、明确，为解读和续修家谱提供了方便。

对十岁以上、十岁以下、一二岁、幼殇男丁的入谱与否及其方式做了规定。对子女婚嫁的记录以是否业已迎娶或于归为准。侧室是否入谱以是否育有子女及子女年龄、人数为标准。排行称谓有按门或按胞兄弟称呼的，照亲族通称入谱，多种排行则分别说明。在编纂体例上规定细致、明确，充分反映出严谨务实的态度，由此也奠定了本谱补史证史价值的基础。

凡例标注，官职均照本人履历填注，子孙官大者注明诰封。远年朱卷、嘉庆戊辰恩科延大兄菊泉公朱卷、道光甲午科长秀朱卷所载舛漏均经详细考实后厘正。径直纠正了传世文献的错误。

凡例注明添注职责，“自道光二十九年十月初一日以后，凡一切应行添注之处，俱应由各门随时记写，以备将来续修”。查检书及胶卷，国家图书馆所藏一部五册（四门）、第七册（六门），数处墨笔添注，四门六页补“女一人适正蓝旗满洲乾隆乙丑科翰林盛京礼部侍郎之子嘉庆元年丙辰恩科翰林那尔丰阿”；二十五页补“咸丰壬子恩科中式进士钦点翰林院庶吉士”；六门二十一页第三列上，贴方签补“道光十六年在清江三汛两江总督林则徐片奏”“奉旨交部议叙”文；二十五页末补“硕龄配系福兴之女”，疑此部与六门恩龄系有关，添注时间较早。燕京大学图书馆藏一部六门也有三处添注，一为二十六页补六门十一代文衡之子增喜，行二，号石荪，花翎五品衔，河南登封县知县；二为六门十一代文珞之子清寿，行一，号鹤如，刑部笔贴式，由国史馆议叙选补理藩部司务；三为三十二页后夹条二处，注生卒。也是六门添注，时间似稍晚。编纂者对续修有明确的期待和安排，可惜迄未见到，续修似未能继，令人遗憾。

该谱注明全书分册：谱序、谱例、谱原、谱汇、谱图、前四代家谱为首册；长门至六门家谱自标第一至六册，实为第二至七册；后册谱图、后册家谱为第八册。“统共八册装潢一函全”。

该谱还注明藏谱情况：陕西省西安府满城内红旗街祠堂一部，陕西省西安府城南三兆村祠堂一部，北京前门内细瓦厂祠堂一部，北京阜成门内武定侯胡同祠堂一部，北京阜成门内巡捕厅胡同祠堂一部，北京良乡西关外茔地阳宅内一部，北京长辛店二老庄茔地东西两阳宅内各一部。共计八部。

就目前所知，家谱经辗转收藏，国家图书馆现存四部。部一 8 册全；部二 7 册，缺首册；部三 6 册，缺首册与第七册；部四 1 册，残存序、例、谱原、谱汇，割裱后经折装。中国社会科学院民族研究所藏一部 8 册。燕京大学图书馆藏一部 8 册（现藏美国哈佛大学汉和图书馆，上钤“燕京大学图书馆章”、“哈佛大学汉和图书馆珍藏印”）。存藏状况之佳实属难得，为我们充分研究该谱创造了优良的条件。

在序与凡例外，谱原分述 1—4 代人名与子孙，为立六大门之源。谱汇为六大门谱汇，分述 1—6 门 5—11 代人名、父执、官职功名、年龄、门别（末书“清道光二十九年重阳月谱汇成”）。谱图分别纵向用双色笔列出始祖下四代、额公长子（第五代）、额公第二子、额公第三子、额公第四子、额公第五子、额公第六子世系图，其中额公第六子（六门）最详，已列至第十二代，与撰谱人所来自于掌握情况的程度有关。谱原、谱汇、谱图相互接续、关联，清晰地标示出家族世系脉络与概貌，与汉族家谱谱式的构成形成对比，非苏非欧，有其独特的一面。

其家谱所据资料来源有四：谱图、慈诲喻知、旧图添注、荟萃搜罗，而其母李氏在家谱编纂与家族中之作用似尤应注意。李氏为镶红旗汉军护理广东巡抚广东布政使李天培之女，小福成额6岁，为福成额继配（其原配鄂尔绰洛氏，镶蓝旗满洲佐领随保之女，在福成额24岁时亡故）。恩龄行四，"幼而失怙，未及庭训，仰蒙先妣李太夫人随时慈诲喻知族中往事，敬闻之下，稍知梗概"，可见李氏对家谱编纂所起作用。恩龄长兄延龄，原名扎拉丰阿，字曼卿，号礼仙，一号菊泉，嘉庆十三年恩科举人；三兄（无二兄记载）普龄，原名恩普，号霖皋，光禄寺笔帖式，二人名与字号有明显汉化痕迹。也正是由"先妣李太夫人慈命"，东安县南王立村北王立村等处六顷七十六亩地成为祭田，实收京满钱二百千，以一百五十千备长辛店二老庄茔地四大节祭扫，余五十千用度明细也一一明确，"俱已于红契内注明"，儒家伦理与经济落实无疑。从李氏跃然于纸上的文字观其作为、理念，由此可见一斑。

由上述可知，《哈达瓜尔佳氏家谱》开本大气，版刻俊朗，编纂体例比较完备，形态严整，体现出满族家谱成熟期的编纂、刊刻风貌，是满汉文化兼收并蓄、有机交融的产物。

二、《哈达瓜尔佳氏家谱》所涉家族源流、谱系与兴衰

瓜尔佳氏一般认为是以地域命名的姓氏，源于金代旧姓夹谷氏、加古氏、古里甲氏，是女真最古老的姓氏，也是女真族中的大姓（《皇朝通志·氏族略·满洲八旗姓》）。明清时期，称瓜尔佳氏，为清王朝满族八大姓氏之首（其他七姓为钮钴禄氏、舒穆禄氏、纳兰氏、董鄂氏、辉发氏、乌拉氏、伊尔根觉罗氏）。世居东北，最初生活在黑龙江及松花江中下游广大地区，后数经迁移，逐渐分居于东北各地。瓜尔佳氏和清朝皇族关系密切，为其屡立战功，如扶助努尔哈赤起兵的五大臣之一瓜尔佳费英东，名臣瓜尔佳鳌拜，主持签订《中俄尼布楚条约》的瓜尔佳郎坦。清末溥仪之母大臣荣禄之女，也是瓜尔佳氏。

《钦定八旗氏族通谱》记载了未入关前分布于各部落的瓜尔佳氏102派，分处在苏完、安褚拉库、尼马察、瓦尔喀、长白山、蜚悠城、辉发、哈达、叶赫、乌喇和呐殷等地，《哈达瓜尔佳氏家谱》所述为哈达瓜尔佳氏中的尼雅济布一支。

《钦定八旗氏族通谱》卷三记载了哈达地方瓜尔佳氏的五代人：尼雅济布，“国初率众来归”，有尼雅济布传，“正红旗人，世居哈达地方，国初来归”；述及其子骁骑尉阿拉密、孙佐领阿钮、袭职萨兰泰；元孙员外郎阿秉阿、主事吴达善、中书林昌，四世骁骑校孙满泰。

《哈达瓜尔佳氏家谱》以《钦定八旗氏族通谱》所记为圭臬，尊费英东为远祖，奉尼雅济布为第一代，称始祖。备采通谱源流而加以考订说明，充分反映出严谨求实的态度，并大量补充了通谱之后的史实，由此也奠定了本谱补史证史价值的基础。对《通谱》所记与家谱族人称呼用字作了考订，述《家谱》称阿秉阿作阿炳安，称林昌作琳昌，均为同音异译，二者适可互为呼应，记载以家谱为详。

陈佳华先生据史料和家谱考证，尼雅济布“国初率众来归”，应在清太祖努尔哈赤时代，最迟不晚于清太宗皇太极的天聪年间（见《清代一部官僚士族的家谱——〈正红旗满洲哈达瓜尔佳氏家谱〉研究》）。

世系中阿拉密为第二代，官骁骑校（清制六品）；阿钮、沙必汉为第三代，阿钮授云骑尉世职，官佐领（清制四品。其支与六大门支派为别支，在谱中列于末册）；额思图为第四代，未仕，因子吴达善官“侍郎总督”而诰赠光禄大夫，原配伊尔根觉罗氏，继配刘氏亦均诰赠一品太夫人。子阿炳安、阿炎阿、琳昌、塞得立、吴达善、纳英阿为第五代，始立六大门。家谱补充了《通谱》因未出仕、编纂下限等而缺载的人物、名位、世系，图示见下表：

尼雅济布——阿拉密——阿　钮
　　　　　　　　　　——沙必汉——额思图——阿炳安（五代长门）
（一代）　（二代）　（三代）　（四代）——阿炎阿（五代二门）
　　　　　　　　　　　　　　　　　　——琳昌（五代三门）
　　　　　　　　　　　　　　　　　　——塞得立（五代四门）
　　　　　　　　　　　　　　　　　　——吴达善（五代五门）
　　　　　　　　　　　　　　　　　　——纳英阿（五代六门）

六大门之后的繁衍、发展情况，因其背景、地域、仕途升迁不同，反映出满族核心共同体在同一政策体系下，不同阶层的不同状态与发展态势。

长门，驻防西安，官职、地位较低

阿炳安：康熙五十年辛卯科中式文举人，吏部堂主事。雍正年间官至甘肃宁夏道巡道，因承办宁夏城工被参革职，家籍没。

子三人：玉柱，驻防西安，无官职；钟兴，刑部司狱，在京；钟起，候补笔帖式，在京。

孙四人：玉柱子福克金布、伊兰泰驻防西安；钟兴子窝克精额、德克精额，葬京都阜成门外四槐居。

曾孙八人：福克金布子三人驻防西安，无官职；窝克精额子三人，为马甲、护军等；德克精额子二人，为马甲。

玄孙六人：五人为马甲，一人为养育兵。

二门，驻防西安，官职、地位较低

阿炎阿：因病未仕。

子二人：长子重舒官至山西托克托城理事通判；次子聚德驻防西安，无官职。

孙六人，曾孙五人，玄孙二人。最高职务为通判，笔帖式三人，其他为披甲、养育兵或无职。

三门，多任中下级官员，生活较优裕

琳昌：乾隆元年丙辰恩科举人，官至刑部郎中、詹事府左春坊左庶子兼公中佐领、日讲起居注官。

子四人：长子木隆阿官至刑部江西司郎中，二子德奎为督察院笔帖式，三子木特布官至湖北汉阳府同知。

孙九人：木隆阿之子安泰官郎中，木特布之子昆瑞官笔帖式，长春子哈福为骁骑校，其余六人中四人披甲，二人无记载。

曾孙九人：安泰子福山官河南候补知县，其他八人中三人披甲，五人无记载。

玄孙七人：三人披甲，一为养育兵，四人无记载，无人做官。

四门，为官者较多，六门中最盛，以五子玉德支为代表，桂良时至顶峰

塞得立：未仕，大胞兄阿炳安宁夏城工案，被逮入狱。因子雅德、玉德官侍郎、总督，诰赠光禄大夫。

子八人：雅德官总督，赏戴花翎；广德官按察使；常德官知府；玉德官总督，赏戴花翎；文德官巡道；宝德、辅德官同知员外郎；同德未仕。

塞得立一门发展之盛，以五子玉德系为代表，其三子桂良为顶峰：

玉德，号达斋。乾隆三十三年考补内阁中书，官至山东巡抚，赏戴花翎，调浙江巡抚，江苏巡抚，闽浙总督，署福州将军。

玉德子六人：长子俊良，十九岁卒。次子斌良，由荫生官至刑部右侍郎、镶红旗汉军副都统、钦差驻藏大臣。三子桂良，由贡生捐纳礼部主事，升河南按察使，官至大学士和军机大臣，以其女嫁皇六子奕訢，声名日隆。长子延禧娶宗室郑亲王乌尔恭阿之女，次子延祚娶山海关副都统兴科之女，三子延祺娶正红旗汉军子爵王夔之女，四子延祜娶蒙古护理贵州巡抚、贵州布政使额腾伊之女。九女中，一嫁侍郎容照之子，一嫁粮道恩成之子，一嫁吉林将军经额布之子，一嫁直隶总督讷尔经额之子，一为惠亲王福晋，一嫁侍郎、总管内务府大臣、阿克苏办事大臣舒兴阿之子，一嫁湖广总督裕泰之子。四子岳良由理藩院主事，累迁至按察使，道光年间补内阁侍读学士，放乌什办事大臣。五子徵良由大理寺司务兼十五善射，官至通判，广宁县知县。六子法良，以东陵笔帖式，累官至江南河库道。

孙十八人：玉德系外，尚有雅德子敦良官按察使、副都统，赏戴花翎；文德次子怡良官总督。

曾孙八人，玄孙十五人。

五门，官位显于吴达善时，深得乾隆的信任重用

吴达善：雍正七年已酉科拔贡，雍正十三年乙卯科举人，乾隆元年丙辰科联捷进士。官至陕甘总督，后任云贵总督、湖广总督等职。

子一人：庆长官工部主事，后特旨赏工部员外郎。

孙一人：福明于嘉庆初年，特赏笔帖式选刑部，后升乌鲁木齐通判，内选盛京员外郎。

曾孙一人：秀麟，无嗣。

六门，多为清朝中级及以下官员，其官位最显著者出于纳英阿次子图萨布系

纳英阿：未仕，因大胞兄阿炳安宁夏城工案赴京陈词，往宁夏办理城工，十八年后案始结。

子二人：长子音德布官给事中，次子图萨布，乾隆三十年戊子科举人。官至广东巡抚。

孙五人：音德布长子福成额拔贡官同知，子哲成额官知府郎中，子琦成额任巡道赏戴花翎，图萨布子苏成额（由音德布次子过继），由户部南档房笔帖式，累官至漕运总督、都统。

曾孙十一人：官知府、知州者三人。

玄孙八人：延龄子钟秀、普龄子启秀任员外郎，恩龄子长秀文举人任御史。

凡此种种，尼雅济布一族，六门概貌与兴替存在着较大差异，既有六门发展的不均衡，又有各门之中发展的不平衡，存在较大的起伏波动，且较普遍，原因值得探讨。从发展好的门系看，与以笔帖式为进身之阶相比，科举仕进业已成为满族入仕的捷径与常途。

哈达瓜尔佳氏六大门分别处于满族共同体的不同阶层，因而有着不同的生存、仕进状态与姻娅、社交范围，家谱严谨、微观的叙述不仅弥补或纠正了正史记载的不足，大量充实了作为不同层级存在的群体性描述，为社会史研究提供了第一手鲜活的材料，而且为我们提供了观察这个社会的更加新颖的视角。

毋庸置疑，《哈达瓜尔佳氏家谱》在揭示这一时期家谱编纂和家族史实方面，实有代表性和典型意义，不仅验证了大家们关于家谱价值的经典论断，而且以其北方少数民族家谱的特质，补充着这些论断，为家谱编纂、清史研究的某些局部揭示出新的视角，提供了证史补史的实证和典型。

作者简介：

孙学雷　汉族　国家图书馆古籍馆　副研究馆员

锡伯族的姓氏、家族、家谱及家法家规概述

永志坚

内容摘要：家谱是最能形象地反映锡伯族家族文化的重要载体，具有重要的文献价值。本文简要介绍了锡伯族的姓氏、家族的组织形式、家法家规、家谱的创修为主要内容。透过家谱让我们有机会了解了锡伯族哈拉莫昆的来源、家族的沿袭情况和独具特色的家族文化内容。其中，两个半世纪之前从东北老家移居西北边疆屯垦戍边的锡伯族人，其家族文化虽然继承的主要是东北汉满结合的文化形式，但也有自己的地域特点，保留许多自己固有的民族特色，值得深入研究。

引　言

锡伯族的家族文化，除有几部专著中简要提过以外，专题研究文章很少，尤其是对家谱的搜集整理和家族文化的社会调查，目前尚未曾见到。其实，锡伯族的家族文化非常丰富，是值得发掘和深入研究的一块宝地。这里，笔者根据自己多年从事民族古籍搜集整理过程中所见到和接触到的有关民俗资料，对锡伯族的家族文化—姓氏、家族组织、家谱及家法家规等，做一简要介绍，向专家学者请教。

过去，有研究指出，锡伯族是在汉族和满族的影响下，才开始有了家族文化的发展。由于没有确切的文献记载能证明或否认此说，锡伯族的比较完整和清晰的家族文化习俗，是从明朝开始的。此前，锡伯族虽有部落部族观念，但不是血缘共同体意义上的稳定的家族共同体。在锡伯族被编入满洲八旗之前，他们形成数量众多的分散的家族或准家族组织，进行共同活动、迁移。其间有分化，分解成较小的家族组织；也有合并，组成较大的部落群体，其居住地也处于不停的转移变动之中。自从编入八旗组织之后，有了固定的居住地，生活安定了，不再有家族迁移、兄弟分散之

虞，聚族、收族并开展共同的祭祖活动才有了可能，所以创建族谱、组织莫昆会议、制定家法族规也由此开始。尤其是乾隆初朝廷为了编撰八旗满洲氏族通谱等专著，下令京城及各地驻防八旗部队官员，将自己的祖籍地、归顺或投诚时间、编入八旗的情况，由主管官员核准后，一一上报，作为编写满洲八旗氏族通谱的第一手资料。这在客观上激发了各部族认亲归宗的热情和创修家谱的积极性。从现存的家谱来看，新疆锡伯族的比较完整的家谱大多最早是在清朝光绪年间修建的，东北锡伯族的修谱时间较早。总之，锡伯族家族组织和各种活动在清代得到了快速发展和完善。

一、姓氏及家族组织

哈拉莫昆　据扈伦四国的民间传说，元明时扈伦国的创始人纳齐布录，年轻时因力气大，善骑射，被锡伯王招为驸马，得到锡伯王的信任和重用。后来他依靠锡伯的势力培植亲信，羽翼得以丰满。元朝末年，元朝廷命令锡伯王出兵与明人作战，锡伯王命纳齐布录带兵前去。他在半路上带兵哗变，锡伯王派兵去镇压。纳齐布录逃入山里，据险死守。半夜里锡伯兵上山巡逻，见到有人走动，分不清是谁，就大声喊话问："你是哪个哈拉的?"对方回答说："我是那拉哈拉的!""哈拉"是锡伯语，姓的意思。原来纳齐布录早就吩咐士兵，说要是遇到锡伯王的追兵，就回答说是锡伯部的那拉氏，这样可以躲过追兵。纳齐布录和他的兵丁以锡伯姓"那拉"骗过了追兵，得以逃脱。以此可以知道，元末明初的时候，锡伯人的一些望族就有讲究姓氏的习俗，并有姓那拉的锡伯王。还有同满族同源于"舒舒刷砚"地方的瓜尔佳氏（汉字单姓关），也是锡伯族中人数众多的著姓。据有关研究文章和书籍介绍，现在锡伯族约有四五十个姓氏。其中比较大的姓氏有：

汉字音译	拉丁字转写	汉字单姓
瓜尔佳氏	gūwargiya	关、管
何叶尔氏	heyere	何、贺、赫
哈斯胡里氏	hashūri	韩、哈
图克色里氏	tukseri	佟、通
巴雅拉氏	bayara	巴、白、拜
那拉氏	nara	那
永托里氏	yongtori	永

托库尔氏	tokūr	拓、妥、陶
吴扎拉氏	ujala	吴
苏木尔氏	sumur	苏
安佳氏	angiya	安
胡西哈里氏	hashūri	胡
富察氏	fuca	富、付、傅
伊拉里氏	ilari	伊
郭尔佳氏	gorgiya	郭、顾
杨吉尔氏	yanggiri	杨
觉罗氏	gioro	赵、焦
温都尔氏	wendur	温、文
孔古尔氏	kunggur	孔
扎斯胡里氏	jashūri	扎
华西哈尔氏	hūwasihar	华
图木尔齐氏	tumurci	涂、佟
额尔克勒氏	erkele	额、鄂
鄂托氏	oto	鄂
春吉尔氏	cunjir	春
格济勒氏	gejile	葛
固尔佳氏	gurgiya	顾
石佳氏	šigiya	石
郭尔吉氏	gorgi	郭
郭洛罗氏	gorolo	郭、国

过去，由同一个始祖繁衍的同姓后代，聚族而居，形成一个血缘共同体——同一个哈拉。但是它并不是一个长期稳定的共同体，因为各部族、部落之间频繁的战争和相互掠夺、兼并、迁徙等，使得这种同姓部族处于不断地分化瓦解和迁移之中，只有在相对稳定的社会环境中，同姓家族才会相对处于和谐状态。最初，哈拉下面可能还没有分蘖出分支——莫昆（相当于汉族的房支），只是以后才分蘖出莫昆。莫昆是哈拉下面的二级组织，莫昆一旦从其同姓哈拉之中分蘖出来，就会自成一个体系，另立家谱，重建坟地，也不再一起祭祖，而是把自己分出来时的第一代祖先当作始祖，自行祭祀，不再参加原来同一个哈拉共同的祭祖活动。

莫昆一旦形成，就是一个独立的共同体——家族，它是由比较亲近的若干个家庭组成，形成具有一定内聚力的同胞组织，有了自己的组织形式，有莫昆会议，推举莫昆达（族长），重修家谱，立下家法家规以约束家族成员的行为方式。根据笔者的考察，时间长了，从同一个哈拉中往往有分蘖出好几个莫昆的可能，也可能就是原来的哈拉演变成为一个莫昆，情况不一样。从笔者所了解到的情况来看，同一个莫昆过了五六代，就有再分蘖出两个或几个莫昆的情况发生。

莫昆从哈拉分出来以后，也有改姓的情况发生。新疆有原来杭阿里姓，后来有一支被安置到塔城，改姓为哈拉尔（单姓哈），并另立家谱，与原来的宗族已没有来往关系。杭阿里氏起汉姓韩以后，又同辽宁省的哈斯胡里氏韩姓家族联为同宗。辽宁有一份家谱说，由原来的伊拉里氏（伊姓）改为吴扎拉氏（吴姓）。也有不用自己原来的姓氏，以父祖名讳的第一音为子孙之姓的。比如父名齐成额，其子就取父名的第一音（字）“齐”为姓，由此也就出现了新的姓氏莫昆。也有的哈拉因后代繁衍不旺，以致绝嗣，所以原来的姓也跟着消亡，比如安班姓，历史文献资料上有记载，现在已消失不见。在历史上，有小部族投靠大部族后改姓大部族姓的，也有大部落或当权的部族给小部族赐姓的，比如伊尔根觉罗姓，就是满洲统治者赐给的。

原来锡伯语多音节姓氏改成汉字单姓以后，分出来的莫昆，不一定就用原来的字，比如瓜尔佳氏通常定汉字单姓为关，但同姓分出来的莫昆有的取“管”为本莫昆的姓，也有改为“郭”的，其实他们都是瓜尔佳氏的不同分支——莫昆。

总之，由哈拉分蘖或演化出来的莫昆，情况比较复杂，不能从莫昆的姓氏推测原来的哈拉，也不好由莫昆的姓字而推断为同一个哈拉。

莫昆会议及莫昆达莫昆会议是研究处理族内事务的组织机构，由若干个成员组成，一年一次或几年一次召开会议。莫昆达是由家族成员共同选举产生的，选那些家族中德高望重、口齿伶俐、办事公道的人为莫昆达。根据留存下来的几户家谱记载，莫昆会议男女成员都有，又按辈分有不同年龄的成员，其中莫昆达若干，也分男女。这是同汉族不一样的地方。

伊犁锡伯营镶黄旗（一牛录）佟佳氏于光绪十九年修家谱时选举 4 名男性为莫昆达，没有女性成员。民国 13 年第四次修订家谱时，除选举 6 名男性为莫昆达以外，新增 4 名女性莫昆达。

同一氏族，在民国 26 年对莫昆会议进行了改组，选举 6 名男性为莫昆达，4 名女性为女莫昆达。莫昆会议下又分成若干分支，各指定男女 2 人负责。

伊犁锡伯营镶黄旗（一牛录）图木尔齐氏于民国 25 年重修家谱时，选举 4 名男性为莫昆达，其下又有男性孙子辈和曾孙辈各 2 人。女性妇女 1 人和儿媳辈 2 人，共 3 名。

伊犁锡伯营镶黄旗（一牛录）苏木尔氏于光绪 5 年，选举男性长辈 3 人为莫昆达，选举女性媳妇辈 3 人为莫昆达。光绪十八年又改选为长辈男性莫昆达 3 人，男性子侄辈莫昆达 2 人，女性媳妇辈莫昆达 4 人。

伊犁锡伯营镶黄旗（一牛录）永托里氏家族于光绪二十八年修订家谱时，选举男性莫昆达正副各 1，女性莫昆达正副各 1 人，共 4 人。其下有 15 名男性成员组织莫昆会议。民国 11 年重修家谱时，新选举产生男女莫昆达各 1 人，其下有男性成员 20 人。

莫昆会议由莫昆达召集主持召开，商量处理的主要有以下几个方面的问题：

第一，商量迁坟事宜。由于原来墓地遭水淹或有新修的水渠、道路从中间穿过，或因周围环境变化而需要迁坟时，召开莫昆会议，共同商议决定，并提出具体办法措施。

第二，商量重修家谱、录入新添丁口事宜。其中因妻子不生育而从兄弟姐妹家里过继领养的，需要莫昆会议共同确认，以决定是否允准记入家谱确定其合法性。

第三，家族中有违反家规或在外为非作歹犯法的，要在莫昆会议中商量决定处罚办法，一旦决定了，就按家规家法的有关条款进行处罚。

过去民间有这样的说法，牛录章京权力再大，在牛录衙门打死犯人是要偿命的；莫昆达惩罚犯罪之家族成员，打死不偿命。由此可见家法家规的厉害。

二、家谱、修谱

家谱，每一个莫昆（家族）都有一部家谱，记载各自家族成员的繁衍情况和辈分，呈金字塔形，最顶端是始祖，一般只有一个人；然后是一代一代繁衍的子孙。过去，家谱只记载男性成员，到清末民初时有的家谱开始记载男性成员的妻子，在其旁记为“妻某某氏”，再后来就开始出现记录家族的女性子孙。像这种简单的图谱，也叫做谱单，多用白布或白绫制作。

除了这种谱单以外，还有的有记事本，叫谱本。谱本较谱单详细一点，有的记载某某生有几男几女，妻子是哪个姓氏之女；娶有侧室的，还会说明哪个是正室，哪个是侧室，哪些孩子是嫡生，哪些是庶生。

一般谱单，右边都有简单的关于祖籍、原籍所在旗佐、移居伊犁的时间等简单信息。谱本则比较详细。

如伊犁锡伯营八牛录伊拉里氏族谱：

“我伊拉里氏，原系盛京所属熊岳城正黄旗伊林保牛录人。于乾隆二十九年四月十四日，由盛京启程移驻伊犁。

在东北时，原住沈阳以南四百里之熊岳城西南四十里锡尔台子村。

在东北的始祖：霍巴图、霍沙布、赛比图。”

伊犁锡伯营八牛录扎斯胡里氏宗谱（光绪四年）：

“原系盛京所属镶蓝旗查苏来牛录人，在东北的始祖：瓦尔锡。于乾隆二十九年移驻伊犁。移驻伊犁之祖：伊图尔户（委领催）。”

辽宁沈阳市哈斯胡里氏谱书序文（同治十一年）：

“哈什胡里氏，初定居在黑龙江所属墨尔根城和雅鲁河流域时，始祖雅奇布有子二人：长子名曰乌苏布，次子名曰乌苏买。

乌苏买一支，移居白旗堡地方。

乌苏买有子二子：长曰鄂尔布，次曰鄂尔胡买。鄂尔布生三子：长子苏色，次子巴果牢，三子巴海。

鄂尔胡买生二子：长曰富尔塔，次曰布得库。当时有一位异姓人，名叫哲梅，以行医治病为业。鄂尔胡买与他结拜为弟兄，并由此地徙往西边，游居于郭尔罗斯王公所属塔尔浑地方，生息三十余载，从此改称蒙古人了。

康熙皇帝恩准，由蒙古王公台吉处赎回锡伯人众，并将鄂尔布之子苏色、巴果牢、巴海，鄂尔胡买之子富尔塔、布得库等允准记丁，拨往齐齐哈尔驻防，在彼处编牛录，住六七年之久。后由齐齐哈尔迁来时，乌苏布、鄂尔胡买等，在伯都讷地方又住了三年。于康熙三十九年再由伯都讷迁入盛京，编入牛录当差。”

还有比以上更详细的家谱序文。

新疆锡伯族留下来的家谱，几乎都是用满文书写的，东北的大多为汉文，偶尔有部分内容是满汉文混合书写的。有些是在民国年间由满文翻译成汉文，译文质量较差，说明当时的锡伯人虽然还会满文，但已比较生疏。有的在翻译成汉文的同时，也保留了满文，使我们有机会对译文进行校勘修改。

新疆和东北的锡伯族，好多家族正是根据这些家谱记载的原驻地，找到了自己的同宗或家族，有的甚至续上了族谱。笔者永托里氏家谱序言中记载，于清朝乾隆二十九年从盛京所属熊岳城镶黄旗移驻伊犁的。20 世纪 80 年代中期，笔者曾经去熊岳城寻找自己的同宗亲人，结果在该城（今为镇，也是一个火车站）的镶黄旗找到了姓永之家。不过他们不叫永姓，而是叫荣姓，大概东北人的口音中 rong 也发成 yong 音的缘故吧。为了进一步确定荣姓就是永姓，我问其中年纪较大且有知识的一位中学校长，姓“荣”的民族语言姓氏怎么说，他毫不犹豫地说叫做“永托里”，是老人们告诉他们的，并且说这一姓氏在清代有人去了新疆伊犁。我说没有错，我们是同姓，因为满族百家姓中没有永姓，只有锡伯族才有这个姓，即永托里。问有没有家谱，他们拿出七份家谱，说是都是姓永，但始祖都不一样，大约是后来续修的，同一的始祖已经无法找到。他们的始祖同我们的始祖也不一样。但是无论怎么说，锡伯语姓氏名字，他们说的和我们家谱中记载的（满文）姓氏是一致的，熊岳城镶黄旗也是一致的，我们这一支永氏家族到新疆伊犁后也被编入锡伯营镶黄旗（头牛录）之中，实在是太巧合了。

修谱，新疆的锡伯族修谱始于何时，因为没有文献记载可查，不好说。从现存的家谱来看，最早的家谱是在同治年间修的，大部分都是在光绪年间和民国年间修的。东北的锡伯族修谱时间，稍微早一些。

锡伯人也同汉族一样，非常重视修谱工作，每当要修谱或创修新谱的时候，全家族的人会聚在一起，宰羊杀猪，大宴一次，费用由所有家庭分摊。至于家谱如何修，多少年修一次，新添人口如何记入，如何操作等，各个家族的情况不一样。从现存的家谱样本看，有一种是只有谱单，很简单；还有一种是除了谱单以外，还有另外一种谱本（又叫谱册），对家族成员的历史记得比较详细，对于家族中的重要人物、有名望者，更要多费笔墨，写有简单的传记。

据图克色里氏家规规定，该家族每三十年修一次谱。“其间家族中有死亡者，由子弟记其事绩，通修家谱时记入家谱的记事栏内。家谱中的记事栏，记述先人的事绩及其生平。凡子弟欲传先人之行状者，即注于栏内，不愿者听便。”另外又规定，“除表彰先人之懿行，还将女子之所娶所适，也加以注明，以备后世查考”。

伊犁锡伯族佟佳氏于光绪十九年（1893 年）修谱一次，光绪三十年（1904 年）第三次修谱，民国 13 年（1924 年）第四次修谱。由此知道，该家族最短 11 年就修一次谱，最长的是 20 年修一次。

伊犁锡伯族托库尔氏家规规定，家族每三年合族祭祀一次，每十年召开一次全体家族会议，把后代子孙记名入谱。

伊犁锡伯族安佳氏家规规定，（于光绪十九年）立谱之后，或七八年，或十年一次，将年龄达到 15 岁之孙子、曾孙等填入花名册，再记入其父祖名下。其他的一些家谱或家规，都没有明确记载多少年修一次谱、多少年才将新添人口记入家谱，以及多大年纪的时候才记入家谱等内容。由以上情况可知，各个家族的情况不一样，有七八年就修一次谱的，也有的三十年才修一次。新生人口的登录，只有一份家谱中说到 15 岁时登入，民间口传的说法，有说孩子 3 岁时入谱的，也有说 5 岁或 10 岁入谱的，标准不尽相同。

在所有已知的家谱中，伊犁锡伯营镶白旗（五牛录）安佳氏的家谱很有特色，是按照当时伊犁驻防营每三年编审一次旗丁的格式编写的，即每一户说到户主以外，还要提到他的祖和父亲一家，并标注其官职或是否闲散等情况，很有史料价值（参见新疆少数民族古籍办公室与北京市民委古籍办公室编译的《盛京移驻伊犁锡伯营镶红旗官兵三代丁册》，新疆人民出版社，2003 年）。比如其中开头一段如下：

乾隆二十九年自盛京所属义州正红旗张俊佐牛录携眷驻防伊犁之安佳氏家族三代清册：

一户　披甲　哈精阿　　　　　已故。
　其祖　闲散　纳克楚赖　　　已故。
　其父　领催　特讷克　　　　已故。

一户　披甲　沃罗泰　　　　　　　已故。
　其祖　领催　特讷克　　　　　　已故。
　其父　披甲　哈精阿　　　　　　已故。
……
一户七品顶戴卸职披甲　富伦泰　　已故。
　其祖　闲散　沃罗泰　　　　　　已故。
　其父　卸职披甲　哲成额　　　　阵亡。
一户闲散　永松阿　　　　　　　　阵亡。
　其祖　卸职披甲　哲成额　　　　阵亡。
　其父　七品顶戴卸职披甲　富伦泰　已故。
……

从上面的家谱中可以清楚地看出：一是家族成员之间的关系，父、子、孙之间的关系很清楚；二是披甲入伍及其担任的官职品级，都一一注明；三是死亡情况，是自然死亡（已故）还是在战争中死亡（阵亡），给后代一个清楚的交代。

修家谱的时候，如上所说，要杀猪宰羊摆家宴，大家都要摊分子。伊犁锡伯族佟佳氏家谱记载，第三次修谱时，每户收银三钱五分；第四次修谱时，家族中男子每人收银七分，共收到41两1钱，用于杀猪宰羊，全体家族成员会餐，以及其他开支。

伊犁锡伯族没有建立家族祠堂的，或许是因为家族人口少财力有限，或者是驻防营纪律严明，不准修建。不过，佟佳氏家谱记载，民国26年家族会议曾经商议找一块地修建一座家族祠堂，祠堂内立祖先牌位，并决定把家谱保存在祠内。所有家族成员有力的出力，有钱的出钱，大家通力修建。以后是否修成，不得而知，从未见过，也未曾听当地人说起过。

在建国初期的破“四旧”运动中，好多保存完好的家谱被当成封建迷信的东西拿去烧掉了，幸存下来的也未能躲过十年“文革”浩劫，几乎遭到灭顶之灾。好多老人因想尽一切办法隐藏家谱而被批斗受罪，有的甚至被打成残废。改革开放之后，有心人悄悄地去寻找幸存的家谱，或找老人回忆祖先名讳，开始重修家谱。有的保存有底子的家族，甚至同老家东北的同姓家族合上族谱，认宗归族。这种重修家谱的活动仍在继续，方兴未艾。

族坟　新疆锡伯族的墓地都在居住村庄的郊外荒地上，近的出牛录城堡大门就到，远的出牛录大门还要走好几里远。一个莫昆一个墓地，坟墓的排列形式跟家谱的顺序一致：始祖单独一人排在前面，下一行为子侄辈，第三行为孙子辈。以此类推，其图形也就排成一座金字塔形，该家族的代数一目了然。

还有一种排列形式：按各分支排成平行的一行一行，锡伯语叫做 girin i durum（条形）。这种排列法虽然其代数清楚可辨，但是因为打乱了一家人的上下辈垂直关系，给其辨认自己的祖先关系造成了困难，所以这种排列法很少见，只有极个别的家族如此安葬。

每一部家谱，除了谱单外，都有一张坟茔地图，标出坟地所在的具体位置，表明每座墓主人的姓名等。各个家族安葬死者的方向不一样，有的让死者头朝东北方向，表示西迁的锡伯族永远想念自己的故乡；有的头朝南山的最高峰山银哈达（白石峰），表示这个家族的人像高高的雪山高峰，屹立在祖国的边境线上，忠实地守护祖国的西大门；有的让死者的头朝向北山的空格罗鄂博峰（即塔尔奇山高峰），因为锡伯族进驻伊犁就是通过这座山下的果子沟来的，以后回老家时仍然将从这条沟回去等，各有寓意，不尽相同。

过去，有条件的家族墓地都种植树木，修建围栏，并经常安排族人浇水看护。比如，过去镶黄旗（头牛录）永托里氏家族墓地就在一牛录村庄西大门外，墓园里树木参天，绿树成荫，有清朝皇帝赐封给为国捐躯的领队大臣博尔果素的牌楼、石羊、石桌等，甚是壮观。镶红旗（六牛录）伊拉里氏墓地在六牛录城堡南十里地的乱岗上，过去也修建有牌楼、墓碑等，纪念同治战乱中为国捐躯的库车办事大臣萨凌阿。墓地四周以木栏围住，种植了不少树木，里面的石狮、石桌等都保护得很好。但在新中国成立后的历次运动中遭受灭顶之灾，如今只剩一座孤零零的石碑。

由于迁移、其他客观原因，不少家族都迁过坟。大家发现，移居伊犁的锡伯族，头几代祖先都火化后装在罐子里安葬，由此相信过去传说的乾隆皇帝曾经答应60年以后就换防的诺言，可能是真的，或者是朝廷随便说的一句美丽的谎言。

三、家法家规

各个家族自定的家法家规，内容有简有繁，但都有一个共同的目的：敬祖先，睦宗族，维护和加强族内的团结；制定统一的行动准则，并严格遵照执行；若有违反的，严加惩处，达到惩一儆百的目的。

纵观现存的十几份家法家规，可以归纳为如下几点：

第一，以孝悌为本，敬祖先，睦宗族，加强族内团结。如图克色里氏家规中规定：“敬祖先，睦宗族，以为孝悌之本。凡族中子弟有不善者，皆得尽教诲之责，不可有亲疏之见。”额尔克勒氏家规规定：“树木有根，泉水有源，先祖流传之道德风尚，要世代相传，永世遵行。今后，将以祭祀先辈、尊敬在世父老为一体统，岁时祭祀，报答父兄养育之恩。”好多家规都规定，晚辈遇见长辈一定要下车下马行礼，在公共场所要尊重老人，一举一动都要符合礼俗，不能有违礼越轨行为。所有家规家法都规定，凡违反家规，不孝顺家长、不尊重长辈的，都要严刑惩处，男的杖打，女的掴鞋底。

第二，提倡家族一家亲，互帮互助，患难与共。大部分家规都规定，凡家族内遇到红白喜事，各家各户必须都到场尽力帮助，不得有误。永托里氏家规规定：“家族中不管谁遇上丧事，族中壮年男丁每人援助一两银子。今后将其定为常例。”戴孝之人，到七七四十九、周年等祭日，脱下孝衣后方能参加婚宴，出入娱乐场所。其他事项，习惯法另有规定。苏木尔氏家法规定：“遇有家族内部红白喜事，必须赶在日出之前赶到，一起筹办一切事务……子弟们若有违背长辈之吩咐不听指挥的，男的杖责四十，媳妇则鞋底掴三十，不得殉情。”对于家族中的长辈在遇到族中红白喜事时，也有具体规定。永托里氏家规规定：“家族中排行老大、老二者，要准时到场，陪来客入席作伴，有耽误失误的，罚祭祀羊一只、米一升、酒二斤、香一把祭祖。老三则杖三十。”“子弟中有不尽心尽力，酗酒闹事顶撞长辈的，杖六十。”“弟媳妇辈女人在红白喜事中晚来而又强词夺理顶嘴的，拿鞋底掴十下。”

第三，强调家族中的尊卑秩序，用严厉的惩罚措施规范家族成员的行为。额尔克勒氏家规规定，“家族成员在街上及公共场所遇见长辈而不行礼、不让道，或乘车骑马相遇而不下车不下马者，皆打三十大板”。“有晚辈怠慢并冒犯长辈者，召集家族会议，按所犯之罪加以惩罚，不得宽宥。”托库里氏家规规定：“晚辈而不懂尊敬长辈，不听从长辈教导，言行不敬或常有犯上行为者，族长要立即通知其父兄，视其犯罪行为之轻重，依照家规家法杖三十。”

对于家族中的女人，各种清规戒律更多，违规或失礼的女人，受到的惩罚更严厉。遇到家族的红白喜事，“弟媳辈晚到而又强词夺理顶嘴的，拿鞋底掴嘴十下”。“懒惰而又偷懒，交办之事不办而又要花招，高声喧闹，偷盗物品，干活互相推诿耽误事儿的，连同其丈夫一起治罪，严惩不贷”。永托里氏家规有规定：“遇到丧事，妇女应该披发、摘耳环，依例遵行，不得有违。”苏木尔氏家法规定：“做媳妇的，松开衣领扣子，手拿烟斗，趿拉着鞋子走路的，依照家法拿鞋底掴三十，不得通融赦免。”

家族家规或家法，不仅只对下，也有对上的处罚规定。佟佳氏家规规定：“家族内有辈分高至父祖之尊而不能修身齐家，有下贱卑劣之举者；家族内大小诸事意见相左时，有请而不到，并不顾子孙之体面者，要召集家族会议议处：罚一头猪祭祖，之后请大家一起共同用餐。所罚猪必须重一百斤以上。”苏木尔氏家规有规定：“家族内有事，身为长辈尊长又不能亲临的，应指派子弟辈或儿媳妇前去告知；若有耽误之处，立即罚羊一只、酒二斤，祭祀祖先。”永氏家规规定，族内遇有红白喜事而作为长辈的不能尽到责任的，老大、老二要“罚祭祀羊一只、米一升、酒二斤、香一把祭祖；老三要杖三十。”由此可见，家法家规对长辈的约束力也是很大的。

作者简介：

永志坚　锡伯族　新疆维吾尔自治区少数民族古籍办　研究馆员

《姚氏家谱》简介

姚覃军

内容摘要：该《姚氏家谱》主要记载姚姓源流以及本姚氏支系迁徙史。本姚氏支系乃虞舜之后，因舜生于山东东昌濮州之姚墟，其后裔子孙便以地为氏，称为姚氏。舜之后裔延至姚总荣时，姚总荣住江西南昌府鄱城县许家巷烂泥湾。其后裔先后迁居辰洲沅陵四都长田（湖南）、江西吉安府卢陵县西门小鱼塘、广西庆远府德胜、广西金城江广南。后分别迁至贵州荔波县瑶庆里水尧村、广西思恩县姚蒙村、贵州荔波县瑶庆里六龙拉烘加台、广西庆远府德胜羊角山、磨甲等地定居至今。谱系还记载有列祖考、世系、列传等。

我国的家谱格式很多，较常见的有欧式、苏式、宝塔式、牒记式等种类。欧式又称横行体，是北宋文学家欧阳修所创立；苏式又称垂珠体，是北宋文学家苏洵所创立；宝塔式是将世代人名像宝塔一样，自上而下用线条连接排列，其世系一目了然；牒记式则不用线条连接世代人名的关系，而是用文字来叙述这种关系。本《姚氏家谱》属牒记式种类。主要包含以下几方面内容。

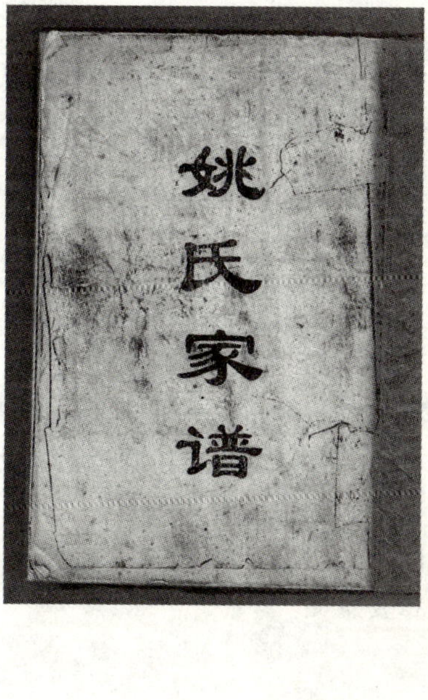

第一部分　荔邑建制

该部分记述荔邑（今贵州省荔波县）建立于乾隆元年，分为十六里。分别是：瑶庆里、巴灰里、三洞里、蒙石里、巴乃里、懂界里、周覃里、时来里、九阡里、瑶台里、巴容里、峩浦里、阳凤里、方村里、恒丰里、阳安里共十六里。

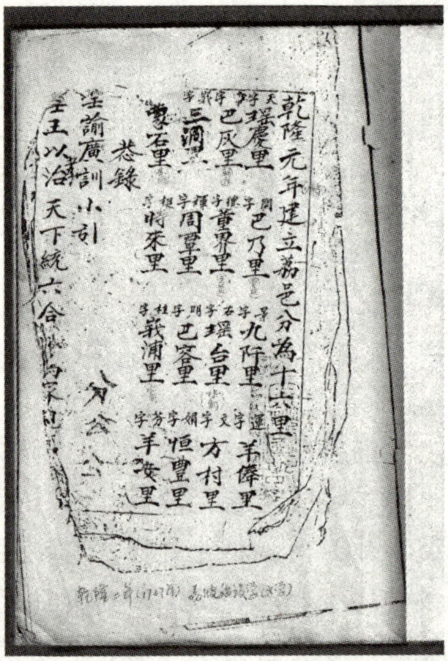

第二部分　姚氏源流

该部分是本《姚氏家谱》的重点内容之一。主要叙述姚姓源流：姚氏乃五帝之一舜的后裔，原出自妫姓。舜所属的氏族居住虞地，故史称虞舜。舜是黄帝第八代子孙：黄帝生昌意，昌意生颛顼，颛顼生幕国，幕国生虞历、穷蝉、敬康三子，敬康生勾望，勾望生蜗牛，蜗牛生瞽瞍，瞽瞍生舜。舜生于山东东昌府濮州东南九十里一名为姚墟（今山东濮县南）之地，后世改姚墟为姚城。后来尧接受了四岳推举决定由舜接替自己担任首领，并且把自己的两个女儿许配给舜作妻室。舜帝南巡驾崩葬于湖南宁远县九疑山。因舜生在姚墟，他的后裔子孙便以地为氏，称为姚氏，此乃姚氏之来源。

第三部分　沅陵原序

该部分主要叙述寻根问祖的意义。“万物本乎天，人本乎祖”，姚氏系出自舜帝，经历朝历代繁衍，分布全国各地，名人辈出。“然世远地殊”，维修家谱，使后裔开卷便知本氏各支系虽居异地，实属同一脉。繁衍昌盛的姚氏，团结一致，共谋发展，崇敬祖上，报效国家。

第四部分　续修谱序

该部分主要叙述姚氏谱牒的新旧本《姚氏家谱》情况。姚氏谱牒首见于河南陕州硖石，次见于江西瑞州新昌灵源，三见于湖南沅陵之浦，四见于贵州都匀独山荔波县之六龙，这些都是旧谱牒。至乾隆末年，姚氏后裔姚文贤于晃州龙市重修姚氏新谱。该谱系接至姚良珊而下未修的谱系。

该续修谱叙述：虞帝谱系为汉朝侍郎云么开创修写，记载始于虞舜。自云么至姚良珊，历四十一代。又自姚良珊到修谱序时又历二十余代。期间名人辈出，不一一写入谱牒，没有彰显于后世而惋惜。阐述续修谱牒的重要意义。

第五部分　姚氏本支系老字辈序

该部分叙述姚氏本支系为防班辈紊乱，长幼高矮前后辈分不分。于是，到公元一四四〇年，姚氏裔孙姚世龙、姚世虎、姚世清、姚世泰四兄弟于江西吉安府卢陵县西门小鱼塘共同谋订立本支系老字辈如下（二十字）：

“世文思志子
天永必通维
正大贤明启
荣华复良宗”

第六部分　姚吴杨三异姓结盟

该部分叙述姚氏先祖姚文献（字君赞）与吴世万、杨天应结盟为异性兄弟，且不许后代通婚。他们三人一同邀约沿溪入深山老林开辟，并议定姚吴杨三姓的共同字辈为（七字）：

“再正通光昌胜秀”

姚文献、吴世万、杨天应三位异姓兄弟去世后，同葬一处地名叫磨寨坡。后人为其立有新墓碑。

第七部分　姚氏本支系新字辈序

姚氏本支系先祖老字辈执行十八代后到了第十九代的“良”字辈，因“良”字辈与先祖姚良能、姚良德、姚良珊字辈重叠，次第不能分欠妥，经众族合议，于公元一八三七年在江东伏坡再续定以下新字辈：

“绍祖本源茂
敦伦景象昌
国朝隆上选
英哲定联芳”

第八部分　姚氏名人录

该部分记载自周朝、西汉时期至清光绪三十年间的姚氏名人。以牒记式为主。

第九部分　姚氏本支系迁徙谱传

姚氏本支系姚总荣之裔孙姚良能、姚良德、姚良珊兄弟三人由江西南昌府鄱城县许家巷烂泥湾迁居辰洲沅陵四都长田（湖南，明朝永乐年间）。姚总荣遗有八方鼎炉，为八宝磁炉，又名皮玉花，其中刊有“天地人”三字。后来姚良能、姚良德、姚良珊兄弟三人将此鼎分为三片，各执一片为记。姚良能得“天”字片，姚良德得“人”字片，姚良珊得“地”字片。本姚氏支系系姚良德之后裔，姚良德后迁江西吉安府卢陵县西门小鱼塘。姚良德之后顺延至姚宗嵩，姚宗嵩子孙姚千都、姚世清、姚文彪、姚思元。到姚思元时，姚思元便迁广西庆远府德胜内锁居住。姚思元殁后葬于德胜羊角山，其生二子，长子姚白迁广西金城江广南居住。姚白（七十六岁，葬于金城江）生二子，长子姚马权，次子姚都亮。姚都亮先迁广西河池后迁贵州荔波县瑶庆里水尧村板央居住。姚都亮生姚容千、姚容万、姚松金、姚松元四子。姚容千、姚容万原居未动，姚松金、姚松元转迁广西思恩县姚蒙村（今广西环江县境内）居住。姚松金生姚富养、姚富用二子，姚富养、姚富用二子同再迁贵州荔波县瑶庆里六龙拉烘加台（今荔波县的洞塘）居住。后姚富用再转迁广西庆远府德胜羊角山居住。

本《姚氏家谱》记述姚氏该支系始祖有谱牒可查的、自江西南昌府鄱城县许家巷烂泥湾后迁居辰洲沅陵四都长田（湖南）、江西吉安府卢陵县西门小鱼塘、广西庆远府德胜、广西金城江广南。后分别迁至贵州荔波县瑶庆里水尧村、广西思恩县姚蒙村、贵州荔波县瑶庆里六龙拉烘加台、广西庆远府德胜羊角山、磨甲等地居住至今，涉及江西、湖南、贵州、广西等南方多地。据今考，现该支后裔主要居住在贵州省的有：荔波县水尧乡、洞塘乡、佳荣镇、茂兰镇、水利乡、播尧乡等乡镇，贵阳市、都匀市、三都县、从江县等县市；在广西的有河池、柳州、桂林、南宁、玉林等地。居住地主要涉及贵州、广西两省区，民族涉及水族、布依族、瑶族、壮族、毛南族等族。

姚氏祖上原本为汉族，本支系经迁多地居住后，现其后裔已划分为水族、布依族、瑶族、壮族、毛南族等族，这可能是迁徙到各地居住后，与当地民族融为一体，与当地族别同化之故。

在我国姚姓涉及面比较广，各地姚姓支系的《姚氏家谱》版本内容格式各有特色。

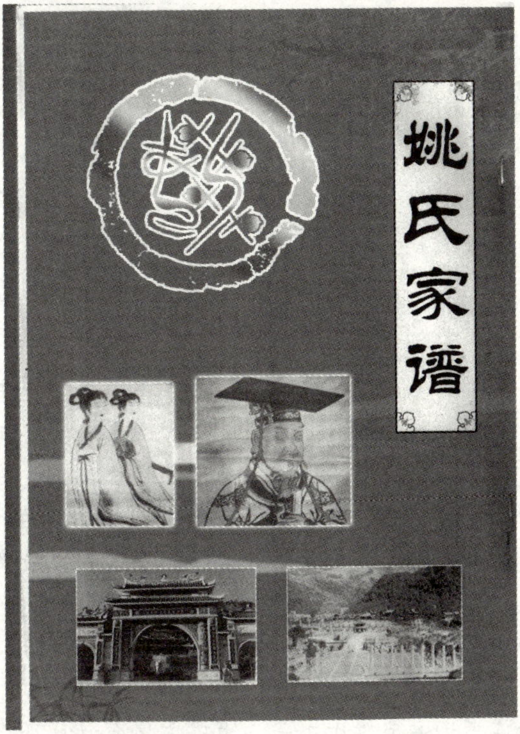

本《姚氏家谱》因流传时间较长，翻阅频繁，该书扉页及封底几页均有损毁现象，有的字迹只能依稀可辨。因此，姚姓该支系现已有人在续修本《姚氏家谱》。

作者简介

姚覃军　水族　贵州省荔波县民族研究所

雷氏源流再考

钟进和

内容摘要：姓氏，人皆有之，它不仅从上古一直沿用至今，而且在不断地发展、演变。但它却与社会、政治、经济、生活的变迁紧密相连。因此，姓氏史记能从一个侧面反映出一个地区的社会沿革、人文地理、人口发展、政治经济和文明习俗，是构成中华民族文化宝库的重要组成部分，在人类发展史上有着非常重要的作用。雷姓在全国人口最多的一百大姓中居第88位，占当代人口的0.23%，即每万人中姓雷的至少有23个，总人口大约270万，[①] 自中原、西北、西南、江南直至海南岛，所在皆有，其中尤以陕、川、渝、鄂、甘、豫、黔、湘、赣、浙、闽、粤、桂等地为多。雷姓也是畲族三大主要姓氏之一。雷姓为何有汉族亦有少数民族？这个问题颇值得深思，而非三言两语可以说清楚。曩时曾追索过雷姓畲民渊源，故而试作《再考》。

一、问题的缘起

2003年春，陕西省民间文艺家协会雷建忠同志（祖籍陕西横山）风尘仆仆来到丽水笔者寒舍，说明来意，令人钦佩不已。

雷建忠先生说自己是宋代户部侍郎雷德骧后裔（德骧，字善行，郃阳人，后周广顺间进士，累官右拾遗，宋初判大理寺），[②] 曾奔赴各地雷氏聚居区广泛收集散佚于民间的多种雷氏家谱的原始资料，并考察和攫取了有关雷氏先人许多弥足珍贵的实物、照片、碑文和手抄资料等。雷达先生也引证了北宋诗人王禹偁咏雷德逊（德骧弟）之诗及魏野咏雷有终之诗（有

---

① 袁义达、张诚：《中国姓氏群体遗传和人口分布》，华东师范大学出版社，2002年第51页。

② 臧励和：《中国人名大辞典》，商务印书馆，“民国”十年（1922年）版第1345、1346页。

终，字道成，德骧子，有邻弟，曾任大理寺丞、度支盐铁副使、江南岭外茶盐制置使、峡路随军转运使同知兵马事，后知益州，讨王均之乱，景德初徙，并代副都部署，终于召拜宣徽北院使），[①] 查得王禹偁咏《献转运使雷谏议（德骧）二首》和沈括《梦溪笔谈·权智》所述《雷简夫搬巨石》（简夫乃孝先子、有邻孙，有邻授秘书省正字，孝先乃宋进士，试大理评事、太常寺奉礼郎、后领军卫大将军、昭州刺史等），[②] 及合刚文化馆所存《雷公（有终）墓志铭》等珍贵资料。

雷建忠集雷氏家谱等各种资料，准备出版《雷园文牒》巨著，这对雷氏后人来说，诚然是莫大之功。但雷先生也提出，缘何雷姓有汉族又有少数民族呢？这个问题须作进一步探究。

二、雷氏的渊源

在浙江松阳，我们曾发现以前从福建迁入的汉族客家《雷氏宗谱》[③] 的有关记载，乃溯源于黄帝妃，即传说中蚕桑的发明者嫘祖。嫘祖乃方雷氏之女，亦有作"傫祖"、"雷祖"。雷达先生致《雷园文牒》的诗中也有"姓自黄妃""承继轩辕"之句。如今大多数学者认为是以父系为姓，数千年的封建社会都这样沿袭下来。以舅家为姓的如今当然也有，如生活在泸沽湖畔的纳西族摩梭人，就仍然遗存有原始母系氏族社会的残余痕迹。"姓"乃"女生"，其始实出于女方。著名的国学大师章炳麟先生曾指出"上古受姓皆以母，而姬、姜、姞、姚从女。自黄帝子为十二姓，著之图录，冀统以父，然不能无棼乱"。[④] 由此看来，古人承母姓承父姓皆有。一般的姓氏书谓雷姓出"方雷氏"，《中国姓氏寻根》谓"上古时有个部落叫方雷氏，黄帝曾经娶方雷氏的女子为妻（即嫘祖），生下青阳氏，方雷氏的后代后来称为雷氏"。《元和姓纂》所云略同："方雷氏之后，女为黄帝妃，生玄嚣（即青阳氏），盖古诸侯国也……望出冯翊、豫章"。[⑤] 是故青阳乃"方雷氏之甥……黄帝子犹有母系，无疑"。[⑥] 章先生还举《史记·

---

① 臧励和：《中国人名大辞典》，商务印书馆，"民国"十年（1922年）版第1345、1346页。

② 臧励和：《中国人名大辞典》，商务印书馆，"民国"十年（1922年）版第1345、1346页。

③ 见浙江松阳县石仓茶排雷金土借阅的《雷氏宗谱》。

④ 章炳麟：《訄书·族制》，华夏出版社，2002年第105页。

⑤ 《中国古今姓氏辞典》，黑龙江人民出版社，1985年第115页。

⑥ 章炳麟：《訄书·族制》，华夏出版社，2002年第106页。

秦本纪》之例，说秦之嬴姓乃“牒系颛顼，以出于其孙女脩故，”“以母族而祖颛顼”。可见雷姓出于嫘祖、出于方雷氏渊源实一，也即是说，非嫘祖之后的雷姓是从父系，“以国为氏，单姓雷”（《古今姓氏书辨证》），只是分支不同而已。福建宁德市猴墩畲村《雷氏宗谱》载曰：“爰考雷氏之源，系出下（方）雷氏，黄帝臣雷公之后，出守同州，故颜其郡曰‘冯翊’，雷氏之由来也。传至汉义公（雷义）……居鄱洋（阳），与陈重胶膝之交，举之为官，让于重，刺史不听，遂披发佯狂不应举。后为郡功曹，活人死罪，以谢金不受（《中国人名大辞典》还有“拜尚书侍郎……后拜侍御史，除南顿令”等语）。及传晋焕公，精斗牛（天文星象），丰城得二宝剑，至（南朝）次宗（南昌人）为给事中不受，筑室钟山西岩下，谓之‘招隐馆’”。[①] 浙江松阳后塘《雷氏宗谱·仕宦录》亦将雷义、雷焕及唐代名将雷万春列为其先人，福建光泽《积谷岭雷氏族谱》又言雷机（元延佑进士）为其先祖。[②]

关于郡望，冯翊即今陕西大荔地区，豫章即今江西南昌市，但不能说大荔、南昌即古方雷氏部落属地，郡县制乃秦汉后之事。族谱中所言同州，乃西魏废帝三年（554 年）改华州置，治所在武乡，隋改名冯翊。雷义所居鄱阳，东汉建安十五年（210 年）孙权分豫章郡置，治所在今江西波阳。[③]《中国姓氏寻根游》说方雷氏部落的属地在河南登封一带。晋时，豫章人雷焕成为著名的天文学家，后居冯翊，成为雷姓望族，故有“望出冯翊、豫章”之说。袁义达、张诚谓神农氏后裔榆罔之子方，因“辅佐黄帝平定蚩尤有功，被封于方山，即今河南嵩山，称方雷氏。方雷氏是黄帝时代重要的方国，黄帝之元妃出自方雷氏，生子青阳，即小昊（小皞）帝……后又分单姓方氏、雷氏。黄帝之臣雷公，为方雷氏之后裔”。[④] 从雷义、雷焕、雷次宗等人的简历，也可略知河南与冯翊、豫章的关系，可见雷姓的起源地在河南登封嵩山一带而非冯翊。

三、关于雷姓畲民

畲族是后起的东夷一个小部族，信奉龙、麒、凤鸟等图腾。《史记·

---

① 蓝炯熹：《畲民家族文化》，福建人民出版社，2002 年第 62 页。

② 雷公、雷义、雷焕、雷次宗、雷万春、雷机等人事迹见《中国人名大辞典》第 1345、1346 页。

③ 《辞海·历史地理分册》，上海辞书出版社，1989 年第 372 页。

④ 袁义达、张诚：《中国姓氏群体遗传和人口分布》，华东师范大学出版社，2002 年第 368 页。

秦本纪》云“秦之先，帝颛顼之苗裔孙曰女脩，女脩织，玄鸟陨卵；女脩吞之，生子大业”。秦“祖颛顼”，信奉凤鸟图腾，原亦属东夷（商也同，有“玄鸟生商”图腾故事）。秦之嬴姓，《秦本纪》云是因其后人（大费）佐禹“平水土”有功，为舜所赐。当然，东夷的凤鸟图腾主要出自小皞（己姓），是故《左传》说“郯国（今山东郯城北），少皞之后，而嬴姓盖其族也。秦、赵宜祖少皞”。任、宿、须句等小国亦属东夷，风姓，由信仰凤鸟图腾而来，古“风”“凤”通。畲族主要姓氏有盘、蓝、雷、钟、李、吴等姓，据《高皇歌》等传说，前三姓是子姓，后三姓是婿姓。谓畲族始祖“龙麒”带三子上殿叫高辛皇（帝喾）封姓，长子盘装而赐姓盘，次子篮装则赐姓蓝，三子上殿时适闻雷声即赐姓雷。这种说法诚然不足信。闽南漳浦石椅《蓝氏族谱·关于民族成分和族源问题》载畲族蓝姓族源三种说法之三，也提及“避开盘匏子女盘、蓝、雷、钟受姓之说”。[①] 姓氏变化很是错杂（《訄书》云“上世自母系制度绝诸姓会最而为父系同盟，则邦邑、种族、姓氏三者，时瞀乱弗能理”）。有说帝喾高辛氏姓房，而其子契姓子（商之祖）、弃姓姬（周之祖）、尧姓祁（尧子丹朱姓狸，舜兼姚、妫两姓），所由何出？据商朝的甲骨文和《史记·殷本纪》对照，“大宗”第一代是祭祀帝喾，但甲骨文中始终未出现“帝喾”一词，而是“夔”“高祖夔”（《甲骨文、〈史记〉商代世系对照表》）。[②]《舜典》及《吕氏春秋》说“夔”是尧、舜之臣，在《山海经》中又是“一足兽”“夔牛”或“人面龙身”的雷神，《国语》谓“人面猴身能言”，《博物志》谓“木石之怪”。作为“中国断代史”最新成果之一的《中华远古史》亦谓“商的始祖契，史称其母为简狄；周的始祖弃，世称其母为姜源，都不知道他们的父亲是谁，这正是母系氏族社会的明证”，[③] 也未提到以为是其“父”的高辛氏。章炳麟先生在《訄书》中就一针见血地指出：“人人自谓出于帝子，稷、契之托高辛是也”。“托”即伪托，畲族也托高辛，可见《高皇歌》作为文学范畴，无关宏旨，然不足为史据。

畲族有一图腾物曰“龙麒”，有的宗谱将其与始祖混同，有的宗谱则将它与“盘瓠”混而为一。笔者在《畲瑶信仰实不同》中已言及，“龙麒”半人半犬，当与太皞伏羲氏有关（太昊以龙为纪）。吴炳奎先生以为

---

① 蓝炯熹：《畲民家族文化》，福建人民出版社，2002 年第 30 页。

② 钟旭元、许建伟：《上古汉语词典》，海天出版社，1987 年附录。

③ 王玉哲：《中华远古史》，上海人民出版社，2003 年第 75 页。

“古代梅县畲族的渊源当来自玄嚣族和昌意族，起源地在中原”。[①] 按《史记》世系，乃嫘祖生玄嚣、玄嚣生昌意，昌意生韩流，韩流生颛顼。《山海经》有韩流“麟身巨股”等记载，含有“龙麒”图腾原形成分，可见吴先生之说不无道理，畲族与东夷有渊源关系，但非“托”于帝。

笔者所见一些畲族《雷氏宗谱》的始祖，各说不一，皆以当时帮助修撰的汉人的认识水平而定，以“龙麒（有云乳名凤源）”“雷震子”“雷公子”为始祖的都有，松阳后塘《雷氏宗谱》却是将“雷公之子”排在“龙麒”之上。这里有一个矛盾：如按这样排列，畲族的始祖就是雷公之子也即雷公一族了，然其他各姓畲民又不承认，可是比“龙麒”年代早的雷公之子又怎能投到“龙麒”族团中来？这也许正说明畲族在母系氏族社会以图腾（龙麒）为标识，但已同雷（方雷氏）、蓝（可能出自蓝夷）、盘（盘古族《五运历年纪》谓盘古之君“龙头蛇身”，任昉《述异记》曰“秦汉间俗说，盘古氏头为东岳”，也在东夷地）、钟（东夷之钟离部落）等部族实行族外婚（女娶男嫁），到父系氏族社会后，子女改从父家之姓。是故有盘、蓝、雷、钟诸姓胞族。当然，这只能是据通常的社会发展历史的推测。那么畲族的雷姓，乃从方雷氏部落中雷公子之某支系与畲族实行族外婚而来。

四、诸族皆有雷姓不足为奇

愚以为，族外婚是造成诸族有同一姓氏的主要原因，如蓝、雷、钟三姓是畲族构成的主要姓氏。实际上此三姓的汉族人口都比畲族多，即未与畲族通婚的，仍然是汉族（东夷诸小国因战败而未如秦、畲等外迁的，也被夏族兼并）。其二，由于封建社会统治阶级对少数民族的歧视压迫，也造成部分畲民同化于汉族；也有在汉族聚居区强大的优势环境中被同化的。所以，在改革开放以来，有些畲民提出仍归属本族的要求，闽、浙、赣、黔诸省的政府和民族事务管理部门都做了一些恢复畲族族属的工作。以全国第四次人口普查统计，畲族人口就猛增了（由 36 万增至 63 万，加上贵州 4 万多“东家人”，18 姓定为畲族，就有 67 万余人，但贵州只有蓝、雷两姓与畲族同）。[②] 其三，新中国成立以来，许多民族都与外族通婚，且子女随父姓或随母姓均可，同一姓氏跨族现象就更多了。当然，也有一些姓氏相同不是通婚造成的，而是渊源不同。如蓝姓就有蓝田（秦子

---

① 吴炳奎：《广东梅县畲族考》，载《畲族研究论文集》，民族出版社，1987 年第 296 页。

② 蓝炯熹：《畲民家族文化》，福建人民出版社，2002 年第 81 页。

向封地）之蓝、中山大夫蓝诸之蓝及楚大夫蓝尹亹之蓝。

据查，雷姓除汉、畲两族外，壮、侗、回、满、瑶、苗、羌、锡伯、德昂等族都有。福建师大蓝雪霏教授在研究"民间音乐"范畴时，就曾在桂西南壮歌中找到了"畲、壮在历史上或产生过文化交流"的例子，[①]《处州府志》有畲民"由交趾迁琼州，由琼州迁处州"的记载。"交趾"地域即包括桂西南及越南北部，松阳后塘《雷氏宗谱》即云始迁地在"琼州仁济里"。福建宁德祭头图谱序记有"盘蓝雷钟同迁广西地方……散行广西东路……"，浙江兰溪下罗家《蓝氏宗谱》也有"盘铭等……率弟侄逸集于广西地内刀耕火种"的记载。壮族中有雷姓或盘姓，也许是"畲、壮交流"的印记（许多畲族宗谱有"唐光启年间，盘、蓝、雷、钟、李诸姓从王审知为乡导官，至连江马鼻登岸，时徙罗源大坝头居焉。盘王碧一船被大风漂流，不知去向"的说法，有的说广西壮族和越南亦有盘姓，是否与畲族盘姓有关，即谓"碧"之船飘到北部湾登陆。但这是民间说法，无从查证）。畲族民歌的七言体款式与许多内容范围也与壮族无异，而无瑶之"信歌"、"七任曲"等内容。回族中本来就有汉族成分，蒙、满诸族改汉姓也不鲜见，[②] 瑶族《扶瑶券牒》皆云"六男六女"十二姓瑶人，那么，其"盘、沈、包、黄、李、邓、周、赵、胡、冯、雷、唐"十二姓中后六姓当是婿姓，"雷"在其中。[③] 这里连带说一说广东博罗、增城、惠阳、海丰四县的"畲族"，据1956年国家民族识别调查组调查材料，当时为411人。他们自称"活聂"，向外人介绍则曰"山瑶"，操瑶族"优棉话"而不是"布努语"，[④] 系元明时由湖南潭州迁来。陈湖村宗谱说有盆、盘、蓝、栏、雷、黎六姓，政府定他们为畲族，他们有意见，要求改为瑶族。实际上其后裔多姓黄、孙、刘、吴、马、尹、宗、钱、李、张、罗、朱、骆、谢、钟、曾、姚，而所述六姓却鲜见。[⑤] 据有关材料对照分析，修谱时可能因受父权影响颇深，故瑶人"六男六女"只有男子六姓，女子无姓，又不知瑶之前六

---

① 蓝炯熹：《畲民家族文化》，福建人民出版社，2002年第298页。

② 章炳麟：《訄书·序种姓下》，华夏出版社，2002年第95－98页。

③ 黎琳：《瑶族〈评皇券牒〉浅析》，载《民族论坛》，1987年第2期；黄方平：《过山瑶宗谱及其学术价值初探》，载《民族论坛》，1991年第2期。

④ 陈其光：《畲语在苗瑶语中的地位》，载《畲族研究论文集》民族出版社，1987年第391页。

⑤《畲族社会历史调查》，福建人民出版社，1986年第22－23页；《广东省畲族社会历史调查资料汇编》，1983年第63－66页。

姓，故套用畲族盘、蓝、雷三姓，再按谐音衍化出“盆、栏、黎”三姓。眼明人一看便知他们不是畲族。其他民族中的雷姓，是否通婚遗迹，不敢妄说。不过汉族融合了四夷许多少数民族，使之改姓同化是事实。据袁义达、张诚两先生考证，出自外族改姓的最重要事件有西汉南安郡雷姐羌、东汉南郡屠山蛮、三国蜀汉下辨氏族、南方南蛮盘古氏之后、北方一部分女真人后裔（阿典氏族）及满洲八旗阿克占氏族等，均改姓为雷氏，先后大多汉化。[①] 不过将畲族亦列为南蛮改姓之列，诚然不妥。从“华夏”至“汉人”、“唐人”、“齐民”至汉族，也是一个历史过程。据张雄先生考证，“‘汉人’作为民族称呼，至迟到南宋时，最终被历史确认。”[②] 可见“汉族”的称呼也不是很早。汉族与少数民族的确是“你中有我，我中有你”，所以许多民族中有相同姓氏不足为奇。

参考文献

1. 袁义达、张诚《中国姓氏群体遗传和人口分布》，华东师范大学出版社，2002 年。

2. 臧励和《中国人名大辞典》，商务印书馆，“民国”十年（1922 年）版。

3. 章炳麟：《訄书·族制》，华夏出版社，2002 年。

4. 《中国古今姓氏辞典》，黑龙江人民出版社，1985 年。

5. 蓝炯熹：《畲民家族文化》，福建人民出版社，2002 年。

6. 《中国人名大辞典》，商务印书馆，1922 年。

7. 《辞海·历史地理分册》，上海辞书出版社，1989 年。

8. 钟旭元、许建伟：《上古汉语词典》，海天出版社，1987 年。

9. 王玉哲《中华远古史》，上海人民出版社，2003 年。

10. 《畲族研究论文集》民族出版社，1987 年。

11. 蓝雪霏：《畲族音乐文化》，福建人民出版社，2002 年。

12. 章炳麟：《訄书·序种姓下》，华夏出版社，2002 年。

13. 黎琳：《瑶族〈评皇券牒〉浅析》，《民族论坛》1987 年第 2 期。

14. 黄方平：《过山瑶宗谱及其学术价值初探》，《民族论坛》1991 年第 2 期。

① 袁义达、张诚：《中国姓氏群体遗传和人口分布》，华东师范大学出版社，2002 年第 51、368、369 页。

② 张雄：《略谈“汉人”族称的确认》，载《中南民族学院学报》，1997 年第 1 期。

15.《畲族社会历史调查》，福建人民出版社，1986 年。

16.《广东省畲族社会历史调查资料汇编》，1983 年。

17. 张雄：《略谈“汉人”族称的确认》，载《中南民族学院学报》，1997 年第 1 期。

作者简介

钟进和　畲族　丽水市云和民族宗教局退休干部

关于畲族家谱一些问题的看法

雷先根

内容摘要：畲族是汉文化圈内的少数民族，其家谱都是汉文竖写法的手抄本或木刻宋体字印本。用历史唯物主义的观点看，其前部关于畲族的说法荒诞不经，远不足稽；迁徙的时间、路线只供参考；到当地后的繁衍情况倒是真的。总体反映了畲族原来聚居在广东、福建、江西三省交界的潮梅、汀漳、赣南一带，元明清时期陆续迁出，成为现在的这种分散小聚居的状态。

《浙江省少数民族志》记录全省现存的159本畲族家谱分布情况，丽水地区《畲族志》记载全市现有80本畲族家谱，景宁《畲族志》记载全县有30本畲族家谱。这些志书都对家谱做了综述。《畲族社会历史调查》记载了广东、福建、江西、浙江、安徽各地畲族调查情况，尽管家谱未做统计，但一谈到族源无不牵涉到家谱是怎么说的。多次畲族文化研讨会中，也免不了有学者把家谱作为议论的课题。纵观这些资料，结合《畲族社会历史调查》一书摘录的正史，谈一下畲族家谱中的几个问题，供参考。

一、关于家谱内容综叙

1. 多数畲族家谱是汉人帮助编撰的。家谱都有《本谱所序》，说了些修谱的重要性之后，也写入一些如敬老爱幼、邻里和睦、息讼宁人、诚信勤俭等做人的基本道德。结尾说明本村哪些人主持，请某人帮修。实质上这些人的文化水平和思想观念决定后面的编目内容。凡汉族文人帮修的，都有融入盘瓠神话故事，《广东重建祠宇序说》、《广东重修盘瓠氏谱序》、《历朝诏封恩荣录》、《凤凰山祖宗坟图》，有的还加《敕赐开山公据》。

凡接受瓠始祖说的《本姓源流序略》承盘瓠后裔来写，叙述本姓某公第几代某某从某地开始迁出经过某地、某年到本村开基为这里的第一代公。

由于封建社会民族歧视严重，有人常利用盘瓠故事对畲族进行侮辱，正如清编《处州府志》中《畲民考》所载“畲民本属琼海淳民，奉官迁浙，力本务农，已逾百年……而一任土民谬引荒诞不经之说，斥为异类，阻其上进之阶，是草野之横议也。”在编家谱时，有些地方畲民注意到了这点，典型的是光绪二十四年（1899年）刑部主事钟大焜回福建宁德修《福宁钟氏宗谱》，请知府吴徵鳌写谱序，指出“独取于四千年以前盘瓠之辱以为荣，非由于山民无知不识字不读书，何以至此哉?”一些与钟大焜一样觉悟了的少数地方，就摈弃了盘瓠传说，从史书中找本姓的历史名人或传说来叙述《本姓源流》，如《雷氏宗谱》从黄帝之妃嫘祖开始。嫘祖是方国之女称方雷氏，后代分为方氏和雷氏，黄帝之臣有雷公，雷姓畲民是雷公之后裔；有的则从《封神演义》中说到周文王第100子叫雷震子，认为雷姓畲民是雷震子的后裔。有的《蓝姓宗谱》则从炎帝第11代孙蓝昌奇开始说，认为蓝姓是蓝昌奇之后裔；有的则从八仙故事中的蓝采和开始说，把蓝采和当始祖。《钟氏宗谱》则有把钟馗当始祖的。这些只能说明对汉文化的认同和反抗侮辱所采取的一种措施，同样不能说是真的族源。还有一种是已认识到问题，但又表现为无可奈何的心态。福建霞浦县民国时修的《蓝氏宗谱》记载本族文人雷一声写的序言，他认为盘瓠之说“历代史籍均无考，止出于《汉书》（笔者注：这和清编《重纂福建通志》中卷一四〇八《李殿图条》说“始作俑者起于《玄中记》”一样）……不过等诸蝎角斗争蛟睫鹊巢之滑稽耳。腐儒因之，遂以弁谱首作鼻祖，并杜撰三代以下之官职而指为三代以上之头衔与历朝赠封诰俚言鄙词一串，令人喷饭不已。斯谱之作，本拟删之，但以误传误已，深入脑根，牢不可破，估依原谱存之，虽属鲁鱼亥豕，不胜其弊，然夏王郭公乃阙其文，以符春秋之遗旨。”

2.《开山公据》（见《畲族社会历史调查》第254—257页）是按照瑶族的《过山榜》编造的矛盾百出的伪圣旨。其用近代半白话文的形式细化盘瓠故事。与瑶族的《过山榜》相比，只是把“生六男六女”改成“生三男一女”，把“送千家洞”改成“送会稽山七贤洞”。文章落脚点是“离却庶民田圹一丈三尺之地，乃为瑶人之山”，可以“遇山开产为业”，“父过子任”，“因前朝有功”，子孙可以“永免差役，不纳粮税，永为乐也”。“富豪军民不得侵占山场”，“如违条款，即当问罪”。

文中说是“高辛帝亲敕授”，“楚平王奉天承运出敕”，“大隋五年付给盘瓠子孙七祖”。查历史，高辛即帝喾在公元前2200年前后，楚平王为楚共王第五子，在位为公元前528至前516年；大隋五年为公元586年。人一般为30年一代，七祖应在公元前2000年左右，按此算，楚人为1700年前的高辛写“圣旨”，等了1000年才付给2500年前的死人。这不是天大的笑话！文中又说乾元二年给盘瓠三子一婿封官，“赐紫袍玉带，青黄各色帽领，凉伞，旌旗”。乾元二年为唐肃宗年号即公元759年，此事不见正史，唐肃宗为3000年前的古人赐官赐物，也无法使人相信。文中还说到盘瓠是天定十二年六月二十七日死的，查历代王朝无此年号，只有大理段兴智立天定年号公三年，为1252—1254年；元末起义者徐寿辉立天定年号二年，为1359—1360年，盘瓠能活到这时？真乃神也！

《开山公据》第一段还讲到这是《抚瑶券牒》，“如无券牒，只没畲人”。这里已明白指出只有瑶人才有券牒，畲人是没有的，为什么畲人又有呢？

3.《开山公据》中还录了二十六代盘、蓝、雷、钟各姓的太守、刺史、丞相、侍郎、将军等大官。这种东西正如福建先人雷一声说的，是“杜撰三代以下之官职而指为三代以上之头衔”。多半家谱没有抄《开山公据》，但都有《历朝诏封恩荣录》，其内容与《开山公据》中的二十六代祖是一致的。编得通一点的《本姓源流序略》把二十六代祖中的本姓祖也列入，然后发展到一百八十几代才引入本村祖，有的是一百五十几代到本村祖。从高辛是4200年前的人，人按20—30年为一代，算到现代代数还差不多，有的家谱连这点知识都没有，总共只有三十几代，那么每代人都要活到180岁以上，怎么可能？

4.《广东重建词宇序说》、《广东重修盘瓠氏谱序》一般家谱都有。文中的盘瓠故事比开山公据中说得更畲族化，开头加了天上二十八星宿之一娄宿（或亢宿）娄隆金狗（或亢金龙）下凡，投到高辛之妻刘君秀耳中，挖出一条虫变成盘瓠，中间采纳了伏羲盖金钟中49天说能变成人，开早了成半人半犬状态的情节，只是把49天改成7天。加上了三男的妻子姓氏，因《开山公据》说是六位尚书送达的，三男之妻分别娶了其中廖、夏、葛三位尚书之女，但也有少数家谱说是东夷献来的美女，分别是奇珍、奇珪、奇珠，结尾加上了盘瓠上闾山学过法的内容。多数家谱已把盘瓠改称为“龙麒（期）”或“龙孟”，上面两《序》中都说一些要敬祖的人伦理论，并说人类祖先就是异相，“黄帝也牛头人身，有四脸，能观四方”。实质是教人相信盘瓠是始祖。

可惜现在广东并没有发现盘瓠总祠，也没有盘瓠总谱，而潮州一带畲村只有各姓的祠堂，家谱传说是福建汀州一带迁去的；增城、博罗、惠阳、海丰等县有一千来名畲族，说的是瑶族优勉话，家谱说他们是湖南潭州迁去的，他们的盘瓠故事和瑶族的一样还是六男六女，在“千家洞”自相婚配。是政府定他们为畲族，他们只承认自是瑶族。

5.《凤凰山祖宗坟图》多见于浙江的畲族家谱，有一幅地形堪舆图，有祖坟“前至雷家坊，后至观星顶，左至会稽山，右至七贤洞”之文字说明。1986年广东民族研究所朱洪、姜永兴等到凤凰山调查，确实见到了凤凰山有一座坐西北朝东南的古坟。按当地畲族群众解释，坟附近有雷厝田、雷家房、雷家坟；坟后峰尖为凤凰冠顶，翘首仰望，即观（冠）星顶；西侧山当地俗称背阴山，畲语谐音会稽山；附近还有许多洞穴，稍远有可容百人的仙洞，亦符合“七贤洞”之称。坟是平台掘进，垒石泥盖顶，墓口为铁券书型石碑构成，中间主碑高62公分，宽34公分，两边有18公分左右宽的石条，上有弧形石压顶，下有条石铺底，使主碑凹进5—6公分；右首竖四块山石，依次减低并向前成弧形外展，左首三块山石，同样竖法。

当地群众不让掘开研究，墓碑又因风蚀无法辨认，该墓是不是畲族先人墓还是个谜。但按畲族葬俗，经史书记载分析，在很长的历史时期内是实行火葬的，骨灰分成七个小陶罐分别葬于七处，不垒坟，到清末才学习了汉族的土葬法。我们只能得出一个结论，最先制作“祖坟图”的人很可能是按该坟描绘的。

6.《历代排列行次字头》不一定每本家谱都写上，蓝姓为大小百千万念六字，雷无千钟无念，各地取讳名时都通行的。以往畲族有四种名，小时有的有乳名，父母给小孩取的小狗、小猫之类的宠称；然后取正名，或叫书名，和汉族一样取二字或一字，有家谱或祠堂的村排有本谱（祠）排行字头，第一个字必按排行字头取，使别人一听就分出辈分；讳名是写在棺材头、墓碑上、灵牌上用的，一般是亡故时孝子向族长取得，嫁来者向娘家村族长取得，族长按本村同一辈人出生前后来排，例如蓝某属千行人中第五个出生，即为蓝千六郎（娘）。六行（或五行）排完了又从头开始，周而复始，按规定男不排一女不排二，据说是留给夭亡者的。词堂中蓝姓做七个台阶，雷钟姓做六个台阶，第一台阶放六个总炉，下面个人的灵牌按字头辈分放入同一台阶。法名，凡学师过的男子取有法名，是按二字正名中的前一字换成法字，若后一字与前头学过法的人重了，则也换一个字。号名，少数文人有号名，也有年轻人之间互相闹着玩取的别名为号名。在家谱中普遍只写正名，少数有讳名、法名、号名。

7.《本谱排行字头》，各谱有起谱时自编，要求本祠本谱人按字头取名。如景宁包凤村雷姓字头是：方其进新禄孔吉曰明元开声名自回德富有大业麟凤盛呈祥家风财正昌；四格蓝姓字头是：敬祖盛世兴隆启元文士国春日清如政可传宗周期明福寿联昌贤德荣华茂远宝贵永庆呈祥开光祯秀；山外钟姓字头是：兴隆荣华有日起天光明世长宗德懋金承永克昌善各福延厚富贵则来进。女子取名不要求按字头取，无谱的村当然只按一般规矩，不能跟先人有任何重字，兄弟要同一字头。

8.《本谱世系源》同姓的基本一样，都是拿别人的家谱抄来，以男子单线下来，近代的有生死年月、坟地名和坐向，妻名。重点在于《本谱支系排列》，本谱第一代写上正名，有法名、讳名、号名的也写上，然后是生卒年月，坟地名及坐向，妻名和她的生卒年月日、坟地名及坐向，生几个子女，凡外嫁子女注明，某女招某婿也注明。红线连下第二代并列在本村之子和婿（个别谱婿用蓝线连），各个人正名之下再写明上述内容，有功名官职的加上，有再婚情况也写上。再各人红线连第三代，兄弟间儿子有过嗣情况也注明（个别谱嗣子也用蓝线连）。如此延续，若户户都多子女留在本村，就越扩大支系；外嫁子女或整户外迁只作说明而不接下去写，由他们的另村来接写家谱。总之是一本男性家谱。家谱一般由族长保管，每隔十年添支系排列一次。

二、对几个问题的看法

1. 盘瓠始祖说是不可信的，凡坚持历史唯物主义者都认识到这一点。我国历史上不乏这种人，唐代杜佑写《通典》就指出，“按范晔《后汉书·蛮夷传》皆荒诞不经，大抵诸家所序四夷，亦多此类，未详其本出，且因而商略之”。宋代罗泌还写了《论盘瓠之妄》，并特地指出《山海经》中的白犬是人名，“非蛮人之祖也”。清末福建巡抚李殿图也指出：“读书所以明理，而必明理然后可以读书。以女妻犬，理所必无其事，或有之，谁则实见其事，且审其姓氏于洪荒之世而为之记载乎?”清末青田知县吴楚椿在《畲民考》中也讲道：“一任土民谬引荒诞不经之说，斥为异类，是草野之横议。”

现在学术界争论的有两派观点：一派认为盘瓠图腾是畲民固有的，他们引用“图腾是原始宗教的产物”，“神话往往是历史的影子”等名句来说明。另一派则指出盘瓠文化是封建社会民族歧视的产物，是统治阶级强加到少数民族头的。宋末刘克庄写《漳州谕畲》就已讲道：“余读诸畲款状，有自称盘护孙者，彼畲遏读范史，知其鼻祖之为盘护者，殆受教于华人耳。”前一派往往强调盘瓠图腾对畲民统一心理起到重要作用，后一派则用20世纪30年代江应梁《广东瑶人之过去与现状》中的话顶过去，江先生说：“国人一向的错误是对蛮夷民族的轻视。这种由历史上给我们的一贯传统的恶劣见解，直到现时还不能完全打破……有着此种隔阂，因而使整个中华民族，分为数个对立甚至敌视的个体，这实是今日言民族复兴者所应该首先设法解除的一种民族关系间的大障碍。”新中国成立后，1951年就颁发了《国务院关于处理带有歧视或侮辱少数民族性质的称谓、地名、碑碣、匾联的指示》其中最后一条规定：“关于各民族历史和现状的艺术品（戏剧等）和学校教材中内容不适当处，应该如何修改，因较为复杂，尚待有关机关研究，并望各地民族事务机构提出意见”。根本没有必要再为历史的错误辩护，我们研究畲族家谱也一样，是为了认清“不适当处”。

2. 从畲族的姓氏是接受了汉文化而产生的祖先崇拜法，这种姓加名制度是汉文化所特有的；西方文化的父子连名法，对先人的敬仰链就太短了，妻连夫取名法则体现了男女不平等；有些少数民族只有名而无姓却太原始了。

从畲族的原聚居区来看，是汉代才接受了姓氏法。高祖十二年（公元前195年）封织为南海王，王闽、粤、赣三省界的汀、潮两地。可见“织”还有名无姓。接受了姓氏法后，有了蓝、雷、钟等姓，再以后接受了盘瓠图腾又纳入其中编造，但畲民中本无盘姓，只好在家谱中自圆其说。“唐光启二年，盘蓝雷钟有三百六十余丁口从闽王，王审知为向导，由内海来闽，至连江马鼻道登岸时徒罗源大坝头居焉，盘玉碧一船被风漂流不知去向，故盘姓于今无传”。（有人说盘改潘了，那只是一种设想；1986年调查到临安板桥乡有6户14人姓盘，说是120年前从泰顺迁去的，但泰顺当地无盘姓畲民，估计他们为不争畲民老大则否认自己的姓。）

按畲族族规凡招婿必改姓，但也有特殊情况，如闽东浙南很多李姓畲氏，说是明代一位汉族李姓大官逃难到罗源蓝色艳家，后招为婿，因是大官允许不改姓，其后代传承了畲族语言和风俗习惯，也一直承认自己是畲族；闽东还有胡、吴、龚等姓以及畲民类似李姓情况。遂昌有一个村姓顾，语言和风俗习惯与畲族一样，新中国成立后按他们自己的要求承认其为畲族；龙游则有一个村以前姓陈，1984年改为姓雷。广东增城等四县畲族的姓氏与闽东浙南的不一样，有黄孙刘吴马尹宗钱李张罗朱骆谢钟曾姚等多个姓。至于《同源娘姓歌》中讲到有盘蓝雷钟周林吴千刘张王姜宋世章苏蔡曹万康等20个姓，正确理解歌的总含义是讲“我（女子）那个村（或一个水源内）有那么多历史名人及其事迹”，其实是把她所知的全国名人故事纳入她那个村来编唱，后十六姓不是畲族，如讲到王姓是讲“王洋卧冰求鱼”孝顺母亲的故事，不能解释为畲族有王姓。

关于汉文化的姓氏法，多为一个字，少数为两个字，音节简便，较西方多音节易记易上口。至于其来历，有人写了《中国姓氏录根》，甚至出版了《中国古今姓氏辞典》，多是与皇帝封地或赐姓故事联系起来，姓氏最早总有一个起因，书中的不一定全对。畲族姓氏的盘瓠说肯定不可信，但都不要紧，从中分清“根源”与体现敬仰先人精神是两回事就行了。过去只讲子女随父姓是父系社会大男子主义的体现，新中国成立后的《婚姻法》规定可随男方姓也可随女方姓是男女平等的进步。但现行的有些人把父母的姓合并进去，制造了许多复姓，若照此下去，第二代则四个字，第三代有可能八个字了，这种方法不可取，姓氏一大串写读记都不方便。

3. 畲族的迁徙，家谱中都有反映。起点都是闽粤赣交界地区，这是可信的。按正史资料研究，畲族至迟在唐初已聚居在这一带，宋末之后才大量迁出形成现在这种分散小聚居的状态。汉武帝时也有“闽越反，悉徙其民江淮间”的记载，但江淮一带现在无聚居畲民。元代至元二十一年（1285年）“放福建畲军，收其军器，其部长于近处州郡民官迁转”。皇庆元年（1312年）“调汀、漳畲军代亳州等翼汉军于本处屯田”。明代有“行令安插”畲军和“调汀赣畲兵，进剿南宁卢苏”，清代有顺治十八年（1662年）因“闽海交讧”“徙民于内地”，畲民“奉官迁浙”。这些“民官迁转”、“行令安插”、“奉官迁浙”则是统治阶级拆散畲族的统治方法；出兵、屯田是否回来不得而知，不回来也许同化于当地民族了。1996年贵州麻江一带承认了5万多畲族，当地称“东家人”，语言和风俗习惯已融入当地苗族，家谱记载他们是赣州于明代时调来屯田的，有部分人不愿意承认自己是苗族，故按历史定为畲族。

在家谱中绝大多数没有讲明迁徙原因，特别是被遣散的原因会忌讳的。在闽东说为王审知作向导那是光荣的事才会写进去，对照史书，唐末各地割据，王审知兄弟俩从河南率兵来闽建立闽国，《新唐书·王潮传》

记载：他们入闽路线是“寻阳、赣水、取汀水，入漳州”，当王氏“将兵攻福州，民自请输米饷军，平湖洞及滨海蛮夷者，皆以兵船助之”。结合史书记载，闽东畲族于光启二年（886 年）来罗源是可信的。而景宁的畲族说最早从罗源于唐永泰二年（766 年）与僧人昌森一起来，这是根据赤木山村《唐朝元皇南泉山迁居建造惠明寺报税开垦》的手抄资料不可信的，有人提出景宁畲族从罗源迁去不会早于罗源畲族入迁时间，我们只好说一家一户从潮州出发经罗源到景宁的可能性会存在。

从迁徙路线来讲，多数是按编谱人的地理知识来编造的。过去许多人缺少这种知识，听说过附近有某县就讲是从该县迁来，具体村名也是乱编的。如景宁一些家谱讲从罗源十八都苏坑境迁来，“都”是清代县之下大于乡的行政区划，比我们 20 世纪 80 年代的“区”要小一点，但同级，罗源十八都能查到，但苏坑境就没有了。有的家谱讲从潮州去雷州，再到吉州，回到汀州，再迁浙江，虽然此编谱人有点地理知识，但绕了一大圈，则不可信。

总之，我们要站在历史唯物主义的立场上来研究畲族家谱，进行去伪存真。家谱可以当作民族史研究的一方面参考资料，但不能将全部内容等同于历史真实。综合畲族家谱，现在的畲族以蓝、雷、钟、李四大姓人口最多（姓氏与民族是两回事，这些姓氏在汉、瑶、壮等民族中也不少）。畲族的迁徙主要路线是：

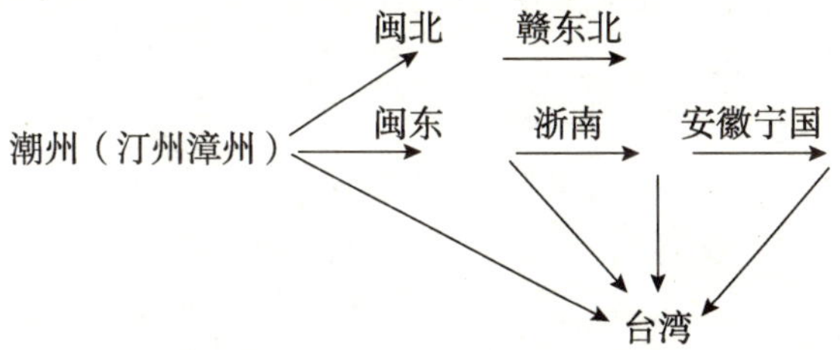

从当地的家谱可以推测出村坊开发启年，也可以续找一些先人外迁情况。现在单纯一姓的畲村很少了，就是一姓也不一定就是一个太公繁衍下来；纯畲族村凡大村多两姓以上，而多数村庄是畲汉杂居。我们建议，以后要写村史为好，不讲宗族，有利于团结。但写村史有一个难点，就是离不开政治，一写政治问题又难免影响个别人子孙的声誉，不写重大事件吧，只等同于户口簿，户口簿各地政府已有，抄下来又没有意义。不处理好这个两难问题，村史也是写不下去的。我们见到个别畲族家谱规定，凡犯法被官究者取消入谱资格，谱当然就不全了，但也是一种处理两难问题的方法，可供参考。

参考文献

1. 金永汉、雷耀铨著：《浙江省少数民族志》，方志出版社，1999 年。

2. 景宁畲族自治县民族事务委员会编：《景宁畲族自治县畲族志》。

3.《中国少数民族社会历史调查资料丛刊》修订编辑委员会编：《畲族社会历史调查》，民族出版社，2009 年。

作者简介：

雷先根　畲族　浙江景宁畲族自治县民族宗教事务局

整理回族《铁氏家谱》管窥

马文清

内容摘要：《铁氏家谱》，对研究回族铁氏族源，明朝初期历史名人铁铉及其后裔事迹，乃至续修道光二年家谱等方面，起到了很大的推动作用。

祖国东北辽阔大地是一个多民族聚居的地方，仅就鞍山地区而言，有多个少数民族，其中回族人口近3万。由于各种原因，回族古籍存世稀少，家谱资料更是稀缺。1985年，辽宁海城牛庄镇回族村铁广春家墙根下挖掘出一部《铁氏家谱》，辑入《辽宁回族家谱选编》。在辽宁省民委民族古籍办主任马协第同志的亲切关怀和沈阳回族干部哈增华老师的指导下，笔者克服古文水平低等困难，边学、边考、边整理，摸索出一些基本规律，受益匪浅。在此，谈谈自己的收获和体会。

一

据了解，北京、河南、山东和沈阳有几支铁氏族众确认，其先祖系明初兵部尚书铁铉。明焦竑集《国朝献征录》（明万历刻本·卷三八）宋佥事端仪著《兵部尚书邓州铁公铉传》记载：铁鼎石，名铉，邓州和丰乡人……，建文朝擢山东布政司参政。“靖难之役”铁铉以兵部尚书职留守济南，屡败朱棣。建文四年（1402年）朱棣攻陷南京。铁铉等建文朝官正统派皆被诛戮。铁铉死前，怒目而视，宁死不从。燕王剜其双目，并将其烹死，时年37岁。另据明代《回族人物志》（白寿彝主编）载：铉父仲名，母薛并，被安置于河南。有二子，二女。长福安，年十二三岁，发至河池编伍。次康安，年仅七岁，充匠……怜悯二女志刚，赦免放出。”《明史》、《邓州志》及一些人物志，明清小说中的记载，内容大同小异，只是事迹有详简。

摘编上述史料，笔者想到铁铉被害后，他在河南、山东的近支族，为避燕王朱棣的迫害南逃北散。其中一支逃难山海关外，隐居于今义县狼君洞回子山。“铁氏遗迹考记”文中记述：“明初籍居广宁（今辽宁北镇县），广宁西，义州（今辽宁义县）东南狼君洞回子山。坟墓在焉，并清真寺旧址。鼎革以来迁居沈阳。”另据铁氏族人生卒年月记载考证：二世祖铁仲之六子铁生秀明万历三十二年（1604 年）生，以辈分间隔 20 年为基数（即约数）推算，一世祖铁福约生于嘉靖二十三年（1544 年）左右，铁铉被处死之年为建文四年（1402 年）。祖、孙之间无记载，世系中断差不多有 6 至 7 代人。幸而有“清真寺旧址”一句重要佐证，留给今人稽考。这里应注意考证三个问题：1. 回族聚居点的形成年代；2. 坟墓排次数量；3. 清真寺创建规模。笔者分析，铁氏孤户落脚狼君洞，定居、创业至少需五至六年时间，立稳足基后，通过各种渠道引来近亲挚友，仍需一段时间，至二十户左右，即生息繁衍，逐渐发展成回族聚居点，如不建清真寺，会对回族人的生活习惯和宗教礼仪产生严重影响，不得不请出几位德高望重的乡老广筹资金，选址创建清真寺，其建筑格局至少围起一座西朝东的四合院、盖起三间房。聚居点形成没有三、五十年时间，恐难实现。该地如因灾害兵燹等因素造成村屯消失时，其公式：孤户——回族村——清真寺旧址（村屯消失）。

在探讨铁铉族属逃难出关的问题时，有两个因素易被忽略，那就是：铁氏祖孙处境艰难，必须设法逃出虎口得以余生；忠于铁铉旧部下中，不会没有保护忠臣之后尽快脱险之人暗中相助，否则他们怎能落居狼君洞的。这个思路绝非胡思乱想，笔者欲从历史中寻觅填补铁氏世系资料断裂时期史料，客观地反映出铁铉的确是辽沈铁氏家族的先祖这个中心问题；笔者以为这个问题，是值得考虑的。值得庆幸的是，这个问题已经引起国内外热心的铁氏后裔注意，正在千方百计地搜集这方面资料，盼能早日解开这一谜底。

二

在整理《铁氏家谱》（以下简称《谱》）初期，把铁魁放在了重要部位加以考究。铁氏四世祖铁魁，字帅吾，行三，天聪元年（1627 年）生，康熙五十四年（1715 年）卒，享年 89 岁。官职诰赠光禄大夫，又赠武翼都尉。其原、继配与佣室分别诰赠夫人、淑人与安人。铁魁为朝廷建业功绩只字未提，仅记："时初建礼拜寺，未有长教，自京延请余阿訇，教育子，始有经学。"文字简赅，言语洗练，反映出历史上的铁魁其人，居官为政，处事严谨，重视弘扬伊斯俩目教门，培育后人，实为回族先人之楷模。同时，又首倡修立《铁氏家谱》，让侄儿可仁命子范金主持修谱事宜，《铁氏家谱》于"康熙二十四年（1685 年）孟春之吉"完成。"铁氏家谱序"出自清初著名学者陈梦雷手笔，据《东北地方史研究》1985 年第 3 期载：陈氏"英才出众，学问渊博，精通群籍，被主持编修《盛京通志》的奉天府尹高尔位所器重，邀其审定各县史志工作。"陈氏能应铁魁铁范金祖孙二人邀请为《谱》作序，说明当时的铁氏家族在辽沈一带是有威望和社会影响的。今《谱》原版虽无稽考，但所遗留下来的序文也为铁氏后人续修《谱》奠定了史料基础。

主持修谱人六世祖铁范金，承受先人嘱托，肩负铁氏继往开来的重任，修立了《铁氏家谱》，令后人敬佩。

铁范金，顺治十三年（1656 年）生，卒年不详。康熙丁丑（1697 年）科三甲进士，选庶吉士、授翰林院检讨、升江南提督学政，诰授光禄大夫、诰赠武显将军等官职。就是这位高官显赫的回族历史名人，在其父母堂前躬身尽孝。在铁范金生平简介中载：范金"性至孝，母疾笃，亲侍汤药，夜不解带。一夕，母昏绝，以暮夜难于延医，遂割腕肉以进，母立甦"。在母亲生命垂危关键时刻，其子无所畏惧地忍痛割下腕肉救母，其敬孝之心，实为可贵，难于效仿。他还在"家谱题后"中倡导"且贫贱有以相济，富贵无以相欺，以至有事必赴，生死必告"的解危济世、同族共助的道德风范，启迪后代，可见品德之高尚。铁范金以自己的坦荡胸怀、深厚的同族情谊，主持修立《铁氏家谱》，为铁氏家族留下珍贵的传世遗产。

到 19 世纪 80 年代初，以八世祖铁水康伊玛目为首酝酿续修沈阳《铁氏家谱》以继承先人遗志。"重修铁氏家谱题后"一文中说："先掌教永康公与吾等几欲修焉，然水康公竟悠悠而长逝矣。"八世祖铁永康，字赓尧，乾隆十四年（1749 年）生，嘉庆二十年（1815 年）卒，在他归真前的一段时间内，积极组织人力，筹措资金，做第二次续修家谱准备工作，亲自"率领族人修葺祖茔，继欲刊续族谱志"，核查坟头，辨别先祖辈次，编写坟谱、积累续谱资料时，因病卧床，在其壮志未酬之日"竟悠悠而长逝"，续谱搁笔。迨至道光二年（1822 年），其长子国兴承父业，继任掌教职务，并接过父辈续修族谱未竟事业。铁国兴，乾隆二十八年（1763年）生，会同其弟铁国士，字无双，邑庠生；堂弟铁国升、铁国泰；同族中永锟、永裕、永杰、永椿几位叔伯一起，“将家庭之口授而心传者，及旧谱之明载与阙略者，详明而续述之”。并在“重修铁氏家谱题后”文中再次强调“孤独无告者同族必祟之，鳏寡无依者网族必收之。及贫贱有以相济，富贵无以相欺，以至生死必赴，婚丧必助，固皆历历而明证焉。”他们谆谆告诫铁氏后人，遵循和睦团结治家“祖训”，发扬铁氏先辈优良传统。

三

清道光二年续修的沈阳《铁氏家谱》是怎样传下来的，据考，沈阳铁氏的七世祖铁朝錞（注音dui兑，矛戟柄末的金属套）之父铁明祖，诰赠武德骑尉官职，侧室韩氏所生七子，朝錞为次子，落户于海城县牛庄古镇，其原因传说不一。一说铁朝錞投亲牛庄落户，另一说是领父命前往古镇执行任务，两者虽无史料依据，但以世传口碑资料分析，铁朝錞（雍正十一年癸丑生，嘉庆八年卒）大约于乾隆二十年（1755年）前后迁至牛庄。据《盛京通志》记载：“牛庄明置。清天命八年（1623年）重修。”“当时旗仓防守卫衙门、分旗官厅、三岔河分防巡检衙门皆在此城。”“城内由东至西有街市，一多小商业……西门外有南北大街商业皆盛。”《海城县志》载：“牛庄北有巨川（小姐庙码头）焉，聚艨艟（注：meng－chong蒙冲，古代的一种战船）通商旅，西连津沽，南接齐、鲁、吴、楚、闽、粤各省，悉扬帆可至”，辽北铁岭、开原等地农村土产品均由牛庄搭船外运。甚是繁荣。另据光绪三十二年（1906年）版《海城乡土志》载“牛庄户（一百）口（七百）”，镇内哈、马、丁、尹、韩等回族大户和一座清真古寺，为铁氏族人迁徙定居创造了适宜的社会环境。

《铁氏家谱》传入海城牛庄的年代虽无确切记载，但道光二年（1822年），正是牛庄铁氏八世祖铁永庆壮年时代，时年41岁。据《铁氏家谱》载，铁永庆生子3人，其族谱传承人铁瑞恒为其次子铁国义的直系孙。笔者推断《谱》经铁永庆取回牛庄收藏，晚年直传给爱孙铁瑞恒珍藏。那么，家谱是怎样珍藏并流传至今的，为此，笔者多次深入牛庄古镇铁氏家中考察，得到了意想不到的收获。

该部《谱》历经一百五十余年的沧桑岁月，得以保存下来，重见天日，为探寻辽沈地区回族源流提供了重要史学依据，不能不说是珍藏人铁瑞恒及其长孙铁广春等做出了重要贡献。

铁氏十一世孙铁瑞恒（1875—1955 年），弟兄五人，排行在四，街坊尊称铁四爷。此人幼读私塾，文才出众，心怀豁达，见多识广，对先祖遗训铭刻在心，并以此教诲后人。他不负先祖重托，着意珍藏族谱。铁四爷为人忠诚，邻里和睦相处，深受乡里爱戴，他所开设的磨坊，远近驰名。其子孙满堂，生活幸福，平素看管儿孙有道，长孙铁广春得以心机有术，是和老人的教导有关。

铁广春（1933 年 - ）是牛庄土生土长的回族子弟，自幼才思敏捷，性情温顺，孝敬长辈，严守铁氏家规，勤奋读书，品学兼优。15 岁那年夏日的一天，广春被爷爷唤至身旁，打开嘉庆年间祖传木柜，拿出从未见过的蓝绸包裹，捧出古书一册，说，“这本书不是普通的古书，是咱们铁氏家族的老祖宗啊！”又说“爷爷老了，这部家谱就交给你保管。”广春恭敬地接过谱书，频频点头，爷爷的话他深深地记在心里。

牛庄地处水陆交通要冲，历代战事频仍，屡遭兵燹。1895 年，日本帝国主义铁蹄踏上这块土地后，百姓处于水深火热之中，谱书险些遗失。铁四爷唯恐家谱受损，放置于僻静的干燥处，遵嘱箱内只装广春的书籍与衣物，女人衣物不得进入。广春外出做工时，由母亲代为照看，广春立业之年，娶海城镇内回族马氏大户人家之女为妻。其贤惠良善，深明事理，一日三餐侍奉公婆，婆母患病，煎汤熬药不离左右，人们都说好一位贤妻孝媳。她聆听老人教诲，协助丈夫精心珍藏谱册。谙熟本支长辈的事迹，甚至生卒年月也牢记心中。当“文革”风暴刮进小镇牛庄不久，铁门突然闯进造反派，疾言厉色地说：“快把你家家谱交出来！藏‘四旧’没有好下场”。马氏面对来人镇定地解释：“穷回回家哪有什么‘四旧’？那几本旧书不是拿去烧了吗？”几句话答对来人悻悻离去。其实，马氏早把谱书秘藏于棚顶，再转至瓷帽筒内，封好埋于屋内墙根地下。当造反派第二次搜翻谱书时，先扯下门上的“读阿宜”，后砸碎吊罐，再撕下顶棚，结果一无所获，遂扬长而去。

十一届三中全会以后，珍藏数年的家谱又重新面世，待鞍山回族志编写组搜集资料来到铁家促膝交谈，他们毫无顾虑地将谱书献给了修志事业，成了编写回族志的重要资料。他们全家老少精心珍藏回族古籍的生动事迹，令人感佩不已。

在我们整理修订《铁氏家谱》过程中，发现该谱书，有少许不尽如人意之处，可能是在抄写或刻版时，因粗心大意，竟把生卒年月日（尤其是天于地支）遗漏或误笔，有的把明代军事机构（如卫、所）标在清乾隆时代人的简介中，等等，使后人查找困难。但在那个时代，也是难以避免的。

此次修谱，是以道光二年九世族人铁国兴阿訇等兄弟四人的修订本为蓝本加以增删，又增加了“铁氏遗迹考”及“祖训”。在“祖训”第十条中，经族人议定，以下面十个字为辈行次序：兆、恒、毓、广、大、维、德、子、能、兴。150 余年来，沈阳铁氏宗族后裔，虽已发展至近 3000 人，大多数皆按十字排行命名，使族中人辈分清晰，确实做到了祖先们期望的“不紊其序”。

四

从道光元年（1821 年）第九世上溯至第四世铁桂、铁魁、铁元辈，历经 200 年，此期间是铁氏家族发展鼎盛时期，铁氏族人多沉浮于宦海，发迹于仕途。嘉、道、咸、同后又多弃仕而从商，族中文人锐减，续订族谱的人就寥若晨星了。

道光二年续修的《铁氏家谱》是十代。沈阳铁氏各代子孙们遵照祖先的遗训，努力学习文事武功，其中不少人很有成就，特别是在所谓“康乾盛世”中人才辈出，仅据《铁氏家谱》中有记载的统计：就有 3 人考中进士，6 人考中举人，10 人当过八品以上文职官员，6 人当过七品以上武职官员，受皇朝封诰的 30 人（男 13 人，女 17 人），其中封赠一至六品文武官阶的就多达 15 人（有 3 人是文武双封赠）。因而“铁翰林”世家，在清朝时成了辽沈地区的名门望族。在伊斯兰教门方面，沈阳清真南寺不仅由四世祖铁魁创建，而且历代伊玛目都是铁氏后裔。正如已作古的老先贤高希祖在“重修谱序”中所说：“其族由文武科起家者甚伙。康熙时，族有式之太史公曾修谱，今且百余年矣，读诗书习骑射者日益众。”“铁氏遗迹考记”中也说：“先人外仕者多矣，”大多在各省落户。有的后裔在经商方面成就甚大。例如：本世纪 20 年代北京的“德兴源”就是六世显祖后代铁志文、铁广善父子经营的玉器铺，其经营有方，蜚声中外，美国客商送给铁广善“铁百万”的雅号。

自从海城牛庄铁广春献出沈阳《铁氏家谱》，尤其是辑入《辽宁回族家谱选编》以来，对研究回族铁氏族源，明朝初期历史名人铁铉及其后裔事迹，乃至续修道光二年家谱等方面，起到了很大的推动作用。据悉，在美国有三位从事教育工作的铁氏后代，正在为汇编《铁氏家志》积极搜集资料，希望国内有关方面和个人予以关注和支持。

作者简介
马文清　回族　辽宁鞍山市民委退休干部

附录　常见中文家谱网站简介

1. 图书馆家谱数据库及部分综合性家谱网站

（1）http：//ouroots. nlc. gov. cn/中华寻根网

该网站是建立在广泛合作基础上的全球华人家谱数字化服务、教育和研究项目，由国家图书馆负责内容建设，是建立在广泛合作基础上的全球家谱数字化服务、教育和研究项目，以保存人类文明的共同记忆为最终目标。该项目将在互联网上实现网络寻根、家谱编纂互动、家谱专家咨询、寻根百科、家谱在线阅览、家谱目录和全文检索、家谱谱系分析等功能。

该网站项目一期拥有姓氏数据500条、家谱书目数据3万条、家谱全文影像500余种约50万页，与家谱相关的文献6000余种约300万页。其中部分姓氏如“诸葛”可以上溯到三国时期，“姜”姓则可以上溯到先秦时期。这些数字资源主要来源于国家图书馆馆藏资源，但网站本身也提供了用户自行上传编辑家谱的互动途径。

（2）http：//search. library. sh. cn/jiapu/上海图书馆家谱数据库

上海图书馆共收藏有约17000种、110000余册中国家谱，是国内外收藏中国家谱（原件）数量最多的单位。

上海图书馆收藏的中国家谱分为335个姓氏，其中张姓、陈姓、王姓、李姓、刘姓、吴姓均在500种以上，而周、朱、徐、黄、杨、胡等姓也达数百种之多，冷僻姓氏有90余种。地区涵盖全国20余个省市，以浙江、湖南、江苏、安徽省为多，其次是江西、上海、福建、湖北、广东、河南、四川、山东、河北等省。浙江家谱主要在金华、余姚、上虞、慈溪一带，安徽家谱则以徽州地区最为集中。上图收藏的家谱多为清代、民国期间木活字本和刊本，但也不乏珍稀版本，最早者为宋内府写本《仙源类谱》（残页），明刊本、明抄本有近三百部，稿本及纂修底本也不少见。此外，还有相当一部分上海开埠后外地来沪发展人士的家谱，对于研究上海近代史有重要的史料价值。

（3）http：//www. ahlib. com/ah/gjb/gcjp - index. htm 安徽省图书馆家谱数据库

安徽省图书馆藏有族谱 400 余种，3200 册。存世谱牒以徽州地区居多，约 100 个姓氏，部分族谱收入《中国善本书目》，多为明代所刊。馆藏家谱中，《汪氏渊源录》乃元泰定年间所修，明正德十三年刻本，全国仅存两套，内载大量艺文，如“黄山”“西湖”等诗文，版心存刻工姓名，十分珍贵；安徽休宁《商山吴氏家谱》，为海内孤本，所抄字迹工整秀丽，艺文中记载有大量诗文，是研究当地风土人情的重要史料。又《休宁戴氏宗谱》，内刻“隆阜村居之图”规模宏大，版刻精美，丝丝入扣，堪称版画精品。省图亦不乏名人名谱，如包拯家谱《合肥包氏支谱》，李鸿章家族《合肥李氏宗谱》、龚氏所修《合肥龚氏宗谱》等

（4）http：//www. sylib. com/syjp/syjp. asp 上虞图书馆家谱

属于上虞图书馆网上特色资源的一部分，共收录了 41 种馆藏家谱

（5）http：//www. mnwhstq. com/was40/pdk - index. jsp 泉州图书馆馆藏谱牒

该网页共收录了馆藏 82 个姓氏的相关谱牒书目及相关资料。

（6）http：//www. hxjiapu. com. cn/华夏民族家谱地理信息系统

是由虚拟地理环境教育部重点实验室（南京师范大学）和南京超擎图形软件公司 2007 年 8 月开始设计与实施的一项科学实验项目和重大的社会工程。

该项目由门户网站（www. hxjiapu. com. cn）和客户端软件组成，门户网站的内容包括了姓氏由来、古今地名、我的家谱、家谱门户、家谱资料、家谱研究、软件下载、家谱论坛等。客户端软件提供了满足全社会需要进行的家谱数据库建设、家谱时空分析与表达等的功能。

（7）http：//nclcc. ncl. edu. tw/ttsweb/nclfamily/nclfamily. htm

台湾地区家谱联合目录资料库，由台北“国家图书馆”联合台湾中央研究院、台北市文献会、故宫博物院、国立中央图书馆台北分馆等多家单位筹办，台湾地区现藏中国家谱约 28，846 种，藏量在中国家谱总数中占很大的比重，该资料库可供相关单位汇入 CMARC、CNMARC 以及 US-MARC 等 MARC 格式书目资料，以便查询、显示，兼提供着录及维护功能。

（8）http：//www. mychinesefamilytree. net/

该网站为马来西亚华裔族谱中心的网站，主要以族谱为媒介，收集与

记载大马华裔的历史。

(9) http：//www. greatman. com. tw/pudaeku. htm 中国谱牒库

中华谱牒库是由北京大学中国古籍基本工作委员会和北京爱如生数字化技术研究中心联合开发的大型在线古籍数据库，主要收录历代谱牒类典籍。

该数据库的初集共收录宋元明清历代家谱、年谱、仕谱、日谱 2000 种，每种皆据善本制成保留原书所有信息（包括图、表、标记在内）的数码全文，逐页对照原版影像。同时配备检索系统和功能平台，可进行毫秒级快速海量检索和全电子化的研究整理作业，为遍览历代谱牒并提取其中丰富信息开辟了广阔的前景。

(10) http：//www. lib. nku. cn/jp/index. asp 南开大学图书馆家谱研究文献数据库

南开大学图书馆所收藏的家谱种数 300 余种覆盖百余姓氏，其范围主要针对中国南方，以浙江省最多，时间上主要以民国期间所修家谱为主。尽管该馆在家谱收藏总数及地域范围上并不出众，但在家谱的数字化方面也取得了一定成果，这就是作为 2010 年天津市高校特色资源数据建设的重点项目之一的家谱研究文献数据库。

2. 部分姓氏网站

(1) http：//www. mzyhts. com/n. asp？n = % D7% E5% CA% B7 满族叶赫·佟氏网

介绍有关满族佟氏宗谱、历史文化的网站。

(2) http：//www. qius. org/index. html 中华丘氏网

邱（丘）氏文化、历史、宗谱、论坛等。

(3) http：//www. kong. org. cn/孔氏宗亲网

孔氏文化、历史、宗谱、论坛等。

(4) http：//www. cnwu. net/吴氏在线

(5) http：//www. worldwu. com/华夏吴氏网

吴氏文化、历史、宗谱、论坛等。

(6) http：//www. fenghome. cn/中华冯氏网

冯氏文化、历史、宗谱、论坛等。

(7) http：//www. zhhsw. net/中华郝氏网

(8) http：//bbs. zhhsw. net/郝氏论坛

(9) http：//www. ds321. com/中华邓氏家族网

邓氏文化、历史、宗谱、论坛等。

（10）http：//www. dai888. net/戴氏宗亲网

（11）http：//www. caoshi. net/曹氏家谱网

（12）http：//www. caojp. com/曹氏家谱文化网

（13）http：//www. gsjp. net/高氏家谱网

（14）http：//www. chinagaoyuan. com/高氏宗亲网

（15）http：//www. chinazhou. com/中华周氏网

（16）http：//www. zhou. org. cn/周姓家谱网

（17）http：//www. lsjpw. cn/李氏家谱网

（18）http：//www. 54wang. com/王氏家谱网

（19）http：//www. wang - shi. com/全球王氏网

（20）http：//www. dai888. net/戴氏宗亲网

（21）http：//www. guanyintang - zhu. com/观音堂朱氏家谱网

（22）http：//www. dsrz. net/日照丁氏家谱网

（23）http：//www. yan - china. cn/中华燕氏网

（24）http：//www. yan - club. com/中华晏氏网

（25）http：//www. wsjpw. com/邬氏家谱网

（26）http：//www. jsjpw. com/鞠氏家谱网

（27）http：//www. zuohome. com/左氏家谱网

（28）http：//www. si259. cn/中华司氏网

（29）http：//www. 2cheng. com/bbs/程氏家谱网

（30）http：//cn. netor. com/m/box200211/m20314. asp？BoardID = 20314 程氏四箴堂家谱网。

（31）http：//www. 2cheng. com/bbs/侯氏家谱网

（32）http：//www. tsjp. net/田氏家谱网

（33）http：//www. yuanscn. com/袁氏文化

（34）http：//www. qsjpw. com/中华戚氏家谱网

（35）http：//www. qingyan. com/index. html 常州家谱

（36）http：//www. fang. org. cn/中华房氏网

有关房氏文化、历史、家谱等内容的网站

（37）http：//www. yhbushi. com/炎黄卜氏宗亲网

（38）http：//www. sscqw. net/Index. html 史氏春秋

（39）http：//www. ksdzz. com/中华柯氏大宗族

（40）http：//www. leishi. org/全球雷氏宗亲网

（41）http：//www. jinghome. cn/中华景氏网

（42）http：//www. qinshi. org/portal. php 秦氏文化网

（43）http：//www. qishizq. com/祁氏宗亲网

（44）http：//www. zengshi. net/曾氏宗亲网

（45）http：//www. chinatang. org/中华唐氏网

3. 其他家谱网站

（1）http：//www. pudie. com/中华姓氏谱牒

由个人出资兴建的家谱网站，现为公益姓氏谱牒信息网。

（2）http：//www. 10000xing. cn/万家姓

隶属某公司的家谱网站，现有 982 个姓氏主页及论坛。

（3）http：//dazupu. com/dazupu/中华大族谱协会

由中华大族谱协会建立的族谱文化网站。

（4）http：//mtxsyl. com/mtxsyl/闽台姓氏源流网

专注于闽台地区姓氏文化、家谱的网站。